考古学专刊
甲种第三十八号

王仲殊文集

第1卷

——考古学通论及中国考古学的若干课题

王仲殊 著

中国社会科学院考古研究所 编辑
社会科学文献出版社 出版

A Collection of Wang Zhongshu's Works

Vol. I
General Introduction to Archaeology and Case Studies of Chinese Archaeology

Wang Zhongshu

王仲殊先生肖像

1996年(第7回)福岡アジア文化賞
THE 7th FUKUOKA ASIAN CULTURAL PRIZES 1996

王仲殊在日本受奖时摄影

《王仲殊文集》编辑委员会

主 任 委 员　王　巍
副主任委员　白云翔　陈星灿
编 辑 委 员　(以姓氏笔画为序)
　　　　　　王　巍　王立邦　白云翔　卢兆荫
　　　　　　刘庆柱　齐肇业　张长寿　陈星灿
编辑工作组　(以姓氏笔画为序)
组　　　　长　姜　波
成　　　　员　李　淼　姜　波　顾智界

内 容 简 介

本文集收录中国社会科学院考古研究所学者王仲殊先生70余篇学术论文以及田野考古调查发掘报告。文集分4卷，各卷题目依次为"考古学通论及中国考古学的若干课题"、"中日两国古代铜镜及都城形制的比较研究"、"古代中国与日本等东亚诸国的关系"和"中国古代遗址、墓葬的调查发掘"。王仲殊先生始终强调考古调查发掘工作必须与历史文献记载相结合，中国考古学研究应该与世界考古学接轨。他的治学方针和研究成果在本文集中得到充分的显示与有力的见证。

本书可供考古学者、历史学者和文物、博物馆部门的研究人员阅读、参考。

总　目

自序
王仲殊先生传略
王仲殊先生著作目录

第 1 卷
考古学通论及中国考古学的若干课题

第 2 卷
中日两国古代铜镜及都城形制的比较研究

第 3 卷
古代中国与日本等东亚诸国的关系

第 4 卷
中国古代遗址、墓葬的调查发掘

自　　序

1946~1950年，作为一个青年学生，我先后就学于浙江大学史地系（历史部）和北京大学历史系，着重学习中国古代史，兼及日本古代史，皆属以古代文献记载为依据的历史学。

1950年7月从北京大学毕业后，我立即进入中国科学院考古研究所（1977年以后改属中国社会科学院），从事以田野调查发掘工作为基础的考古学研究。在导师夏鼐先生的指示下，我根据自己在大学时所学专业的具体情况，选择在中国考古学的领域内专攻汉唐时代考古学，原因是考古学研究虽以田野调查发掘的实物资料为依据，亦须参证古代历史文献的记载，而汉唐时代考古学的研究尤其如此。又由于汉唐时代中国与日本交往频繁，关系密切，中国的制度、文化多为日本方面所仿效，所以可以兼攻日本考古学和日本古代史。在此后数十年的长时期中，我始终按照当初决定的这个大方向从事各项研究，直至今日仍在继续进行中。

在从20世纪50年代初到60年代末的将近20年的田野考古工作中，我主要是在河南省的辉县和洛阳，陕西省的西安，湖南省的长沙，吉林省的敦化和黑龙江省的宁安等地发掘从战国、两汉到隋唐时代的各类墓葬，尤其是调查发掘汉唐时代长安城、洛阳城和唐代渤海国上京龙泉府等都城的遗址。我参加《辉县发掘报告》、《长沙发掘报告》、《六顶山与渤海镇——唐代渤海国的贵族墓地与都城遗址》等发掘报告集的编写，后者由我担任主编和主要执笔者。

从20世纪50年代初期开始，以迄21世纪开头的最近10年余，我从中国考古学、日本考古学和日本古代史研究等各个方面选取题材，总共撰写过100多篇论文，分别发表在《文物参考资料》、《考古通讯》、《考古学报》、《考古》、《考古学集刊》、《华夏考古》、《中原文物》、

《古籍整理与研究》、《北京大学学报》、《考古与文物》以及《探古求原》等中国国内的学术刊物和文集，其中以发表于《考古》的占绝大多数，也有一部分编入《中国大百科全书·考古学》。日本的《朝日杂志》、《历史与人物》、《邪马台国》、《橿原考古学研究所考古学论考》、《考古学杂志》、《就实女子大学史学论集》、《京都埋藏文化财情报》、《东亚细亚的古代文化》、《丹后文化圈》、《亚细亚中的冲绳》等刊物和文集也曾登载过我的有关的论文，有的是我用中文写成，由日本方面译成日文，有的则是我自己用日文撰写的。100多篇论文的题材、内容是多种多样的，就考古学上的遗迹而言，要以论述古代都城、宫殿及墓葬为主，在器物学方面则考察铜器、铁器、漆器、印章、钱币乃至玻璃器皿之类，而以古代铜镜为研究的重点对象。应该指出，其中也有一些论文是属于日本古代史的。

进入20世纪80年代至90年代以后，我在国内外出版的专书计有个人独著的《汉代文明》（英文）、《汉代考古学概说》（中文，有韩文译本）、《三角缘神兽镜》（日文）、《从中国看古代日本》（日文）以及《中日两国考古学·古代史论文集》（中文）等，而与外国学者合著的则有《探求日中古代文化的交接点》（日文）、《奈良、平安之都与长安》（日文）、《古代日本的国际化》（日文）、《三角缘神兽镜之谜》（日文）、《三角缘神兽镜与邪马台国》（日文）等多种，各书的基本内容略如书名之所示。

多年以来，社会科学文献出版社作为中国社会科学院直属的专业学术出版机构，为各种人文·社会科学研究成果的出版做了大量的工作，取得了优异的成绩。在众多的学术出版物之中，知名专家的文集、全集则是其中的重点之一。2011年3月，继若干年前出版的《唐弢文集》、《夏鼐文集》之后，又完成了《罗尔纲全集》的编辑出版工作，影响大，效果卓著。于是，出版社的领导上又作出新的计划，决定编辑《王仲殊全集》，公开出版。

我接到出版社的通知，感到十分荣幸，并表示愿意积极配合，努力协作，以求编辑工作的顺利开展。中国社会科学院考古研究所的领导上也决定要在各方面加以大力的支持，并成立编辑委员会和编辑工作组，以加强编辑工作的进行。

我从实际情况出发，主张应与唐弢、夏鼐两先生一样，称我的这部著作集为"文集"而不称"全集",尽管《罗尔纲全集》是名副其实的大著作集。

我的这部《文集》共分 4 卷,每卷约 40 万字,4 卷合计约 160 万字。第 1 卷题为"考古学通论及中国考古学的若干课题",包含 21 篇论文,另有 4 篇纪念性文章作为附录。第 2 卷题为"中日两国古代铜镜及都城形制的比较研究",包含 22 篇相关的论文。第 3 卷题为"古代中国与日本等东亚诸国的关系",包含 26 篇相关的论文,另有关于外国考古学概说和外国考古访问记各 1 篇,作为附录。第 4 卷题为"中国古代遗址、墓葬的调查发掘",由 5 篇考古调查发掘报告组成,并配有许多插图和图版。

我出生于 1925 年 10 月,今年已届 87 岁。2005 年 10 月,我满 80 周岁。当时,中国社会科学院考古研究所领导上特地编著题为《新世纪的中国考古学——王仲殊先生八十华诞纪念论文集》的大篇幅书,书中所收同志们的论文达 60 余篇之多,共计 120 余万字,并由当时的副所长王巍同志(2006 年以后为所长)撰写《王仲殊先生传略》一文,置于全书之首,同时又编成《王仲殊先生著作目录》一篇,作为附件。现在,我将王巍同志为我所写的《传略》和我本人的《著作目录》(经过最近的增补)置于这部《文集》(第 1 卷)的前头,以供广大读者参阅。

王仲殊
2012 年 10 月 15 日

王仲殊先生传略

王 巍

一

王仲殊先生 1925 年 10 月 15 日出生于浙江省宁波市。父亲是宁波的一位中学语文老师，兼任报社的文艺副刊编辑，并长期受聘为著名的天一阁文献委员会委员。王先生从少年时代开始，便受父亲的培育、熏陶，在古典文学和历史文献方面打下良好的基础。抗日战争期间，王先生离开宁波，辗转于嵊州、新昌、宁海各地，历尽艰辛，完成了初中和高中的学业。1946 年夏秋之际，他先后考取厦门大学、北京大学、武汉大学、复旦大学和浙江大学等国内第一流大学，却就近选择最后考取的浙江大学，攻读历史学。1949 年新中国成立，浙江大学院系调整，王仲殊听从浙大教授谭其骧先生劝导，转学到北京大学。

1950 年 7 月，他从北京大学历史系毕业。当时正值中国科学院考古研究所即将成立，需要增添新的研究人员。经北大教授张政烺先生推荐，考古研究所副所长梁思永先生欣然接纳王仲殊于同年 8 月初入所，并多加指导、勉励，热忱至高。这样，王仲殊便成为考古研究所成立后第一个从大学毕业分配而来的青年研究人员。可以说，王仲殊先生是考古研究所成长、发展的重要实践者和见证人之一。

1950 年 9 月，夏鼐先生到考古研究所就任副所长之职，不久便担任王先生的导师。在以夏先生为主的前辈学者的殷切关怀和大力帮助下，王先生在工作上迅速成长，研究上多见成绩。1958～1965 年，他被委任为考古研究所的学术秘书，又任汉唐考古研究组副组长（组长由夏鼐副所长、所长兼任）。1978～1982 年，他升任中国社会科学院考古研究所副所长，进一步成为所长夏鼐先生的得力助手。1982～1988年，王仲殊先生继夏鼐先生之后，被委任为中国社会科学院考古研究所所长，兼任学术委员会主任，并任《考古学报》和《考古学集刊》的主编。在个人学术职称方面，由于"文化大革命"期间的延误，王仲殊先生于1979年被破格提升为研究员（相当于大学教授）。1981年他被聘为中国社会科学院研究生院教授，并由国务院学位委员会直接评定为博士生导师。从1991年开始，他享受国务院颁发的关于做出突出贡献的政府特殊津贴。1992～1998年，他重新担任考古研究所学术委员会主任；1999年至今，又改任学位委员会委员之职。

此外，1979～1988年王仲殊先生曾任中国考古学会常务理事兼秘书长，1980～1985年曾任《中国大百科全书·考古学》编辑委员会副主任兼《秦汉考古》主编，1996～1999年任《辞海》编辑委员会委员兼考古学分科主编，2002年以来又任《大辞海》考古学分科主编。1988～1998年，王仲殊先生连任第七、第八两届中国人民政治协商会议全国委员会委员。

王仲殊先生在学术研究上的成果亦为国际学术界所称道。早在1973年，他被聘为秘鲁国立库斯科大学的名誉教授。1988年，德国考古学研究院则授以通讯院士称号。1990年，亚洲史学会推举王仲殊先生为评议员（相当于常务理事）。1995年，日本冲绳学研究所又聘请其为客座研究员。1996年，继巴金、费孝通之后，王仲殊先生被日本方面授以"福冈亚洲文化奖"大奖，这更是十分难得的荣誉。

这里，应该特别提到的是，在1966年以后的所谓"文化大革命"期间，我国许多学术研究机构，包括中国科学院所属人文·社会科学的各研究所在内，几乎皆被迫停业，唯独考古研究所因受周恩来总理关爱，得以继续开展业务。当时，王仲殊先生受命主持考古研究所的工作，凭借其与中国科学院院长郭沫若先生之间的亲密交往关系，尽力保护遭受迫害的老一辈学者，尤其是将下放在外省农村劳动的夏鼐先生、安志敏先生等调回北京，恢复其在考古研究所的职务。1971年夏，王仲殊还与夏鼐先生一同为郭沫若院长起草致周恩来总理的请示报告，恳请《考古》、《考古学报》等复刊以应国内外需要，立即蒙周总理批准，乃使考古研究所的学术研究得以进一步开展，为1978年改革开放以后中国考古事业的新的光辉历程打下极为重要的基础。

学问与人品往往有着密不可分的关系，这在王仲殊先生身上显得格外清楚。众所周知，王仲殊是夏鼐先生的学生和接班人。与夏鼐先生一样，王先生为人正派、诚实，襟怀坦白，表里如一。他从不隐瞒自己的观点，更不曲意逢迎，取悦于别人。针对一些不良的倾向，敢于发表自己的意见，无所畏惧。王仲殊先生学风严谨，立论扎实、可靠。在他的学术论著中，从不轻易发表没有把握的见解，更不仅凭主观臆测而大事渲染。实事求是，严于律己，理之所在，决不退让，这是王仲殊先生的治学之道。

二

1948年冬，在南京中央研究院历史语言研究所任职的夏鼐先生拒绝迁移台湾，坚决留在大陆。1949年秋全国解放，夏先生应聘在杭州的浙江大学任教授，直至1950年夏末。当时，王仲殊已转学到北京大学，与夏先生不曾相识。然而，夏先生在浙大任职期间，多次听谭其骧教授（历史地理学）、夏禹勋教授（日本语文）等老师言及王仲殊在学业上的优秀成绩，印象至深。

1950年9月中旬的一个夜晚，夏鼐先生自杭州乘火车到达北京。次日一早，他初次与王仲殊在考古研究所的办公室见面，立即为王仲殊指引治学的方向。夏先生熟知历史文献和日本语文是王仲殊在学业上的优势所在，故明确主张王仲殊应专攻在研究上必须充分以历史文献记载与田野调查发掘相结合的中国汉唐时代考古学，又因汉唐时代中国与日本交往密切，而古代日本在制度、文化上多受中国影响，故可兼攻日本考古学和古代史。数十年来，夏鼐先生指引的治学方针始终为王仲殊所遵循，直至今日而不改。

1950年10月初，王仲殊便跟随夏鼐先生到河南省辉县，参加新中国成立后第一次大规模的考古调查发掘工作。正是遵照上述夏鼐先生为他规定的专业方向，王仲殊在辉县琉璃阁发掘的对象几乎全是汉代墓葬。由于夏先生的言传身教，严格要求，开始奠定了他在田野考古学上的技术基础。1951年4月至7月，夏鼐先生还带领王仲殊到河南省从郑州到渑池的中西部地区进行对各个时代遗址的调查发掘，决定以汉唐时代考古学为专业的王仲殊也参加了几处新石器时代遗址的发掘。由于新石器时代遗址与汉代墓葬在发掘工作的操作上各有特点，互为补充，从而使他进一步增长了关于田野考古学的理论、方法等各方面的知识。

此后，就较为重要的项目而言，王仲殊先生先后参加了湖南省长沙的汉代墓葬、陕西省西安的汉长安城遗址、河北省满城的汉代陵墓、吉林省敦化的渤海墓葬、黑龙江省宁安的渤海上京龙泉府遗址等的发掘工作。其中，1956～1962年汉长安城遗址的发掘由他主持，使他成为考古研究所汉长安城工作队的第一任队长，所获成果为以后该都城遗址的长期发掘打下坚实的基础。1964年春秋两季，他主持敦化六顶山渤海墓葬和宁安渤海镇渤海上京龙泉府遗址的发掘，规模大、效率高，收获丰富，为中国汉唐时代边疆考古学的开展做出积极的贡献。题为《六顶山与渤海镇——唐代渤海国的贵族墓地与都城遗址》的发掘报告书由王仲殊先生任主编，内容充实，叙述清楚，出版后多受好评，并荣膺"国家社会科学基金项目优秀成果奖"和"郭沫若中国历史学奖"等重要奖项。

在长年的考古学研究的实践中，王仲殊先生勤奋好学，孜孜以求，逐渐形成了具有本人自身特色的知识结构和治学方式。50多年来，单就中国考古学范围之内而言，他的论著相当丰富。在前已述及的田野工作方面，有与其他人合著的《辉县发掘报告》、《长沙发掘报告》和上述《六顶山与渤海镇》三部发掘报告，又有个人独著的《洛阳烧沟附近的战国墓葬》、《汉长安城考古工作的初步收获》和《汉长安城考古工作收获续记——宣平城门的发掘》等单篇的发掘报告和简报。在综合研究和专题研究方面，则有个人独著的《汉代文明》（英文）、《汉代考古学概说》（中文，有朝鲜文译本）等专书，又有《沂南石刻画像中的七盘舞》、《略论杯盘舞及其时代》、《汉潼亭弘农杨氏冢茔考略》、《中国古代墓葬概说》、《中国古代都城概说》、《论吴晋时期的佛像夔凤镜》、《吴县、山阴和武昌——从铭文看三国时代吴的铜镜产地》、《"青羊"为吴郡镜工考——再论东汉、三国、西晋时期吴郡所产的铜镜》、《"黄初"、"黄武"、"黄龙"纪年镜铭辞综释》、《"建安"纪年铭神兽镜综论》、《黄龙元年镜与嘉兴元年镜铭辞考释》、《关于好太王碑文辛卯年条的释读》、《再论好太王碑文辛卯年条的释读》等个人独著的论文共约数十篇，其中不少受到国内外学术界的重视，获得好评。

作为中国考古学界的重大事项之一，《中国大百科全书·考古学》

于1986年8月正式出版。王仲殊先生不仅作为编辑委员会副主任协助主任夏鼐先生负责全书的设计、规划和编辑事务，而且亲自承担《中国古代墓葬制度》、《秦汉考古》、《秦汉墓葬》、《汉长安城遗址》、《汉魏洛阳城遗址》、《铜镜》、《汉代铁器》、《汉代铜器》、《汉代漆器》、《汉代陶瓷器》等20多个条目的撰写，字数近20万。特别是卷首开头最重要的《考古学》序目为夏鼐、王仲殊两先生共同合作撰写，高屋建瓴、深入浅出地论述了考古学的定义，研究的范围、目标和方法，学科的分支及其与其他学科的关系等等，并有条不紊地叙明世界考古学的发展史，内容详细、充实，论据确切可靠，至今仍是中国考古学界广为遵循的纲领性大著作。

三

如前所述，按照夏鼐先生为他设定的治学方针，王仲殊先生在研究以汉唐时代为中心的中国考古学的同时，也注重对日本考古学和古代史的钻研。早在20世纪50年代、60年代，王仲殊大量阅读日本的古代文献及近代、现代的考古学和古代史书刊，以求充实自身的基本知识，并把握对方的学术动态。考古研究所图书馆收藏甚丰，除中国本国的书籍、刊物以外，也有不少外国的书刊，尤以日本的为多。中国科学院图书馆、北京大学图书馆和中国国家图书馆（前称北京图书馆）皆兼藏日本文科方面的大量书籍、刊物，应有尽有，自可充分借阅，而王先生个人收集日本书籍、杂志、报刊颇多，更可随手检阅，十分便利。从1981年开始，王先生应邀访问日本，至今已达25次之多，每次都在日本参加考古学·古代史讨论会，作公开的学术讲演，顺便赴各地考察古迹，参观博物馆等，又为他对日本考古学和古代史的研究开创新的必要的条件。

经过长期的努力，王仲殊先生在日本考古学和古代史的研究上取得了很大成绩。他的研究成果充分表现于各种专著和许多论文，它们多被译成日文，在日本出版，有些论文则是由王先生本人直接用日文写作的。在专著方面，计有共著或独著的《探索中日古代文化的交接点》（共著）、《奈良·平安之都与长安》（共著）、《三角缘神兽镜之谜》（共著）、《古代日本的国际化》（共著）、《三角缘神兽镜》（独著）、

《从中国看古代日本》（独著）、《三角缘神兽镜与邪马台国》（共著）等书，而王先生独著的各种论文则已多达数十篇。除1981年以来对平城京、平安京等日本古代都城研究和对称为"三角缘神兽镜"的日本古代铜镜研究的二大系列论著将在后文专门介绍以外，这里先以早在1959年发表的《说滇王之印与汉委奴国王印》和1972年发表的《日本高松冢古坟简介》两篇论文为例，稍加叙说。

在江户时代中期的1784年2月，一枚闪闪发光的金印在日本九州北部的志贺岛（今属福冈市）出土。据计测，印面为2.35厘米见方，纽作蛇形，通纽高2.23厘米。印文"汉委奴国王"五字，篆体，阴刻。如《后汉书·东夷传》所记，这显然是汉光武帝于建武中元二年（公元57年）通过来访的使者赐予倭的奴国之王的。所刻"汉委奴国王"五字应理解为"汉·倭·奴国王"，而"委"字则为"倭"的简体。然而，直到20世纪50年代之末，日本研究者众说纷纭，多有异论，特别是怀疑其为赝作，不是真品，主要的理由是印纽作蛇形，印文为刻凿而非铸就，不合规制云云。

1956年12月，我国云南省晋宁石寨山的西汉滇国墓出土1枚金印，印面2.4厘米见方，纽作蛇形，通纽高1.8厘米。印文"滇王之印"4字，篆体，阴刻。作为发掘单位的云南省博物馆举出各种理由，认为此印不是中国西汉王朝所赐，而是滇国本民族自制。但是，王仲殊先生在《考古》杂志上发表《说滇王之印与汉委奴国王印》的论文，在否定云南省博物馆的意见的同时，确认"滇王之印"金印应如《史记·西南夷列传》所记，为汉武帝于元封二年（公元前109年）所赐予。王仲殊先生以"滇王之印"印纽亦作蛇形，印文亦出于刻凿为主要依据，指明日本志贺岛出土的"汉委奴国王"金印为真品而非伪作。从此以后，怀疑论的迷雾消散，作为2000年来中日两国友好交流史的重要实物见证，金印发出更为灿烂、明亮的光辉。

1972年3月，在日本奈良县高市郡明日香村发掘了高松冢古坟。古坟石室内有着保存良好的壁画，其内容包含四神图、天象图和男女人物像等，绘描优美，装饰精良，色彩鲜明，实属空前大发现，轰动全国。王仲殊在郭沫若先生处得见快速送来的日本报纸关于高松冢古坟的详细报道，乃执笔撰作《日本高松冢古坟简介》之文，发表在复刊不久的1972年第5期《考古》上，立即引起日本学术界的注意。九州大学教授冈崎敬迅速将此文译为日文，转载在同年12月初出版的日本有名的《朝日杂志》。此后，王仲殊先生又连续写作《论日本高松冢古坟的年代问题》、《关于日本高松冢古坟的年代与被葬者》等论文，皆被日本学者译为日文，刊登在日本出版的书刊上。

王仲殊论文的独到之处在于指明高松冢古坟出土的称为"海兽葡萄镜"的铜镜与我国陕西省西安市洪庆村早已发掘的唐代独孤思贞墓出土的海兽葡萄镜属大小、轻重、形状、花纹完全相同的"同范镜"，而独孤思贞墓志明记其人死于武周万岁通天二年（公元697年），次年神功二年（公元698年）葬入墓内，说明铜镜的制作年代在7世纪末。因此，王先生判断高松冢古坟的海兽葡萄镜是由日本文武天皇大宝二年（公元702年）来访长安的以粟田真人为执节使的第七次遣唐使于庆云元年（公元704年）携归日本的，从而推定高松冢古坟的筑造年代不在7世纪末而在8世纪初，进而主张古坟所葬为天武天皇之子、官居"知太政官事"的忍壁亲王。忍壁亲王受命负责编撰《大宝律令》，热衷于仿效中国唐代的制度、文化，而高松冢古坟壁画深具唐风，其题材、格式正与忍壁亲王的身份、职务相称，绝非偶然。王仲殊先生的观点为日本学术界所重视，有的学者则明确表示赞同。直到30余年以后的2004年10月，王先生还应邀到日本京都，就高松冢古坟的年代和被葬者再作讲演，受到热烈的欢迎。

四

古代日本在各方面的制度上广泛受到来自中国的影响，而都城制度则是其中最为重要、最为明显的一个方面。王仲殊先生研究中国古代都城，功底深厚，对古代中日两国都城制度的比较研究自亦得心应手，多有创见。

王先生在这一重大研究领域上发表的许多论著，应当首推《考古》1983年第4期所载《关于日本古代都城制度的源流》一文。该论文就中国古代都城制度对日本的深厚影响作全面、系统、深入的阐述，明确主张7世纪末至8世纪的日本都城藤原京和平城京在形制、布局上仿效7世纪初期以来中国唐王朝的都城长安和洛阳，而不是仿效5世纪末至6世纪前期的北魏王朝的都城洛阳，从而否定了当时在日本历史学界占主导地位的岸俊男先生对这个问题所持的观点，在整个学术界引起强烈反响。日本学者迅速将王仲殊先生此文译成日文，转载于日本的《考古学杂志》上，加之此前新闻媒体所作的许多报道，使得王先生的论点广泛传播，一时成为历史、考古学界乃至社会上的热门话题。从此以后，除个别例外，一般的研究者多沿用王仲殊先生之所说，没有大的异论。性情温和、态度谦虚的岸俊男先生虽然在某种程度上对自身的学说不无保留，却承认王仲殊论文具有说服力，从而不作争论和反驳。岸俊男先生的宽厚、大方的风度，使王仲殊先生深受感动。

经过16年的长期间隔，王仲殊先生从1999年开始，才继续就中日两国都城、宫殿的比较研究执笔为文，到2004年为止，共完成《论日本古代都城宫内大极殿龙尾道》、《论洛阳在古代中日关系史上的重要地位》、《试论唐长安城大明宫麟德殿对日本平城京、平安京宫殿设计的影响》、《关于中日两国古代都城、宫殿研究中的若干基本问题》、《试论唐长安城与日本平城京及平安京何故皆以东半城（左京）为更繁荣》、《中国古代宫内正殿太极殿的建置及其与东亚诸国的关系》、《唐长安城、洛阳城与东亚的都城》、《论唐长安城圆丘对日本交野圆丘的影响》等8篇论文。各篇论文的题材、内容各有不同，正体现了王先生对中日两国古代都城、宫殿制度所作比较研究的全面、系统和无所不包的深入程度。这里，因限于篇幅，只就最具特色和最有创见的《论日本古代都城宫内大极殿龙尾道》和《论唐长安城圆丘对日本交野圆丘的影响》两篇论文作简单的介绍。前者刊登于《考古》1999年第3期，后者刊登于《考古》2004年第10期，是上述8篇论文中的首篇和末篇，一前一后，为王仲殊先生对于中日两国都城、宫殿的比较研究作重新的开始和最后的终结。

据20世纪70年代日本奈良国立文化财研究所的全面发掘，8世纪前期日本平城京宫内第一次大极殿建立于高为2.2米的、可以称为"龙尾坛"的大坛之上，这显然是出于对唐大明宫含元殿的模仿。龙尾坛在其前面左右两侧边缘处各设一条斜坡道以供升登，而坛的前面中央部分则无台阶之类的设施。1981年7月，岸俊男先生在一次国际学术会议上提出个人见解，认为龙尾坛前面中央处应有一条木造的阶梯，以便升登殿上，只因年久枯朽，不留痕迹，故未曾发现。于是，许多学者按此见解，绘描大极殿龙尾坛的复原图，突出坛前木造的大阶梯，公开发表，竟成定论。

另一方面，早在1959~1960年，中国科学院考古研究所马得志先生负责发掘唐长安城大明宫含元殿遗址，在发掘报告中明确认定龙尾道的位置在殿前的正中央处，建筑学者据以作成复原图，国内外学者皆信以为真，毫无异议。但是，1995~1996年中国社会科学院考古研究所以安家瑶为队长的西安唐城工作队的大规模发掘证明，含元殿前面正中央处根本不存在任何阶道，从而在考古研究所内部引发了关于龙尾道问题的激烈争论。

在这种情况下，王仲殊先生撰作题为《论日本古代都城宫内大极殿龙尾道》的论文，主要是参照《日本后纪》、《续日本后纪》、《日本文德天皇实录》等史书记载，尤其是根据13、14世纪日本"九条家图"、"近卫家图"等古图所绘8世纪末、9世纪以降的平安京宫内大极殿龙尾坛（史书中称龙尾道）的二条台阶分别设在坛的左右两侧近边缘处的实况，确证平城京宫内第一次大极殿龙尾坛的前面中央处不可能设有所谓木造的阶梯。日本学者读此论文，多加认同，而马得志先生亦承认当初发掘含元殿时因限于各种条件，对龙尾道遗迹的探测失误，从而使中日两国考古学界两全其美，各自维护了含元殿龙尾道和大极殿龙尾坛（史书中称龙尾道）的真相。其实，就中国方面而言，据《两京新记》、《剧谈录》、《西京记》、《长安志》、《南部新书》、《唐语林》等唐宋时代书籍记述，唐大明宫含元殿前的龙尾道正是分为左右二股，各沿"翔鸾"、"栖凤"两阁盘曲而升登于殿上的，是属毋庸置疑。

关于中日两国古代都城制度的比较研究，从来都局限于都城内部的宫殿、里坊、街路、市场、寺庙等项，而不及于都城的郊外。学者们认为，自古以来，中国都城郊外多设各种礼制建筑物，而日本都城郊外则无类似的设施。无待于言，这是两国古代都城制度的重要差异之一。

1999年中国社会科学院考古研究所西安唐城工作队在唐长安外郭城南面正门明德门外发掘了唐代圆丘的遗址，引起各方面的重视。王仲殊先生以此为契机，撰作题为《论唐长安城圆丘对日本交野圆丘的影响》的论文，打破了历来关于中日两国古代都城制度的比较研究局限于都城内部而不及于郊外的旧例，可谓别开生面。

王先生在论文中根据《续日本纪》、《日本文德天皇实录》等日本史书的记载，确认日本桓武天皇和文德天皇分别于8世纪后期的长冈京和9世纪中叶的平安京南郊交野郡柏原之地（在今大阪府枚方市片鉾町附近）设圆丘以祀天神的事实，又参照《大唐开元礼》、《大唐郊祀录》等中国唐代的文献、典籍，证明当时日本天皇于十一月冬至之日在圆丘祀天神的制度仿自中国唐王朝，乃至礼仪的程序、祭祀的配享以及祭文的文章、字句等几乎全都与中国相同。就史书记载而言，日本冬至祭天的郊祀制度虽仅限于桓武天皇、文德天皇二代，却亦足以否定所谓日本古代都城郊外完全没有礼制建筑物的笼统之说。

五

在王仲殊先生对于日本考古学的研究中，日本出土的称为"三角缘神兽镜"的铜镜是最大的课题。自1981年以来，王先生在中国的《考古》等刊物上先后发表《关于日本三角缘神兽镜的问题》、《关于日本的三角缘佛兽镜》、《日本三角缘神兽镜综论》、《景初三年镜和正始元年镜的铭文考释》、《景初三年镜和正始元年镜铭文补释》、《论日本出土的景初四年铭三角缘盘龙镜》、《从日本出土的铜镜看三世纪倭与中国江南地方的交往》、《论日本出土的吴镜》、《论日本"仿制三角缘神兽镜"与所谓"舶载三角缘神兽镜"的关系》等专题论文，加上前述发表在《考古》杂志上的《论吴晋时期的佛像夔凤镜》、《吴县、山阴和武昌》、《"青羊"为吴郡镜工考》、《"黄初"、"黄武"、"黄龙"纪年镜铭辞综释》、《"建安"纪年铭神兽镜综论》、《黄龙元年镜与嘉兴元年镜铭辞考释》等可作参证的关于中国铜镜研究的论文，共计约有20篇。这许多论文大都已由尾形勇、杉本宪司等日本学者译成日文，在日本著名学者西岛定生先生监修下编集成一本以《三角缘神兽镜》为题的专书，1992年在日本东京出版，1998年再版。

从20世纪20年代之初开始，日本学者富冈谦藏早已主张日本出土的三角缘神兽镜是3世纪中国三国时代的魏镜，包含在《三国志·魏书·东夷传》所记魏朝皇帝于景初三年（公元239年）、正始元年（公元240年）通过来访的使者赐给日本邪马台国女王卑弥呼的"铜镜百枚"之内，这便是所谓三角缘神兽镜的"魏镜说"。1953年以小林行雄为首的日本学者发掘京都府椿井大冢山古坟，出土三角缘神兽镜计30余枚之多，引起轰动，乃使对三角缘神兽镜的研究出现新的高潮，而小林行雄则成为研究此类铜镜的权威，大量联系古代政治历史，提出所谓"同范镜"理论，为日本学术界所信奉。

1957年4月至6月，以原田淑人为团长的日本考古学代表团访问中国。樋口隆康作为代表团的成员，在其所到之处的许多中国的博物馆、研究所等广泛搜寻三角缘神兽镜，竟然一无所见。但是，他和小林行雄一样，不以为意，依然坚持"魏镜说"而不改。随着时间的推移，日本考古调查发掘工作快速进展，古坟出土三角缘神兽镜的数量不断增加，大大超越了《三国志·魏书·东夷传》所记"铜镜百枚"之数。然而，固执"魏镜说"的学者不加反思，继续大肆宣扬，声称倭国使者访问魏王朝及其后的西晋王朝共有4次或5次，每次受赐铜镜，总共可达数百枚，不足为怪，至于中国全境始终绝无三角缘神兽镜的发现，则是由于此类铜镜是中国皇帝专门为赏赐倭王而特铸，故不在中国本国国内流传，云云。这便是所谓三角缘神兽镜的"特铸说"，其出于日本著名学者之口，使王仲殊先生惊异之余，深感遗憾。

王仲殊先生自1981年访问日本以来，在日本各处得见大量三角缘神兽镜的实物，仔细观察，增强认识。经过广泛收集相关的资料，进行周详、深入的比较，王先生就三角缘神兽镜问题的研究创作论文近20篇之多，已如前述。归纳他的观点、论旨，主要有以下各项：

（1）通过近年对奈良县天理市黑冢古坟等古坟的发掘，三角缘神兽镜在日本出土的总数至今已多达500余枚，而此种铜镜在中国全境却依然一无所见，故可断言它们是在日本而不是在中国所制作。

（2）与中国同时期的铜镜相比，三角缘神兽镜在形制、图纹上有独特之点，不可笼统地与中国所产铜镜混为一谈。

（3）尽管如此，由于三角缘神兽镜大体上与中国铜镜多有相似之处，加之铭辞中有"陈氏作竟（镜）"、"张氏作竟"、"王氏作竟"等明确之语，可证其为东渡的中国工匠在日本所制作，而日本当地工匠作为助手，不起主要作用。

（4）三角缘神兽镜的外区形制、纹饰与中国画像镜相似，内区的图像则与中国神兽镜类同，而画像镜、神兽镜盛行在中国江南的吴地，罕见于黄河流域的魏的境域，故三角缘神兽镜应为吴的工匠而非魏的工匠在日本所制作。

（5）许多三角缘神兽镜都有详细的铭文，其辞句、款式、内容与一般中国铜镜的铭文相似，丝毫没有言及皇帝赐镜等情，足证所谓"特铸说"乃无稽之谈。

（6）日本学者主张三角缘神兽镜为中国魏朝皇帝所赐之镜，最为重要的依据在于镜铭中有"景初三年"、"正始元年"的纪年。但是，在"景初"、"正始"纪年镜的铭辞中，工匠陈是（氏）自述经历而称"本是京师，绝地亡出"，"本自州师，杜地命出"，可证陈是（氏）其人本为中国吴地扬州京城（今江苏省镇江，吴时称其地为"京"，东晋称"京口"）的镜师，因故亡命于日本，在日本作镜。

王仲殊先生认为，由于景初三年、正始元年是倭使首次访魏之年，值得纪念，其年号为在日本作镜的中国工匠纪入铭辞，无足为奇。应该特别指出，1986年10月在日本京都府福知山市发掘广峰15号古坟，出土了有"景初四年"纪年铭的盘龙镜，铭文的书体和字句可证制作此镜的工匠陈是（氏）与制作"景初三年"、"正始元年"铭三角缘神兽镜的工匠陈是（氏）属同一人。据《三国志·魏书》记载，魏明帝于景初三年正月病亡，继位的少帝改次年为"正始元年"，根本不存在所谓"景初四年"。正是因为陈是（氏）等人在日本作镜，与中国本土相隔远海，消息欠通，不知魏朝改元之事，乃继"景初三年"之后，在镜铭中使用"景初四年"的纪年。以后发觉"景初四年"纪年有误，乃改用"正始元年"的纪年，以做纠正，实属通情达理之事。

众所周知，在此之前，日本早有1枚"景初四年"铭盘龙镜被主张"魏镜说"的权威学者授意严密隐藏在某处的一所考古资料馆内。广峰15号坟"景初四年"铭盘龙镜发掘出土，引发媒体大力追查，隐藏者才被迫供认，一时使得日本学术界乃至社会各方面舆论哗然。权威学者违反学术讨论公开、公正的原则，长期隐藏"景初四年"铭纪年镜，其原因即在于"景初四年"铭纪年镜的存在足以否定三角缘神兽镜的"魏镜说"。

王仲殊先生的论证坚强有力，得到日本有关学者、专家以及广大古代史、考古学爱好者的认同和支持。有的学者虽继续奉行"魏镜说"，但因三角缘神兽镜在中国黄河流域魏的境内，特别是在魏的都城洛阳所作之说已被彻底否定，不得不改弦更张，另求新说，这便是1999年开始提出的所谓"三角缘神兽镜乐浪郡制作说"。

乐浪郡为汉武帝于元封三年（公元前108年）始置于朝鲜半岛，长期为中国所领有。3世纪初年公孙氏割据辽东，占领乐浪郡，并分其南部之地置带方郡。景初二年（公元238年），魏明帝命司马懿率军消灭公孙氏政权，同时收复乐浪、带方二郡。所谓魏少帝于次年景初三年（公元239年）赐给倭国女王的铜镜不在都城洛阳而在刚刚收复的边郡乐浪制作，本来就有牵强之嫌。2004年9月，王仲殊先生趁在北京举行亚洲史学会研究大会之便，就这一问题作即席发言，指明与中国境内一样，朝鲜半岛有着许多中国铜镜的发现，却从来不曾发现哪怕是一枚三角缘神兽镜，据此即可否定三角缘神兽镜在乐浪所作之说。至于称乐浪郡遗址出土的"画文带同向式神兽镜"、"斜缘二神二兽镜"之类的铜镜不见于中国本土云云，则是属于片面的夸张之辞，与事实不符。

2004年5月，由樋口隆康先生任馆长的泉屋博古馆通过荧光X射线分析，以三角缘神兽镜的青铜成分与中国铜镜的成分相似为由，又一次为"魏镜说"鼓劲。对此，王仲殊先生指出，经分析，日本铜铎所含之铅产自中国而不产于日本，却不能据此否定铜铎的制作地在日本，又指出三角缘神兽镜铭辞中有"用青铜，至海东"之语，正说明此类铜镜的青铜材料来自中国，又何足为怪。王先生还指明日本九州出土的玻璃勾玉（勾形珠）和玻璃管玉（管状珠）无疑是在日本本地制作的，但所用铅钡玻璃的材料却自中国输入，可为旁证。最近，日本有关学者从金属工学的立场出发，指出泉屋博古馆的解析方法存在严重错误，更足以发人深省，明辨是非。

六

除一般的考古学之外，王仲殊先生还注重对以文献资料为依据的古代学的研究。在这方面，最有代表性的论著是关于好太王碑文的释读和对于有关所谓倭面土国的各种史书记载的考证。前者有《关于好太王碑文辛卯年条的释读》和《再论好太王碑文辛卯年条的释读》两篇论文，皆发表在《考古》杂志上；后者则有《论所谓倭面土国之是否存在》的一篇论文刊登于《北京大学学报》，又有《从中日两国的文献资料看古代倭的国名及其他有关问题》的一篇论文译成日文，刊登在名为《东亚细亚的古代文化》的日本刊物上。

在我国吉林省集安县的集安镇，有着一块巨大的石碑。这是公元

414年高句丽的长寿王为颂扬先王好太王的功绩而建立于他的陵墓之旁的。据碑文，好太王的谥号全称为"国冈上广开土境平安好太王"，而《三国史记·高句丽本纪》则称"广开土王"，故此碑通常称"广开土王碑"或"好太王碑"。碑文记公元4世纪末、5世纪初朝鲜半岛的情势甚详，其中包含倭人入侵半岛的情形，而辛卯年条则是关于倭人入侵的最重要的记述。辛卯年是好太王即位的第一年，相当公元391年。

辛卯年条的碑文可用现代汉语的标点符号分为"百残、新罗旧是属民，由来朝贡"与"而倭以辛卯年来渡海破百残□□新罗以为臣民"（两个空白的方框代表因碑面磨损而不能判读的两个字）的直接相连的两句。前句文字清楚，含义明确。后句有二字不能判读，特别是"来渡海"三字如何解释，成为学术界争论的焦点。

在第二次世界大战以前，学者们多主张"来"字为动词，不能判读的二字应相连而成为一个名词（一般认为是"任那"或"加罗"），故碑文可加标点而读为"而倭以辛卯年来，渡海破百残（百济）、任那（或加罗）、新罗，以为臣民。"但是，在20世纪50年代以后，有的学者认为若按以上的读法，则"来"字与"渡海"二字之间存在矛盾，在文理上不通。这就是说，倭人来到朝鲜半岛之后，若又渡海破半岛南部的百济、新罗等，则所渡为何处之海，就难以理解。

1984年，日本学者西岛定生撰作题为《关于广开土王碑文辛卯年条的读法》的论文，承认"来"字若作为动词，就要与"渡海"二字发生矛盾。于是，西岛定生先生一反通说，主张"来"字不是动词，而是表示时间推移的助词，而"以"字则是表示时间开始的助词，与"自"字相通。这样，他就解释"倭以辛卯年来"为"倭自辛卯年以来"，以消除"来"字与"渡海"二字之间的所谓矛盾。

王仲殊先生列举各种理由，反对西岛先生的论点。王先生指出，在中国两晋南北朝时期的书籍中，"来渡"二字常被相连成为一个动词而使用，这在葛洪《抱朴子》和陶弘景《真诰》中尤为多见。《抱朴子》有"（左慈）避地来渡江东"，《真诰》有"（杜契）建安之初来渡江东"、"（平仲节）以大胡乱中国时来渡江"、"（赵广信）魏末来渡江"、"（许光）以中平二年乙丑岁来渡江"等的文句，皆可借以说明辛卯条中的"来"、"渡"二字相连而成为"来渡"的一个动词，而"来渡海"与"来渡江东"、"来渡江"之指渡长江而来相似，是指渡日本与朝鲜半岛之间的海峡而来无疑。总之，按照王仲殊先生的见解，辛卯年条后句应释读为"而倭以辛卯年来渡海，破百济、任那（或加罗）、新罗，以为臣民"。

西岛定生先生读了王先生的论文，欣然接受其见解，并坦诚表示自己不曾阅《抱朴子》、《真诰》之书，故对好太王碑文辛卯年条的释读失误，而以研究好太王碑著称的日本学者武田幸男则再三对王仲殊先生的论说赞誉有加，深表钦佩。

日本史学界普遍认为，在中国东汉时代，日本有所谓"倭面土国"，其国王"帅升等"于汉安帝永初元年（公元107年）遣使来中国朝贡，多献"生口"（指奴隶）。日本学者以为"面土国"是《三国志·魏书·东夷传》所记倭地三十国中的一国，是即伊都国。北宋版《通典》有"（汉）安帝永初元年倭面土国王师升等献生口"的记载，便是所谓"倭面土国"的主要出典。

但是，范晔《后汉书》的有关记载则与《通典》相异。《后汉书·安帝纪》所记为"永初元年冬十月，倭国遣使奉献"，《后汉书·东夷传》所记为"安帝永初元年，倭国王帅升等献生口百六十人，愿请见"。西岛定生先生经过详细考证，于1991年5月在其所著题为《倭面土国出典考》的论文中否定了所谓古本《后汉书》中有关于"倭面土国"的记述之说，意义重大，实属卓识。只因出于某种考虑，西岛先生认为鱼豢《魏略》或许记有"倭面土国"之事，从而使他在否定"倭面土国"的论说中有不够彻底之嫌。

王仲殊先生受西岛先生启发，主张任何版本的《后汉书》中都无关于所谓"倭面土国"的记载。据王先生对《魏略》佚文的考察，鱼豢在《魏略》中所记倭地诸国的国名，有伊都国而无所谓面土国，可见当时倭地根本没有面土国，更不能认为面土国即是伊都国。王先生的见解是对西岛定生先生论说的补充，从而受到西岛先生的表扬。两先生在诸如"帅升等"为倭国王一人之名抑或是指倭国王"帅升"等人之类的次要问题上看法稍有差异，但在否定"倭面土国"的大方向上则互相支持、促进，求得共识，实属难能可贵，在中日两国学术交流上堪称楷模。

王仲殊先生指出，如淳注《汉书·地理志》"乐浪海中有倭人"之句时所称"如墨委面"的"委"字被《翰苑》著者张楚金误解为

"倭",实为"倭面"一词的最初由来。对此,西岛定生先生在1998年3月4日完稿而于同年7月22日(病逝之前3日)发表的最后论文中加以引用和称赞,使王仲殊先生感激之余,不觉泪下。

王仲殊先生对日本古代史的研究,除单篇的论文以外,还著有以《从中国看古代日本》为题的专书,由日本学者桐本东太译成日文,1992年在东京出版。西岛定生先生负监译之责,使译文不仅通顺、秀逸,而且毫无差错。全书共约20万字,由《从奴国到邪马台国》、《倭五王及其前后的世纪》、《圣德太子与中大兄皇子》、《律令国家的完成》等四大章组成,每章各分6节,第三章《倭五王及其前后的世纪》则有11节,合计29节。其中《亲魏倭王卑弥呼》、《邪马台国的所在地》、《倭五王的遣使和上表》、《中国南朝的外交政策》、《扶桑馆内无倭人》、《日出处天子致书日没处天子》、《国书与天皇的称号》、《对等外交的本质及其继续展开》、《难波迁都与大化革新》、《日本国号的成立》、《大宝律令的制定》、《第七次遣唐使的派遣》等10余节全以古代史书记载为依据,实属历史学的著作。王仲殊先生一贯主张,考古学与古代史相辅相成,在历史时代考古学的研究上尤其如此。为此,王先生不仅注重日本考古学,而且对以文献记载为依据的日本古代史亦悉心钻研,并显示自身的见解。

作为考古学者的王仲殊先生,还爱好文学,造诣不浅。在访问日本时,王先生见景生情,曾撰作有关裴世清、朱舜水的七言律诗,当众朗诵。特别是1986年10月应福冈县前原市市长要求,亲笔书写所作题为《伊都怀古》之诗,刻石成碑,树立在伊都历史资料馆门庭之前,受到许多专家和广大参观者的赞赏。王先生亦擅长于创作日本的和歌、俳句,在各种场合披露,并被记录于有关书刊中,深受日本学者乃至各界人士的好评,有的甚至有自愧不如之感。

七

自1956年迄今,王仲殊先生出国访问30余次,其中25次是访问日本,却也曾先后往访埃及、叙利亚、前苏联、越南、阿尔巴尼亚、秘鲁、墨西哥、伊朗、美国、韩国等许多国家。在王先生写作的有关外国的学术著述中,除关于日本考古学、古代史的许多论文和专书以外,也曾有《苏联考古学访问记》（共著）、《阿尔巴尼亚访问记》（共著）、《墨西哥古代文化简述》、《秘鲁、墨西哥考古学访问记》等篇目，它们皆属介绍性文章，却可从中看出王先生对外国考古学概况的了解。

应该说明，在韩国考古学、古代史方面，王仲殊先生在《从中国看古代日本》的专书中有《友好的百济》、《新罗的强盛》等连带性的叙述之节。2002年冬，他用日文写成以《唐长安城、洛阳城与东亚的都城》为题的讲演稿，在日本京都举行的盛大讲演会上就韩国庆州都城的形制、布局作论述，表明了本人自身的独特见解。特别是1995年发表题为《试论鄂城五里墩西晋墓出土的波斯萨珊朝玻璃碗为吴时由海路传入》的论文，对古代中国与波斯的交往途径提出与众不同的新论点，水平甚高。此外，1998年所作题为《论汉唐时代铜钱在边境及国外的流传》的论文，虽以日本冲绳各遗址出土的开元通宝铜钱为主要论述对象，其取材却广泛包含中国从新疆到黑龙江乃至台湾、澎湖、南沙群岛等各处的发现，在国外则普遍采用东非、西亚、中亚、俄罗斯（西伯利亚）、蒙古、朝鲜、韩国、日本等许多地区的资料，足见其放眼世界，在学术研究上注重中国与外国的交流关系，这便是王先生所说的"中外交流考古学"。

在2002年制成的中国社会科学院考古研究所《中国考古》网上资料的考古学家传略中，详细记录着王仲殊先生对于考古学研究的全面看法，十分重要，特转述如下，作为此次新撰《王仲殊先生传略》的总结。

王仲殊先生认为，中国考古学的成就表现在各个方面，归根到底，则是在于田野调查发掘工作中的许多重要发现。这就要求我们在调查发掘中不断改进工作方法，提高操作质量。特别是要本着高度负责的精神，认真研讨、考究，乃至运用必要的科学技术手段，对出土遗迹、遗物进行整理、测定、分析，在此基础上及时完成调查发掘报告的编写，并开展进一步的学术研究，撰作各种论文，编著专题性或综合性的专书。王先生指出，考古学研究要充分结合文献记载，在历史时代考古学的研究上尤其如此。中国古代文献浩如烟海，自当按各人的专业需求，择要阅读。要紧的是必须懂得文献史、目录学等，以便在繁多的古籍中寻求确切相关的记载，加以考核。在引用文献记载时，务必实事求是，力求准确，不可断章取义，切忌牵强附会。

王仲殊先生深切地体会到，古代中国境域辽阔，人口众多，历史久长，文化发达，与周边邻近地区关系密切，与远方的外国多有交往，这就使得作为世界考古学重要组成部分的中国考古学有着丰富多彩的内容和宏伟壮观的规模。正是由于中国的考古事业取得了巨大的成绩，才使现今的世界考古学得以具备比较完整、充实的体系。王先生说，毋庸置疑，中国是考古学大国。世界上许多国家的学者都在研究中国考古学，这当然是好事。中国学者在研究本国考古学的同时，也应适当地研究外国考古学，其中包含中外交流考古学。这样，我们的国家更能称得上是真正的考古学大国。王先生强调指出，中外交流考古学不限于以中国境内发现的遗迹、遗物为研究的依据，也要以外国境内发现的遗迹、遗物为论述的对象，在研究过程中皆须参证中国和外国的文献记载。中国学者研究中外交流考古学，其优势在于通晓中国考古学，但也须熟知相关的外国考古学。对此，懂得外国的语文是必要的前提。

王仲殊先生说，研究考古学，包括研究中外交流考古学，一定要写作学术上有所创新的论文，而写论文的关键在于选题。题目选定了，论文就等于完成了一半。但是，选题应具备下列3个最主要的条件，缺一不可：（1）这个题目在考古学上是有重要或比较重要的意义的；（2）别人没有做过这个题目，或者虽然做过，但论述不够充分、全面，甚至论点有误；（3）本人掌握的资料齐全，有能力写作以此为题的论文。这样，除了熟悉属于最基本的考古调查发掘和古代文献记载的书籍以外，应当广泛阅读中国学者和外国学者的许多著作，包括及时检阅国内、国外有关刊物上发表的各种新发现的报道及相关的论述，才可为自己的论文选题找到必要的线索和可靠的依据。

以上所述是王仲殊先生对考古学研究的观点及治学的方法，而王先生本人在其50余年的学术生涯中正是根据这种观点，按照这种方法从事研究工作的。

2005年5月

王仲殊先生著作目录

1. 《空心砖汉墓》，《文物参考资料》1953年第1期。
2. 《洛阳烧沟附近的战国墓葬》，《考古学报》第8册，1954年。
3. 《墓葬略说》，《考古通讯》1955年第1期（创刊号）。
4. 《沂南石刻画像中的七盘舞》，《考古通讯》1955年第2期。
5. 《琉璃阁的汉代墓葬》，《辉县发掘报告》，科学出版社，1956年。
6. 《汉代物质文化略说》，《考古通讯》1956年第1期。
7. 《略说杯盘舞及其时代》，《考古通讯》1957年第3期。
8. 《西汉后期墓葬（附长沙203号墓出土木船模型复原）》，《长沙发掘报告》，科学出版社，1957年。
9. 《汉长安城考古工作初步收获》，《考古通讯》1957年第5期。
10. 《汉长安城考古工作收获续记——宣平城门的发掘》，《考古通讯》1958年第4期。
11. 《关于泉州出土和镜的说明》，《考古通讯》1958年第7期。
12. 《苏联考古工作访问记（一）》（合著），《考古》1959年第2期。
13. 《苏联考古工作访问记（二）》（合著），《考古》1959年第4期。
14. 《苏联考古工作访问记（三）》（合著），《考古》1959年第5期。
15. 《苏联考古工作访问记（四~七）》（合著），《考古》1959年第9期。
16. 《说滇王之印与汉委奴国王印》，《考古》1959年第10期。
17. 《汉潼亭弘农杨氏冢茔考略》，《考古》1963年第1期。
18. 《论战国及其前后的素镜》，《考古》1963年第9期。
19. 《日本高松塚古坟简介》，《考古》1972年第5期。
20. 《日本の高松塚古墳について》（岡崎敬訳），《朝日ジャーナル》1972，Vol.14，No.50。

21. 《墨西哥古代文化简述》,《考古》1973年第4期。
22. 《阿尔巴尼亚访问记》(合著),《考古》1973年第5期。
23. 《日本古代文化简介》,《考古》1974年第4期。
24. 《日本最近发现的太安万侣墓》,《考古》1979年第3期。
25. "Intercambios académicos de trabajos arqueológicos entre China, Perú y México," *China Reconstruye*《中国建设》, Vol. XX, No. 3, MARZO, 1979.
26. 《关于日本高松塚古坟的年代问题》,《考古》1981年第3期。
27. 《关于日本三角缘神兽镜的问题》,《考古》1981年第4期;又见《中日文化交流史论文集》,人民出版社,1982年。
28. 《中国古代墓葬概说》,《考古》1981年第5期。
29. 《关于日本高松塚古坟的年代与被葬者——为高松塚古坟发掘十周年而作》,《考古》1982年第4期。
30. 《中国古代墓葬概说》,《日中古代文化の接点を探る》(合著),(日本)山川出版社,1982年。
31. 《中国古代都城概说》,《考古》1982年第5期。
32. 《高松塚古墳の年代と被葬者について》(菅谷文則訳),橿原考古学研究所紀要《考古學論攷》第8册,奈良県立橿原考古学研究所,1982年。
33. *Han Civilization* (Translated by K. C. Chang and Collaborators), New Haven and London, Yale University Press, 1982.
34. 《中國古代都城制概論》,《奈良·平安の都と長安》(合著),小学館,1983年。
35. 《关于日本的三角缘佛兽镜——答西田守夫先生》,《考古》1982年第6期。
36. 《关于日本古代都城制度的源流》,《考古》1983年第4期。
37. 《日本の古代都城制度の源流について》(菅谷文則、中村潤子訳),《考古學雜誌》第69卷第1号,日本考古学会,1983年。
38. 《日本三角缘神兽镜综论》,《考古》1984年第5期。
39. 《汉代考古学概说》,中华书局,1984年。
40. 《景初三年镜和正始元年镜的铭文考释》,《考古》1984年第12期。
41. 《景初三年镜和正始元年镜铭文补释》,《考古》1985年第3期。

42. 《论吴晋时期的佛像夔凤镜——为纪念夏鼐先生考古五十年而作》，《考古》1985 年第 7 期；又见《中国考古学研究——夏鼐先生考古五十年纪念论文集》，文物出版社，1986 年。
43. 《夏鼐先生传略》，《考古》1985 年第 8 期，《考古学报》1985 年第 4 期；又见《中国考古学研究——夏鼐先生考古五十年纪念论文集》，文物出版社，1986 年。
44. 《日本の三角縁神獣鏡について》（尾形勇訳），《三角縁神獣鏡の謎》（合著），角川書店，1985 年 10 月。
45. 《吴县、山阴和武昌——从铭文看三国时代吴的铜镜产地》，《考古》1985 年第 11 期。
46. "Xia Nai, An Outstanding Archaeologist," *China Pictorial*（人民画报）12/1985.
47. 《淄博市博物馆藏镜不是三角缘神兽镜》，《考古》1986 年第 2 期。
48. 《"青羊"为吴郡镜工考——再论东汉、三国、西晋时期吴郡所产的铜镜》，《考古》1986 年第 7 期。
49. 《考古学》（合著），《中国大百科全书·考古学》，中国大百科全书出版社，1986 年。
50. 《中国古代墓葬制度》，《中国大百科全书·考古学》，中国大百科全书出版社，1986 年。
51. 《铜镜》，《中国大百科全书·考古学》，中国大百科全书出版社，1986 年。
52. 《秦汉考古》，《中国大百科全书·考古学》，中国大百科全书出版社，1986 年。
53. 《秦汉墓葬》，《中国大百科全书·考古学》，中国大百科全书出版社，1986 年。
54. 《汉代铁器》，《中国大百科全书·考古学》，中国大百科全书出版社，1986 年。
55. 《汉代铜器》，《中国大百科全书·考古学》，中国大百科全书出版社，1986 年。
56. 《汉代陶瓷器》，《中国大百科全书·考古学》，中国大百科全书出版社，1986 年。
57. 《汉代漆器》，《中国大百科全书·考古学》，中国大百科全书出版社，1986年。
58. 《汉长安城遗址》，《中国大百科全书·考古学》，中国大百科全书出版社，1986年。
59. 《汉魏洛阳城遗址》，《中国大百科全书·考古学》，中国大百科全书出版社，1986年。
60. 《呉の「鏡師陳世」製作の神獣鏡を考える》（特别公開講演），奈良国立文化財研究所，1986年。
61. 《吴镜师陈世所作神兽镜论考》，《考古》1986年第11期。
62. 《夏鼐先生与中国考古学》，《文物天地》1987年第3期。
63. 《论日本出土的景初四年铭三角缘盘龙镜》，《考古》1987年第3期。
64. 《"黄初"、"黄武"、"黄龙"纪年镜铭辞综释》，《考古》1987年第7期。
65. 《中国古代墓葬制度概说》，《中原文物》1987年特刊（7）。
66. 《从日本出土的铜镜看三世纪倭与中国江南的交往》，《华夏考古》1988年第2期。
67. 《"建安"纪年铭神兽镜综论》，《考古》1988年第4期。
68. 《论日本出土的吴镜》，《考古》1989年第2期。
69. 《夏鼐》，《当代中国社会科学名家》，社会科学文献出版社，1989年。
70. 《古代的日中关系——从志贺岛的金印到高松塚的海兽葡萄镜》，《考古》1989年第5期。
71. 《东晋南北朝时代中国与海东诸国的关系》，《考古》1989年第11期。
72. 《古代の日中関係—志賀島の金印から高松塚の海獣葡萄鏡まで》，《古代日本の国際化》（合著），朝日新聞社，1990年。
73. 《关于好太王碑文辛卯年条的释读》，《考古》1990年第11期。
74. 《好太王碑文辛卯年条の释读について》，《アジア史学会ニュース》第3号（1991年5月24日·アジア史学会長春研究大会）。
75. 《伊都懷古に寄せて》，《平原弥生古墳—大日孁貴の墓》（原田大六著）上卷216~219頁，葦書房，1991年。
76. 《再论好太王碑文辛卯年条的释读》，《考古》1991年第12期。
77. 《倭の五王をめぐって》，《謎の五世紀を探る》（江上波夫、上田正昭編），讀賣新聞社，1992年。
78. 《三角緣神獸鏡》（西嶋定生監修，尾形勇、杉本憲司訳），学生社，1992 年。
79. 《中国からみた古代日本》（西嶋定生監訳，桐本東太訳），学生社，1992 年。
80. 《关于〈魏志·倭人传〉、〈后汉书·倭传〉的标点和解释》，《古籍整理与研究》第 7 期，中华书局，1992 年。
81. 《中国南北朝時代に関する歴史的·考古学的研究》，《東アジアの古代をどう考えるか—東アジア古代史再構築のために》（江上波夫、上田正昭監修），飛鳥評論社，1993 年。
82. 《漢代考古學概説》（姜仁求譯注），學研文化社，1993 年。
83. 《三世紀의 東亞細亞（三世的東亞細亞）》，《제4회 아세아사학회 서울연구대회》（The 4th Seoul Symposium of Asia History Academy），삼성미술문화재단（三星美術文化財團），1993 年。
84. 《外国人代表祝辞》，《沖縄文化の源流を探る》，復帰 20 周年記念沖縄研究国際シンポジウム実行委員会，1994 年。
85. 《论所谓倭面土国之是否存在》，《北京大学学报（哲学社会科学版）》1994 年第 4 期。
86. 《论日本出土的青龙三年铭方格规矩四神镜——兼论三角缘神兽镜为中国吴的工匠在日本所作》，《考古》1994 年第 8 期。
87. 《日本出土の青龍三年銘方格規矩四神鏡について—呉の工匠の三角緣神獸鏡日本製作説を兼ねて》（高橋久美二·土橋誠訳），《京都府埋蔵文化財情報》第 54 号，京都府埋蔵文化財調査センター，1994 年 12 月；又见《丹後文化圈》，丹後古代文化研究会，1999 年。
88. 《第七次遣唐使のいきさつについて》，《就实女子大学史学論集》第 9 号，就实女子大学史学科，1994 年。
89. 《试论鄂城五里墩西晋墓出土的波斯萨珊朝玻璃碗为吴时由海路传入》，《考古》1995 年第 1 期。
90. 《黄龙元年镜与嘉兴元年镜铭辞考释——试论嘉兴元年镜的年代及其制作地》，《考古》1995 年第 8 期。
91. 《古代中日両国の交流から見た日本文化》，《（第七回）福岡アジア文化賞講演集》，福岡アジア文化賞委員会，1996 年。
92. 《三角緣神獸鏡と邪馬台国》，《（第七回）福岡アジア文化賞講演集》，福岡アジア文化賞委員会，1996 年。

93.《中日両国の文献資料からみた古代倭の国名とそれに関する諸問題》（熊倉浩靖訳），《東アジアの古代文化》第 92 号（1997·夏）；又見《三角縁神獣鏡と邪馬台国》（合著），1997 年。

94.《裴世清と小野妹子—聖徳太子の対中交渉について》，古代史国際シンポジウム（聖徳太子フオーラム）《研究報告集》，1997 年 9 月，奈良（斑鳩町）。

95.《三角縁神獣鏡と邪馬台国》（合著），梓書院，1997 年。

96.《渤海上京龙泉府遗址》，《六顶山与渤海镇——唐代渤海国的贵族墓地与都城遗址》，中国大百科全书出版社，1997 年。

97.《好太王碑文辛卯年条の釈読について》，《上田正昭著作集》第 2 卷月報，角川書店，1998 年。

98.《西嶋定生先生を偲ぶ》，《博古研究》第 16 号，博古研究会，1998 年。

99.《三角縁神獣鏡》新装普及版（西嶋定生監修，尾形勇、杉本憲司訳），学生社，1998 年。

100.《论汉唐时代铜钱在边境及国外的流传——从开元通宝的出土看琉球与中国在历史上的关系》，《考古》1998 年第 12 期。

101.《论日本古代都城宫内大极殿龙尾道》，《考古》1999 年第 3 期。

102.《中国からみた古代東国の成立—群馬県内古墳出土銅鏡の背景について》，《東アジアから見た古代の東国講演集》（合著），上毛新聞社，1999 年。

103.《论日本"仿制三角缘神兽镜"的性质及其与所谓"舶载三角缘神兽镜"的关系》，《考古》2000 年第 1 期。

104.《夏鼐先生的治学之路》（合著），《考古》2000 年第 3 期。

105.《琉球列島·奄美諸島各地出土の開元通宝に関して》（熊倉浩靖訳），《アジアの中の沖縄》，アジア史学会第 9 回研究大会実行委員会，2000 年。

106.《关于日本第七次遣唐使的始末》，《考古与文物》2000 年第 3 期。

107.《仿製三角縁神獣鏡の性格といわゆる舶載三角縁神獣鏡との関係を論ず（上）》（熊倉浩靖訳），《東アジアの古代文化》第 102 号（2000·冬）。

108.《仿製三角縁神獣鏡の性格といわゆる舶載三角縁神獣鏡との関係

を論ず（下）》（熊倉浩靖訳），《東アジアの古代文化》第 103 号（2000・春）。

109. 《论洛阳在古代中日关系史上的重要地位》，《考古》2000 年第 7 期。

110. "On the Important position of Luoyang in the History of Ancient Sino-Japanese Relations," *Chinese Archaeology*, Vol. I, Beijing 2001.

111. "Problems of the Triangular-rimmed Bronze Mirrors with Divinity and Animal Design Unearthed from Japan," *Chinese Archaeology*, Vol. I, Beijing 2001.

112. 《试论唐长安城大明宫麟德殿对日本平城京、平安京宫殿设计的影响》，《考古》2001 年第 2 期；又见《21 世纪中国考古学与世界考古学》，中国社会科学出版社，2002 年。

113. 《中国からみた五世紀における倭国の治天下大王》第 143～155 頁，《稲荷山古墳の鉄剣を見直す》（上田正昭、大塚初重監修，金井塚良一編），学生社，2001 年。

114. 《关于中日两国古代都城、宫殿研究中的若干基本问题》，《考古》2001 年第 9 期。

115. 《外国人代表挨拶》，《世界につなぐ沖縄研究》，復帰 25 周年記念沖縄研究国際シンポジウム実行委員会，2001 年。

116. 《夏鼐先生治学の道》（堀内明博訳），《古代文化》2001 年 11 月号（Vol. 53），古代学協会。

117. "Some Basic Problems in the Study of Ancient Chinese and Japanese Capitals and Palaces," *Chinese Archaeology*, Vol. 2, Beijing 2002.

118. "On the Influence of the Lindedian Pavilion, Daminggong palace, Tang Chang'an City, Upon the Design of Palaces in the Japanese Capitals Heijokyo and Heiankyo," *Chinese Archaeology*, Vol. 2, Beijing 2002.

119. 《外国人代表挨拶》，《世界に拓く沖縄研究》，第 4 回沖縄研究国際シンポジウム実行委員会，2002 年。

120. 《怀念我的朋友张光直》，《四海为家——追念考古学家张光直》，生活・读书・新知三联书店，2002 年。

121. 《论琉球国"万国津梁之钟"的制作地问题》，《考古》2002 年第 6 期。

122. 《我对考古学研究的一些看法》,《中国文物报(文博百家言)》2002年9月13日。
123. 《アジア史学会島根大会開催にあたって—燦爛たる出雲の古代文化》,《環日本海文化の再発見—東アジア青銅器文化と古代出雲》(講演・報告集),アジア史学会第11回研究大会実行委員会,2002年11月。
124. 《试论唐长安城与日本平城京及平安京何故皆以东半城(左京)为更繁荣》,《考古》2002年第11期;又见《新世紀の考古学—大塚初重先生喜寿記念論文集》,篆修堂,2003年。
125. "Why Did the Eastern Half City (Left Capital) of Tang Chang'an City and Japanese Heijokyo and Heiankyo Capitals Become More Prosperous?" *Chinese Archaeology*, Vol. 3, Beijing 2003.
126. 《灿烂的出云古代文化》,《考古》2003年第8期。
127. 《那須国造碑の永昌(年号)と庚子(歳次)について》(井之口茂訳),《博古研究》第26号,博古研究会,2003年10月。
128. 《中国古代宫内正殿太极殿的建置及其与东亚诸国的关系》,《考古》2003年第11期。
129. 《唐長安城および洛陽城と東アジアの都城》,《東アジアの都市形態と文明史》(千田稔編),国際日本文化研究センター,2004年。
130. "Institution of Establishing the Main Pavilion Taijidian in the Imperial Palace of Ancient China and Its Involvement in the Relationship Between Then China and Other East Asian Countries," *Chinese Archaeology*, Vol. 4, Beijing 2004.
131. 《从东亚石棚(支石墓)的年代说到日本弥生时代开始于何时的问题》,《考古》2004年第5期。
132. 《论唐长安城圆丘对日本交野圆丘的影响》,《考古》2004年第10期。
133. 《我的诗作》,《时代履痕——中国社会科学院学者散文选》(下),社会科学文献出版社,2004年。
134. 《唐長安城圓丘の日本交野圓丘への影響について》(熊倉浩靖訳),《東アジアの古代文化》第122号,2005年。

135. 《中日两国考古学·古代史论文集》，科学出版社，2005 年。
136. 《〈三国志·魏书·东夷（倭人）传〉中的"景初二年"为"景初三年"之误》，《考古》2006 年第 4 期。
137. 《井真成与阿倍仲麻吕、吉备真备》，《考古》2006 年第 6 期。
138. 《见微知著，博通中西》，《南方文物》2007 年第 3 期。
139. 《巨大古墳箸墓の被葬者について—卑弥呼か台与か》（熊倉浩靖訳），《東アジアの古代文化》131 号（2007·春）。
140. 《论日本巨大古坟箸墓所葬何人的问题——是卑弥呼抑或是台与》，《考古》2007 年第 8 期。
141. 《新罗的历史·文化及都城的形制》，《探古求原》，科学出版社，2007 年。
142. 《再论日本高松冢古坟的年代及所葬何人的问题》，《考古》2009 年第 3 期。
143. 《从中国看古代日本的"东国"——论埼玉稻荷山古坟铁剑的铭文》，《考古》2009 年第 12 期。
144. 《汉长安城城门遗址的发掘与研究》，《考古学集刊》第 17 集，科学出版社，2010 年。
145. 《夏鼐与中国考古学的发展》，《中国社会科学报》2010 年 2 月 4 日。
146. 《日本遣隋使·遣唐使概述》，《中国社会科学报》2010 年 5 月 6 日、13 日。
147. 《中国考古学研究应与世界考古学接轨》，《中国社会科学报》2011 年 1 月 27 日。
148. 《论开元通宝对日本古代货币制度的影响》，《安志敏先生纪念文集》，文物出版社，2011 年。
149. 《再论日本出土的景初四年铭三角缘盘龙镜》，《考古》2012 年第 6 期。
150. 《王仲殊文集》，社会科学文献出版社，2014 年。

（2014 年增补）

目 录

考古学 …………………………………………………………… 1
铜镜 ……………………………………………………………… 35
中国古代都城概说 ……………………………………………… 40
中国古代墓葬制度 ……………………………………………… 58
秦汉考古 ………………………………………………………… 71
西汉的都城长安 ………………………………………………… 101
东汉的都城雒阳 ………………………………………………… 117
汉长安城宣平门的发掘 ………………………………………… 131
汉代的农业 ……………………………………………………… 143
汉代的漆器 ……………………………………………………… 157
汉代的铜器 ……………………………………………………… 173
汉代的铁器 ……………………………………………………… 184
汉代的陶器 ……………………………………………………… 195
汉代的墓葬（上） ……………………………………………… 208
汉代的墓葬（下） ……………………………………………… 223
沂南石刻画像中的七盘舞 ……………………………………… 237
略说杯盘舞及其时代 …………………………………………… 243
汉潼亭弘农杨氏冢茔考略 ……………………………………… 248
说滇王之印与汉委奴国王印 …………………………………… 255
黄龙元年镜与嘉兴元年镜铭辞考释
  ——试论嘉兴元年镜的年代及其制作地 …………………… 260

试论鄂城五里墩西晋墓出土的波斯萨珊朝玻璃碗为吴时由海路传入 ………………………………………………………………… 280

论汉唐时代铜钱在边境及国外的流传
　　——从开元通宝的出土看琉球与中国在历史上的关系 …………… 291

附录

夏鼐先生传略 …………………………………………………… 321

怀念杰出的考古学家夏鼐先生 ………………………………… 333

夏鼐先生的治学之路
　　——纪念夏鼐先生诞生90周年 ……………………………… 341

怀念我的朋友张光直 …………………………………………… 360

CONTENTS

Archaeology	1
Bronze Mirror	35
General Introduction to Ancient Chinese Capital Cities	40
Burial System in Ancient China	58
Archaeology of Qin-Han Period	71
Chang'an: the Capital City of Western Han	101
Luoyang: the Capital City of Eastern Han	117
Archaeological Report of Xuanpingmen Gate Site in Han Capital Chang'an	131
Agriculture in Han Dynasty	143
Lacquer Ware of Han Dynasty	157
Bronze Ware of Han Dynasty	173
Iron Ware of Han Dynasty	184
Ceramics of Han Dynasty	195
Burials in Han Dynasty (I, II)	208
The Seven-Dish Dance Represented in Yinan Stone Carvings	237
Brief Introduction to the Cup-and-Dish Dance	243
A Study on the Hongnong Yang Family's Graveyard at Tongting	248
A Comparative Study Case: "the King of Dian State" Seal and "the King of Wo-Nu State Under Han" Seal	255
Date and Workshop: Focusing on the Bronze Mirrors Bearing Chronological Inscriptions "Huanglong 1st Year" and "Jiaxing 1st Year"	260

Archaeological Evidence of Maritime Silk Route: Sassanian Glass
    Bowl Unearthed from Wulidun Western-Jin Tomb   280
Circulation of Han-Tang Period Coins in the Border Regions and the
    Beyond   291

Appendix

Brief Biography of Prof. Xia Nai   321
In Memory of Outstanding Archaeologist Prof. Xia Nai   333
Prof. Xia Ṇai' s Approach of Learning   341
In Memory of My Friend Prof. K. C. Chang   360

考 古 学

考古学属于人文科学的领域,是历史科学的重要组成部分。其任务在于,根据古代人类通过各种活动遗留下来的实物,以研究人类古代社会的历史。实物资料包括各种遗迹和遗物,它们多埋没在地下,必须经过科学的调查发掘,才能被系统地、完整地揭示和收集。因此,考古学研究的基础在于田野调查发掘工作。

考古学的产生有长远的渊源,但到近代才发展成为一门科学。近代考古学发祥于欧洲,以后普及到世界各国。北宋以来的金石学是中国考古学的前身,但以田野调查发掘工作为基础的近代考古学要到20世纪20年代才在中国出现。作为一门近代的科学,考古学有一套完整、严密的方法论。它包含史前考古学、历史考古学和田野考古学等分支,并与自然科学、技术科学领域内的许多学科以及人文、社会科学领域内的其他学科有着密切的关系。

一 考古学的定义和特点

1. "考古学"名称的由来

中国汉文中"考古学"这一名词,是从欧洲文字翻译过来的。欧洲文字中的"考古学"一词,如 Archaeology(英文)、Archéologie(法文)、Archaeologie(德文)、Археопогия(俄文)、Archeologia(意大利文)、Arqueologia(西班牙文)等,都是源于希腊文 Αρχαιολογία。希腊文的 Αρχαιολογία,由"άρχα τos"和"λογος"二字组成,前者意为古代或古代的事物,后者意为科学。所以古代希腊的 Αρχαιολογία 一词是泛指古代史的研究,公元前4世纪柏拉图所使用的这个名词便属此种含义。17世纪这一名词被重新使用时,其含义稍有改变,是指对古物和古迹的研究。在17世纪和18世纪，一般是指对含有美术价值的古物和古迹的研究。到了19世纪，才泛指对一切古物和古迹的研究。

在中国，东汉（1~2世纪）时已有"古学"的名称。《后汉书》中说马融"传古学"，贾逵"为古学"，桓谭"好古学"，郑兴"长于古学"，这里所谓"古学"是专指研究古文经学，实际也包括古文字学。北宋中叶（11世纪），"金石学"诞生，其研究对象限于古代的"吉金"（青铜彝器）和石刻。到清代末叶（19世纪），金石学的研究对象从铜器、石刻扩大到其他各种古物，所以有人主张将金石学改称为"古器物学"。由于清末至"中华民国"时期的"古器物学"已接近于近代考古学，所以也有人把欧洲文字中的"考古学"一词译为"古物学"（如1931年商务版《百科名汇》）。其实，中国的这种"古器物学"并不等于考古学，要经过系统化以后才可成为考古学的一部分。

2. 考古学的定义

从现今通常使用的情形来看，考古学这一名词主要有3种涵义。第一种涵义是指考古研究所得的历史知识，有时还可引申为记述这种知识的书籍；第二种涵义是指借以获得这种知识的考古方法和技术，包括搜集和保存资料、审定和考证资料、编排和整理资料的方法和技术；第三种涵义则是指理论性的研究和解释，用以阐明包含在各种考古资料中的因果关系，论证存在于古代社会历史发展过程中的规律。

现在，作为一门近代的科学，考古学已有它的充实的内容，周密的方法，系统的理论和明确的目标。虽然还没有一个被普遍确认的定义，但在全世界范围内，学术界对考古学一词的理解是大致相同的。因此，可以从共同的理解出发，考虑到上述的三种涵义，给考古学下定义说：考古学是根据古代人类通过各种活动遗留下来的实物以研究人类古代社会历史的一门科学。对于这样的一个定义，需要作以下的解释和说明：

研究的年代范围

考古学是历史科学的一个组成部分。但其研究的范围是古代，所以它与近代史、现代史是无关的。各国考古学都有它们的年代下限。例如，英国考古学的年代下限为诺曼人的入侵（1066年），法国考古学的年代下限为加洛林王朝的覆灭（公元987年），美洲各国考古学的年代下限为C.哥伦布（约1451~1506年）发现新大陆（1492年）。一般说来，中国考古学的年代下限可以定在明朝的灭亡（1644年）。

近一时期以来，英国有"中世纪考古学"，其年代下限延伸到资产阶级革命的开始（1640年）；又有所谓"工业考古学"，其年代下限更延伸到18世纪和19世纪的工业革命初期。在美洲，则有所谓"历史考古学"或"殖民地时代考古学"，它们的年代范围在哥伦布发现美洲之后，直到18世纪末或19世纪初美洲各国在政治上获得独立。但是，英国的所谓"工业考古学"、美洲的所谓"历史考古学"或"殖民地时代考古学"，实际上是利用考古学的方法以研究近代史，所以不能算作真正的考古学。

相反，也有人把考古学的年代范围局限于史前时代，即没有文字记载的古代。这样，便把许多文明古国的历史时代也都排除在考古学研究的年代范围之外，这也是不妥当的。考古学不研究近代和现代，而是研究古代，这是必须肯定的。但是，考古学所研究的"古代"，除了史前时代以外，还应该包括原史时代和历史时代。就中国考古学而言，历史时代不仅指商代和周代，而且还包括秦汉及其以后各代；所谓"古不考'三代'以下"是不对的。当然，历史越古老，文字记载越少，考古学研究的重要性也越显著。要究明人类没有文字记载的史前时代的社会历史，就必须在极大程度上依靠考古学，因而史前考古学与史前史就等同起来了。

作为实物资料的遗迹和遗物

考古学的研究对象是实物资料。有些人望文生义，只看重一个"古"字，以为只要是考证古代的事物，不管是根据文献资料，还是根据实物资料，都可算是考古学。其实，考古学研究的对象是物质的遗存，即古代的遗迹和遗物。这就是它与依靠文献记载以研究人类历史的狭义历史学的最重要的不同点。考古学和历史学，是历史科学（广义历史学）的两个主要的组成部分，犹如车的两轮，不可偏废。但是，两者的关系虽很密切，却是各自独立的。它们都属"时间"的科学，都以研究人类古代社会历史为目标，但所用的资料大不相同，因而所用的方法也不相同。有人把依靠文献资料以研究人类古代历史的狭义历史学也称为考古学，这是不符合近代考古学的基本含义的。

作为考古学研究对象的实物，应该是古代人类通过各种活动遗留下来的，是经过人类有意识地加工的。如果是未经人类加工的自然物，则必须是与人类的活动有关，或是能够反映人类的活动的。这就说明，考古学是属于人文科学中的历史科学，而不属于自然科学，尽管在考古学的研究过程中必须充分利用各种自然科学的技术和方法。

古代人类通过各种活动遗留下来的实物，通常包括遗物和遗迹两大类。前者如工具、武器、日用器具和装饰品等器物，后者如宫殿、住宅、寺庙、作坊、矿井、都市、城堡、坟墓等建筑和设施。有的人片面地把"实物"理解为器物，只注重珍贵的古器物，而忽视许多重要的古代建筑、设施的遗迹，这是十分错误的。此外，农作物、家畜和渔猎、采集所得的动植物遗存，虽然多属自然物，但由于它们与人类的活动有关，有的更是人类活动的产物，所以也应属于考古学的研究对象。

虽然考古学的研究是以物质的遗存为依据，但作为历史科学的组成部分，它的研究范围不限于物质文化，而是在于通过各种遗迹和遗物，研究人类古代社会的各个方面，其中包括生产规模、技术水平等物质文化，也包括美术观念、宗教信仰等精神文化。十月革命后，前苏联曾把"考古学"改称为"物质文化史"。这虽然突出了考古学以实物资料为依据的特点，但实际上却局限了考古学的研究范围。因此，设在莫斯科的国家级考古研究机构虽然使用"物质文化史研究所"这一名称达30余年之久，但后来终于又重新改称为"考古学研究所"。

对人类古代社会的研究

人类的活动是具有社会性的。人类所制作的器物和所创造的文化，都是反映社会的共同的生产技术水平和共同的文化传统。个人的创造发明，都是以他们所在社会中长期积累的生产技术水平和文化传统为基础的。他们的创造发明，只有被他们所在社会中的其他成员接受、继承或传播，才能成为整个社会生产技术水平和文化传统的组成部分。因此，作为考古学研究对象的实物，应该是具有社会性的产物。无论是工具、武器、装饰品等器物，还是宫殿、住宅、城堡、坟墓等建筑、设施，实际上都是社会的产物，而不是个人孤立的、偶然的作品。从考古学研究的方法而言，必须把研究的重点放在遗物和遗迹的整个系列和类型上，而不是研究孤立的、单独的一件器物。孤立的、单独的一件器物，只能算是古董，而不能成为考古学研究的科学资料。即使这件器物具有高度的美术价值，那也只能作为美术史研究的好标本，而不能当作考古学研究的好资料。考古学要究明的是整个社会的生产技术水平和文化传统，而不是某一个人的天才的独创。在考古学研究中，一般不存在对个别历史人物的评价问题。这不仅是由于作为考古学研究对象的实物资料往往无法与某一历史人物相联系，更重要的还由于考古学研究的目标在于人类古代社会的历史，而不在于某一个人的单独表现。

要研究人类古代社会的历史，还必须在横的方面和纵的方面扩大研究的范围。这就必须注意同一时期各地区人类社会之间的相互影响和传播关系，也要注意人类社会文化在不同时期的继承、演变和发展的进程。这些横的联系和纵的进程，正反映在大量的遗迹群和遗物群之中，有待考古学家去分析和究明。

3. 考古学研究的最终目标

作为一门历史科学，考古学的研究不应限于对古代遗迹、遗物的描述和分类，也不应限于鉴定遗迹、遗物的年代和判明它们的用途与制造方法。考古学研究的最终目标在于阐明存在于历史发展过程中的规律，而马克思列宁主义的历史唯物论便是指导研究这种规律的理论基础。

有的历史学家，其中包括考古学家，不承认历史发展存在客观的规律。他们认为，除了论证历史事实之外，只有史料鉴定学和历史编纂学，而没有阐明历史发展规律的广义的史学。这当然是错误的。有的学者，例如20世纪60年代美国的"新考古学派"，虽然承认历史发展有客观的规律，但却把这种规律与自然界的规律混为一谈，这也是不对的。历史唯物主义认为，历史现象之所以不同于自然现象，是由于有"社会的人"这一因素的存在。恩格斯说："在社会历史领域内起作用的是人，而人是赋有意识的，经过深思熟虑而行动，或受热情驱使而行动，并抱有预期的目的。"恩格斯又说，这"丝毫不能改变历史进程服从内在规律的这一事实"，但"对于历史的研究，尤其是对于个别年代和个别事变的研究"，则是十分重要的。总之，我们一方面要重视社会发展的规律，一方面又不能把考古学写成简单的社会发展史。

考古学家要论证人类社会历史发展的一般规律，也要探求各个地区、各个民族在历史发展过程中所表现出来的差异点和造成这些差异的原因。以史前考古学为例，尽管考古学文化类型多种多样，但它们从发生、发展到最后的消失（即合并于另一文化类型或演变而成为另一文化类型），总是具有共同的规律；由于自然条件、社会背景等的不同，各种文化类型也必然会有自身的特点和自己的具体演变过程。历史考古学也是这样，在每一个特定的历史阶段，许多国家的社会文化都有一定的共性，但也有它们各自的特点和个性。

二　考古学简史

近代考古学之具备上述定义中所含的性质，是有着相当长的一段发展过程的。从15世纪开始，欧洲新兴的资产阶级处于上升的阶段。他们在发展生产力的同时，也相应地发展了科学、技术和文化。这样，考古学也随着各门科学的产生而在欧洲出现。

考古学的出现，有它的历史背景。首先是欧洲的文艺复兴促进了人们对古典时代的语文和美术史的研究，从而开始对希腊罗马时代的雕刻和铭刻的搜集。不久又进而对基督教圣地巴勒斯坦地区的古迹和古物发生兴趣，后来这种兴趣还扩大到对近东地区的埃及、巴比伦等地的更为古老的古迹和古物的寻访和搜集。

当时，在西欧和北欧，法兰西、英吉利、德意志、瑞典、丹麦等许多资本主义的民族国家相继成立。这些国家没有像希腊罗马那样古老的历史文献。它们企图凭借先民遗留下来的古迹和古物，宣扬古代历史，以增进爱国主义思想和民族自豪感。这也是近代考古学产生的原因之一。

地质学和生物学的发展，推翻了《圣经》中关于上帝造人的神话。尤其是到了19世纪中叶，C. R. 达尔文（1809～1882年）的《物种起源》、C. 莱尔（1797～1875年）的《从地质证据来证明人类的古老》和T. H. 赫胥黎（1825～1895年）的《人类在自然界中的地位》的出版使人们懂得人类的出现至少在数十万年之前，并认识到人类是从猿类演化而来的。于是，史前考古学产生了。它以进化论的理论为指导，按照近代自然科学的传统，以严格的科学方法从事研究，使作为科学的近代考古学从此得以成立。

纵观近代考古学的发生、发展的全部过程，可以按照阶段的不同，将它分为萌芽期、形成期、成熟期、发展期和继续发展期。

1. 萌芽期

约从1760至1840年。18世纪末，法国资产阶级革命促进了考古学的成长。当拿破仑远征埃及时,有研究埃及的学者同行,在埃及寻访古迹和古物。作为战利品,拿破仑又从意大利、西班牙等地掠夺古物,在法国建立博物馆。他派亲族统治意大利,并大规模地发掘公元79年火山爆发时被埋没的庞培城址。特别是拿破仑的部下在埃及发现罗塞塔石碑,碑上的三体文字为学者们考释埃及象形文字提供了重要的钥匙;1822年法国学者J.-F.商博良释出了这种象形文字,奠定了埃及学的基础。

另一方面,德国J. J. 温克尔曼(1717~1768年)开始利用古代的遗物,而不是专靠古代的文献,从事欧洲古代史的研究。他以保存在罗马等地的许多古代美术品为资料,写成他的名著《古代美术史》。有的学者称他为"考古学之父",可见他对考古学影响之大,尽管古代美术史并不等于考古学。

2. 形成期

从1840至1867年。

"三期论"的提出

19世纪中叶,考古学终于发展成为一门严谨的科学。这首先应该归功于史前考古学。由于史前时代没有任何文献记载,对史前史的研究必须完全依靠考古学,而史前考古学的发展又推动了整个考古学的发展。1819年,丹麦皇家博物馆馆长C. J. 汤姆森从该馆所藏的史前古物着眼,提出了著名的"三期论",认为史前时代的丹麦经历了石器时代、铜器时代和铁器时代三个时期。不久J. J. A. 沃尔索(1821~1885年)又进而把"三期论"用于野外古迹的分期,并以发掘工作中所见的地层关系作为证明。1843年,沃尔索发表了《丹麦原始时代古物》一书,使"三期论"从此成为史前考古学的研究基础。

旧石器的发现和证实

上述丹麦的石器时代,只限于新石器时代(因冰川关系,丹麦没有旧石器时代文化遗存)。对旧石器文化的研究,是从英、法两国开始的,而法国J. 布歇·德·彼尔特在索姆河畔首先发现旧石器,并认定是原始人类所用的工具。1859年英国考古学家和地质学家核查了布歇·德·彼尔特的发现,确认此地的旧石器是与已经绝灭的动物化石共存的,从而证实了他的学说。1865年英国的J. 卢伯克(1834~1913年)

使用希腊语的词根，创造了"旧石器"（Palaeolithic）和"新石器"（Neolithic）两个名词，以表示两个石器时代的存在。当时，进化论已成为欧洲思想界的主流，它为史前考古学打开了前进的道路。1856年发现的尼安德特人的头骨化石，不久也被引用为进化论的物证，彻底否定了上帝于公元前4004年造人的神话。后来，E. A. I. H. 拉尔泰（1801~1871年）又用古脊椎动物化石作标准，把旧石器时代分为3期；G. de 莫尔蒂耶则用第一次发现的地点作为各期的名称。这种分期法和定名法，至今仍为考古学界所通用。

新石器时代方面，1853~1854年在瑞士境内发现了"湖居"遗址，有着许多保存良好的遗迹和遗物。后来知道，湖居遗址中除了新石器时代的遗存以外，还包含有铜器时代和早期铁器时代的遗存。1846~1864年在哈尔施塔特的发掘和1858~1860年在拉登的发掘，证实了欧洲的史前时代应包括早期铁器时代，这两处地名便被用作欧洲史前考古学中的两个分期的名称，后来又成为两个文化的名称。

埃及和西亚的考古工作

商博良释读古埃及象形文字以后，引起了欧洲人对埃及的古迹和古物发生更大的兴趣。法国、德国和意大利等国的考察队到埃及各地调查发掘。在这以前，意大利人 G. B. 贝尔佐尼（1778~1823年）在埃及滥掘古墓，掠取了大量珍贵的古物。到了1859年，法国 A. 马里埃特担任埃及政府的古物局局长，才对这种盗掘加以控制。他任职30年，主持了30多处发掘，取得了丰富的收获。

19世纪初年，在波斯境内发现了刻有楔形文字的摩崖石刻。1835年英国人 H. C. 罗林森（1810~1895年）释读出贝希斯顿三体铭文中的一种楔形文字为古波斯文。后来，其他两种楔形文字也被考释出来，证明分别为古埃兰文和古巴比伦文。古文字学方面的这些研究成果，对西亚地区的考古学研究有很大的帮助。1842年，法国人 P.-E. 博塔开始发掘尼尼微城址。次年，他又在豪尔萨巴德发现了亚述王朝萨尔贡二世的宫殿址，获得了大批石刻浮雕和楔形文字的铭刻。1845~1851年英国人 A. H. 莱亚德也在尼姆鲁德和尼尼微发掘出亚述时代的许多石刻浮雕、楔形文字的石刻和泥板。他出版了《尼尼微石刻图解》和《尼尼微发掘记》，影响很大。但当时的工作水平很低，主要是挖取珍宝，谈不上什么科学性。1850年，瓦尔卡古城址被发现，并进行发掘，虽然当时还不知道它是属于比巴比伦更早的苏美尔人的。

希腊罗马的古典考古学

从19世纪初期以来，英、法、德等国的古物爱好者相继到南欧游历、考察，往往将希腊罗马的石刻浮雕等精美文物运回本国出售，或赠送给博物馆。从雅典巴台农神庙拆下来的浮雕石刻是其中最著名的一例，它是由埃尔金于1816年运到伦敦的，故被称为"埃尔金大理石刻"。有的人还发掘了希腊罗马的古城址和墓地，目的也在于攫取文物，不讲求工作的科学性。

从1863年起，意大利考古学家G.菲奥雷利改进了对庞培古城遗址的发掘方法。他以恢复这一古城的原貌为目标，对遗址中的房屋遗存按单元进行全面的揭露，讲求层位关系，并将发掘出来的遗迹保存在原地。在发掘中，贫民的居处和富人的邸宅同样受到重视；出土物不论精美与否，都被作为不容忽视的标本。他的这种审慎、周密的工作态度，为此后庞培城址的科学发掘打下了基础。

国际考古学会议的召开

作为近代考古学形成的重要标志，1866年在瑞士召开了第1次"人类学和史前考古学国际会议"。这使得考古学作为一门科学，在国际学术界得到了普遍的承认。到1912年为止，这个国际会议共开过14次。1932年改为"先史学和原史学国际会议"，在英国首次举行。它的第11次会议定于1986年在英国举行，届时还将加上"世界考古学会议"的副标题。1867年在巴黎举办的规模宏大的世界博览会，其中有一"劳动历史陈列馆"，以史前时代的劳动工具为主要陈列品。莫尔蒂耶负责欧洲各地标本的选定和陈列，马里埃特则负责埃及考古学标本的选定。这样，考古学在广大群众中也产生了重要的影响。

3. 成熟期

约从1867至1918年。这时期考古学的研究出现了空前的兴盛局面。这主要表现在类型学的发展和史前考古学的系统化，自然科学的方法被应用，田野调查发掘工作开始科学化，近代考古学从欧洲、北非、西亚普及到东亚和美洲。

类型学的发展和史前考古学的系统化

前一时期开创的类型学在这一时期得到了显著的发展，主要是划分器物类型的工作更为细密、准确了。除了按照形态的变化把器物排比成"系列"以外，还根据出土的地层关系来确定系列中各器物类型的年代先后；排比不限于某一种器物，而是将许多不同种类的器物分别排比成系列而互相参照。经过排比之后，各种不同类型的器物组合往往可以代表某一考古学文化。在类型学研究的基础上，1912年步日耶把上旧石器时代调整为3期，连同下旧石器时代的3期，将旧石器时代一共分为6期。他的"六期说"体系被考古学界长期沿用，但后来被证明这只适用于欧洲。1892年，A. 布朗提出在旧石器时代与新石器时代之间应有一个过渡期，称为"中石器时代"（Mesolithic），但这一术语到20世纪20年代才被逐渐采用。

瑞典的O. 蒙特柳斯继沃尔索之后，大量使用比较考古学和类型学的方法进行研究，并将类型学的理论加以系统化。从1885年到1895年，他把北欧的新石器时代分为4期，青铜时代分为5期。这时，早期铁器时代的哈尔施塔特期和拉登期2期被进一步确定下来。这样，从旧石器时代、新石器时代到青铜时代和早期铁器时代，欧洲史前考古学的整个体系得到了确立。法国学者J. 德谢莱特（1862~1914年）于1908至1914年出版的四卷本《史前考古学手册》，总结了19世纪至20世纪初叶的史前考古学成果。

自然科学方法的应用和史前考古学的绝对年代

在史前年代学方面，这一时期已开始采用自然科学的方法。例如，20世纪初，地质学家把欧洲的地质年代确定为4个冰期和3个间冰期。于是，考古学家把旧石器时代文化与冰期、间冰期的划分联系起来，进行分期。各冰期的绝对年代最初是根据地层的厚度来推测的，极不可靠。1910年瑞典德耶尔（1859~1943年）提出了季候泥层分析法，判定斯堪的纳维亚地区泥层的绝对年代可以上推到1万年左右。不过这一分析法的应用只限于一定的地区，而且必须将考古资料与地质年代学的泥层联系起来，才能判定。此外，蒙特柳斯除了就欧洲青铜时代的相对年代进行分期以外，1904年还对各期的绝对年代作过推测。

考古发掘工作的科学化

在这一时期中，考古学最重要的发展是发掘方法的改进。可以说，真正的、科学的考古发掘，是从这时期开始的。首先是明确了发掘的目的不是为了挖宝，而是要把地下的古迹和古物揭露出来，了解它们原来的位置、布局和后来的变化，这样就可以使由于时间的推移而被灰烬和泥土掩埋起来的人类的历史得到重现。

19世纪后期，德国和奥地利的考古学家在希腊和意大利发展了考古发掘的技术。在庞培古城遗址，意大利的考古学家进一步发展菲奥雷利的发掘方法。在近东，1870年以发现荷马史诗中的特洛伊古城而著称于世的H. 谢里曼，除了在发掘中采集全部遗物并注意地层关系以外，他还要求充分做好包括绘图、照相在内的各种记录，迅速整理资料，及时发表报告。英国的F. 皮特里在埃及的发掘工作中，更讲求发掘方法的科学化，他于1904年写出《考古学的目的和方法》一书，总结了自己的工作经验。在英国，皮特里的前辈A. H. L. -F. 皮特-里弗斯则被视为科学考古发掘的创始者，早在1880～1900年，他便已用上述的科学方法在英国克兰伯恩蔡斯地区发掘居住址和古墓。这样，考古学也就被承认是利用实物的证据以探索古代人类历史的一门科学了。

欧洲、北非、希腊和近东地区的重要新发现

这一时期的考古新发现，解决了许多重要的问题。首先是从1875年起，在法国和西班牙境内陆续发现旧石器时代的洞穴壁画，它们与洞穴中的象牙或兽骨的雕刻品一起被称为"洞穴艺术"或"旧石器艺术"。1894～1895年皮特里在埃及涅伽达发现王朝时代以前的墓地，后来经过他的分期排比，列为第30～80期，其中第76期和第77期相当于历史时代的第1期，从而使得史前文化和历史时代的文化衔接起来。在希腊和小亚细亚方面，由于谢里曼在特洛伊城址、A. 伊文思在克诺索斯城的发掘，把希腊的历史从古典时代上推到传说中的"荷马时代"，又进而追溯到史前时代。关于小亚细亚东部和叙利亚北部的赫梯帝国，过去虽曾发现过石刻浮雕和铭文，但到1888年才由A. H. 塞斯（1845～1933年）证明它们是属于赫梯人的，并初步考释出赫梯的文字；德国人发掘赫梯国的首都哈吐沙，发现了数千片公元前14世纪的泥板文书，捷克斯洛伐克的B. F. 赫罗兹尼考释出赫梯语的楔形文字，并将泥板文书翻译出来。在两河流域，1874年泰洛赫遗址的发现，证实了这里的遗存属于苏美尔人的文化。此外，德国人1899～1914年在巴比伦古城和1903～1904年在亚述故都阿苏尔城址的发掘，由于成功地清理出用土坯砌成的墙壁，还利用探井法搞清地层，使这两座都城的部分面貌被清楚地揭示出来。

考古发掘工作扩展到新地区——美洲和东亚

在这一时期，欧美的考古学者还到中美和南美各地进行调查发掘。第一次大规模的发掘，是由美国哈佛大学在洪都拉斯的科潘地方的玛雅文明遗址进行的，1896 年发表了正式的发掘报告。德国的 M. 乌勒，从 19 世纪末到 20 世纪初一直在秘鲁的帕查卡马克进行发掘，他的发掘报告于 1903 年出版。

在中国，帝国主义者为了觊觎中国的领土，于 19 世纪末至 20 世纪初纷纷派遣探险队到新疆，搞考古调查、发掘，以掠取古物。东亚的日本，以 1868 年的明治维新为开端，逐渐发展成为资本主义国家，受欧美考古学的影响，也开始在国内进行考古调查和发掘。日本和俄国还派人在中国的东北地区进行掠夺性的考古发掘。当时中国的考古学界，还停留在金石学的阶段，没有人到野外去做考古发掘工作。

4. 发展期

从 1918 至 1950 年。1914 年爆发的第一次世界大战结束后，各国的考古研究工作很快就恢复开展起来，使考古学的发展进入了一个新的时期。这一时期，不仅有更多的考古新发现，更重要的是在理论方面的发展和提高，调查发掘工作更加科学化，自然科学和技术科学方法广泛应用，考古工作在地域上进一步扩大，成为世界范围的考古学。

理论方面的发展和提高

1917 年十月革命以后，前苏联考古学家在马克思列宁主义的指导下，用历史唯物论的观点和方法从事研究，使前苏联考古学的面貌为之一新。西欧的学者也相当重视理论。尤其是英国的 V. G. 柴尔德，在一定程度上也掌握了历史唯物主义的方法论。前一时期在考古学界占统治地位的汤姆森的"三期论"（石器时代、铜器时代、铁器时代），这时遇到了 L. H. 摩根和恩格斯所提出的另一种"三期论"（蒙昧时代、野蛮时代、文明时代）的挑战。后者是按照人类社会文化的发展阶段划分的，被前苏联考古学界以及柴尔德等西欧的考古学家所采用。但汤姆森的"三期论"仍然有它一定的作用，所以并没有被国际学术界所抛弃。

更为重要的是，作为考古学的基本概念之一，"文化"代替了"时期"；从前的所谓"阿舍利时期"、"莫斯特时期"之类，这时都改称"阿舍利文化"和"莫斯特文化"等。这主要是因为考古学的"文化"

有地域上的局限性，一种"文化"不能代表世界范围内的一个时期，各种不同的"文化"往往在同一个时期中并存，实际是各自代表具有同样文化传统的共同体。明确了考古学"文化"这一基本概念之后，考古学研究就必须有更多的资料和对资料更为精细的分析，而研究的结果就能更符合于客观的实际。柴尔德在20世纪20年代发表的《欧洲文明的黎明》、《史前时代的多瑙河流域》和《远古时代的东方》等著作，便是运用考古学"文化"这一正确的概念进行广泛、深入研究的杰出代表。

调查发掘工作的更加科学化

在田野考古学方面，调查发掘工作的科学性又有了显著的提高。最能代表这一时期田野考古学的水平的，是英国的考古学家 M. 惠勒。他总结前代田野考古学家们的经验并加以发展，除了提高发掘的技术以外，还强调要提高发掘的目标。他主张考古学家要掘出古代的"人民"，而不仅仅是掘出古代的文物。后来，他把他的观点和方法写成一本题为《从土中发掘出来的考古学》的书，是现代田野考古学的杰作。另一位田野考古学家，英国的 O. G. S. 克劳福德（1886～1957年），在调查工作方面作出了新贡献。他本是地理学家，所以充分注意地理环境对古代人类社会的影响。他的著作《田野考古学》，主要是总结了他在广大的田野上进行考古调查的经验。他还发展了航空考古学，使空中摄影成为调查地面上的古代遗迹的得力工具。

由于田野考古工作水平有了新的提高，世界各地的许多重要的遗迹才能运用新的技术和方法进行发掘，而发掘出来的遗物也能得到妥善的处理。1923年英国 H. 卡特在埃及发掘图坦哈蒙墓，1926年英国 L. 吴雷在伊拉克境内的乌尔发掘苏美尔王陵，都获得了成功。这与19世纪中期在埃及和两河流域的发掘相比，已经是不可同日而语了。

自然科学和技术科学的广泛应用

第一次世界大战以后，各种自然科学和技术科学都有快速的发展，它们在考古学上的应用比前一时期更为广泛和普遍。例如，在勘察方面，除利用空中摄影技术探索地面上的遗迹以外，还利用"地抗力"的测定法以探测埋藏于地下的遗迹。在分析、鉴定方面，则应用地质学、物理学和化学的方法判别岩石、矿物和金属制品的质地和成分，应用体质人类学、动物学和植物学的方法以鉴别人骨的性质、兽骨的种类和农作物的品种等。结合考古发掘，进行古代土壤和其中所含孢子花粉的分析以了解古代的植被面貌，也是从这个时期开始的。

在这个时期，地理学的研究方法也被考古学家们所广泛应用。除了利用地图的测绘以显示遗迹和遗物的分布外，还可以把遗迹、遗物的分布图与带有古代植被的地形图结合起来，以考察古代人类社会与自然环境的关系。英国考古学家 C. 福克斯在 20 世纪 20～30 年代所著的《剑桥地区的考古学》和《不列颠的个性》两书，是有关这方面研究的重要著作。

考古学研究的世界化

这一时期的特点，还表现在随着国际政治形势的变化和学术知识的传播，考古工作进一步在全世界范围内普及，促进了考古学研究的世界化。

首先是前苏联的考古工作在其辽阔的国境内广泛开展，从东欧、中亚到西伯利亚都发现了旧石器时代的遗存。特里波利耶文化遗址的发掘，究明了乌克兰新石器时代至铜石并用时代农业部落的社会结构。黑海沿岸古希腊城邦遗址的发掘，为研究当地奴隶制社会的经济、文化提供了丰富的资料。С. П. 托尔斯托夫在中亚阿姆河流域的调查发掘，把花拉子模的历史从中世纪上推到新石器时代。С. В. 吉谢列夫在南西伯利亚的发掘，使这一地区长达 4 000 年的古代史得到恢复。在苏联的东欧地区，斯拉夫民族的起源和中世纪俄罗斯城市的发展是两个重要的研究课题，经过考古学家的努力，也取得了丰硕的成果。

南亚次大陆此时还是英国的殖民地，印度考古局局长由英国人担任。在这一时期，最重要的考古工作是英国 J. H. 马歇尔在哈拉帕城址和摩亨佐达罗城址的发掘。发掘证明，这两处古城是"印度河文明"的两个中心，其年代可以上溯到公元前第 2 千年的前半期，这里不仅已有冶铸青铜的技术，而且还出现了文字，从而纠正了吠陀时代以前的印度完全处在史前时代的错误结论。马歇尔还发掘了历史时代呾叉始罗等处的佛教遗迹，但发掘工作的水平不高。到 1943 年惠勒任印度考古局局长以后，印度考古学的面貌才有新的变化。

中国的考古发掘工作是在这个时期正式开始的，而且很快就取得了重大的成果。首先是 1927 年中国学者和外国学者共同发掘北京周口店的旧石器时代遗址。1929 年裴文中在该遗址发现了北京人的头盖骨化石，引起了全世界的重视。其次是从1928年开始，中国学者李济、梁思永等在河南省安阳发掘殷墟，证明这里是商代后期的都城遗址。宫殿址和王陵出土的大量文物说明，公元前第2千年后期的商殷文化已达到了高度的水平。在这以前，瑞典人安特生于1921年在河南省渑池发现了新石器时代的仰韶文化遗址，接着又在甘肃和青海发掘了许多新石器时代和铜石并用时代的遗址，他所推定的年代序列，在20世纪40年代为中国学者所纠正。1928年中国学者吴金鼎在山东省章丘县的城子崖发现新石器时代晚期的龙山文化遗址。1931年梁思永发掘安阳后冈遗址，从地层关系判明仰韶文化、龙山文化和商殷文化的年代先后序列。于是，黄河流域史前时代文化和历史时代早期文化的基本轮廓得到了初步的究明，为中国考古学的发展开创了良好的端绪。

日本考古学发端于1877年，美国人E.S.莫尔斯（1838～1925年）在东京郊区发掘了新石器时代绳纹文化的遗址大森贝冢。1884年日本学者在东京弥生町发现弥生文化的陶器，此后的发掘证明弥生文化已有铜器和铁器。在年代序列上，继弥生文化之后的是古坟文化，它属于日本的原史时代。1918年鸟居龙藏发表题为《有史以前的日本》的著作，对前一时期的考古工作进行了总结。1934年在奈良县开始对藤原宫遗址进行调查发掘，把田野考古工作的范围扩展到历史时代；1949年在群马县岩宿发现"无土器时代文化"，又将史前考古学的研究推进到旧石器时代。为了引进西欧近代考古学的理论、方法和技术，滨田耕作曾到伦敦大学向皮特里学习，归国后在京都大学举办考古学讲座，培养了许多新的考古学家。

埃及以外的非洲地区曾被看作"黑暗大陆"，没有什么古代文化可言。但在这一时期，不仅法国人在地中海沿岸的突尼斯等地发现了迦太基和罗马时代的遗迹和遗物，而且在非洲各地都发现了旧石器时代和新石器时代的文化遗存。步日耶曾在20世纪40年代对出土的旧石器作过研究，还临摹了南非的岩画。20世纪30年代以来，R.布鲁姆在南非，L.S.B.利基在东非发现了南方古猿的化石，它们可能是直立人的直系祖先，与之共存的据说有打制的砾石工具，以后称为奥杜韦文化。因此，有人认为东非也许是人类最初的摇篮。

美洲的考古工作也获进一步开展。墨西哥和秘鲁是美洲古代文明的两个中心，最受重视。秘鲁的J.C.特略发现了查文遗址，发掘工作证明查文文化是秘鲁最早的文明，年代约从公元前900到公元300年。墨西哥的A.卡索发现了蒙特阿尔万遗址，它是萨波特克文化的中心，年代当公元前600至公元600年。但是这一时期更多的考古工作是由美、英等外国学者做的，他们对墨西哥的玛雅文化和奥尔梅克文化等都做过分析和研究。美国学者在美国境内，主要是研究史前时代的印第安文化，研究方法的特点在于考古发掘与民族志调查（调查现存的印第安人部落）相结合。1926年，在新墨西哥州的福尔瑟姆发现美洲当时所知的最早石器，年代在公元前9000年至前8000年，说明早在中石器时代，北美洲已有人类居住，他们可能是末次冰期以后从亚洲的东北部迁移过来的。

综上所述，由于考古工作在地域上由欧洲、近东扩大到全世界，前一时期以小范围内的研究为基础而建立起来的单线演进的人类社会发展史体系，已经不适用于全世界这个庞大的范围。这就是为什么考古学"文化"的概念必须取代过去的"时期"的概念之原因。这种发展也为建立全球范围的"世界考古学"体系打下了基础。

5. 继续发展期

约从1950年至今。这时期考古学进入了一个新的发展期，其特点基本上是前一时期各个特点的继续发展。中华人民共和国考古学的兴盛则是这一时期的新特点。

理论方面的发展

除了前苏联以外，第二次世界大战后新建立的包括中国在内的许多社会主义国家，都以马克思列宁主义的理论为指导思想，用历史唯物论的观点、方法从事考古学研究，这在世界考古学上产生了很大的影响。在欧美各资本主义国家，考古学家们主要是沿着前一时期以来的理论体系继续前进，但也相当重视古代人类社会中的经济因素；英国学者J.G.D.克拉克所著《史前欧洲经济的基础》一书，从经济方面的角度出发，描述并解释欧洲史前时代的考古资料，便是体现这种研究方式的代表作。

对于前一时期盛行的考古学"文化"的概念，有的学者提出了疑问。考古学"文化"一词，是从民族学引进的，用以表示具有同一文化传统的共同体。但根据民族学的资料，同一部落或民族所用的物件，有时有着两种完全不同的类型（如现存爱斯基摩人在夏季营地和冬季营地所遗的两套不同的用品）。即使是一个定居的农业社会，随着年代的推移，所用器物的形貌也会发生变化，经过较长的时期，甚至会变得面目全非。至于考古学"文化"所代表的共同体究竟是一个民族，还是一个部落或部落联盟，那就更难以确定。这些问题的提出，虽还不足以否定考古学"文化"的重要性，但促使考古学家们在运用这一概念时要作周到、灵活的思考，避免简单化和绝对化。

在20世纪60年代，美国兴起以L. R. 宾福德为首的所谓"新考古学派"，主张考古学应该是一门研究"文化过程"的科学，研究的目标在于探求"文化动力学"的规律。他们撰造一些别人难以懂得的术语，以阐述他们的范例和理论，提出他们的模式和规律。他们的主张虽然过于片面，似乎没有为学术界提供建设性的效益，但可以看作是对传统考古学流于繁琐的一种反抗，可以促人深思和反省。

自然科学和技术科学应用方面的发展

第二次世界大战后，自然科学和技术科学快速发展，在考古学上的应用也更为广泛，更为重要。如电磁测定法用于探寻遗迹，放射性碳素测定法、钾氩法、热释光测定法、古地磁测定法等用于测定遗迹和遗物的年代。X射线荧光分析法、电子探针法、中子活化法等用于分析遗物的成分等，使得考古学研究得到很大的进展。用电子计算机储存并分析各种考古资料，也是这一时期才开始的。尤其是放射性碳素断代的广泛应用，使考古学家能确知各种史前文化的绝对年代，从而就它们之间的年代先后序列作出确切可靠的结论，这可以说是史前考古学上的一次革命。过去，欧洲的考古学家们认为，欧洲新石器时代和青铜时代文化的绝对年代较晚，是受到近东地区文化的影响才发展起来的，经过放射性碳素断代，知道它们其实并不晚，很可能是独自形成的。这使得柴尔德在他的遗著《欧洲社会的史前史》一书中也改变了以前自己在这一问题上的看法。此外，由于航空技术和摄影技术的提高，特别是人造卫星上天之后，航空摄影发展为航天摄影，使得前一时期创立的航空考古学又有了显著的进展。潜水设备的改进，则使水底考古学在这一时期得到正式的成立。

考古学研究范围在时间上和地域上的扩展

这一时期内，随着考古调查发掘工作的广泛开展，新的发现不断增多，加上自然科学方法在年代学上的进一步应用，史前考古学的年代上限大大向上推进了。1960年以后，肯尼亚学者L. S. B. 利基在奥杜韦的第1层和第2层发现了能人化石，截至1978年，已出土了10个个体，其年代早于直立人。地层中也有奥杜韦文化的砾石器，从而提早了人类及其文化的历史。R. 利基继其父老利基之后，和其母M. 利基在肯尼亚发现了更多的南方古猿化石，据钾－氩法测定，它们的绝对年代可以早到距今约250万年，引起了国际考古学界的极大重视。在中国，除了周口店北京人的头骨化石和石器仍有出土以外，还在陕西省蓝田发现了蓝田人头盖骨化石和石器，据古地磁法测定，陈家窝的年代约为距今60万或65万年，公王岭的年代约为距今85万至75万年（另一数据为距今100万年），比北京人为早。尤其是在云南省元谋发现的元谋人，虽然只有两枚牙齿，但经古地磁法测定，其年代可早到距今170万年左右（也有人认为距今约70万年）。在新石器时代方面，农业起源的年代也大为提早。例如，在西亚的两河流域，通过在耶莫和耶利哥等处的发掘，发现了从渔猎生活到农业定居生活的过渡性的文化遗址。在中美洲的墨西哥，发现了处于开始栽培阶段的玉蜀黍遗存，后来还在中美洲和南美洲各地发现其他早期的农作物遗存，为美洲农业的起源提供了新证据。在中国的黄河中、下游地区，发现了仰韶文化以前的磁山文化和裴李岗文化，它们与仰韶文化一样，都以粟为主要农作物；在长江下游地区，则发现了以水稻为主要农作物的河姆渡文化，其年代与仰韶文化的前期相当。

这时期考古学研究的另一趋向，是历史考古学受到高度的重视，年代下限被逐渐向下延伸。在欧洲，除了"中世纪考古学"和"中世纪以后时期的考古学"以外，甚至还提出所谓"工业考古学"；在美洲，则把"殖民地时代考古学"和"历史时代遗址考古学"合称为"历史考古学"。历史考古学受到重视，是考古学进一步发展的必然结果。但严格说来，欧洲的"工业考古学"和美洲的"历史考古学"都不能算作真正的考古学。这也许是对过去学术界过于偏重史前考古学的矫枉过正。

前一时期考古工作在地域上的扩展，已经形成了考古学的世界性。第二次世界大战以后，亚洲、非洲和拉丁美洲的许多国家获得独立，它们为了发扬本国的学术文化，加强爱国主义思想和民族自尊心，都重视考古工作的开展，并取得许多成果，从而使得考古学的世界化程度进一步提高。就史前考古学而言，1969 年初版的克拉克的《世界史前学》一书，便是在考古学进一步世界化的基础上写成的。

中国考古学的兴盛

中华人民共和国成立后的 30 余年来，中国考古学迅速成长。在理论方面，考古学的研究始终以马克思列宁主义为指导。中国考古学界以自力更生的精神，依靠自己的力量，同时广泛吸取世界各国的经验，在历史唯物主义理论的基础上，根据自身的特点，进行实事求是的研究。在方法方面，田野考古学已成为中国考古学的主流。除了作为重点地区的黄河流域和长江流域之外，调查发掘工作还遍及全国各地。各种自然科学和技术科学的方法和技术被逐渐应用，考古学与其他各有关学科之间的协作也不断加强。在调查发掘工作的坚实基础上，各种考古资料经过整理和分析，被用以研究中国古代社会历史的各个方面，其中包括生产和科学技术的发展水平、社会经济形态和意识形态，以及社会发展与自然环境的关系等。中国社会科学院考古研究所编写的《新中国的考古发现和研究》一书，系统地总结了 30 余年来中国考古工作的基本成果。

中国考古学是世界考古学的重要组成部分。上述旧石器时代和新石器时代的许多研究成果，为世界史前考古学增加了新的不可或缺的内容。由于中国是旧大陆四大文明中心之一，早在公元前第 2 千年便有了文字记载，这就使得中国的历史考古学也具有很大的重要性。在河南省郑州二里冈、偃师尸乡沟和二里头发现的早商或早于商代的遗址，使中国历史考古学的年代上限不断提早，并使中国青铜时代的早期文化与新石器时代的晚期文化相衔接，而它们之间的一脉相承的关系则说明中国古代文明产生于中国本身，不是受到外来影响的结果。从商代、周代到秦汉及其以后各代，都城的遗址、帝王和贵族的陵墓、平民的居处和墓地，以及矿址、作坊址和窑址等等的调查发掘，为研究中国各历史时代的政治、经济、文化和科学技术的发展提供了大量的资料，研究的成果不仅丰富了中国考古学的内容，而且也充实了世界考古学的体系。

三　考古学的方法论

1. 资料的收集

考古学的研究对象是古代的遗迹和遗物，谈到它的方法论时，首先是如何收集被分为遗迹和遗物两大类的各种实物资料。作为科学的近代考古学，收集实物资料的主要手段应该是田野调查和发掘。因此，田野调查发掘方法便成为近代考古学的最基本的方法。用科学的方法进行调查发掘，这便是"田野考古学"，是考古学中的一个重要的分支。

考古调查

调查是发掘的准备。只有经过调查，才能选定发掘的地点和对象，并决定采用什么方法进行发掘。但是，调查本身也是科学工作。调查工作若做得广泛、深入，纵使不进一步做发掘工作，也可能解决一些考古学上的问题。例如，通过调查，可以究明某一文化在地域上的分布范围，了解该文化与它的地理环境的关系等。在调查之前，要广泛查阅文献，同时要充分利用地图和地名学的研究成果，以便得到探求各种遗迹、遗物的线索。航空照片和卫星照片等遥感资料，也能为考古调查提供启示。

考古调查中可能发现的遗迹和遗物，大体上有平地上的居住址、洞穴中的居住址、都邑和城寨址、坟墓、矿穴和采石坑、摩崖造像和题刻、可移动的石刻（如造像、碑碣、经幢等）、各种类型的建筑物遗存，以及石器、骨器、陶器等各种器物和它们的碎片等。到达现场之后，要注意地形，仔细观察地面上的现象；要充分利用沟沿、路边、山崖等各种断面，寻找遗迹和遗物的露头。有些地点，如泉水附近、河流的交汇处及黄土地带的台地往往有居住址，石灰岩山坡往往有洞穴居住址，湖滨、海边往往有贝丘的遗迹，都特别值得注意。在调查过程中，要做好文字、绘图、照相和测量等各种记录，并适当采集标本，以便在室内作进一步的分析和研究。

考古发掘

调查发现的遗址和坟墓等，要按照各方面的条件，加以选择，才能成为正式发掘的对象。考古发掘要把埋没在地下的遗迹和遗物揭露出来；在揭露过程中，遗迹和遗物不可避免地会受到不同程度的损坏。从这个意义上说，任何发掘工作都是对遗迹和遗物的破坏。考古工作者的责任，在于采取最妥当、最严密的方法，使这种损坏降到最低的限度。

要做好发掘工作，首先必须懂得地层学。"地层"这一名称是从地质学借用的。在人类居住的地点，通常都会通过人类的各种活动，在原来天然形成的"生土"上堆积起一层"熟土"，其中往往夹杂人类无意或有意遗弃的各种器物及其残余，故称"文化层"。如果后一代的人类居住在同一地点，又会在已有的"文化层"上堆积另一"文化层"。由于长期延续，文化层越堆越厚，层次越来越多。如果没有经过扰乱，上层的年代必然比下层的年代为晚。这样，文化层的堆积便构成了这一居住址的编年历史。人类的活动是复杂的。所以文化层的堆积情形也往往是十分复杂的。考古工作者在发掘时，必须恪守地层学的原则，使用各种技术和手段，从错综复杂的层位关系中将居住址的历史井然有序地揭露出来，而不致发生错乱或颠倒。这就要求考古工作者必须具有细致、谨慎的工作态度，采用严密、妥善的发掘方法。在墓葬的发掘中，地层学的重要性虽然不如居住址的发掘，但墓葬与居住址的文化层之间，墓葬与墓葬之间，乃至墓葬本身的各部分之间，也往往存在层位关系。

发掘的具体方法，要看发掘对象而定。总的说来，可分为居住址的发掘和墓葬的发掘两类。居住址的发掘，一般要采取开探方（或探沟）的方法，以利对各种现象的控制和记录，并可留出剖面，以观察文化层的堆积。探方（或探沟）必须统一编号，以求将发掘出来的遗迹、遗物汇合起来，有条不紊地纳入总体记录中。对于各种遗迹，诸如房屋、窖藏、道路、沟渠、水井、城墙和城壕等的发掘，都要按其不同特点，采取不同的操作方法。对各种遗物，则要究明它们所在的位置和相互之间的关系，除了标明层位以外，还要记明坐标，以备查考。发掘墓葬的坟丘部分，要用"四分法"或"条分法"，其原理与发掘居住址时开探方或探沟相似。发掘墓室时，则要仔细清理葬具、尸骨、随葬品和它们的痕迹。不论发掘何种遗迹，都不能放过任何细微的迹象；如夯土中的杵痕、坑壁上的锹迹、房屋中的柱穴、道路上的车辙、田地中的脚印之类，都要一一清理出来。

在全部发掘过程中，都要做好记录工作。记录的方式主要分文字、绘图和照相3种，必要时还要制作模型。考古发掘工作的原则，就是要做到能够根据这些记录及所采集的器物，恢复居住址或墓葬在未发掘前的原状。

2. 资料的整理和分析

考古学是"时间"的科学。因此，在整理从调查发掘中所得的各种资料时，最基本的一环，是要判断遗迹和遗物的年代。这便是考古学上的"年代学"。

相对年代和绝对年代

考古学的年代，可分为"相对年代"和"绝对年代"。前者是指各种遗迹和遗物在时间上的先后关系，后者是指它们的作成距今已有多少年，严格说来，两者属于不同的概念。断定相对年代，通常是依靠地层学和类型学的研究，这是考古学范围内的两种主要的断代法。此外，也可以利用某些自然科学的手段来断定相对年代。

地层学断代的要旨，是先确认各文化层次序的先后以断定它们的相对年代，然后再以各层所含的遗物断定各层的绝对年代。这里，有两条必须遵守的基本原则：①各层（或各墓）所含年代最晚的一件遗物，是代表该层（或该墓）可能的最早年代；②各层（或各墓）的年代，可以以该层所压和被压的上下两层的年代分别作为它的上限和下限。

以层位关系断定年代，要依遗迹的性质不同而作不同的解释。压在城墙（或屋墙）墙基下的遗物年代要比墙的筑成年代为早，或与墙的筑成年代基本相同；土堆（包括坟丘）所压地面上的遗物，其年代一般要比土堆的筑成年代早，但土堆周沿低处所压遗物的年代则往往反比土堆的筑成年代为晚，因为它们是后来土堆逐渐崩塌时才被压住的；墓坑填土中的遗物年代比墓的埋葬年代为早，或与墓的埋葬年代基本上相同；壕沟中初填土层的年代与壕沟的使用年代相同，但次填土层的年代可能与壕沟的使用年代相同，也可能较晚。

不同性质的遗物，被作为断定地层（或墓）年代的依据时，其价值亦不相同。古钱的铸造年代虽然很明确，但因它可以长期沿用，所以用它来断定地层（或墓）的年代时必须慎重分析；陶器（或其碎片）易碎，不能经久使用，作为断代依据的价值则较高；古钱以外的金属制品，时代特征显著，使用时间虽比陶器长，但一般不会太长，所以作为断代依据的价值也相当高；石器和骨器的使用期不会很长，也宜于作为断代的依据，缺点是它们本身的时代特征往往不很明显。

类型学断代的要旨，是将遗物或遗迹按形式排比，把用途、制法相同的遗物（或遗迹）归成一类，并确定它们的标准型式（或称标型），然后按照形式的差异程度的递增或递减，排出一个"系列"，这个"系列"可能便代表该类遗物（或遗迹）在时间上的演变过程，从而体现了它们之间的相对年代。遗物（或遗迹）在型式上的演变既有进化，也有退化，不能一概而论。所以，若能设法断定这个"系列"中的最前一端和最后一端的绝对年代，其在断代上的效果就会更好。此外，存在于不同种类的遗物（或遗迹）上的平行的"系列"越多，通过互相对照，断代的结论也越可靠。

断定绝对年代的方法，在历史考古学的领域内，主要是依靠文献记载和年历学的研究。作为判断年代的证据，则有内证和外证之分。在调查发掘所得的许多实物资料中，碑碣、墓志、简牍以及其他各种器物的纪年铭文是断定绝对年代的可靠的内证，但也有一些应该注意之处，不可疏忽。例如石碑，有时是从别处移来的，有时建筑物经过多次重修而旧碑却长期遗留，这样碑上所刻的纪年便不足以断定建筑物的年代；又如器物上的纪年铭，虽然可以确定器物本身的年代，但若该器物是被长期沿用的，那就不能据以判断其所由出土的文化层或墓葬的绝对年代。所谓外证，是指根据书籍记载或口头传说，来了解某一遗迹或遗物的年代。与上述的内证相比，利用外证应更审慎，因为书籍记载未必都符合实际，口头传说尤其如此。

对于没有文字记载的史前考古学的绝对年代的断定，就不能不在很大程度上借助于自然科学的方法。最近几十年来，各种自然科学在考古学上的应用，有了长足的发展。就测定考古资料的绝对年代而言，就有放射性碳素断代、热释光断代、古地磁断代、钾-氩法断代、树木年轮断代、裂变径迹法断代、氨基酸外消旋法断代、黑曜岩水合法断代、铀系法断代等方法，有的也适用于历史考古学的断代。其中，应用最广的是放射性碳素断代，其次是热释光、古地磁和钾-氩法等断代；树木年轮断代虽不能普遍应用，但具有相当高的精确度。总之，用各种自然科学手段测定年代的方法，为第四纪以来人类进化史的研究提供了年代依据，特别是为建立以旧石器时代晚期和新石器时代为主的史前考古学的年代体系奠定了基础。

器物的制法和用途

整理、分析考古资料的又一重要任务在于判别各种器物原料的成分及其产地，并究明器物的制造方法和用途。这对研究各个时代的生产和技术发展水平有着十分重大的意义。例如古代的铜器，其原材料成分有纯铜、铜锡合金、铜铅合金、铜锡铅合金之分，必须分析，才能得到确切的鉴定。古代的铁器，就其质地和制法而论，有铸件和锻件之分，也有铁质和钢质之别,而钢质又有低碳钢、中碳钢和高碳钢之分,因制法的差异,又有"百炼钢"和"炒钢"等区别,特别是早期的铁器有时系用陨铁制成,不能与人工冶炼的铁相提并论。自然科学在考古学上的广泛应用,为分析器物原材料的成分,鉴定原料的产地,究明器物的制造方法提供了可靠的手段。由于古器物的质料是多种多样的,加以珍贵的古物不允许因分析而造成破坏,所以必须采用许多不同的方法。就目前通用的而言,除普通化学分析之外,还用发射光谱分析、原子吸收光谱分析、X射线荧光分析、中子活化分析、电子探针显微分析、β射线反向散射分析、X射线衍射分析、红外吸收谱分析、穆斯堡尔谱分析、热分析、同位素质谱分析等多种方法,以鉴定石器、陶器、金属器、玻璃器、釉瓷器、木器、骨器以及皮毛和贝壳制品等的原材料成分及其产地,有的还能鉴别器物的制造工艺。

  关于器物的制造方法,除有时可以参考自然科学的分析鉴定以外,主要是依靠对器物本身的深入观察和研究,有时还要经过模拟试验,才能得到究明。所谓模拟试验,是指根据对古器物的观察和研究,初步判定它们的制造方法而进行试制,若能制成同样的器物,便可证明古器物很可能就是用这种方法制造的。例如,在石器时代考古学上,石器的制法是重要的研究课题之一,研究和模拟试验证明,按照制法不同,石器可分打制石器和磨制石器两大类,而主要流行于旧石器时代的打制石器则又有直接打法、间接打法和压制法等不同的制法。在新石器时代考古学上,对陶器制法的研究,除了判别器物的成形是手制的、模制的还是轮制的以外,还要究明施纹、呈色等工艺,并测定烧成时所达到的温度和窑中的气氛是氧化的还是还原的,等等。在研究新石器时代以降的各个时代的纺织品时,除了鉴别它们属于何种纤维以外,还要判明经纬线的组织、密度和显花、染色的技法,并进而推测所用织机的构造和效率。对于各种铜器和铁器,除了分析原材料的化学成分以外,还要究明从矿石的采掘、提炼、范模的取材和制作,直到浇铸或锤打成器的全过程。对于历代的瓷器,则要究明选土、制坯、配釉、施釉等工序,特别要了解入窑烧制的技术。为了全面了解器物的制造方法,还必须通过对矿山、工场和窑址等的调查发掘,作更深入的研究。识别器物的用途,主要也是依靠对器物本身的观察和研究,必要时也须经过模拟试验。在研究各种器物的制法和用途时,民族学和民俗学的资料具有一定的参考价值。

3. 综合性和理论性的研究

从史前考古学到历史考古学，考古学研究的总的目标是要究明人类社会的历史，其中包括人类进化史、民族形成史和社会发展史。为了达到这个总目标，就必须从最基本的调查发掘工作做起，通过对大量的多种多样的实物资料加以整理、分析，广泛地与各种有关学科相结合，扩大研究范围，充实研究成果，经过归纳，加以提高，从理论上阐明人类社会历史发展的规律性。

考古学文化和民族的形成

在史前考古学的领域内，主要是在新石器时代考古学上，考古学文化的研究是一项不可或缺的重要工作。在研究考古学文化时，必须注意各类遗物之间以及遗物与遗迹之间的共存关系。例如，通过广泛的调查、发掘，发现某几种特定类型的陶器及石器、骨器和装饰品等经常从某种特定类型的墓葬或居住址中同时出土，这就证实了它们之间的共存关系。这种共存关系是陶器与陶器之间的共存关系，也是陶器与石器、骨器、装饰品之间的共存关系，而且还是陶器、石器、骨器、装饰品等遗物与墓葬、居住址等遗迹之间的共存关系。这样的共存关系，便构成了史前考古学上的"文化"，称为"考古学文化"。

调查发掘工作证明，"考古学文化"是代表同一时代的、集中于一定地域内的、有一定地方性特征的遗迹和遗物的共同体。这种共同体，应该是属于某一特定的社会集团的。由于这个社会集团有着共同的传统，所以在它的遗迹和遗物上存在着这样的共同性。与民族学的资料相结合，可以认为，新石器时代的各种"考古学文化"类型是体现当时各个部落和部落联盟的存在，与民族的形成有关。这样，通过对考古学文化类型的发生、演变以及对不同地区的各种文化类型之间的相互关系的研究，便可以了解当时人类社会发展的进程，同时可以了解民族形成的历史。当然，如前所述，在运用"考古学文化"这一概念对民族的形成进行研究时，必须做周密的思考，特别要注意避免简单化和绝对化。

人类远古史

在全世界的范围内，全面地综合各个地区的从旧石器时代、新石器时代以至青铜时代和铁器时代的资料，加以系统的分析、研究，便可以论证整个人类的远古史，其中包括人类本身的进化史。到目前为止，根据已经作出的各种研究成果，可以归纳人类远古史的要点如下：①根据人类化石的新发现及对其绝对年代的测定，在距今约二三百万年以前，地球上已经出现了人类。②人类从开始出现以后，在占其全部历史的99%以上的漫长时间内，只能使用以打制石器为主的粗陋工具，从而不得不在极大程度上依赖于大自然，以采集和狩猎为生，文化发展十分缓慢。③到了距今约1万年的时候，在亚洲西部以两河流域为中心的地区，率先进入了新石器时代，产生了农业和畜牧业，使人类的经济生活从完全依赖自然的赐予而转为依靠自己的生产收获。所用工具虽仍以石器为主，但有的已为磨制，不久又发明了制陶和纺织。农业的出现，使人类的居处逐渐固定化，因而出现了聚落。在世界的其他地区，也相继由旧石器时代转入新石器时代。这是人类文化发展史上的一次革命。④在距今约5000年前后，在旧大陆的有些地区，首先是西亚地区，发明了铜的冶炼技术，开始制作铜器。最初为红铜，接着又在红铜中加锡或铅，成为青铜。这样，人类进入了青铜时代。在距今3400年左右，在小亚细亚的东部发明了铁器。以后，在旧大陆的许多地区，都或早或晚地进入了铁器时代。铜和铁的使用，使人类的文化又产生了一次飞跃。早在青铜时代，某些地区已发明了文字。随着经济、文化的发展，都市也在各地相继出现。⑤在世界各地，人类经济、文化的发展是不平衡的。这不仅表现在进入新石器时代、青铜时代和铁器时代的时间有早晚不同，而且还表现在各个时代的文化内容也有所差异。例如，有些地区进入新石器时代后，虽已使用磨制石器并制作陶器，但还没有真正的农业和纺织；有些地区虽已进入青铜时代和铁器时代，但仍未发明文字。尤其是新大陆的美洲，大部分地区长期停留在石器时代，到11世纪左右才在个别地区出现青铜文化，而在15世纪末西班牙人入侵之前，整个新大陆仍始终没有进入铁器时代。

历史唯物主义的社会发展史

马克思主义的历史唯物论认为，人类最初之所以区别于其他动物，主要在于人类能制造并使用工具，从事劳动。劳动不仅使人类逐渐战胜自然，而且也使人类自身的体质、形态和智慧不断得到发展，从而由"直立人"、"早期智人"进化到"晚期智人"。

历史唯物主义又认为，在漫长的旧石器时代和新石器时代，人类的集体由简单的原始群发展到有严密血缘关系的氏族社会，但始终处在原始共产主义社会的阶段。进入青铜时代和铁器时代之后，由于生产力的提高，经济的发展，私有制的进一步确立和贫富分化的加剧，出现了阶级的对立，国家也随之产生。在许多地区，最初的阶级社会是奴隶制社会，以后又发展到封建社会，而近世的资本主义社会则是在封建社会中萌芽的。历史唯物主义的社会发展史，在很大程度上，尤其是关于没有文献记载的远古时期，是从考古学的研究基础上得到阐明的。

四　考古学的分支及其与其他学科的关系

1. 考古学的分支

按照研究的年代范围、具体对象、所用手段和方法等的不同，考古学可以划分为史前考古学、历史考古学、田野考古学及各种特殊考古学等分支。

史前考古学和历史考古学

从研究的年代范围上划分，考古学可分为史前考古学和历史考古学两大分支。也有人主张在两者之间加入原史考古学而成为三大分支。但从实际意义来说，原史考古学的重要性不如前两者。

史前考古学的研究范围是未有文字之前的人类历史，历史考古学的研究范围则限于有了文献记载以后的人类历史，两者的界线在于文字的发明。世界各地，文字的发明有早有晚，所以各地区史前考古学的年代下限和历史考古学的年代上限各有不同。

史前考古学和历史考古学都以遗迹和遗物为研究对象，这是它们之间的共同性。但由于历史考古学必须参证文献记载，而史前考古学则没有任何文献记载可供依据，所以两者的研究任务也有所不同。史前考古学承担了究明史前时代人类历史的全部责任，而历史考古学则可以与历史学分工合作，相辅相成，共同究明历史时代人类社会的历史。

由于史前考古学主要是研究旧石器时代和新石器时代（有时也包括青铜时代和早期铁器时代），历史考古学主要是研究青铜时代尤其是铁器时代，两者所研究的遗迹和遗物在性质上有一定的差异，所以它们的研究方法也有所不同。从与其他学科的关系来说，史前考古学要充分与地质学、古生物学、古人类学和民族学等学科相结合，历史考古学则必须与历史学相配合，同时还要依靠古文字学、铭刻学、古钱学和古建筑学等分支。从断定绝对年代的手段来说，史前考古学在很大程度上要依靠物理学、化学等自然科学的技术，而历史考古学则主要依靠文献记载和年历学的研究。

田野考古学

"田野考古学"的名称，是20世纪初正式提出来的。但当时的田野考古学主要是勘察地面上的遗迹和遗物，依靠地图进行调查，有时则要根据调查结果，测绘地图，作为记录的附件。以后，世界各地的田野考古转入以发掘为中心，并扩大调查的对象和范围，方法逐渐完善，技术快速进步。各种自然科学的手段相继被采用，许多机械设备被用作调查发掘的工具。利用航空照相和卫星照相、磁力探察和地抗力探察等方法以发现遗迹和遗物，用红外线摄影和用其他各种特殊的摄影技术测量和制图，为进行花粉分析和各种物理化学断代而取样，以及将发掘出来的遗迹保存于现场等等，都使得田野考古学的工作面扩大，技术性加强。调查发掘的对象也由一般的居住址和墓葬等扩大到道路、桥梁、沟渠、运河、农田、都市、港口、窑群和矿场等各种大面积的遗址，从而使得考古工作者必须与各有关学科的专家协作，才能完成全面的、综合性的研究任务。

考古学研究是一个整体，田野调查发掘和室内整理研究有着密切的联系，不能截然分割。但是，由于调查发掘工作有一套完整的方法论，而且还使用许多特殊的器材和设备，又要广泛采用自然科学的手段，这就使得田野考古学有其相对的独立性。把它作为考古学的一个重要的分支，也是理所当然的。

特殊考古学

作为考古学的分支，使用特殊考古学这一名称，是为了与史前考古学、历史考古学、田野考古学等考古学的主要分支相区别。它包括上述三大分支以外的其他各种分支。有的是按研究对象不同而分的，如美术考古学、宗教考古学、古钱学、古文字学和铭刻学等；有的是按所用手段和方法不同而分的，如航空考古学、水底考古学等。

考古学和古代美术史，往往有共同的资料。古代美术史的许多研究对象，从旧石器时代的洞穴壁画、岩画到各个时代的绘画、雕刻、造像、各种工艺品及神殿、寺庙和石窟寺等等，都属遗迹和遗物。考古学上的类型学和年代学等方法，也适用于古代美术史的研究。但是，作为考古学的一个分支，美术考古学是从历史科学的立场出发，把各种美术品作为实物标本，研究的目标在于复原古代的社会文化。这与美术史学者从作为意识形态的审美观念出发以研究各种美术品相比，则有原则性的差别。由于美术考古学的研究对象在年代上上起旧石器时代，下迄各历史时代，所以它既属于史前考古学的范围，也属于历史考古学的范围。又由于作为遗迹和遗物的各种美术品多是从田野调查发掘工作中发现的，所以美术考古学与田野考古学的关系也相当密切。

宗教考古学是以有关宗教的遗迹和遗物为研究对象的考古学分支。在古代，宗教信仰普遍存在于人类社会。因此，在研究人类社会的历史时，必须把宗教活动也作为一个重要的方面。各个时代的神殿、寺庙、祭坛、祭具、造像、壁画、经卷和符箓之类，都是宗教考古学的具体研究对象，有的具有一定的美术价值，所以宗教考古学与美术考古学的关系也比较密切。在宗教考古学中，欧洲的基督教考古学、北非及西亚和中亚的伊斯兰教考古学、南亚和东亚的佛教考古学是最为重要的，它们都属历史考古学的领域。但是，早在旧石器时代和新石器时代，人类已有宗教性的活动，并有一定的遗迹和遗物。因此，宗教考古学这一分支，也应被包含在史前考古学的领域内。

以古钱为研究对象的考古学，称为古钱学。由于古钱的铸造年代明确，它便成为考古学断代的最通常的依据之一。但是，作为考古学的一个分支，古钱学的研究有着更为广泛和重要的意义。古钱学的目标，不仅要判别各种古钱的铸造年代，而且还要通过对钱的形状、质料、重量、铭文、图纹和铸造技术的考察，究明它们的发行者和发行地点，确定它们的价值，研究铭文、图纹的意义和风格，从而为经济史、文化史乃至美术史的研究提供材料。通过对出土古钱在地域上的分布情形的考察，还可以研究世界各个地区在经济贸易和文化交流方面的情况，并为判断当时的交通路线提供线索。由于古钱是历史时代的产物，古钱学属于历史考古学的范围。

作为考古学的分支，古文字学和铭刻学的研究对象必须是铸、刻或书写于遗迹和遗物上的文辞，与一般的书籍文献不同。含有文辞的遗迹和遗物，大体上可分两类。一类如墓志、碑碣、印章、甲骨、简牍、泥板、帛书和纸书等，文辞是器物的主要内容；另一类如纪念性建筑物、雕刻品、绘画、货币、度量衡器、镜鉴、工具、武器和各种容器等，铭文处于附属的地位。古文字学和铭刻学的任务在于识别铭辞的文字，判读词句的意义，区别不同时代、不同地区的字体，后者在使用拼音字母的国家里称为"古字体学"。就已经发现的古文字而言，古印度文字、契丹文字和玛雅文字等，虽然已有不少单字能够识别，但还不能顺利判读文辞。但是，埃及古文字、苏美尔文字、迈锡尼文字（线型文字B）和商周甲骨文字等，则已能详细解读，从而对究明古埃及文明、苏美尔文明、迈锡尼时代的希腊文明和中国的商殷文明起了很大的作用。此外，对铭文的研究还可以判明遗迹和遗物的年代、制作者、所有主、所在地、用途和制造目的等。由于铭辞存在于遗迹和遗物上，其可靠程度大大超过文献的记载，不仅可补文献记载的不足，有时还可纠正其错误。因此，古文字学和铭刻学对原史考古学和历史考古学的研究有着很重要的意义。

航空考古学，是指使用飞机从空中向地面摄影，通过对所得照片的观察、分析，判定遗迹和遗物的形状、种类及它们的分布情形。航空考古学开始于第一次世界大战的末期。当时英国、法国和德国的考古学者利用空军侦察地形时所摄的航空照片，探寻地面上的古迹。战争结束后，此项工作进一步开展，尤以英国考古学者的工作为出色，奠定了航空考古学的基础。数十年来，航空考古学的技术不断改进，特别是人造卫星的发明和摄影技术的发展，使得航空考古学的效果大大提高。通过航空摄影和航天摄影显示和判别出来的遗迹，大体上可分3类。①由阳光斜射时产生的阴影显示出来的，如堤坝、城墙和坟丘等遗迹；②利用因土质不同而产生的土色明暗判别出来的，如坑穴、壕沟和道路等遗迹；③从谷物、野草等植物的绿色深浅差异而判明的，如村落、都市、农田、道路、运河等遗址。此外，没入海中的遗迹有时也可通过空中摄影而发现；腓尼基的两个海港——推罗和西顿延续到罗马时期的港市之被发现，便是著名的例子。航空考古学成效甚大，可以看成是田野考古学中的一支生力军。

水底考古学的萌芽可上溯到16世纪意大利人在海底探寻沉船。到了20世纪初期，水底的考古调查在世界各地进行，最有名的是在墨西哥奇琴伊察玛雅文化遗址的"圣池"中寻求牺牲人和祭品，在突尼斯马赫迪耶港的海上探索满载古希腊美术品的罗马沉船。但由于潜水条件的限制，调查时不能做精细的操作和记录。1943年发明了潜水肺，第二次世界大战后又改进了各方面的设备和条件，这才使真正的水底考古学得以成立。从20世纪60年代起，先是法国人在马赛附近海底发掘沉船，接着美国考古队在土耳其附近海底发掘希腊罗马时代和青铜时代晚期的沉船，不仅获得船中许多古物，而且还为研究古代造船术、航海术、海上交通和贸易提供了重要的新资料。水底考古学的对象从沉没物、沉船扩大到淹没于湖底、海中的都市和港市等的遗址，而勘察、发掘及摄影记录等的手段和方法也大为改善，使水底考古学以显著的速度不断取得成果。可以认为，水底考古学是田野考古学在水域的延伸。

除了以上所述各种主要的分支以外，考古学还可以按地区的不同而分为"欧洲考古学"、"埃及考古学"、"中国考古学"和"日本考古学"等各分支，而各地区的考古学则又可按时代等的不同而分为"古典考古学"（希腊罗马考古学）、"商周考古学"等许多分支。

2. 考古学与其他学科的关系

考古学是一门涉及面极广的科学，与其他许多学科都有关系，必须得到这些学科的支持和协助，才能完成各项研究任务。

有关学科的种类

与考古学有关的学科，大体上可以分为自然科学、工程技术科学和人文、社会科学等三大方面。

在自然科学方面，自然地理学、地质学、气象学和生态学等学科，主要是协助研究遗址所在地区的地史和天然资源，从各个方面复原当时的自然环境。生物学（动物学和植物学）和体质人类学，主要是用以鉴定发掘出土的植物遗存、动物和人类的骨骸，并判定它们的年代。物理学和化学则应用于对遗迹的勘探，对遗物成分和性质的分析，并测定它们的年代。

在工程技术科学方面，建筑学和土木工程学应用于对遗址的发掘、测量、制图，对发掘出来的遗迹进行复原或在现场加以保存等。采矿冶金学、陶瓷学和染织学应用于对工场址、矿址、窑址等遗迹的考察，对铜器、铁器、陶瓷器、玻璃器、纺织品等遗物的分析和研究。造船学则专门应用于对发掘出来的造船工场遗址和船舶的遗物进行考察和研究。

在人文、社会科学方面，民族学、民俗学、语言学、人文地理学、社会学、宗教学、经济学、政治学和法学等，都是分别就遗迹和遗物所提供的有关各该学科的资料，进行研究和解释。美术史学和建筑史学主要是研究发掘出来的美术品和各种建筑物遗存，就其样式、风格、年代、建筑技术以及保存方面的问题，作出判断和说明。历史学除了为发掘出来的种种遗迹和遗物提供文献上的解释并帮助判断它们的年代以外，还广泛地就古代的政治组织、社会结构、经济制度以及涉及精神文化方面的各种问题提供文献上的资料，作出详细的说明，以补考古学在这些方面的欠缺和不足。

若干有关学科的举例

这里只以地质学、植物学、动物学和体质人类学为例，进一步说明它们与考古学之间的密切关系。

地质学对考古学研究的最大贡献，是全面恢复第四纪的自然环境。根据第四纪地质学的研究，可以确认，早期人类所生存的更新世是地球上气候发生剧烈变化的时代。北半球高纬度、中纬度地区和低纬度地区的高山，在那时出现过大规模的冰川活动。冰川的扩进和退缩，形成了寒冷的冰期和温暖的间冰期，两者的多次交替导致海平面的大幅度升降、气候带的转移和动植物的迁徙或绝灭等一系列事件，这些都对早期人类体质的进化、文化的发展及居住范围的变化发生过极大的影响。因此，第四纪地质学的研究成果便成为旧石器时代考古研究的必不可少的依据。在地质学上，根据动物群的性质、堆积物的特点和其他环境变化的因素，更新世可划分为早期、中期和晚期，并可推定各期的绝对年代。这也就为旧石器时代考古学的分期奠定了基础。

地质学在一般考古学上的应用，主要是对岩石和矿物的鉴定。旧石器时代和新石器时代的大量石器，以及各个时代的许多石制品，其中包括宝石、半宝石等非金属矿物，都可用岩石切片的方法，用显微镜加以鉴定。这不仅能确认岩石和矿物的性质，而且可以推定它们的产地。

植物学在考古学上的应用相当广泛。在一般的遗址和墓葬中，最容易遇到的植物遗存是木材、纤维和种子，后者包括谷粒、果核和瓜菜籽等。通过对木材的鉴定，可以了解各种木器的材质，进而推定它们的制法和效用。通过对纤维的鉴定，可以了解纺织品的质料，进而探讨农业和纺织业的情形。通过对种子的鉴定，则可以了解农作物的品类，进而论证农业的发展水平和居民的生活条件。

植物学在考古学上的应用，还充分表现在孢子花粉的分析研究上。孢子花粉具有个体小、重量轻、质地坚、产量大、易于飞扬等特点，所以普遍在各处遗址的地层中大量存在，可采集并加以分析。通过对孢子花粉的鉴定，可以推断当时植物的种类；对各种孢子花粉的数量进行统计，可以了解当时的植被面貌。由于一定的植物种类要求一定的生态环境，所以通过对植被面貌的研究又可以进而推断当时的地理和气候等自然环境。例如，发现睡莲之类的水生植物的花粉，就说明当时附近有湖沼；发现大量云杉、冷杉之类的耐寒树木的花粉，则说明当时当地的气候寒湿等。随着时间的推移，植物界总是不断地由低级往高级、由简单到复杂而演变。因此，从不同地层中发现不同种类和不同组合的孢子花粉，还可以帮助考古工作者对地层层位的划分和核对。

不论是史前考古学，还是历史考古学，与动物学的关系都十分密切。从旧石器时代遗址发掘出来的动物骨骸，全属野生动物。根据动物群的特征、组合及更替，以及对动物群中已绝灭的种类与现今仍生存的种类之间的比例统计，都有助于确定遗址的相对年代、划分地层和进行各遗址之间的对比研究。根据动物群中各种生态类型的特征及其分布，结合其他方面的有关资料，还可以分析出当时人类的居住环境和气候条件。

到了新石器时代，家畜在世界各地陆续出现。因此，各处遗址出土的兽骨可以作为研究家畜起源的最直接的依据。对新石器时代早期家畜的各种原始特征的研究，有助于了解人类最初是怎样认识自然和改造自然的。通过对世界各地区遗址出土兽骨的对比研究，还可以究明各种家畜饲养业在地域上的发展和传播，进而推定各地区之间的经济文化交流关系。

在新石器时代的遗址中，往往含有大量的兽骨；靠近水域的遗址，还有许多鱼类、贝类的遗骸。如果它们全属野生动物，便可说明渔猎经济仍占重要地位；如果它们以家畜为主，则又可说明已经进入了畜牧经济的阶段。如果野生动物与家畜兼而有之，则两者的数量比例可以作为判断狩猎经济与畜牧经济何者更为发达的标志。如果墓中随葬动物的遗骸及骨制品所用骨料不属本地区所产的动物，则可以据此推测当地居民与外地居民之间的交往和交换关系。对各个历史时代墓葬出土的动物和家畜遗骸的研究，也有助于进一步了解各该时代的农业和畜牧业的状况。

体质人类学在考古学上的应用，除了旧石器时代和新石器时代的史前考古学之外，还包括各个历史时代的考古学。从骨骸判定死者的年龄和性别，是体质人类学研究的基本项目之一。经过性别、年龄鉴定的墓葬中的人骨资料，便可成为探讨当时的丧葬习俗、婚姻制度和社会组织形态的重要线索；在新石器时代考古学上，这对研究原始氏族社会的发展和解体过程也有重要的意义。此外，对墓主人性别、年龄的鉴定，还有助于了解当时居民的劳动分工和某些特殊的习俗。分析同时代墓群中死者年龄的分布，还可以从一个侧面观察当时居民生活条件的优劣情况。

由于人类活体的外貌特征与骨骼的形态结构密切相关，所以可通过对古人骨骼的观察进行人种学的研究。结合考古学资料和古文献资料，研究古代各民族在体质上的关系，也是人类学研究的一个重要课题。虽然分析某处古遗址居民的人种类型不等于便能解决它们的族属问题，但对某民族的居民进行人种学研究也可为探索族源提供线索。研究不同时代不同地区的人骨资料，可以了解古代居民的体质演变及其分布的规律；而体质上的多型性在同一遗址的出现，则可以了解当时有关迁徙和征战等的问题。此外，根据骨骼病态学的研究，还可以了解古代的有关疾病和环境的状况。

（本文原载《中国大百科全书·考古学》，中国大百科全书出版社，1986年，夏鼐与王仲殊合作）

铜　　镜

铜镜是青铜制成的、用以照容的生活用具。在世界范围内，铜镜的出现以西亚和中国为早。据考古调查发掘所知，伊拉克的基什遗址出土的铜镜为公元前2900~前2700年，伊朗的苏萨遗址出土的铜镜为前2300~前2000年，巴基斯坦的印达斯遗址出土的铜镜为前2000年左右。中国甘肃省和青海省齐家文化遗址出土的铜镜，约为前2000年。在中国，从青铜时代初期出现铜镜，历经商周、秦汉、魏晋南北朝、隋唐，以迄明清，长期流行，直到近代大量使用玻璃镜以后，才被取代。据分析，从战国到隋唐，一般铜镜的质料平均含铜约70%，锡约24%，铅约5%。与其他青铜器相比，锡的含量较高，这有利于使镜面光亮，宜于映照。

世界古代铜镜，大体上可分为两大系统：西亚、埃及、希腊、罗马的铜镜，往往为圆形，附有较长的柄；中国的铜镜多为圆形，镜背中央设钮，以穿绦带，没有柄，到唐宋才出现有柄的铜镜。中国古代铜镜还广泛流传到周围地区。在西亚、中亚、西伯利亚、蒙古、朝鲜、韩国、越南等地，都有中国铜镜的发现。特别是日本，自弥生时代中后期以降，大量从中国输入铜镜，视为宝物或神器，并在本地仿制。

在考古学上，铜镜的研究有相当广泛和重要的意义。各个时代的铜镜都有明显的特征，有的还有纪年铭，从而在年代学上有特殊的作用。对铜镜的形制、花纹和铭文等的研究，可以了解各时代的铸造技术、工艺美术、工官制度、商业关系、思想意识，以及对国外的交往等。因此，"镜鉴学"在考古学上成为一个专门的课题。早在北宋，《宣和博古图》中就收录了许多传世的古镜。到了清代，《西清古鉴》、《宁寿鉴古》、《金索》等金石学书籍又多有著录。20世纪以来，专为著述古镜的图录和书籍不断增多，其中以《岩窟藏镜》收集最广，品类最多。

中华人民共和国成立后，考古调查发掘工作广泛开展，各类铜镜大量发现，出土地点明确，在墓葬中的位置及与其他遗物的共存关系清楚，年代可靠。这使得中国古代铜镜的研究进入了一个新的阶段。

（一）齐家文化和商代、西周的铜镜　齐家文化的铜镜，已发现2枚。一枚在甘肃省广河县齐家坪出土，直径约6厘米，镜背平素无纹饰，钮细小。另一枚在青海省贵南县尕马台出土，直径9厘米，镜背铸出七角星形，外围饰栉齿状斜线纹，钮小而呈圆形。商代铜镜在河南省安阳西北岗和小屯出土有5枚，大的直径约12厘米，小的直径7厘米左右，其共同特点是钮较大，呈桥形，花纹各有不同，但主要的纹样都是由若干平行线组成的斜格纹或栉齿纹。西周铜镜至今共发现2枚，分别出土于陕西省的宝鸡市和凤翔县新庄河，均为素镜，直径分别为6.5和7.2厘米，钮甚细小。从齐家文化经商代到西周，中国铜镜始终处在原始状态，形体小，制作粗陋，缺乏规格，铸造量也少，但其存在是可以确认的。

（二）春秋战国时代的铜镜　进入东周，铜镜的铸造量有所增加。在河南省三门峡市和浚县、山东省临淄、山西省长治、辽宁省宁城、湖南省长沙和湘乡等地，都有春秋时代铜镜的发现。它们主要仍是小型的素镜，制作粗简，个别镜虽有花纹，但纹样稚拙。镜钮较大，呈桥形，与商代的有相似处。当时的铜镜仍然没有脱离原始状态。

春秋、战国之交，随着社会经济的发展，铜镜铸造业迅速发达起来，质量也有显著提高。镜的形制和花纹已经规格化。镜钮多为细小的桥形，已有钮座，镜缘也有明确的形制。镜背花纹精致，其特点是完全采用虺龙纹、饕餮纹、兽纹、羽状纹、涡形纹等青铜容器上的纹饰。战国中期以后，镜的形体增大，一般直径为十余厘米。由于铸造量大增，多采取铸造"同范镜"的办法，开后世"同范镜"铸造的先例。镜钮普遍为三弦纹的桥形小钮，钮座主要有圆形和方形两种。除平缘的以外，镜的缘部多为断面呈弧曲内凹的。镜背的花纹可分"地文"和"主纹"。前者如羽状纹、涡云纹、雷纹等，仍然是采用青铜容器上的花纹；后者如山字纹、花菱纹、禽兽纹、蟠螭纹等，则是适应铜镜的特点而设计的。战国时代的铜镜，绝大多数为圆形，少数为方形。有的镜由镜面和镜背分铸配合而成，镜背铸出透雕式的兽纹和蟠螭纹。个别的镜则用金银错出各种生动、复杂的花纹，十分精致。各地所铸铜镜具有一定的地方性特色。从考古调查发掘来看，到战国中晚期，与北方的六国相比，楚国的铜镜铸造业显得特别发达。

（三）汉代的铜镜　西汉前期的铜镜，花纹虽略有变化，但总的说来，仍属"战国式镜"的范畴，不同的是，有些铜镜开始有了铭文。当时最流行的是"蟠螭纹镜"。有些蟠螭纹镜，在花纹中出现了所谓"规矩形"纹样。

西汉中叶的汉武帝时期，铜镜的形制和花纹出现了显著的变化：①镜缘一般都为平缘，断面不再呈弧形内凹；②三弦纹的桥形小钮消失，在一度流行伏兽钮，蛙钮和连峰状钮之后，普遍流行半球状钮；③战国式镜上常见的"地纹"消失；④花纹严格对称于镜的圆面的中心，有的可均称地划分为4区；⑤铭文增多，有的镜实际上是以文字作为主要的装饰。这些变化，使西汉中期出现了真正的"汉式镜"。从西汉中期到后期，主要的铜镜种类先后有"草叶纹镜"、"星云纹镜"、"四螭镜"、"重圈纹镜"、"日光镜"、"昭明镜"等，后两者是因铭文而定名的。铭文如"见日之光，天下大明"、"内清质以昭明，光辉象夫日月"等，多为三字句、四字句或六字句。当时，随着汉武帝以来大一统的政治局面的进一步巩固和发展，在文化艺术方面也更趋统一，这使得铜镜的形制和花纹在全国范围内也趋向一致化，几乎不存在地方性的差异。

王莽时期，一种新的"方格规矩镜"大量流行。其花纹除镜钮外围的方格形和四周的所谓"规矩纹"外，有时还有青龙、白虎等"四神"的图像和子、丑、寅、卯等"十二支"的文字。据考察，图纹中的所谓"规矩"实非圆规和方矩，而是与"方格"同为六博棋盘上的标记，故学术界有称此种铜镜为"博局纹镜"的。从这时起，有的铜镜铭文中有了纪年。

东汉前期最常见的铜镜是方格规矩镜和连弧纹镜，后者起源于西汉后期的日光镜和昭明镜，经过演变，延续到东汉中期和后期。东汉中后期又开始流行"兽首镜"、"夔凤镜"、"盘龙镜"、"双头龙凤纹镜"，都以图案化的动物为图纹。在长江流域，从东汉中期开始，还出现神兽镜和画像镜。神兽镜以东王父、西王母等神像和龙、虎等兽形为主纹；画像镜除神像和兽形以外，还有车马、歌舞、历史人物、传说故事等图像。两者的图纹都很丰富而复杂，其纹样是浮雕式的，有一定的立体感。神兽镜和画像镜的出现，使南方铜镜与北方铜镜开始产生了一定的差别。在镜的形制方面，到东汉中后期，半球状的镜钮有加大的趋向，有的呈扁平的圆形。镜缘除平缘以外，还出现了断面呈三角形的所谓"三角缘"和"斜缘"。镜上的花纹，除对称于镜的圆面中心的所谓"心对称"式的以外，开始出现了对称于镜的圆面直径的所谓"轴对称"式的花纹。

东汉铜镜的铭文，有长短两类。长铭如"尚方作竟真大巧，上有仙人不知老，渴饮玉泉饥食枣，浮游天下敖四海"，多为七字句。短铭如"长宜子孙"、"位至三公"，仅4个字。有纪年铭的铜镜也逐渐增多。铭文中往往言及制镜者，如"尚方作竟"、"王氏作竟"、"青盖作竟"等。"尚方作竟"说明系设在首都的尚方工官所制作的镜，但私营的作坊也多滥用"尚方镜"的铭文。从铭文可知，洛阳、丹阳、广汉、会稽、吴郡等地是当时铜镜的铸造中心。

（四）魏晋南北朝的铜镜　这个时期的铜镜仍属汉式镜的范畴。由于当时中国南北分裂，社会经济状态不平衡，铜镜的形制和花纹不仅随着年代推移而变化，而且还有明显的地域上的差异。

三国和西晋时期，黄河流域因汉末的战乱，铜镜铸造业不很发达。曹魏在洛阳恢复尚方工官，制作铜镜的是右尚方。所铸的铜镜，都是东汉以来北方流行的旧样式。新兴的所谓"位至三公镜"，也是由东汉后期的"双头龙凤纹镜"演变而来。长江流域汉末未遭动乱，经济发展较快，铜镜铸造业尤为兴盛。吴郡的吴县、会稽郡的山阴和江夏郡的武昌是吴地最重要的铜镜铸造中心。所铸铜镜不少是与北方相同的，但画像镜和神兽镜始终是南方的产品。尤其是神兽镜，铸造量最大，其种类除东汉以来的"环状乳神兽镜"外，还流行新的"同向式"、"重列式"和"对置式"神兽镜。在吴的铜镜中，还有用佛像作图纹的。与汉代一样，少数精致的铜镜在镜背镀金。吴镜的铭文多有纪年，有时还记明工场的所在地和工匠的姓名，如"会稽师鲍"、"吴郡胡阳张元"等。

十六国时期北方战乱不已，铜镜的铸造几乎完全停顿。南方的东晋保持安定，铜镜铸造业得以维持。所铸铜镜仍以神兽镜等为主，但镜的图纹趋于简化。南北朝时期，北方地区仍然沿用东汉以来的旧式镜，而且数量甚少。南方的宋、齐、梁、陈，铜镜的生产也逐渐衰退，神兽镜、夔凤镜等质量粗陋，花纹简单，而各种粗制滥造的小铜镜却不断出现。

（五）隋唐及其以后的铜镜　隋唐盛世，铜镜铸造业又兴盛起来。其形制、花纹和铭文等都与汉式镜大不相同，呈现了全新的面貌，可称为"隋唐式镜"。隋和唐代前期的镜仍多为圆形。到了唐代中期以后，除圆形以外，多有方形、葵花形、菱花形、荷花形等，偶尔也有钟形、盾形和其他变形镜，并开始出现有柄铜镜。这是中国铜镜在形状方面的一次大变化。镜钮以圆形的为多，但也有采用兽形钮、龟形钮和花形钮的。镜上的花纹，隋和初唐时，仍稍有类似汉式镜之处。从盛唐以降，则大量采用瑞兽、凤凰、鸳鸯、花鸟、蜻蜓、蝴蝶、葡萄、团花、宝相花及人物故事等新纹样。其题材和风格，除反映当时新的工艺美术外，有的还吸取了中亚和西亚的因素。有些铜镜的花纹构成一幅图画，不讲求对称于镜的中心和左右对称，却有严格的上下之别。精致的唐镜还使用镀金、贴银、金银平脱、螺钿和宝石镶嵌等工艺。隋唐铜镜的铭文，以四言句为最多，五言句次之，都属骈体诗文式。其内容如"灵山孕宝，神使观炉，形圆晓月，光清夜珠"，"赏得秦王镜，判不惜千金，非关愿照胆，特是自明心"等，以镜的本身为主题。铭文的字体都是正体楷书，与汉式铜镜多用篆体和各种简化字相比，也判然不同。在铭文中，一般不用纪年，亦不记工匠的姓名。

宋代因避讳，称铜镜为"铜鉴"或"照子"。北宋的铜镜，工艺不如唐代，但在形制和纹饰方面仍有唐镜遗风。南宋的铜镜主要为湖州和饶州的"铸鉴局"所造，可称"湖州镜"和"饶州镜"。在形制方面最突出的变化是有柄镜大增。镜上没有花纹，只是铸出长方形的印章，标明铸镜者的名号，如"湖州石家二叔"、"饶州许家"等。

元代和明代的铜镜，铸造都较粗糙。形状多为圆形，花纹有云龙纹、双龙纹和双鱼纹等。许多铜镜铸出纪年铭文，而无花纹。唐宋以降，特别是明代，制造仿古镜的风气很盛，主要是仿造各种汉式镜。明代还多用汉镜实物翻模复制。

（本文原载《中国大百科全书·考古学》，中国大百科全书出版社，1986年）

中国古代都城概说

据古代文献记载，传说中国早在距今4千年前的夏代已有都城[1]。继夏代之后的商代都城，则早已被考古发掘工作所证实[2]。从春秋战国时代开始，中国的都城普遍筑有城墙，但列国都城的形制颇有差异[3]。秦始皇的都城，基本上是战国时代秦国都城的延续[4]。因此，作为大一统帝国新建的都城，应该首推西汉的长安城。

一

西汉首都长安城的遗址，在今陕西省西安市西北约3公里，北距渭水南岸约2公里。秦代首都咸阳城，在渭水北岸。汉代将都城建在渭水之南，是由于这里的地理条件要比渭北优越。特别是从加强首都与函谷关以东广大地区的联系来考虑，这里的交通条件要比渭北便利得多。

长安城的建设，大体上可分三个阶段。汉高帝时，将秦代的离宫兴乐宫改建为长乐宫，在长乐宫的西面建未央宫，又在长乐、未央两宫之间建武库[5]。汉惠帝时筑城墙，并建东市和西市[6]。汉武帝时，在长乐宫的北面建明光宫，在未央宫的北面建桂宫、修北宫，并在西面城外建建章宫等[7]，都城的规模至此大备。

长安城的城墙，全部用夯土筑成。经勘察，高度至少在12米以上，基部厚度为12~16米。城墙外侧有壕沟，宽约8米，深约3米。城的平面形状，基本上近于正方形，经、纬相等[8]。但是，由于城墙的建筑是在长乐宫和未央宫已经建成之后，必须迁就两宫的位置，所以南面城墙有多处曲折。北面城墙因河道的限制，亦有许多曲折、偏斜之处。后世有所谓"城南为南斗形，北为北斗形"之说[9]，其实是出于附会，不足以说明系造城时有意模仿。城的周围25,700米，合汉代近63

里[10]。城内总面积约 36 平方公里（图 1）。

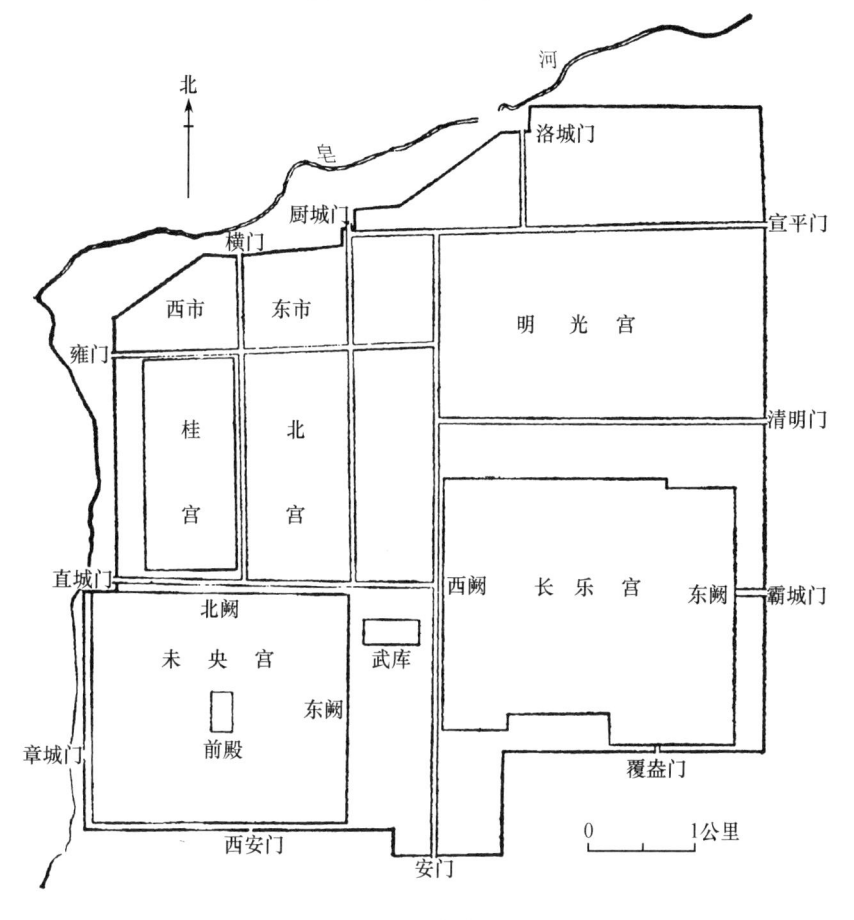

图 1 西汉长安城平面图

全城共 12 个城门，平均分布在四面，每面各 3 个城门[11]。发掘工作证明，每个城门都有 3 个门道，每一门道宽各 6 米，恰好等于当时 4 个车轨的宽度[12]。

除霸城门、覆盎门、西安门、章城门因入门不远便是长乐宫和未央宫以外，其余 8 个城门都各有 1 条大街通入城内。因此，全城共有 8 条大街[13]。这 8 条大街，或作南北向，或作东西向，都是全街成一直线。它们互相交叉、会合，形成许多丁字路口和十字路口。大街的长度，多数在 3000 米左右，最长的安门大街长达 5500 米。大街的宽度，都为 45 米左右，其间有 2 条排水沟，将全街分隔为平行的三股。中间的一股宽约20米，两侧的两股宽各约12米[14]。据记载，中间的一股称"驰道"，是专供皇帝行走的。虽贵为皇太子，亦不得行"驰道"[15]。

长乐宫在城的东南部，又称东宫[16]。汉初皇帝在此视朝，惠帝以后改为太后所居[17]。据勘探，宫的周围筑围墙，全长约10,000米，合汉代20多里。全宫面积约6平方公里，占长安全城总面积约六分之一。因系由秦代的离宫改建而成，缺乏系统的规划，所以整个平面形状不很规整。四面各设一门，称司马门[18]。其中，东面和西面的司马门是主要的，门外有阙，各称东阙和西阙[19]。宫中主要建筑物有前殿、临华殿、长信宫、长秋殿、永寿殿、神仙殿、永昌殿和钟室等。

未央宫在城的西南部，又称西宫[20]，常为皇帝朝会之处。据勘探，全宫平面成一规整的方形，四面筑围墙，周围全长近9000米，合汉代21里。全宫面积约5平方公里，占长安全城总面积约七分之一。在四面的四个司马门之中，东面和北面的司马门是主要的，门外有阙，各称东阙和北阙。诸侯来朝，入自东阙；士民上书，则诣北阙[21]。宫内主要建筑物有前殿、宣室殿、清凉殿、麒麟殿、金华殿、承明殿、椒房殿、昭阳殿、柏梁台、天禄阁和石渠阁，等等。前殿居全宫的正中，其基坛南北长约350米，东西宽约200米，北端最高处高约15米，是利用龙首山的丘陵造成的[22]。

武库在长乐、未央两宫之间[23]，安门大街的西侧，其遗迹已经全面的发掘。四周筑围墙，整个平面成长方形，东西880米，南北320米，其中分布着7座仓库[24]。

桂宫在未央宫之北，西面靠近城墙。经勘探，全宫平面成长方形，东西约880米，南北约1800米，四周筑围墙[25]。北宫和明光宫各在未央宫和长乐宫之北，但迄今尚未究明它们的确切范围。西面城外的建章宫，大致已了解了它的位置和范围，但尚待进一步勘察之后才能确定。建章宫的北部有太液池，形迹可辨，池北发现了石鱼，与文献记载相符[26]。

长安城内的宫殿，仅长乐、未央两宫就占了全城总面积的三分之一，加上桂宫、北宫和明光宫，宫殿所占面积为全城总面积的二分之一以上。由于宫殿集中在城的南部和中部，所以，除了少数权贵人物的邸宅在未央宫北阙附近[27]，即所谓"北阙甲第"以外，一般的居民，包括官吏在内，就只能居住在城的北部[28]，特别是城的东北部靠近宣平门的地区，这便是所谓"宣平之贵里"[29]。此外，在城外靠近城门的地区，也颇有平民居住[30]。居民的住宅区，以"里"为单位。有"闾里一百六十"的记载[31]，名称可考的则有"尚冠里"、"修成里"、"黄棘里"、"宣明里"、"建阳里"、"昌阴里"、"北焕里"、"南平里"、"大昌里"、"戚里"、"宜里"、"当利里"、"棘里"、"南里"、"嚣陵里"、"假阳里"等[32]。每一个"里"，约有住宅数十所[33]。

长安有九市，其位置在城的西北部，靠近雍门和横门。三市在横门大街之东，称东市；六市在横门大街之西，称西市[34]。经勘察，这一带地面上散布着许多钱范和陶俑，说明当时除商肆之外，还设有各种手工业作坊[35]。

《考工记》[36]说："匠人营国，方九里，旁三门，国中九经九纬，经涂九轨，左祖右社，面朝后市，市朝一夫"。这是周代关于都城的一种理想化的规划。值得注意的是，从以上所述西汉长安城的总的形制和布局来看，它的设计确有许多与《考工记》符合之处[37]。这主要表现在城的平面形状虽然不甚规整，但基本上近于正方形；12个城门平均分布在四面，每面各3个城门；每个城门各有3个门道，其宽度按车轨计算，经由城门的主要大街都分为平行的三股；长乐宫和未央宫在城的南部，东市和西市在城的北部。总之，长安城是西汉初年开始营建的，与其他汉初的各种制度一样，较多地保留着周代礼制的遗风。

二

东汉首都雒阳城遗址，在今河南省洛阳市以东约15公里。这里北靠邙山，南临洛水，不仅有天然的屏障，而且是交通的要冲。所以，早在西周时，便选择在这里建成周城，一直延续到东周[38]。因在洛水之北，战国时改称雒阳。西汉时的雒阳城，也就是成周城的旧址。东汉的雒阳城，是在西汉雒阳城的基础上扩建的，新的城墙和城门大约建成于光武帝建武十四年前后[39]。

雒阳城的城墙也是全部用夯土筑成。经勘察，城墙基部厚度为14～25米，有的地段残存的城墙至今高达7米以上。东面、西面和北面的城墙，都有遗迹存在。南面城墙因后世洛水改道全部被冲毁，但仍可复原其位置[40]。因此，可以计算，全城周围约13,000米，合汉代约31里。城内总面积约9.5平方公里。城的平面形状虽然不甚规整，但大体上近于长方形。由于自南至北的长度约为当时的 9 里，自东至西的宽度约为当时的 6 里，所以被称为"九六城"[41]。西汉长安城的平面基本上呈正方形，东汉雒阳城的平面基本上呈长方形，这是两汉都城的许多相异点之一（图 2）。

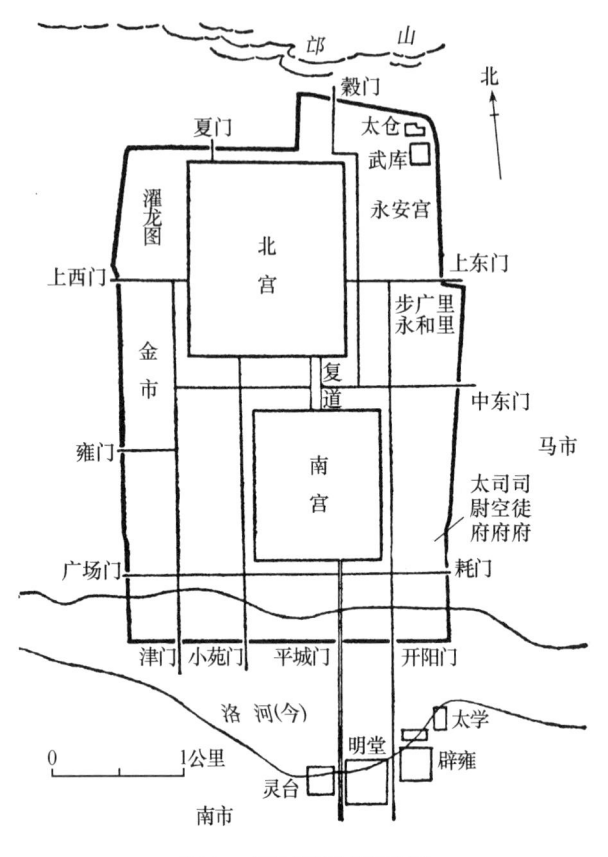

图 2　东汉雒阳城平面图

与西汉长安城一样，雒阳城共有 12 个城门。但是，与长安城不同的是，它们不是平均分布在四面，而是东面和西面各 3 个城门，南面 4 个城门，北面 2 个城门[42]。东面、西面和北面的 8 个城门，都有遗迹存在。南面 4 个城门的遗迹，虽已被洛水冲毁，但它们的位置可以由当时的大街遗迹来推定。根据文献记载和对遗迹的勘察，可以确知雒阳城的城门也各有 3 个门道[43]。

城内的大街，都通自城门。它们或为东西向，或为南北向，互相交叉、贯穿，形成许多丁字路口和十字路口。若以每两个路口之间为一段，则共有24段。文献记载说"雒阳二十四街"[44]，可能是指此而言的。大街的全长，最长可达3000米，但两个路口之间的段落一般长约500米，最长也不超过1500米。大街的宽度，一般约为40米。据记载，每条大街都分成平行的三股。中央的一股为"御道"，是专供皇帝和高级官员行走的[45]。

城内的宫殿，主要是南宫和北宫。它们在西汉时即已存在[46]，东汉时加以大规模的扩充和重建。汉光武帝时，主要是经营南宫。光武帝初到雒阳，先居住在南宫的却非殿。以后，经过十余年之后，才在南宫中建成最重要的前殿[47]。汉明帝时，又营建北宫，大约费了七年的时间，才全部建成[48]。北宫中的德阳殿，是最重要的大殿，据说周旋容万人，陛高二丈，殿前的朱雀阙高耸入云，从40多里外就可以望见，足见其规模之雄伟[49]。

必须说明的是，南宫的遗迹至今没有被发掘出来。但是，由于雒阳城的城门和城内主要街道的分布情形已经究明，南宫的位置和范围可以据此作大概的判断。从实测的平面图可以看出，在雒阳城的南部，中东门大街之南，耗门—广阳门大街之北，开阳门大街之西，小苑门大街之东，有一片范围广大的长方形的区域，应该便是南宫的所在。南宫的四面围墙，应分别与上述4条大街接近。这样，南宫的范围应为南北长约1300米，东西宽约1000米，面积约1.3平方公里。《续汉书·五行志》说：雒阳城南面的平城门是"正阳之门"，与南宫相连，举行郊祀的典礼时，皇帝的车驾由此门而出，是最隆重的城门[50]。在勘探工作中发现的平城门大街，由南郊向北通入城内，直达上述南宫所在的范围，这就证明了以上关于南宫位置和范围的判断是正确的[51]。

北宫的遗迹，也尚未被发掘出来。但是，与南宫一样，可以根据街道的分布情形来判断它的位置和范围。如实测的平面图所示，在雒阳城的北部，中东门大街之北，津门大街之东，榖门大街之西，有一片范围广大的长方形的区域，应该便是北宫之所在。北宫的东墙、南墙和西墙，应分别靠近上述的3条大街。榖门大街由榖门入城后，南行不远，便折而向东，然后再折而向南，这显然是由于遇到了北宫的北墙，从而可以认为北宫的北墙距雒阳城的北面城墙很近。这样，北宫的范围应为南北长约1500米，东西宽约1200米，面积约1.8平方公里，比南宫更为广大。它的位置在南宫之北,而略为偏西。据文献记载,南北两宫相距七里。但是,按照以上的复原,"七里"显然是"一里"之误[52]。两宫之间有复道相连,以保证皇帝往来时的方便与安全。西汉长安城中的长乐宫与未央宫,都在城的南部,左右并列。东汉雒阳城中的南宫与北宫,各在城的南部与北部,前后相接。这是两汉都城在形制和布局上的又一重大的不同之处。

除了南宫和北宫之外,雒阳城中还有永安宫,其位置在北宫的东面,靠近上东门处[53]。在北宫的西北,则有濯龙园,也是皇家的宫苑[54]。总之,以南宫和北宫为主的宫殿占雒阳全城总面积三分之一以上,这与长乐宫、未央宫等宫殿占长安城总面积二分之一以上的情形是相似的。此外,在北宫的东北,靠近城的东北角,是太仓和武库的所在[55]。在南宫的东南,靠近秏门和开阳门,则有太尉府、司空府和司徒府[56],是全国最高的行政机构。达官贵族的住宅区,如步广里、永和里等,在城的东部,靠近上东门和中东门[57]。至于一般的平民,则可能多居住在城外[58]。工商业区有金市、马市和南市[59]。马市和南市分别在东郊和南郊,只有金市在城内,其位置在南宫的西北。潘岳《闲居赋》所说"面郊后市",是仅指金市的位置而言的[60]。要之,从城的平面形状、城门的分布、宫殿和市的位置等各方面来看,东汉雒阳城的设计基本上已经摆脱了《周礼·考工记》的规制。

三

汉末的战乱,使雒阳城受到全面的破坏。但是,由于洛阳在地理上的重要性,曹魏继东汉之后,仍然选择在这里建都。

魏文帝时,主要是修复了北宫的一部分建筑物,在建始殿举行朝会[61]。到了魏明帝时,才大兴土木,在东汉南宫崇德殿的旧基上建太极殿,在太极殿的后方建昭阳殿,并在北宫北面大事增饰芳林园[62]。南宫太极殿的建立,为此后各代皇宫正殿称太极殿开创了先例[63]。由于东汉末年的破坏太严重了,在废墟上重建宫室,工程艰巨。据记载,当时的情形是"百役繁兴,作者数万,公卿以下,至于学生,莫不展力,帝乃躬自掘土以率之"[64]。看来曹魏时洛阳城中的建设不会超过东汉的规模。西晋都洛阳,继续有所兴建,但总的说来,在城的形制和布局上也没有什么大的变化。

但是，应该特别提出来的是，魏明帝曹叡效仿他祖父曹操在邺城的西北角筑铜雀台、金虎台、冰井台等"三台"的经验[65]，在洛阳城的西北角也建造了金墉城[66]。它实际上是一种军事性的城堡，壁垒坚固，由于紧靠邙山，地势高亢，可以由此俯瞰洛阳全城，在防卫上具有制高点的作用，在西晋末年"永嘉之乱"的洛阳争夺战中是交战双方必争之处，当时称为"洛阳垒"[67]。勘察工作究明了金墉城南北长约1080米，东西宽约250米，系由3个城堡组成，墙垣厚约13米。北面的1个城堡和中间的1个城堡位于洛阳城的城墙之外，南面的1个城堡位于洛阳城的城墙之内。3个城堡互相连接，有门道相通（图3）。

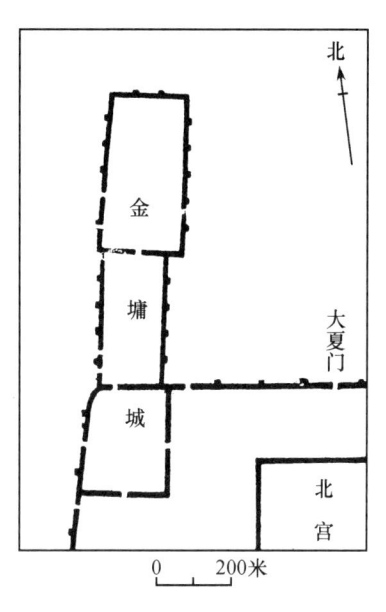

图3　魏晋洛阳金墉城图

值得注意的是，在金墉城城墙的外壁上，每隔60、70米，就设有1个墩台，长约15米，宽约8米。同样的墩台，还见于洛阳城的西面城墙和北面城墙的外壁，长约18米，宽约8米，相互之间的距离约为120米[68]。它们和金墉城一样，显然是魏晋时增设的。这种设于城墙外壁的墩台，除了边塞的城障之外，在两汉以迄隋唐的城墙上是没有类例的，直到北宋建汴梁城时才开始普遍采用，当时称为"马面"，其作用在于加强防守，使攻城者在接近或扳登城墙时三面受敌，攻势受阻[69]。它们在魏晋洛阳城的城墙上出现，充分说明了当时战乱频仍，出于军事上的需要，乃有这种特殊的发明。

四

在东汉末年的废址上经魏晋两代重建起来的洛阳城，因西晋末年的战乱而再一次化为丘墟。从这以后，经过了180余年，最后在洛阳城故址建都的朝代是北魏[70]。北魏孝文帝自平城迁都到此，经过数年的经营，不仅使洛阳重新成为繁华的都市，而且在都城的形制和布局上改变了汉和魏晋的旧制，出现了许多新的变革。由于北魏洛阳城的年代最晚，废弃以后，不再有别的朝代在这里建都，所以它的遗迹保存较好，经过勘察以后，能够绘制出一幅明确可靠的都城平面图[71]（图4）。

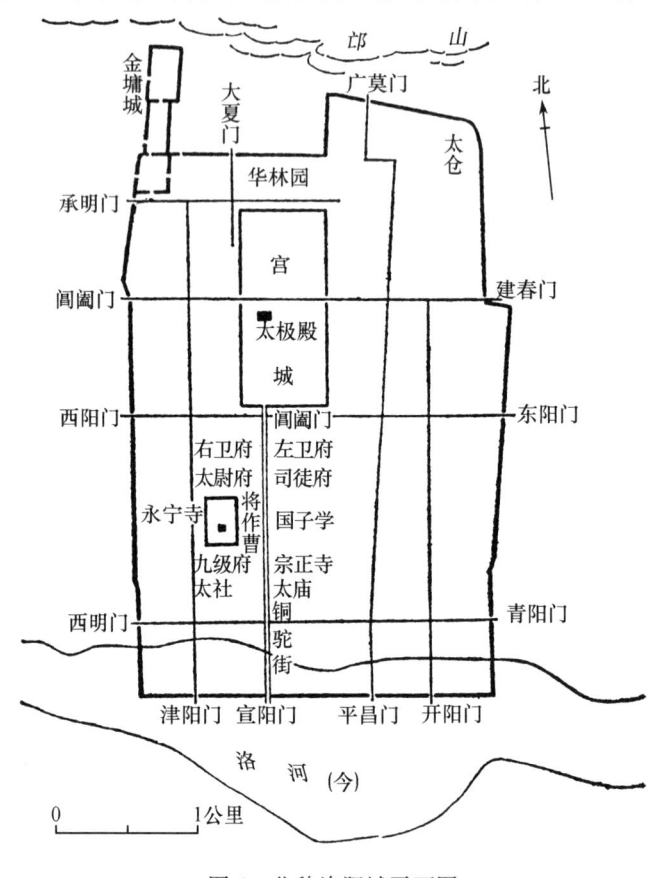

图4　北魏洛阳城平面图

和前代相比，北魏洛阳城最重要的改变是在宫殿方面废除了东汉以来分为南北两宫的制度，建立了单一的宫城。宫城的位置在全城的北部而略为偏西，是在东汉和魏晋的北宫的基础上兴建的。它的平面成一规整的长方形，四面筑围墙，南北长约1400米，东西宽约660米，面积约1平方公里，占洛阳全城总面积约十分之一。在宫城的南墙近西端处，发现了1座巨大的门址，这便是宫城的南面正门——阊阖门[72]。正殿太极殿在宫城的前部，与阊阖门对直，其基坛南北纵长约60米，东西横宽约100米,高在6米以上,规模甚为宏伟。宫城的北墙与洛阳城的北面城墙之间有约500米的余地,当为华林园之所在[73]。

东汉以来的12个城门,除南面东头的开阳门以外,都改变了名称。多数是魏晋时就改名的,有的是在北魏时才改名的;也有的是魏晋改名以后,北魏又改了名[74]。上东门改称建春门,中东门改称东阳门,秏门改称青阳门,平城门改称平昌门,小苑门改称宣阳门,津门改称津阳门,广阳门改称西明门,雍门改称西阳门,上西门改称阊阖门,夏门改称大夏门,榖门改称广莫门。12个城门,都经过重建。其中11个城门仍然建立在东汉和魏晋的城门旧址上,但西面的西阳门则从东汉以来的雍门旧址北移约500米,使得它恰好与东面的东阳门对直[75]。此外,孝文帝初到洛阳时,因宫室未就,暂居金墉城,为了出入方便,在洛阳城西面北头紧靠金墉城处另开了1个门,称承明门,使得全城有了13个城门[76]。

由于宫城和个别城门位置的改变,城内的大街也在东汉以来的基础上有许多变更。例如:东汉以来的南宫已被彻底废弃,所以在广莫门和平昌门之间有了1条纵贯全城的南北向大街。雍门已经废绝,所以东汉以来的雍门大街已不再存在[77]。由于新辟了承明门,所以增添了由承明门往东通入城内的东西向大街,它在宫城的北墙外侧通过,其北即为华林园。值得注意的是,建春门和阊阖门之间有了1条横贯全城的东西向大街,它从宫城的东门和西门穿过,将宫城分隔为南北两半,南半部为朝会之处,北半部为寝宫所在。更重要的是,由于新辟的西阳门正好与东阳门对直,所以东汉以来的中东门大街被延长而贯通于东阳门和西阳门之间,成为又1条横贯全城的东西向大街,它在宫城的南墙外侧通过,是全城的一条重要的分界线,它的北面主要是皇家的宫殿和园囿,它的南面则分布着官署、宗庙、社稷、佛寺和贵族的邸宅。最后,要特别提出来的是,由于宫城的位置在洛阳城的北部而略为偏西,它的南面正门——阊阖门与洛阳城南面城墙上的宣阳门对直[78],所以自阊阖门至宣阳门的南北向大街——铜驼街就成了全城的中轴线,比东汉时的平城门大街显得更为重要。当时的司徒府、太尉府等高级官署和太庙、太社等重要建筑物就分布在铜驼街的两侧[79],最有名的佛寺——永宁寺则在街的西侧[80]。这样一来,宣阳门也就代替了东汉时的平城门,成为北魏洛阳城的南面正门,是当时最隆重的城门。

如上所述,东汉、魏晋以来的洛阳城,经过重建,面貌一新。但是，随着都市建设的进一步发展，它在北魏的整个洛阳城中只是作为内城而存在，在它的外围还新筑郭城，是即外城。据《洛阳伽蓝记》记载，外郭城东西二十里，南北十五里，呈东西横长方形，范围极其广大。在整个外郭城的范围内，划分为三百二十个"里"，各有名称。每个"里"的平面都成正方形，四周筑围墙，每边长三百步，即当时的一里，规划得十分整齐和严密[81]。据记载，它们都是在宣武帝景明二年，即孝文帝迁都洛阳后的第七年，发动数万人夫兴建起来的[82]。居民们居住在各个"里"内，他们受到严格的管理和控制（图5）。

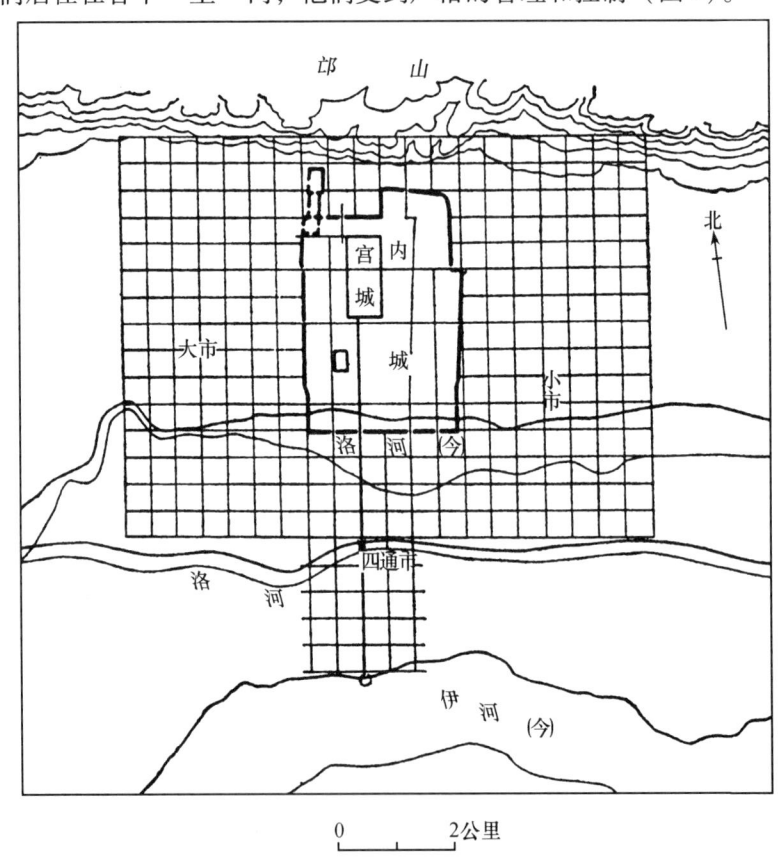

图5 北魏外郭城平面图

作为工商业区的"市"，也设置在内城以外的郭城中。其中，"大市"在内城以西的西郭，"小市"在内城以东的东郭，"四通市"在内城以南、宣阳门外的南郭[83]，三市的方位都在宫城以南，而东汉和魏晋时建在内城中的"金市"则被废弃而在其地建佛寺[84],从而完全改变了西汉时在都城北部设市的所谓"面朝后市"的老传统。总之,北魏洛阳城的形制和布局,与两汉以来的都城相比,出现了划时代的变革,而为此后隋代的大兴城、唐代的长安城和隋唐的洛阳城开创了先例[85]。

综上所述,从两汉、魏晋,经北魏,以迄隋唐,中国都城的发展和演变,有以下各种明显的趋向和规律:

(1)都城的平面形状,由近于正方形演变为近于长方形,又由南北纵长方形演变为东西横长方形。

(2)都城内的宫城,由多数演变为少数,由少数演变为单一的宫城。宫城的面积在都城总面积中所占的比例由大演变为小。

(3)宫城的位置,由在都城的南部演变为在都城的北部。宫城的正门,由不明确而演变为明确地以南门为正门。

(4)从都城的南面城门通至宫城南门的大街,由无发展到有,由短发展到长,终于发展成为全城的中轴线。

(5)作为工商业区的"市",其位置由在都城的北部演变为在宫城的南面。

(6)作为居民住宅区的许多"里"或"坊",在都城中所占面积的总和由小发展到大,它们的区划和排列由不规整发展到规整。

应该指出,上述发展和演变的过程,在各个时代虽然有缓有速,但总的说来,是逐渐的,而不是突然的。这就是说,从两汉到隋唐,中国历代都城的形制是一脉相承的。

注　释

[1]　《汉书·地理志》(上)"颍川郡阳翟县"下注引臣瓒曰:"世本,禹都阳城。汲郡古文亦云居之"。《史记·封禅书》"昔三代之君皆在河洛之间"句下《正义》引《世本》:"夏禹都阳城,避商均也。又都平阳,或在安邑,或在晋阳也"。

[2]　a. 河南省博物馆等:《郑州商代城址发掘报告》,《文物资料丛刊》1979年第1期。
　　b. 中国社会科学院考古研究所:《安阳殷墟》,《新中国的考古发现与研究》第三章,文物出版社,1984年。

[3]　中国社会科学院考古研究所:《东周各国都城遗址的勘察》,《新中国的考古发现与研究》第三章,文物出版社,1984年。

[4] 秦孝公十二年，自栎阳迁都于咸阳。秦始皇统一六国后，迁天下豪富十二万户于咸阳，并大造宫殿，都城规模更为扩大，但就其主体来说，实系战国时代旧都之延续。

[5] 《汉书·高帝纪》："五年后九月，徙诸侯于关中，治长乐宫"；"七年二月至长安，萧何治未央宫，立东阙、北阙、前殿、武库、太仓"。

[6] 《汉书·惠帝纪》："元年春正月，城长安。三年春。发长安六百里内男女十四万六千人城长安，三十日罢。六月，发诸侯王列侯徒隶二万人城长安。五年春正月，复发长安六百里内男女十四万五千人城长安，三十日罢。九月，长安城成。六年，起长安西市"。《史记·日者列传》："司马季主者楚人也，卜于长安东市"。据此，则文帝时东市已存在，其建置当在惠帝时。

[7] 《汉书·武帝纪》："太初元年二月，起建章宫"；"太初四年秋，起明光宫"。《三辅黄图》："明光宫在长乐宫后，南与长乐宫相连"；"（武）帝作建章宫，……宫在未央宫西，长安城外"；"桂宫，汉武帝造"；"北宫在长安城中，近桂宫，俱在未央宫北，周迥十里，高帝时制度草创，孝武增修之"。

[8] a. 王仲殊：《汉长安城考古工作初步收获》，《考古通讯》1957年第5期。
b. 王仲殊：《汉长安城考古工作收获续记》，《考古通讯》1958年第4期。
c. 王仲殊：《汉代考古学概说》，中华书局，1984年。

[9] 《三辅黄图》："城南为南斗形，北为北斗形，至今人呼汉京城为斗城是也"。《史记·吕后本纪》索隐引《三辅旧事》："城形似北斗"。

[10] 《三辅黄图》记汉长安城周围六十五里，一般多从其说。但从实测结果来看，《史记·吕后本纪》索隐及《续汉书·郡国志》注引《汉旧仪》记长安城周围六十三里，更接近于实际。

[11] 据诸书记载，东面3个城门自北至南为宣平门、清明门、霸城门，南面3个城门自东至西为覆盎门、安门、西安门，西面3个城门自南至北为章城门、直城门、雍门，北面3个城门自西至东为横门、厨城门、洛城门。12个城门的位置都已经勘察确定，有的已经发掘。

[12] 张衡《西京赋》（《文选》卷第二）："观其城郭之制，则旁开三门，参涂夷庭，方轨十二"。薛综注："一面三门，门三道，故云参涂，涂容四轨，故十二轨"。

[13] 《三辅旧事》等书都谓"长安城中八街"。其名称可考者有尚冠前街、夕阴街、香室街（以上见《三辅黄图》）、华阳街（《汉书·刘屈氂传》）、章台街（《汉书·张敞传》）、藁街（《汉书·陈汤传》）、太常街（《三辅故事》）等。

[14] 据发掘，排水沟宽90厘米，深45厘米，断面成整的半圆形。

[15] 《汉书·成帝纪》："帝为太子，初居桂宫，上尝急召。太子出龙楼门，不敢绝驰道。西至直城门，得绝，乃度，还入作室门"。

[16] 《汉书》中称长乐宫为东宫，见于刘向、爰盎、贡禹、外戚、元后、王莽等传。

[17] 《史记·灌夫传》："东朝廷辩之。魏其之东朝"。如淳曰："东朝，太后朝"。

[18] 《三辅黄图》："汉未央、长乐、甘泉宫，四面皆有公车司马门。凡言司马者，宫垣之内，兵卫所在，司马主武事，故谓宫之外门为司马门。……王莽改公车司马门曰王路四门"。

[19] 《汉书·宣帝纪》：" 五凤三年，鸾凤集长乐宫东阙"。《汉书·刘屈氂传》：" 戾太子驱四市人，凡数万众，至长乐西阙下"。
[20] 《汉书·田蚡传》：" 程李俱东西宫卫尉"。孟康曰：" 李广为东宫，程不识为西宫"。
[21] 《汉书·五行志》（上）：" 文帝七年六月癸酉，未央宫东阙罘思灾。刘向以为东阙所以朝诸侯之门也"。《汉书·枚乘传》：" 皋至长安，上书北阙"。《汉书·高帝纪》颜师古注：" 未央殿虽南向，而上书奏事谒见之徒皆诣北阙，公车司马亦在北焉，是则以北阙为正门，又有东门东阙。至于西南两方，无门阙矣"。按西南两方亦有门，但门外无阙。
[22] 张衡《西京赋》（《文选》卷第二）：" 疏龙首以抗殿，状巍峨以岌嶪"。《水经注》（渭水）：" 高祖在关东，令萧何成未央宫。何斩龙首山而营之，山即基阙，不假筑，高出长安城"。据发掘，未央宫前殿基坛属自然的生黄土，高处犹遗有新石器时代仰韶文化墓葬。
[23] 《史记·樗里子传》：" 樗里子卒，葬于渭南章台之东。……至汉兴，长乐宫在其东，未央宫在其西，武库正直其墓"。据此，武库应在长乐、未央两宫之间，已经考古发掘工作证实。《三辅黄图》谓武库在未央宫，与实际不符。
[24] 中国社会科学院考古研究所汉城工作队：《汉长安城武库遗址发掘的初步收获》，《考古》1978年第4期。
[25] 王仲殊：《汉代考古学概说》，中华书局，1984年。
[26] 黑光：《西安汉太液池出土一件巨形石鱼》，《文物》1975年第6期。
[27] 《汉书·董贤传》：" 诏将作大匠为贤起大第北阙下，重殿洞门"。班固《西都赋》（《文选》卷第一）：" 北阙甲第，当道直启"。
[28] 据《汉书·地理志》（上）记载，平帝元始二年长安户八万八百，口二十四万六千二百。长安城中虽多为宫殿所占，但因城的面积大，居民住宅仍多在城内，故班固《西都赋》说" 内则街衢洞达，闾阎且千"。
[29] 《周书·庾信传》：" 践长乐之神皋，望宣平之贵里"（《哀江南赋》）。
[30] 《史记·萧相国世家》：" 召平者，故秦东陵侯。秦破，贫，为布衣，种瓜于长安城东"。阮籍《咏怀诗》（《文选》卷第二十三）：" 昔闻东陵瓜，近在青门外"。《汉书·成帝纪》：" 建始三年，虒上小女陈持弓闻大水至，走入横城门。" 应劭曰：" 虒上，地名，在渭水边"。
[31] 《三辅黄图》：" 闾里一百六十，室居栉比，门巷修直"。
[32] 潘岳《西征赋》（《文选》卷第十）：" 所谓尚冠、修成、黄棘、宣明、建阳、昌阴、北焕、南平，皆夷漫涤荡，亡其处而有其名"。李善注：" 皆里名也"。《史记·石奋传》：" 徙其家长安中戚里"。《索隐》：" 长安记，戚里在城内"。刘向《列女传》（卷第五）：" 京师节女者，长安大昌里人之妻也"。宜里、当利里、棘里、南里、嚣陵里、假阳里俱见居延汉简，棘里与黄棘，南里与南平，是否为同一里，待考。见中国社会科学院考古研究所：《居延汉简甲乙编》（中华书局，1980年）。
[33] 《汉书·平帝纪》："（元始二年）又起五里于长安城中，宅二百区，以居贫民"。
[34] 班固《西都赋》（《文选》卷第一）注引《汉宫阙疏》：" 长安立九市，其六市在道

西，三市在道东"。《三辅黄图》："长安市有九，各方二百六十步。六市在道西，三市在道东，凡四里为一市，致九州之人在突门（雍门），夹横桥大道，市楼皆重屋"。

[35] 俞伟超：《汉长安城西北部勘查记》，《考古通讯》1956 年第 5 期。

[36] 《考工记》为东周齐国所记录的官书（参见郭沫若《〈考工记〉的年代与国别》），汉初（营建长安城时）尚未作为《冬官》补入《周礼》。

[37] 陈寅恪：《隋唐制度渊源略论稿》"然则西汉首都宫市之位置，与考工记匠人之文可谓符合"，上海古籍出版社，1982 年。

[38] 《续汉书·郡国志》（一）："雒阳，周时号成周"。《史记·苏秦列传》："苏秦者，东周雒阳人也"。《正义》："敬王以子朝之乱从王城东迁雒阳故城，乃号东周，以王城为西周"。

[39] 《续汉书·百官志》（四）注引《古今注》："建武十四年九月开平城门"。

[40] 中国科学院考古研究所洛阳工作队：《汉魏洛阳城初步勘查》，《考古》1973 年第 4 期。

[41] 《续汉书·郡国志》（一）注引《帝王世纪》："城东西六里一十步，南北九里一百步"。又引《晋元康地道记》："城南北九里七十步，东西六里十步"。《元河南志》（卷第二）："今故洛阳城，即成周之城，旧址尚存。俗传东西六里，南北九里，亦曰九六城，与帝王世纪、元康地道记不异"。

[42] 据诸书记载，东面三个城门自北而南为上东门、中东门、耗门，南面四个城门自东而西为开阳门、平城门、小苑门、津门，西面三个城门自南而北为广阳门、雍门、上西门，北面两个城门自西而东为夏门、穀门。

[43] 北面西头的夏门，遗迹保存较好，经勘探，有三个门道。《洛阳伽蓝记》（序）："一门有三道，所谓九轨"。

[44] 《续汉书·百官志》（四）注引蔡质《汉仪》："雒阳二十四街，街一亭"。

[45] 《太平御览》（卷第一九五）引陆机《洛记》："宫门及城中大道皆分作三。中央御道，两边筑土墙高四尺余，外分之。唯公卿尚书章服从中道，凡行人皆行左右"。

[46] 《史记·高帝本纪》："（五年）帝置酒南宫"。《汉书·王莽传》："司徒王寻将十余万屯洛阳，填南宫"。1961 年在西安汉长安城西南上林苑宫观遗址中发现一批窖藏的铜器，铭文说明都属上林苑中的御用品，制作年代自武帝至成帝，除大部分系在长安铸造的以外，有的为各郡官员所贡献，有的则系从各地宫观中征调来的。其中有 1 件铜锤，刻有"南宫锤"字样，本为雒阳南宫中所用之物。见西安市文物管理委员会：《西安三桥镇高窑村出土的西汉铜器群》（《考古》1963 年第 2 期），黄展岳：《西安三桥高窑村西汉铜器群铭文补释》（《考古》1963 年第 4 期）。

[47] 《后汉书·光武纪》："（建武元年）冬十月癸丑，车驾入洛阳，幸南宫却非殿，遂定都焉"；"十四年春正月，起南宫前殿"。

[48] 《后汉书·明帝纪》："（永元二年）是岁，起北宫及诸官府"；"（永元八年）冬十月，北宫成"。

[49] 《续汉书·礼仪志》（中）注引蔡质《汉仪》："德阳殿周旋容万人，陛高二丈。……天子正旦节，会朝百僚于此。自到偃师，去宫四十三里，望朱雀五阙、德阳，其上郁

[50] 《续汉书·五行志》（一）："蔡邕对曰，平城门正阳之门，与宫连，郊祀法驾所由从出，门之最尊者也"。

[51] 《续汉书·百官志》（四）本注："雒阳城十二门。其正南一门曰平城门，北（对）宫门，属卫尉"。刘昭注引《汉官秩》："平城门为宫门，不置候，置司马，秩千石"（按其余城门每门置候一人，秩六百石）。《水经注》（穀水）："池东，旧平城门所在矣，今塞，北对洛阳南宫"。

[52] 《后汉书·光武纪》注引蔡质《汉典职仪》："南宫至北宫，中央作大屋，复道，三道行，天子从中道，从官夹左右，十步一卫。两宫相去七里"。按雒阳城南北全长不过九里，两宫之间的距离不可能是七里。从遗迹的情形看来，应是一里。汉代"七"字与"一"字近似，易致误。

[53] 《后汉书·献帝纪》："（中平六年）九月甲戌，即皇帝位，年九岁，迁皇太后于永安宫"。李贤注："董卓迁也。洛阳宫殿名曰，永安宫周围六百九十八丈，故基在洛阳故城中"。《续汉书·百官志》（三）本注："永安，北宫东北别小宫名，有园观"。

[54] 《太平御览》（卷第一九七）引司马彪《续汉书》："濯龙园在洛阳西北角"。《续汉书·百官志》（三）本注："濯龙亦园名，近北宫"。

[55] 《水经注》（穀水）："（穀水）又北迳东阳门东，故中东门也。又北迳故太仓西。洛阳地记曰，大城东有太仓"。关于太仓和武库的位置，参见《永乐大典》（卷第九五六一）引《元河南志》的"后汉京城图"。

[56] 《续汉书·百官志》（一）注引《古今注》："永平十五年，更作太尉、司徒、司空府开阳城门内"。又引《汉仪》："司徒府与苍龙阙对"。

[57] 《洛阳伽蓝记》（卷第一）："修梵寺在清阳门内御道北。……寺北有永和里，汉太师董卓之宅也"。《水经注》（穀水）："步广里在洛阳城内宫东"。

[58] 雒阳全城面积仅9.5平方公里，除去宫殿、园囿、官署和贵族的邸宅等以外，余地不大。由于雒阳的马市和南市分别在东郊和南郊，可见一般居民多住在郊区。《水经注》（穀水）："穀水又东南，转屈而东注，谓之阮曲，云阮嗣宗之故居也。"据此，西晋时阮籍即居住在洛阳城的东郊。据《永乐大典》（卷第九五六一）引《元河南志》的"晋都城图"，张华宅亦在洛阳城的东门外。

[59] 《元河南志》（卷第二）引华延傷《洛阳记》："大市名金市，在城中；南市在城之南，马市在大城之东"。

[60] 潘岳《闲居赋》（《文选》卷第十六）："陪京沂伊，面郊后市"。李善注引陆机《洛阳记》："洛阳凡三市。大市名曰金市，公观之西城中"。《水经注》（穀水）："故洛阳记曰，陵云台西有金市，金市北对洛阳垒者也"。

[61] 《三国志·魏志·文帝纪》："（黄初元年）十二月，初营洛阳宫，戊午幸洛阳"。裴注："诸书记是时帝居北宫，以建始殿朝群臣。……至明帝时始于汉南宫崇德殿处起太极、昭阳诸殿"。《魏志·明帝纪》注引《魏略》："（青龙三年）是年，起太极诸殿，……筑阊阖诸门，阙外罘罳"。

[62] 《三国志·魏志·高堂隆传》："（明）帝愈增崇宫殿，雕饰观阁。……起景阳山于芳

林之园,建昭阳殿于太极之北"。《水经注》(穀水):"穀水又东历大夏门下,故夏门也。……门内东侧际城有魏明帝所起景阳山"。

[63] 《初学记》(卷第二十四):"历代殿名或沿或革,唯魏之太极,自晋以降,正殿皆名之"。

[64] 见《三国志·魏志·高堂隆传》。

[65] 《水经注》(浊漳水):"(邺)城之西北有三台,皆因城为之基。……中曰铜雀台,……南则金虎台,……北曰冰井台"。《河朔访古记》(卷中)引《邺中记》:"三台相去各六十步"。见俞伟超:《邺城调查记》(《考古》1963年第1期)。

[66] 《三国志·魏志·高堂隆传》:"(明)帝愈增崇宫殿,……铸作黄龙、凤凰奇伟之兽,饰金墉、陵云台、陵霄阙"。《水经注》(穀水):"穀水又东迳金墉城北,魏明帝于洛阳城西北角筑之,名金墉城"。

[67] 《水经注》(穀水):"穀水迳洛阳小城北,因阿旧城,凭结金墉,故向城也。永嘉之乱,结以为垒,号洛阳垒"。

[68] 中国科学院考古研究所洛阳工作队:《汉魏洛阳城初步勘查》,《考古》1973年第4期。

[69] 《东京梦华录》(卷第一),"新城每百步设马面、战棚,密置女头,旦暮修整,望之耸然"。《梦溪笔谈》(卷第十一):"延州故丰林县城,赫连勃勃所建。……其城不甚厚,但马面极长而密,……人力亦难攻也"。据近年考古勘察,赫连勃勃所建都城统万城(在今陕西省靖边县),在城墙外壁亦筑有许多"马面",见陕西省文管会:《统万城城址勘测记》(《考古》1981年第3期)。

[70] 北魏孝文帝于太和十七年到洛阳,视察前代城郭宫殿遗迹,遂决定迁都,令司空穆亮、尚书李冲、将作大匠董爵负责经营,又命青州刺史刘芳、中书舍人常景等定新都宫殿门阁之名。太和十九年,大举自平城迁都洛阳。宣武帝景明二年,从司州牧广阳王嘉之议,筑洛阳三百二十坊,都城规模至此大备。自孝文帝太和十九年至孝武帝永熙三年,北魏以洛阳为都城凡四十年。孝静帝天平元年,自洛阳迁都于邺。元象元年,侯景围攻独孤信于金墉城,悉烧洛阳宫寺民居,都城成为丘墟。隋炀帝大业元年新建东都洛阳城,在北魏洛阳故城之西约十公里。

[71] 中国科学院考古研究所洛阳工作队:《汉魏洛阳城初步勘查》,《考古》1973年第4期。

[72] 《洛阳伽蓝记》(卷第一):"(永宁寺)在宫前阊阖门南一里御道西"。《魏书·世宗纪》:"(景明二年春正月)丁巳,引见群臣于太极前殿,告以览政之意";"(景明三年十二月)壬寅,飨群臣于太极前殿"。

[73] 《洛阳伽蓝记》(卷第一):"(翟)泉西有华林园"。应贞《华林园集诗》(《文选》卷第二十)注引《洛阳图经》:"华林园在城内东北隅,魏明帝起,名芳林园,齐王芳改为华林"。

[74] 参见《洛阳伽蓝记》(序)。关于北魏洛阳城南面城门,诸本皆误为三门。应据《水经注》(穀水)所记,自东而西依次为开阳门、平昌门、宣阳门、津阳门,共四门,其数与东汉、魏晋相等。

[75] 《水经注》(穀水):"(穀水)南出迳西阳门,旧汉氏之西明门也,亦曰雍门。旧门在南,太和中以故门邪出,故徙是门,东对东阳门"。经勘察,遗迹情形与上述记载完全相合。

[76] 《洛阳伽蓝记》(序):"次北曰承明门。承明者,高祖所立,当金墉城前东西大道。迁京之始,宫阙未就,高祖住在金墉城。城西有王南寺,高祖数诣寺,沙门论议,故通此门,而未有名,世人谓之新门"。

[77] 据勘探,自东汉、魏晋的雍门旧址向东通入城内的街道,其遗迹仅残存长约50米的一小段,足证北魏时此街已废绝。见中国科学院考古研究所洛阳工作队《汉魏洛阳城初步勘查》第202页,《考古》1973年第4期。

[78] 《水经注》(穀水):"穀水又东迳宣阳门南,故苑门也。皇都迁洛,移置于此,对闾阖门,南直洛水浮桁。……门左即洛阳池处也。池东,旧平城门所在矣,今塞,北对洛阳南宫"。

[79] 《洛阳伽蓝记》(卷第一):"闾阖门前御道东有左卫府,府南有司徒府,司徒府南有国子学堂,国子南有宗正寺,寺南有太庙,庙南有护军府。……御道西有右卫府,府南有太尉府,府南有将作曹,曹南有九级府,府南有太社"。《水经注》(穀水):"阳渠水又枝分夹路,南出迳太尉、司徒两坊间,谓之铜驼街"。

[80] 《洛阳伽蓝记》(卷第一):"永宁寺……在宫前闾阖门南一里御道西"。永宁寺遗址已经勘探清楚,其塔基遗迹已经全面发掘,见中国社会科学院考古研究所洛阳工作队《北魏永宁寺塔基发掘简报》(《考古》1981年第3期)。

[81] 《洛阳伽蓝记》(卷第五):"京师东西二十里,南北十五里,户十万九千余。庙社宫室府曹以外,方三百步为一里。里开四门,门置里正二人、吏四人、门士八人。合有二百二十里"。据《魏书·世宗纪》、《魏书·广阳王嘉传》及《北史·魏太武五王传》等有关记载,二百二十应系三百二十之误。

[82] 《魏书·世宗纪》:"(景明二年)九月丁酉,发畿内夫五万人,筑京师三百二十坊,四旬而罢"。《魏书·广阳王嘉传》:"请于京四面筑坊三百二十三,各周一千二百步"。

[83] 《洛阳伽蓝记》:"出西阳门四里,御道南有洛阳大市,周迴八里"(卷第四);"孝义里东,即是洛阳小市"(卷第二);"别立市于洛水南,号曰四通市,民间谓永桥市"(卷第三)。

[84] 《洛阳伽蓝记》(卷第一):"长秋寺……在西阳门内御道北一里,亦在延年里,即是晋中朝时金市处"。

[85] 宿白:《北魏洛阳城和北邙陵墓——鲜卑遗迹辑录之三》,《文物》1978年第7期。

(本文原载《考古》1982年第5期)

中国古代墓葬制度

人类将死者的尸体按一定的方式放置在特定的场所，称为"葬"。用以放置尸体的固定设施，称为"墓"。在中国考古学上，两者常合称为"墓葬"。在墓葬中，往往还包含着各种随葬的器物。古代墓葬作为考古调查发掘的对象之一，所提供的资料远远超过了研究墓葬制度本身的范围，但墓葬制度仍是考古研究中的一个重要的课题。根据迄今的调查发掘，中国至迟在旧石器时代晚期已有墓葬。此后，经新石器时代至商、周、秦、汉及以后各历史时代，墓葬制度随着社会生产力、生产关系和上层建筑的发展而不断演变，显示出一定的规律性。在阶级社会中，墓葬制度突出地体现了阶级关系。在各个时代，民族和地区的特点在墓葬制度中也得到了充分的反映。

一　石器时代

北京周口店山顶洞人埋葬的发现，说明在旧石器时代晚期，已出现按某种方式埋葬死者。到新石器时代，墓葬则有了一定的制度。墓圹一般是长方形或方形的竖穴式土坑。在氏族的公共墓地中，数以百计的墓坑排列有序。多数的墓是单身葬，也有不少是合葬。仰韶文化和大汶口文化前期的合葬墓，往往采取"二次葬"，将许多已经埋葬过的尸骨迁移而葬入同一墓坑内。这些死者是同一家族的成员，体现了母系氏族社会的紧密的血缘关系。有些合葬墓，埋着两个或数个完整的尸体，他们的性别相同，应系兄弟或姐妹。大汶口文化后期和龙山文化、齐家文化的合葬墓，所葬多为两个成年男女，说明在父系氏族社会中，已经有了比较固定的婚姻关系，而齐家文化的合葬墓则证明存在男子死后以妻妾殉葬的情况。

黄河中下游的裴李岗文化、仰韶文化、大汶口文化和龙山文化，尸体在墓内的放置方式以仰身直肢的为多，偶然也有屈肢葬和俯身葬，后者可能是由于凶死。黄河上游的马家窑文化和齐家文化，除仰身直肢葬以外，还流行屈肢葬。仰韶文化墓中的尸体头多向西；大汶口文化墓中的尸体头多向东。这些都说明不同的部族有着不同的葬俗。

新石器时代的墓坑一般都小而浅，仅能容纳尸体。新石器时代晚期，有些地区已用木棺作葬具。在大汶口文化的后期，少数墓坑面积甚大，坑内沿四壁用木材垒筑，上面又用木材铺盖，构成了木椁，这大概是由于墓主人在社会上有特殊的地位。幼儿死后一般埋在房屋附近或房基下，利用陶器作葬具，称为"瓮棺葬"。

墓中随葬品以陶器皿为最普遍，其次是石制和骨制的工具，装饰品亦偶有发现，有时还有谷物和家畜。在有些墓地里，男子墓内多石斧、石铲、石刀，女子墓内多陶制或石制的纺轮，显示了男女在生产活动中的分工。由于地区和部族的不同，各地墓中随葬品的种类和数量颇有差异。但是，在同一墓地中，各墓随葬品的多寡、厚薄往往差别不大，可见在原始社会中氏族成员的经济地位是平等的。但是，到了后期，出现了贫富分化的现象。例如，大汶口文化后期的少数大墓，随葬的陶器有多至100余件，猪头多达10余个的，说明墓主人拥有远比一般人为多的财富。

二　商代

商代是中国青铜时代的盛期，社会生产力有了高度的发展，以商王为首的奴隶主贵族统治着庞大的国家。因此，在商代的墓葬制度中存在着严格的阶级和等级的差别，统治阶级的陵墓有着十分宏大的规模。

河南省安阳的商王陵墓，有"亞字形墓"和"中字形墓"。亞字形墓的墓室，是一个巨大的方形或亞字形的竖穴式土坑，四面各有一个墓道。侯家庄的一座最大的亞字形墓，墓室面积约330平方米，加上墓道，总面积达1800平方米，深度在15米以上。类似的墓葬在山东益都也有发现，是属于诸侯或方国的首领的。中字形墓的墓室，是一个大型的长方形竖穴式土坑，南北两面各有一个墓道。武官村的一座最大的中字形墓，墓室面积近170平方米，加上墓道，总面积达340平方米，深度为7米余。除了王陵以外，其他贵族的墓也有中字形的，但规模略逊。在贵族的墓中，还有一种"甲字形墓"，只在墓室南面有一个墓道，规模一般都较中字形墓为小。商代绝大多数的墓，都是没有墓道的长方形竖穴式土坑。形状虽然类同，但规模则有很大差别。大贵族的墓，面积可达 20 余平方米，在安阳小屯发现的商王武丁配偶"妇好"的墓即如此。一般小贵族的墓，面积往往不足 10 平方米，而平民的墓面积更小，有的甚至不足 2 平方米。

　　商王和各级贵族的墓，都用木材筑成椁室。亞字形墓的椁室，平面呈亞字形或方形。其余各种类型的墓，椁室平面呈长方形。敛尸的葬具都是木棺，放在椁室正中。平民的墓，有的有棺有椁，有的有棺无椁。尸体的放置方式，主要是仰身直肢。无论是贵族还是平民的墓，墓主都只有 1 人，尚未发现夫妻合葬的情况。商王和各级贵族墓的随葬品包括各种青铜器、玉石器、陶器、漆木器、骨角器等，极其丰富、精美。妇好墓随葬各种青铜器 460 余件，玉石器 750 多件，骨角器 560 余件，另有海贝近 7000 枚。由此可以想见，商代的王陵若不被盗掘，其随葬品应达到更为惊人的程度。

　　商代统治阶级墓葬的特点之一，是使用大量的人和牲畜殉葬。商王和大贵族的陵墓，殉葬者少则数十，多则一二百人，包括墓主人的侍从、婢妾、卫兵和各种勤杂人员，另有完全供杀殉用的"人牲"。殉葬者的葬式各有不同，其中颇多采用俯身葬。殉葬的牲畜，以马与狗为最多。各种类型的墓，都在墓底的正中设一长方形的小型坑穴，其位置正当墓主人尸体腰部之下，故称"腰坑"，坑内埋一殉葬的人或狗。即使是平民的墓，也往往有埋狗的腰坑。

　　在安阳侯家庄的 1 座亞字形墓的墓室之上，发现了大型的砾石，应是房屋的础石。在安阳小屯的妇好墓和大司空村的两座长方形墓的墓坑上，都发现了用夯土筑成的房基及础石。由此可见，从王陵到一般的贵族墓，有时在地面上建有房屋。它们可能是供祭祀用的，类似后世的所谓"享堂"。

三　西周春秋

　　西周的墓制承袭商代。由于尚未发现王陵，不知当时是否有亞字形墓。诸侯、贵族的大墓，有的是设有两个墓道的中字形墓，有的是设有一个墓道的"甲字形墓"。河南省浚县辛村卫国墓地多系中字形墓,其形制与商代的陵墓相似。除上述两种类型的大墓以外,绝大多数的墓仅有长方形的墓室,不设墓道,它们的规模因墓主人的身份不同而有很大的差别。与商代一样,也多在墓底设腰坑。

据记载,周代的棺椁制度有严格的等级,即所谓"天子棺椁七重,诸侯五重,大夫三重,士再重"。考古发掘工作究明,有些大、中型墓,在椁室内置双重棺,可见记载大体上是可信的。诸侯、贵族墓的随葬品,仍以各种青铜礼器为主,但和商代相比,酒器减少,食器增多。在各种食器之中,鼎和簋是最重要的。周代的礼制规定,天子用九鼎,诸侯用七鼎,大夫用五鼎,士用三鼎或一鼎。到了东周,则是天子、诸侯用九鼎,卿用七鼎,大夫用五鼎,士用三鼎或一鼎。簋与鼎配合使用,九鼎配八簋,七鼎配六簋,五鼎配四簋,三鼎配二簋,亦有明确的规定。这在考古发掘中也得到了证明。例如,在河南省陕县上村岭虢国墓地中,有一些大型和中型的贵族墓分别随葬七鼎、五鼎、三鼎或一鼎,墓的规模也依次减小。其中"七鼎墓"已被证实为虢太子墓。

与商代一样,诸侯贵族墓往往在附近设有"车马坑",其规模视墓主人的身份而定。以上述虢国墓地为例,虢太子墓的车马坑埋车10辆、马20匹,两座"五鼎墓"的车马坑各埋车5辆、马10匹。浚县卫侯墓的车马坑,规模最大的埋车12辆、马72匹。殉人在西周前期仍很普遍,中期以后稍减少,但直到春秋战国时代,有些大墓依然使用人殉。

考古发掘工作证明,西周已经有了合葬制度,其方式为夫妻分别葬在两个互相紧靠的墓坑中,即所谓"异穴合葬"。陕西省宝鸡茹家庄西周中期的强伯墓及其夫人井姬墓的发现提供了这方面的证据。到了春秋、战国时代,这种异穴合葬的制度更为普遍。例如,在山西省长治分水岭的晋、韩墓地中,凡属大、中型的贵族墓,都是两两成对,并列在一起,一葬男性,一葬女性,当为夫妻无疑。

四 战 国

春秋初期,中国进入铁器时代。大约在春秋、战国之际,中国开始从奴隶社会向封建社会转变。这种变化在墓葬制度上也有所反映。

春秋晚期和战国时期,许多统治阶级的墓在地面上筑有坟丘。坟丘一般用夯土筑成，有的呈方锥状，有的形状欠明，现存最高的达十余米。河北省平山中山王墓和河南省辉县固围村魏王墓，在墓室的地面上建"享堂"，则应看作是继承商代以来的旧制。

在战国时代，墓室仍然保持商代、西周以来的形制，有的大墓甚至还保留着腰坑。有些国君和大贵族的陵墓，如上述平山中山王墓、辉县魏王墓和邯郸赵国贵族墓，都在墓室的两面设墓道，与商代、西周的中字形墓相似。有些国君的墓，如安徽省寿县蔡侯墓，则和许多贵族的墓相同，仅有一个墓道或没有墓道。湖北省随州曾侯乙墓，开凿在丘陵的岩石中，规模甚大，但没有墓道，而且墓室的形状不规整，是罕见的特例。诸侯、贵族的大墓，仍流行附设车马坑。中山王墓的附近除马车坑以外，还有船坑，坑内埋船。这时的大墓，往往在墓室内积石以加固，积炭以御湿。辉县的魏王墓，则在墓圹内大量屯沙以防盗。在南方的楚地，流行用一种白色或灰色的粘土填在棺椁的周围，以保尸体和随葬品不朽。棺椁仍然存在严格的等级制度，诸侯、贵族的大墓用多重棺椁。随州曾侯乙墓椁室庞大，分隔为4个部分，双重木棺都髹漆施彩绘，十分精致。

由于生产的发展，手工业的发达，贵族墓内的随葬物在种类、数量和质量方面都达到空前的水平。当时漆器的制作已很精美，它们在随葬品中的比重显著增加。但是，礼器和乐器仍然被统治阶级看作是最重要的随葬品。例如：曾侯乙墓有编钟一架共64件，编磬一架共32件，显示了诸侯行礼作乐的大排场，青铜礼器中有"升鼎"一组共9件，毁一组共8件，正符合墓主的国君身份。下层贵族和上层庶民，多在墓中用仿青铜礼器的陶质"礼器"随葬。在各地发掘的大量战国的小型墓里，随葬品甚少，却都有着一组仿铜的陶器，如鼎、豆、壶之类。只有渭河流域的秦墓是例外，墓中的陶器是鬲、盒、罐、瓮等日用品，而不是礼器。这可能是由于秦受礼制的影响少，有它自己的葬俗。

在关中和中原地区的战国晚期的小型墓中，出现了横穴式的土洞墓，也有用一种体积庞大的空心砖筑椁室以代替木椁的。这种横穴式墓和空心砖墓在当时还很不普遍，但它们的出现意味着商周以来的传统墓制发生了变化。人殉在春秋晚期和战国初期的一些大墓里仍然存在，但总的说来，在战国时代，确比商代、西周少见了。用木俑和陶俑随葬的风俗已盛，这可以看作是人殉的替代。从商代、西周以来，墓主的尸体多是仰身直肢。到了战国时代，除了南方的楚国以外，黄河流域的秦、韩、魏、赵、燕等国都程度不同地流行屈肢葬。特别是西方的秦国，屈肢葬墓占有相当大的比例，墓中尸体侧身而卧，四肢蜷曲。这可能是受黄河上游自新石器时代以来的一种特殊葬俗的影响。

五 秦汉

汉代普遍用横穴式的洞穴作墓圹，用砖和石料筑墓室，在形制上模仿现实生活中的房屋。这是中国古代墓制的一次划时代的大变化。这种变化主要是从西汉中期才开始的，首先发生在黄河流域，然后普及到各地。在秦和西汉前期，贵族地主阶级仍沿用竖穴式土坑墓，墓中设木椁。在长江流域及南方和北方的边远地区，竖穴式木椁墓一直延续到西汉后期，甚至东汉前期。在秦和西汉的竖穴式木椁墓中，棺椁制度沿袭周代的礼制，有严格的等级。有些汉墓还使用了所谓"黄肠题凑"。

在贵族大墓中，河北省满城汉墓和山东省曲阜九龙山汉墓可以作为西汉中期新兴的横穴式墓的代表。它们是在山崖中穿凿巨大的洞穴，作为墓室，故称"崖墓"，形制和结构完全模仿房屋。在黄河流域和北方地区，一般的横穴式墓是地下的土洞墓，规模较小，构造较简单，墓主属于下层地主阶级。这种土洞墓，在汉代以后的各个时期，长期流行。汉代的新的墓制，还表现在中原一带的"空心砖墓"。从战国晚期始见以来，它只流行于西汉一代，到东汉基本上即已绝迹。大约在西汉中晚期，在中原和关中一带开始出现用小型砖建筑的墓，一般称为"砖室墓"。到了东汉，砖室墓迅速普及，成为全国各地最常见的一种墓。贵族官僚们的砖室墓规模较大，结构复杂，布局模仿他们的府第，许多墓里还绘有彩色壁画。西汉晚期开始出现的石室墓，到东汉在某些地区盛极一时。墓室中雕刻着画像，故称"画像石墓"。墓室的结构和布局，也是仿照现实生活中的住宅。有的石室墓，也绘有彩色的壁画。东汉时期，四川省境内的砖室墓往往在壁上另嵌一种模印着画像的砖，称为"画像砖墓"。在四川各地，东汉及其以后还流行崖墓。

中国古代棺椁并称，都属葬具。西汉中期以后的各种横穴式墓，特别是东汉的砖室墓和石室墓，墓室本身就起了椁的作用，可称"砖椁"和"石椁"，而墓室内的葬具则是有棺无椁。西汉前期和中期，夫妻合葬仍然采取"异穴合葬"的形式。西汉中期以后,制度一变,除帝陵以外,一般都是夫妻同墓合葬。横穴式的墓室,为同墓合葬提供了方便。

汉墓中的随葬品和战国时代相比,青铜器减少,漆器的比重进一步增加。为了储存大量的食物和饮料,墓内常有许多大型的陶器。西汉前期和中期,主要是随葬生前的实用器物。西汉中期以后,增添了各种专为随葬而作的陶质明器,包括仓、灶、井、磨、楼阁等模型和猪、狗、鸡等偶像。到了东汉,明器的种类和数量越来越多。这是中国古代墓葬在随葬品方面的一次大变革。在西汉中期的贵族墓中,仍然有用车、马殉葬的,但车和马都埋在墓室和墓道内,而不是在墓的附近另设车马坑。西汉晚期以后,不再用真车、真马殉葬,而是用木制或陶制的车马模型来替代。在南方地区,还有用木船或陶船的模型随葬的。

在汉代,以人殉葬是非法的。因此,在考古发掘中,除个别例外,已经见不到人殉。从商代开始的残酷的人殉制度,至此基本上终止。作为奴婢的替身,木俑和陶俑被多量地放置在统治阶级的墓中。

在地面上,统治阶级的墓已普遍筑有坟丘。在坟丘之前,往往设祭祀用的祠堂。东汉时盛行在墓前建石阙,并置人物和动物的石雕像。此外,还流行在墓地上立石碑,记述墓主人的死亡日期、家族世系及生平事迹。

陕西省临潼的秦始皇陵,是中国第一个帝陵。陵园平面成长方形,有内外两重围墙。坟丘在陵园的南部,平面成方形。陵园的北部设寝殿,开帝陵设寝的先例。西汉的帝陵,除文帝的霸陵系"因山为藏"以外,都筑有覆斗式的方形坟丘,其位置在陵园的中央。陵园的平面成正方形,四周筑围墙,每面开一"司马门",门外立双阙。汉承秦制,在陵园设寝殿。汉代帝后合葬,同茔而不同陵。后陵在帝陵之旁,其规模较帝陵为小。以惠帝时在长陵建原庙为起始,西汉诸陵都在陵园附近建庙。东汉的帝陵,从明帝的显节陵开始,陵园周围不筑墙垣而改用"行马",并在坟丘之前建石殿以供祭享。从显节陵开始,陵园附近都不再建庙。

六 魏晋南北朝

魏晋南北朝时代的墓葬制度,大体上承袭汉代。但是,经过汉末的战乱，社会经济受到严重的破坏，统治阶级的厚葬之风不得不有所改变。

考古调查发掘证明，自魏晋以降，规模宏大、雕刻精致的画像石墓已很少见了。贵族官僚的墓，一般都是砖室墓，有时设石门。与汉墓相比，墓室的平面布局简化，面积减小。但是，在墓室的细部结构和设施方面却有一些新的发展。例如：洛阳西晋墓中有角柱与斗栱，南京东晋墓中有直棂窗。从汉末、魏晋开始，各地都流行在墓室中设棺床。在长江流域的晋墓中，有时还有灯龛和台桌。这些结构和设施，都是用砖砌成，使得墓室更像现实生活中的居室。在黄河流域，砖室墓的墓道甚长，其接近墓室的部分是一段隧道。随着年代的推移，隧道逐渐加长。到了北魏，有的墓在隧道的顶部开天井，直通地面。北朝后期，有些大墓的隧道长达20米，天井有三四个之多。这是出于对现实生活中的住宅的模仿。天井愈多，愈显得门多宅深，院落重重。魏晋之际，辽东、河西等边远地区的豪族大姓，沿袭汉代旧制，营建砖石结构的大墓，在墓壁和砖面上施彩画，其题材多与汉墓壁画相似。在中原一带，却很少有在墓内绘壁画的；只是到了北魏，壁画又重新流行。长江流域的东晋和南朝，则流行用模印着画像的砖来装饰墓壁。

这一时期的随葬器物，主要是陶瓷器如杯、盘、碗、壶、果盒等饮食器皿和熏炉、唾盂、虎子等生活用具。其形制往往因地区而有差异，有的器物仅见于南方而不见于北方。总的说来，瓷器的数量激增，长江流域尤其如此。汉代流行的仓、灶、井、磨等陶制模型和家禽、家畜的陶制偶像继续沿用，但往往形体不大，制作粗简。贵族官僚阶级墓中的主要随葬品，是各种陶俑。从两晋以迄南北朝，时代愈晚，俑的种类和数量愈多。起初是少数男女侍者和武士，大约从五胡十六国时期开始，又大量增添骑兵、步卒、文吏、武弁以及吹鼓手之类，除家内奴婢外，大部分是墓主人出行时的仪仗队，具有明显的军事性质，反映了当时各地统治者拥有私人的武装部曲。大同北魏前期的司马金龙墓和洛阳北魏后期的元乂墓中的仪仗俑，竟达数百件之多。北魏后期，在墓门的两侧还往往有一对形体特别高大的守门卫士俑。在南方地区，陶俑之外还有瓷俑，但用俑随葬的风气不如北方盛。从汉末至魏晋，统治阶级常乘牛车，长期因袭不改。在两晋南北朝时代，贵族官僚墓中多用陶制的牛车模型随葬。上述由各种陶俑组成的仪仗行列，便是以牛车为中心的。用陶制的"镇墓兽"随葬，是从西晋开始的。西晋墓中的镇墓兽往往只有1件，作四足直立状。北魏墓中的镇墓兽成双，置于墓门的两侧，作卧伏状。到了北魏后期，墓中的两件镇墓兽，1件为兽面，1件为人面，都作蹲坐状。长江流域的东晋、南朝墓，镇墓兽多保持西晋时的形态，缺乏变化。魏晋南北朝时代开始在墓内置墓志。两晋的墓志，或为石质，或为砖质，形状多为长方形，而洛阳发现的年代较早的西晋墓志则作碑形，可见它是从墓碑演变而来的。到了北魏后期，才流行方形有盖的石质墓志。从此以迄隋唐，乃成定制。山西省大同北魏文明太后冯氏的方山永固陵及孝文帝的万年堂，为北魏的帝陵。墓室都分前后两室，与一般贵族墓之为单室相比，显示了帝陵的特殊规模。永固陵坟丘之前设石殿，应是继承东汉的陵制。南朝的帝陵在江苏省南京和丹阳，陵前有很长的神道，两侧立石兽、石柱和石碑等。墓室皆为单室，室内有用画像砖拼嵌而成的大幅"竹林七贤"图和"白虎"、"狮子"图等，与北朝墓内流行施彩色壁画的作风相比，显示了南朝陵墓在墓室装饰方面的特色。

七　隋唐五代

在以黄河流域为主的北方地区，北魏以来的墓葬制度经隋代，至于盛唐，一脉相承。当时贵族官僚的大墓，都是采用斜坡式的墓道，包括一段很长的隧道；隧道顶部开天井，两壁设龛。懿德太子墓有天井7个、壁龛8个，章怀太子墓有天井4个、壁龛6个，正三品司刑太常伯李爽墓有天井3个、壁龛2个，天井和壁龛的多寡基本上与墓主人的官品、爵位相一致。隋代流行以土洞为墓室，高级官僚的大墓亦不例外。入唐以后，则多采用砖室，土洞墓已降为低级官吏或平民所用。一般的官僚，其墓室都为单室。二品以上的大官，除主室以外，有时还设简单的前室。成王李仁墓、章怀太子墓及"号墓为陵"的懿德太子墓和永泰公主墓，则都有前后两室。从初唐到盛唐，贵族、官僚墓中流行壁画。一般是墓道前部两壁各绘青龙、白虎，墓室顶部绘日、月、星辰，其他则有鞍马、明驼、牛车、列戟、步骑仪卫、属吏、男女侍者以及乐舞伎等，各绘在墓内的相应部位，其内容和规格视墓主人的身份而有所区别。

随葬品以大量的陶俑为主。大约从武周时开始，陶俑多施三彩釉。据考察，陶俑可以分为出行时的仪卫行列和家居时的家臣侍者两大类。

前者自隋至初唐多武装俑，以后逐渐减少；武周时出现高大的马俑和驼俑。后者自初唐至盛唐不断增多，乐舞俑和游嬉俑等皆属此类。受宗教影响，镇守墓门的一对武士俑在盛唐时演变为天王俑，其特点是脚踏伏兽或鬼魅。镇墓兽继承北魏后期以来的形态，一为人面，一为兽面，而武周时则又进一步演变为头生角、肩附翼或手握蛇的怪兽。隋代开始出现的人身禽兽首的十二支俑，到开元、天宝之际更为流行。陶俑的数量，因墓主人身份而有不同的限额，懿德太子墓的陶俑总数达千件之多。方形有盖的石墓志在唐代使用得更为普遍，其形体大小随墓主人的身份而有等级之分。例如：三品官的墓志多为约72厘米见方，一品官如杨思勖及章怀太子雍王李贤、成王李仁的墓志皆为88厘米见方，永泰公主的墓志最大，为114厘米见方。懿德太子如天子之制，不用墓志而用玉册。

安史之乱以后，唐代墓葬制度发生了显著的变化。首先是墓的构造简化，短而狭的竖井式墓道代替了斜坡式的长墓道，因而天井和壁龛也不见了。墓室的规模缩小，壁画亦十分罕见。陶俑的数量减少，制作粗简。天王俑和镇墓兽越来越简化，在有的墓里已不用，只有十二支俑仍较流行。

长江以南广大地区的唐墓，有竖穴式土坑墓和砖室墓两类，形制简单，规模甚小。砖室墓多为长方形，有的两室并列，夫妻各葬一室。广东省韶关张九龄墓，主室平面呈方形，四壁施彩画，前方甬道两侧还各设一耳室，规模较大，形制与北方地区的砖室墓类似。总的说来，南方地区唐墓中的随葬品多为陶瓷器皿，陶俑甚少见。

唐代帝陵除少数是"积土为陵"的以外，大多数都是"依山为陵"。唐高宗与武则天合葬的乾陵，以梁山的主峰为中心，筑平面略呈方形的内城，四面各开一门，门外置石狮、石马和石人。南面的朱雀门是正门，入门即为献殿。自南面远处第一道门阙至内城的朱雀门，神道长达3公里，两旁列瑞禽、瑞兽、马、武将、文臣以及外国首领的石雕像，并树"述圣记碑"和"无字碑"。乾陵的宏大规模，充分显示了大唐帝国极盛时期的强大国力。

五代前蜀王建的永陵在四川省成都，南唐李昪的钦陵和李璟的顺陵在江苏省南京，都已经发掘。地下的玄宫分前、中、后3室，各室两侧又多设壁龛或耳室，这可能是承袭唐陵的制度。唐陵的地下玄宫虽都未经发掘，但从各方面的情形推测，亦应设有前、中、后3室。

八　宋辽金元明

中原和北方地区的北宋墓，最富有特色的是一种仿木结构建筑的砖室墓。北宋初年，墓室内的仿木结构还很简单。到北宋中期，才达到成熟的程度，从而成为一种特殊类型的砖室墓。从这以后，墓室的平面又从方形或圆形演变为等边多角形，仿木结构则从简单的"一斗三升"托替木或"把头绞项造"演变为五铺作重栱，从版门直棂窗演变为雕花格子门。一般多为单室墓，后期较大的墓则分前后两室。墓内多用壁画或雕砖作装饰，其内容主要是表现墓主人的日常生活，特别是墓主夫妻举行"开芳宴"的场面，有时也有孝子故事图等。在有些北宋末年的墓中，还出现了杂剧雕砖。墓室的后壁，则往往有"妇女掩门"雕砖。随葬品寥寥无几，这可能是由于各种器具什物已充分地绘刻在壁画和雕砖上的缘故。

长江中下游地区的宋墓，与同地区的唐墓相似，除了竖穴土坑墓以外，主要是简单的长方形砖室墓，后者往往两室并列，夫妻各葬一室。随葬品除陶瓷器外，颇有漆器和铜镜，偶尔也有银器。江西、福建省境内的宋墓，有用陶瓷俑随葬的，其中包括十二支俑和神煞俑。四川省境内的宋墓，除砖室墓外，还流行石室墓，后者多有雕刻，其题材为墓主人夫妇"开芳宴"，有的则为孝子故事。

北宋帝陵在河南省巩县，其地点的选定严格按堪舆术的要求。诸陵形制相同，都是以土筑的坟丘为中心，用墙垣围成方形的陵域，坟丘之前设献殿。四面各开一神门，门前置石狮。南面较远处设两重土阙，各称鹊台与乳台。自乳台至南面神门，神道两侧依次列象、獬豸、鞍马、虎、羊、蕃使、文官、武士等石雕像。帝陵后面别筑后陵，这与汉陵有相似之处，却为自唐以来历代帝陵中所仅有。南宋的帝陵在浙江省绍兴附近，因为算是权殡，所以营造较简，名为"攒宫"。虽然大体上是沿袭北宋的陵制，但没有乳台、象生，也没有陵垣及四门。献殿之后作玄宫，尸体放置在严密坚固的"石藏子"中。

分布在华北、内蒙古和东北各地的辽代墓葬，具有契丹族的特色。墓室除方形的以外，还流行圆形的。一般多为单室墓，但身份较高的贵族墓也有设前后两室的。赤峰的辽驸马墓和北京的齐王赵德钧墓，都有前、中、后3室，并多设耳室，显示了"多室"的特点。墓室内有时有简单的仿木建筑的结构，并施彩画。葬具除木棺外，盛行石棺。有的墓在石棺内绘毡帐住地和放牧的情形，反映了契丹族的游牧生活。辽代晚期，开始出现平面呈八角形或六角形的墓室。这个时期受北宋墓的影响较多，特别是汉人的墓，有的在仿木结构的砖室中饰砖雕的桌椅，有的则在壁画中绘"开芳宴"和孝悌故事图等，与北宋墓相似。

辽代贵族墓中的随葬品，除了金银器、陶瓷器及铁器等各种生活用具以外，以大量的马具、盔甲、各种武器以及金属面具和铜丝手足套等物为特点。陶瓷器中的鸡冠壶，亦为辽墓中所特有。到了中期，马具和兵器逐渐减少，鸡冠壶的形态亦由皮囊状演变为提梁式的圈足器。晚期辽墓一般已不用兵器随葬，马具也大为简化，而鸡冠壶则告消失。大约从早期的后半开始，辽墓中往往有汉文或契丹文的石墓志，形状与唐宋的相似。

内蒙古巴林右旗庆云山下的辽庆陵，是辽代中晚期圣宗、兴宗和道宗三帝的陵墓。以保存较好的圣宗的东陵为例，地面设陵门、参道和享殿。砖筑墓室分前、中、后3室，前室和后室又各在两侧设耳室，各室平面成圆形，顶部隆起成半球状。自墓道至墓室，都施壁画，内容包括鞍马、侍卫、乐队、臣僚以及春夏秋冬四季山水图。从墓室的形状和壁画的内容看来，辽代的帝陵应是象征当时以牙帐为居处的捺钵行宫。

金代的墓葬，一方面是受辽墓的影响，而更多的则是继承北宋的墓制。河北省新城的时立爱墓和兴隆的萧仲恭墓，其年代基本上属金代前期。由于墓主人的爵位高，都系多室的砖墓。墓室内有仿木建筑结构，绘壁画。时立爱墓的主室为八角形，前室两侧所附耳室为圆形，在形制上与辽墓有相似之处。萧仲恭的墓志则用契丹文书写。分布在华北南部和中原地区的金代后期地主阶级墓，主要是单室砖墓，平面多为方形或八角形，也有圆形的，从墓门到墓室内大量使用仿木建筑结构。有的墓里绘有开芳宴、放牧、捣练等题材的壁画，而大多数的墓则是大量使用雕砖，表现出门楼、格子门、棂窗、桌椅、屏风、灯、盆花之类，有的还有"镇宅狮子"，使得墓室对现实生活中居室的模仿达到了无以复加的程度。雕砖的内容还包括开芳宴中的墓主人夫妇、侍童、厨役、伎乐乃至舞台上的杂剧演员等人物，也有"掩门妇女"。这显然是北宋后期在中原和华北南部地区流行的仿木建筑结构砖室墓的进一步发展。

元代的仿木建筑结构砖室墓，主要发现于山西省境内。其特点是仿木建筑的结构日趋简化，有些已变成示意性的了。山西省中部地区墓内装饰以壁画为主，题材仍多为开芳宴，但突出了墓主人的形象而省略了伎乐的场面。山西省南部地区墓内饰雕砖，内容多为孝子故事或花卉之类。五代、北宋以来的仿木建筑结构砖室墓，到元代已接近尾声。

南方的元墓沿南宋旧制，多为简单的长方形砖室墓，双室并列，分葬夫妇。作为时代的特点，许多墓里使用石灰、米汁、木炭等以加固墓室，防护棺椁，并在墓底铺松香之类，以利尸体的保存。到了明代，一般官僚地主阶级的砖室墓采取密封棺材的手法，防腐措施又有发展，所以有的墓不仅尸体完好，而且衣冠服饰以及书籍、字画等易朽物品也保存良好。

明代的帝陵，以安徽凤阳的皇陵为最早。皇陵的形制承自北宋的帝陵，基本上仍沿汉唐以来的旧制。泗州的祖陵年代稍晚，其形制已与南京朱元璋的孝陵相近，而明孝陵则为此后的明代陵制开创了先例。明代从成祖朱棣起，13个皇帝都葬在北京昌平县，集中在一个总的陵园内，称明十三陵。陵园的总门在南面，称大红门。入门不远，立"长陵神功圣德碑"。由碑亭往北，神道两侧依次立石望柱及狮、獬豸、骆驼、象、麒麟、马、武将、文臣等石雕像，而各陵之前则不再立石望柱和石象生。出于总体布局上的考虑，陵的方向虽多向南，但也有向东或向西的。各陵规模大小不一，但形制和布局彼此相同。陵的前部主要是祾恩殿，基本上相当于唐宋陵前的献殿。与汉唐以来的帝陵相比，明陵最大的特点是坟丘不成方形而成圆形，周围砌砖墙，称为"宝城"，其位置不在陵域的中部而居全陵的最后。宝城之前设明楼，楼上树石碑，上刻皇帝的谥号，这也是明陵的新创。玄宫在宝城之下，其形制亦系模仿宫殿。以已经发掘的明定陵为例，玄宫可分前殿、中殿和后殿，中殿的左右两侧又各通一配殿。皇帝和皇后的棺椁放置在后殿的棺床上。

（本文原载《中国大百科全书·考古学》，中国大百科全书出版社，1986年）

秦汉考古

秦汉时代起自秦始皇统一中国，迄于东汉灭亡，前后共约440年，其间包括秦、西汉、新、东汉4个朝代。从公元前3世纪后期到公元3世纪初期的这一时代，是中国铁器时代的发展期。当时中国是统一的、中央集权的大帝国，国势相当强盛，社会比较安定，经济发达，文化艺术繁荣，与周围少数民族的关系密切，与外国的交往频繁。秦汉时代文献记载详细，各种遗迹和遗物十分丰富。研究工作在调查发掘的基础上，以遗迹和遗物为主要依据，并结合文献的记载，这使得秦汉考古不仅有广泛的课题，而且有充实的内容，是中国历史时代考古学的典型。

一 简史和现状

秦汉考古的前身可追溯到宋代的金石学。当时的许多金石学书籍，已广泛地著录了秦汉的铜器、镜鉴、度量衡器、货币、印章、玉器、碑刻和石经等。明代的学者，又著录了汉代的砖瓦。到了清代，秦汉的镜鉴、印章、封泥、简牍、瓦当等大量出土，更丰富了金石学研究的内容。在此之前，元代的学者还对汉代的古迹进行实地的调查。以调查发掘为基础的秦汉考古，到20世纪才开始。从20世纪的初期到30年代，英国、瑞典等国有人在甘肃、内蒙古、新疆各地对汉代的各种遗址进行掠夺式的调查发掘；30年代和40年代前期，日本人又趁军国主义侵略之机，在辽宁省和山西省的各地挖掘了不少汉墓。中国学者从20世纪20年代到40年代，对河南省洛阳附近汉魏故城遗址出土的石经加以收集、整理，在甘肃、新疆各地对汉代遗址和墓葬进行了调查发掘，还在陕西省宝鸡，山东省滕县，广东省广州，四川省彭山和重庆，河南省安阳、浚县和辉县等地发掘了许多汉墓。系统的、有计划的调查发掘工作，则是从中华人民共和国建立后才全面开展的。中国社会科学院考古研究所和各省、市、自治区的博物馆、文物管理委员会及其他有关单位，对秦汉时代的各种遗址和墓葬进行了广泛的、大规模的调查和发掘。出土的遗物数量很大，种类甚多。这使得秦汉考古的研究具备了丰富、可靠的资料。调查发掘和研究工作的成果，除了以简报、中型报告和论文的形式在《考古》、《文物》、《考古学报》等刊物上发表外，重要的专著则有《辉县发掘报告》、《洛阳烧沟汉墓》、《长沙发掘报告》、《长沙马王堆一号汉墓》、《满城汉墓发掘报告》、《沂南古画像石墓》、《望都汉墓壁画》、《广州汉墓》、《巩县铁生沟》、《和林格尔汉墓壁画》、《云梦睡虎地秦墓》、《武威汉简》、《银雀山汉墓竹简》、《居延汉简甲乙编》、《塔里木盆地考古记》、《汉代画像全集》、《江苏徐州汉画像石》、《山东汉画像石研究》、《汉代的玉器和丝绸》和《汉代考古学概说》等。

二　断代和分期

秦和两汉，盛行在器物上作铭纪年。特别是从汉武帝开始采用年号，使得各种纪年的器物更不断增多。汉墓的墓砖有时也有纪年文字，而各种铜钱则都有明确的铸造年代可查。这些都使得秦汉考古的断代有可靠的依据。由于《史记》、《汉书》、《后汉书》等各种史书对秦和两汉的政治、经济、文化等各方面都有详细的记载，调查发掘所得的实物资料可以与文献记载相对照。按照政治历史发展的阶段，结合物质文化的特点，秦汉考古可以从时代上划分为6期。

1. 秦和西汉前期

从秦始皇统一到西汉的景帝，共约80年。和战国时代一样，普遍流行木椁墓，但中原地区已多空心砖墓；日用的陶器仍有圜底带绳纹的；关中地区已出现仓、灶等陶质明器；瓦当除圆形的以外，仍有不少"半瓦当"；通行各种"半两钱"；铜镜主要是"蟠螭纹镜"。

2. 西汉中期

从汉武帝到昭帝，共约70年。除流行木椁墓以外，中原地区盛行空心砖墓,并开始出现砖室墓;陶器上的绳纹基本消失;棕黄色和绿色的铅釉陶器开始出现;仓、灶、井等陶质明器逐渐增多;通行五铢钱;铜镜主要是"草叶纹镜"和"星云纹镜"。

3. 西汉后期

从汉宣帝到平帝,共约 70 年。除长江流域和南方、北方的边远地区继续使用木椁墓以外,黄河流域普遍流行空心砖墓和砖室墓,墓内出现彩色壁画;半瓦当基本上绝迹;铅釉陶器显著增多;仓、灶、井、猪圈等陶质明器进一步普及;五铢钱继续通行;铜镜主要是"四螭镜"、"日光镜"和"昭明镜"。

4. 新莽时期

包括此前孺子婴的居摄年间和此后刘玄的更始年间,并可将重新发行五铢钱的汉光武帝建武十六年(公元 40 年)以前的东汉初期也包括在内,前后共约 35 年。砖室墓已在全国普及,其墓室顶部有隆起呈穹窿状的;画像石墓在中原地区兴起;某些建筑物上使用青龙、白虎等"四神"纹瓦当;铅釉陶器和各种陶质明器继续增多;通行"大泉五十"、"货泉"、"货布"等各种王莽钱;铜镜主要是"方格规矩镜"。

5. 东汉前期

从汉光武帝到和帝,共约 70 年。边远地区残留的木椁墓也已开始消失;中原地区的空心砖墓突然绝迹;砖室墓在全国范围内普及;画像石墓的分布范围扩大到陕北、晋西和川中;壁画墓进一步盛行;陶质明器除仓、灶、井、猪圈、楼阁等模型外,还普遍流行犬、羊、鸡等各种动物的偶像;开始用买地券随葬;重新通行五铢钱,其形制又略有新变化;铜镜主要是"方格规矩镜"和"连弧纹镜"。

6. 东汉后期

从汉安帝到献帝的初平年间,共约 90 年。献帝建安年间基本上已进入三国时代,应除外。流行砖室墓和画像石墓;除买地券外,还盛行用镇墓瓶随葬;各种陶质明器和铅釉陶器继续流行;青瓷器开始在江南地区出现;五铢钱中有"四出五铢"、"剪轮钱"和"綖环钱";铜镜除

"方格规矩镜"和"连弧纹镜"外,流行"兽首镜"、"夔凤镜"、"双头龙凤纹镜",在南方的长江流域还流行"神兽镜"和"画像镜"。

三　各地区的文化面貌

秦汉时代中国的版图达到了空前的规模,基本上奠定了此后历代的疆域。随着全国大一统的政治局面的巩固和发展,在文化艺术方面也渐趋统一。因此,秦汉的遗迹和遗物在全国范围内有相当大的共同性。但是,由于气候、地理、产业、民俗和民族等的差异,各地在不同程度上存在着地方性。从考古资料的特征出发,可将全国划分为9个地区。

1. 关中和广义的中原地区

包括陕西省中部、河南省、山东省、山西省中南部、河北省中南部、安徽省北部和江苏省北部。这一地区是当时全国政治、经济、文化的重心所在。从秦、西汉到东汉前期,许多新兴的事物,如空心砖墓的盛行,砖室墓和画像石墓的兴起,彩色壁画墓的出现,陶质明器的流行,铅釉陶器的发明等,都首先在这里开始,然后影响到各地。

2. 长江中下游的江南地区

包括湖北省、湖南省、江西省、浙江省、安徽省南部和江苏省南部。与中原地区相比,木椁墓延续较久,砖室墓出现较迟,画像石墓罕见,空心砖墓绝无;印纹硬陶始终流行,青瓷器出现较早;铜矿丰富,铜镜铸造业发达。

3. 长江上游的四川盆地

包括四川省中部的成都平原和东南部的沱江、涪江、嘉陵江流域。这一地区开发较早,从秦代起就受关中和中原文化的影响甚多;西汉和东汉前期,铜器和漆器制造业发达,其产品远销各地;东汉中后期,崖墓盛行,砖室墓中使用画像砖。

4. 长城沿线和北方草原地带

主要是内蒙古自治区,也包括宁夏回族自治区北部、陕西省北部、山西省北部和河北省的西北部。这一带是当时主要的国防前线，长城、鄣塞和烽燧等是最具特色的遗迹。长城内侧早置郡县，治所附近的木椁墓、砖室墓、画像石墓的形制与中原地区近似；长城内外属于北方游牧民族的陶器和铜器等则与汉族有明显的区别。

5. 以辽河流域为主的东北地区

这里是秦汉辽东郡的辖境，为中原文化影响所及，而周围的匈奴、东胡等族则有其自身的文化面貌。东汉后期，公孙氏在此割据，郡治襄平附近的许多砖室墓和石室墓施彩色壁画，对此后高句丽的墓制颇有影响。

6. 岭南的珠江流域

主要是广东省和广西壮族自治区。西汉前期的墓葬有明显的特点；西汉中期广设郡县以后，中原文化进一步传入，但陶器仍流行印纹硬陶，器形、纹饰与中原相异；铜器多施细线镂刻花纹，亦与黄河流域有别；海外交通发达，琥珀、玻璃质的珠玑等外贸品甚多。

7. 川黔滇高原地区

包括四川省西南部、贵州省、云南省东北部。这一地区为西南夷各族所聚居，墓葬形制和随葬器物都有浓厚的少数民族特色，尤以铜鼓、铜钺等青铜器为突出。西汉中期设郡县以后，中原文化影响渐深；东汉中期以后，流行砖室墓，与内地相似；铜矿丰富，东汉时所铸铜器远销各地。

8. 甘青地区

主要是甘肃省的河西走廊，也包括青海省东北部。这里是西汉中期所置武威、张掖等河西四郡及王莽时所置西海郡的所在地。郡县治所及其附近，文化面貌与中原大体相同；由于气候干燥，纺织品及漆器、木器得以保存，其中包括许多木制简牍。

9. 新疆地区

由于地区广大，民族复杂，各处土著文化的面貌互不相同。西汉中期通西域以后，中原器物如丝织品、漆器、铜镜、铜钱等颇多传入。另一方面，由于中西交通的开展，中亚、西亚的文化艺术对这里也有影响。

四 遗址的调查和发掘

秦汉时代的遗址，种类多，数量大，在地域上分布范围广。它们可分为都城、县邑、聚落、长城、鄣塞、工矿、作坊等类，而各类遗址中又包含许多不同的遗迹。经过调查发掘的遗迹，有城墙、城门、沟渠、池沼、街道、宫殿、衙署、武库、礼制建筑物、住房、仓囷、窖穴、水井、矿井、工场、炼铁炉、陶窑等等。这些遗址及其所包含的各种遗迹，反映了当时国家在政治、经济、军事、文化等方面的设施和规制，体现了社会生产和生活的具体情形。

1. 都城

都城遗址的调查发掘，是秦汉考古的一项重大课题。秦的咸阳城、西汉的长安城和东汉的雒阳城是统一大帝国的都城，是当时全中国的政治、经济和文化的中心，特别是长安城和雒阳城为汉代所新建，其设计除适应作为大城市的经济生活上的需要以外，还充分显示了政治上和礼制上的规格，对此后中国历代都城的营建有深远的影响。

咸阳城

遗址在陕西省咸阳市东。1959年开始勘察，1974年以后发掘。城址南部被渭河冲毁，城的全貌不明。宫殿区在城的北部，许多大型的殿址保存良好。咸阳的宫殿都建立在夯土台基上。每座建筑物自成一独立体，但相互之间又以甬道、复道等连接，成为一个组合体。从每座建筑物的间次、门道的设计，到一个建筑群的整体设计，都采用对称式的布局。有的殿内用方砖铺地，墙壁经粉刷，有时还有彩色的壁画。秦宫的形制和构造，对汉代的宫殿建筑有直接的影响。

长安城

汉长安城遗址在陕西省西安市西北。1956年以来，已究明了全城的平面形状、城墙和城壕的结构、城门的形制、城内主要街道的分布、市的位置、宫殿的范围。武库遗迹已全面发掘，究明了它的规模和结构。南郊的明堂、辟雍和王莽九庙及西南郊的昆明池和上林苑的部分宫观的遗迹，也经勘探或发掘。调查发掘证明，长安城的形制、布局基本上与《周礼·考工记》的规制相符合。城的平面形状大体近于方形；

城的四面各有3个城门；每个城门有3个门道，经由城门的主要大街都分成平行的3股；长乐宫和未央宫在城的南部，东市和西市在城的北部。

雒阳城

遗址在河南省洛阳市东约15公里。1957年以来，经过长期的调查发掘，究明了全城的平面形状、城墙的规模、城门和城内主要街道的分布、武库和太仓的位置，并根据城门和街道的分布情形推定南宫和北宫的范围。城南的明堂、辟雍和灵台，是中国古代都城特有的礼制建筑物，自两汉以降，一直为历代所沿袭，灵台又是当时的天文台。太学的遗迹也经勘察和发掘，出土了许多石经的残片。

2. 县邑

指都城以外的各地的县城，有的是郡国的治所。据历史记载，从西汉初年开始，全国的县邑普遍筑城墙。由于所在地域的不同，可分为内地的县邑和北方边境地区的县邑。

内地的县邑

在陕西、河南、山西、山东、河北、北京、天津、湖北、湖南、安徽、江西、福建、辽宁等省、市的各地，发现秦汉时代的城址达80余处，它们都有用夯土筑成的城墙遗迹。结合文献记载，可以推定陕西省临潼的城址为栎阳县城，河南省洛阳的城址为河南县城，山西省夏县的城址为安邑县城，山东省淄博的城址为临淄县城，北京市房山的城址为广阳县城，天津市武清的城址为泉州县城，河北省易县的城址为故安县城，江苏省扬州的城址为广陵县城，湖北省江陵的城址为郢县城，湖南省宁远的城址为冷道县城等。经过发掘的城址，以河南省洛阳的汉河南县城遗址为例，城墙宽约6米，周围全长约5公里，城的平面近方形。城内房屋多为半地穴式，屋顶铺瓦。粮库有方形的仓和圆形的囷。窖穴中出土"河南太守章"封泥，陶器上有"河亭"、"河市"的戳记。福建省崇安的城址，不见于文献记载，从出土的遗物看来，其兴建年代也许较早，而汉武帝灭东海王余善以后则可能在此设屯戍据点，但不是县邑。

北方边境地区的县邑

汉代在长城沿线的内侧广建城邑，以充实边境，支援边防。在西起内蒙古自治区杭锦旗，东至辽宁省丹东市的地段内，已发现汉代城址近百处。城址平面多为方形，面积比中原地区的县城为小。城的中部或一隅往往另筑内城，官署设在内城中。其中，结合文献记载，可以考定内蒙古磴口市布隆淖古城为朔方郡临戎县城，同市陶升井古城为朔方郡三封县城，乌拉特前旗三顶帐房古城为五原郡九原县城，托克托县古城村古城为云中郡云中县城，同县哈拉板申北古城为云中郡沙陵县城，和林格尔县土城子古城为定襄郡成乐县城，呼和浩特市美岱二十家子古城为定襄郡安陶县城，杭锦旗霍洛柴登古城为西河郡富昌县城，准格尔旗纳林北镇古城为西河郡美稷县城，凉城双古城西古城为雁门郡沃阳县城，辽宁省黑城子外罗城古城为右北平郡平刚县城，丹东市瑷河尖古城为辽东郡西安平县城，等等。

3. 聚落

聚落指县城郊外的市镇和村落，其数量远比县城为多。由于遗址面积小，堆积薄，周围又无城墙，所以发现甚少。经过正式发掘的，仅有辽宁省辽阳三道壕遗址和江苏省高邮邵家沟遗址2处。三道壕遗址面积将近1平方公里。房屋内部设炉灶，屋顶铺瓦。屋外有窖穴和水井，并有畜栏和厕所。道路用河光石铺砌。附近有烧砖的窑场。房址中除出土农具、工具以外，还有不少兵器。陶片有的印"军厨"戳记，有的刻"昌平"字样。从各方面的情形看来，这里不是一般的农村，而是西汉后期以降辽东郡治所襄平附近的一个屯戍的市镇。邵家沟遗址面积甚小，在窖穴、灰坑和水井的遗迹中出土铁犁、铁锤、陶纺轮、陶网坠和日用陶器、青瓷器、竹编什物、麻布的碎片，并有牛、狗、鱼的骸骨和核桃、瓜子等的残余，表明这里是江淮地区的水乡农村。

4. 长城、郭塞和烽燧

秦汉时代，为了在北方和西北边境防御以匈奴为主的游牧民族入侵，修筑了长城，并在沿线建郭塞，设烽燧，以加强守卫。因此，对长城、郭塞和烽燧遗址的调查发掘，是秦汉考古的一项特殊任务。其成果主要在于究明当时的国防和军备。

秦代长城

秦始皇时修建的长城，主要是利用战国时代秦国、赵国、燕国的长城而加以连接,有的地段则为当时所新建。秦代长城起自甘肃省岷县,经宁夏回族自治区境内北上,穿越乌兰布和沙漠北边的鸡鹿塞。进入内蒙古自治区后,逶迤在狼山北面的岗峦间,由石兰计北口东经固阳县北部,又经武川县南,沿大青山北,过集宁市境,由兴和县北部进入河北省围场县境。然后,又往东至内蒙古的赤峰市、敖汉旗、奈曼旗和辽宁省的阜新县一带。

汉代长城

西汉时,主要是沿用内蒙古自治区境内至辽宁省辽河以西的秦代长城而加以修缮。据文献记载,并结合实地勘察,可以说明汉武帝时在辽东又直接利用战国时代燕国长城的东段,而加以恢复。其线路是自辽宁省阜新市一带往东,经障武、法库、开源各县,然后折而向南,经新宾、宽甸县境,直至当时的浿水。另一方面,汉武帝以后又新筑了从内蒙古居延海附近到甘肃、新疆交界处的长城,其走向是沿额济纳河南下,然后沿疏勒河向西;在敦煌以西,长城的城墙基本上与当时通往西域的大道并行。汉代和秦代一样,城墙的修建因地制宜,平地用土夯筑,山间用石块垒砌,有的地段则是土石混合。汉代新筑的极西长城,多在夯土中夹芦苇。

鄣塞和烽燧

汉代在长城沿线普遍设鄣塞和烽燧。从新疆的罗布泊、甘肃的敦煌至内蒙古额济纳河流域,到西起内蒙古潮格旗、东至奈曼旗的漫长地带上,已发现鄣塞和烽燧的遗迹达数百处之多。其中以内蒙古居延地区的发现为最重要。从居延海附近的索果诺尔沿额济纳河向南,至于金塔、毛目附近,在长近300公里的地段上,至少分布着鄣塞遗址10余处,烽燧遗址一百数十处。从1931~1976年,先后发现木简达3万余枚。根据木简的记录,鄣塞和烽燧的组织体制是将大群的烽燧分为若干部分,由都尉管理。都尉以下设候官、候长和燧长,有时在候官与候长之间设鄣尉。每一鄣塞都筑有围墙,平面成方形。肩水都尉所在的大湾鄣塞面积较大,约为350×250米。肩水候官所在的地湾鄣塞面积较小,约为50×50米。甲渠候官所在的破城子鄣塞面积最小,约为23×23米。鄣塞外筑土台,便是烽燧,由燧长主管,附近往往遗有执举的竹竿和燃火的苇束。

五 墓葬的调查和发掘

秦汉墓葬的特点是墓的种类复杂，墓主人的身份各异，等级甚多，而墓的形制和构造等又因时期、地区的不同而有显著的差别。统治阶级实行厚葬的墓设施讲究，随葬品十分丰富，而贫民和刑徒的埋葬则极为草率。因此，对墓葬的调查发掘，不仅能为研究秦汉时代的物质文化和精神文化提供大量的资料，而且可以充分揭露当时贫富悬殊、阶级对立的情况。

1. 帝陵

在中国古代的丧葬制度中，帝陵有其特殊的规格。秦始皇陵是中国第一座帝陵，两汉帝陵继承秦陵的制度而又有新的演变。它们对此后历代的陵制有长远的影响。

秦始皇陵

秦始皇陵在陕西省临潼县，南靠骊山，北临渭水。现已进行全面勘察。陵园平面呈长方形，有内外两重围墙，坟丘在陵园的南部，寝殿在陵园的北部。墓室在坟丘之下，已探明东西两面设墓道。陵园内外，有许多陪葬墓和殉葬坑，有的已经发掘。坟丘西侧的车马坑埋置铜质的车马模型，制作异常精致。陵园东门外有规模巨大的秦兵马俑坑，埋置大量的陶质兵马俑，其形体大小与真人真马相等。

西汉帝陵

除文帝的霸陵在陕西省西安市东郊、宣帝的杜陵在西安市东南郊以外，其余9帝的陵都在渭水以北咸阳市至兴平县的境内。1962年以来，进行了调查。除霸陵"因山为藏"以外，其余10陵都有坟丘。陵园以坟丘为中心，周围筑墙垣，平面呈方形；四面各设一门，门外立双阙。皇后陵在帝陵之旁，一般是在帝陵的东侧。汉承秦制，设寝殿于陵园。惠帝时在长陵设原庙，以后成为定制。各陵都有许多臣僚的陪葬墓。

东汉帝陵

除献帝的禅陵以外，其余11陵都在河南省洛阳市的附近地区。光武帝的原陵被认定在洛阳东北的孟津，尚待证实。其余诸陵，虽经多次调查，都未能确定。据文献记载，从明帝的显节陵开始，陵园周围不筑墙垣而改用"行马"。坟丘之前建石殿，以供祭享。从显节陵开始，陵园附近不再建庙。各陵都有许多臣僚的陪葬墓。

2. 贵族、官僚和地主的墓

秦汉时代贵族、官僚和一般地主的墓，从墓的构造上可以分为木椁墓、土洞墓、空心砖墓、崖墓、砖室墓、石室墓等不同的种类，它们又各有规模大小的差别。各类的墓，有的流行于不同的时期，有的则同时并存。由于墓主人的身份和财富的差异，他们的墓在种类和规模方面亦各不相同。

木椁墓

主要流行于秦和西汉前期到中期，在长江流域及边远地区则延续至西汉后期和东汉。从高级贵族、大官僚到一般地方官和乡吏等人都使用。墓室为长方形竖穴式土坑，坑内筑木椁。墓的规模因人而异，往往大小悬殊，所用棺椁有一定的等级制度。地面上都有坟丘，大墓还有墓域，设祠堂。已经发掘的重要的墓有湖北省云梦睡虎地秦墓、江陵秦汉墓，湖南省长沙马王堆汉墓、咸家湖汉墓、象鼻山汉墓，陕西省咸阳杨家湾汉墓，安徽省阜阳汉墓，山东省临沂银雀山汉墓，北京市大葆台汉墓，广西壮族自治区的贵县汉墓和合浦汉墓等。

土洞墓

从秦、西汉到东汉始终流行，但地域上只限于黄河流域及北方和西北地区。墓的规模都不大，墓室为横穴式土洞，往往设耳室。在已经发掘的大量的墓中，甘肃省武威磨嘴子汉墓和旱滩坡汉墓甚为重要。

空心砖墓

流行于秦和西汉，东汉时已告绝迹。在地区上只限于中原和关中一带。在竖穴式的土坑或横穴式的土洞内用空心砖堆砌墓室，砖上印有各种花纹，少数的墓施彩色壁画。这种墓与木椁墓同时并存，墓主人一般多为中下层地主。比较重要的有河南省洛阳西汉壁画墓。

崖墓

开始出现于西汉，在河北、山东、江苏等省的少数地点有发现。东汉时四川省境内特别流行。在山崖和岩层中开凿横穴式洞穴，以为墓室。墓的规模大小不一，从大贵族到一般的地主都有使用。已经发掘的重要的墓有河北省满城汉墓、山东省曲阜九龙山汉墓和四川省成都天迥山汉墓等。满城汉墓在地面上还有祠堂的遗迹。

砖室墓

西汉中后期开始出现于关中和中原地区，不久便迅速普及，东汉时在全国范围内普遍盛行。墓室用小型长方砖砌成，有时有彩色壁画。四川境内的墓，流行在墓壁另嵌画像砖。从高级贵族、大官僚到一般官吏和地主都使用。墓的规模因人而异，大小悬殊，地面上多有坟丘。大墓有墓域，建墓阙，设祠堂，立墓碑，置人物和动物的立体石雕像。已经发掘的重要的墓有山西省平陆汉壁画墓，河南省密县打虎亭汉墓，陕西省潼关吊桥杨氏墓，河北省望都汉壁画墓、定县汉墓，安徽省亳县曹氏墓，江苏省邗江甘泉汉墓，甘肃省武威雷台汉墓，内蒙古自治区和林格尔汉壁画墓，辽宁省辽阳汉壁画墓，等等。

石室墓

开始出现于西汉后期至王莽时期，主要流行于东汉。其分布以山东省到江苏省北部、河南省到湖南省北部、陕西省北部和山西省西部、四川省中部等地区为最多。墓室用石材构筑，有的为砖石混合结构。因大多数有石刻画像，故称画像石墓。墓的规模一般都很大。地面上除坟丘以外，在墓域内立石阙，设祠堂，树墓碑，并有人物和动物的立体石雕像。墓主多为大贵族、大官僚。已经发掘的墓，以河南省密县打虎亭汉墓、唐河汉墓，山东省沂南汉墓、安丘汉墓、苍山汉墓，江苏省徐州汉墓，陕西省米脂汉墓等为重要。

3. 贫民墓和刑徒墓

贫民墓

贫民墓多为小而浅的土坑，易受破坏，故甚少发现。1955年在河南省洛阳涧西发掘一批贫民墓。葬具都很简陋，有的使用陶棺，有的则用瓦片覆盖尸体，有的根本没有葬具。随葬品极为贫乏。

刑徒墓

迄今发现的秦汉刑徒墓共有3批。1979年在临潼秦始皇陵附近发现的秦代刑徒墓共有100余座，发掘了其中的30座。墓坑都为长方形竖穴，大的埋10余人，小的埋1、2人。尸体上盖瓦片，所刻文字记明死者的籍贯或原监狱所在地、刑名、爵名和姓名，可以判定他们是被征调来修筑骊山的陵寝的。1972年在咸阳汉景帝阳陵附近发现的西汉刑徒墓地，面积达 80000 平方米，估计埋葬刑徒在万人以上。从已经发掘的一小部分来看，墓坑形状不规则，排列无序。坑内或埋多人，或埋 1 人，尸骨上遗有铁制的刑具。参照文献记载，这些刑徒都是被征调来修建阳陵的。1964 年在汉雒阳城遗址附近发现的洛阳东汉刑徒墓地，面积在 50000 平方米以上，发掘了其中的 2000 平方米，计刑徒墓 500 余座。墓坑都为长方形竖穴，排列十分整齐，每坑埋 1 人。尸体上置砖块，上刻文字，记明刑徒的姓名、监管机构、来自何处监狱、刑名、编制组织和死亡日期等。这批刑徒是被征调来参加与雒阳城的建设工程有关的各种劳役的。

六 农业、手工业及其产品

从各类遗址和墓葬中发掘出来的大量的遗迹和遗物，是研究秦汉时代的农业和手工业的重要资料。遗物的种类有农作物、纺织品、铁器、铜器、漆器、玉器、陶瓷器、砖瓦、舟车等，它们绝大多数为实物或实物的残迹，有的则为模型。遗迹有与农业有关的沟渠、与采铜有关的矿井、与冶铁有关的作坊和炼炉、与制陶有关的窑、与造船有关的工场，等等。汉墓中的壁画、石刻画像和随葬的陶质模型类明器等，又从生产手段和生产关系等方面为研究当时的农业和各种手工业提供了大量的形象资料。

1. 农业

根据出土的农作物、铁农具等实物，参考陶明器模型和壁画、画像石、画像砖等的图像，并结合经过调查发掘的有关遗迹，可以从农作物的品类、农具和耕作技术、水利灌溉、谷物加工、农副业以及庄园和屯田制度等方面加以阐明。

农作物的品类有粟（小米）、稻（粳、籼、糯）、小麦、大麦、黍（黄米）、大豆、赤豆等谷物，芋、薏苡、葵（冬苋菜）、芥菜、甜瓜、葫芦、笋、藕、生姜等瓜菜，栗、枣、梨、桃、李、杏、梅、杨梅、橄榄等果品，还有作为纺织材料的大麻和苎麻等。农具有犁、锸、铲、双齿或三齿耙、锄、镰，都是铁制的。犁上的铁铧多加铧冠，并配有犁镵。播种用耧车，平土保墒用带有排齿的大耙和用竹木编成的耱，和耕犁一样，可以用牛牵引。

农民用桔槔或辘轳汲取河水、井水以灌溉，有的筑陂塘以蓄水。郑国渠、白渠、都江堰和芍陂等大型水利工程由官府经营，其规模达到相当高的水平。对谷物的处理，有的用风车箱扇除秕糠，用践碓舂捣，或用转盘式的双扇石磨盘磨研而制成粉面。农副业主要是豢养犬、猪、羊、牛、马等家畜和鸡、鸭、鹅等家禽，并利用各种水面养殖或捞取鱼鳖、荷藕和菱角等动植物。植桑育蚕已普及到全国许多地方。江陵凤凰山汉墓出土的"郑里廪簿"等简文说明，当时自耕农土地少，产量小，而租税、徭役繁重。豪强地主兼并土地，建立庄园，农民们因破产沦为佃户和奴婢。和林格尔汉墓壁画中的庄园图，详细地描绘了东汉庄园中的各种情形。

汉代实行屯田制，以解决军粮问题。据居延汉简记载，边防部队中从事耕作和兴修水利的士兵分别称为"田卒"和"河渠卒"。罗布泊出土的木简，也有关于戍卒从事农作的记录。在时代略晚的甘肃嘉峪关魏晋墓的壁画中有"军垒图"和"屯田图"，形象地显示了军队屯田的情形。

2. 纺织

汉代纺织品有丝、麻、毛、棉四大类。丝织品主要发现于长沙马王堆汉墓、江陵凤凰山汉墓、满城汉墓和新疆民丰尼雅汉墓等处。织品的种类，可分为平纹组织的绢、缣、纱，绞经组织的素罗和花罗，以斜纹显花的绮，多彩的锦和绒圈锦，编织的绦带等。除素地无纹的以外，花纹大体上有织成的、刺绣的、印染的和彩绘的，织锦和刺绣用染色的丝线。花纹的纹样有动物纹、植物纹、云气纹和几何纹等，有时还有"延年益寿"、"万世如意"等吉祥文字。

麻织品可以马王堆汉墓出土的为代表，其原料为大麻和苎麻。毛织品主要是罗布泊和尼雅墓中出土的，品种有缂毛、斑罽和斜褐等。缂毛是用染色的线缂成花纹，绚丽多彩；斑罽是提花织制的，所用毛纱也是先经染色再织出花纹；斜褐是斜纹织物，所用毛纱也染色，并有蜡缬的花纹。棉织品出土于尼雅墓，其品种有蓝白蜡染棉布、白布裤及手帕等，前者有各种花纹。

汉墓石刻画像中的许多纺织图表明，当时的织机已普遍装置踏脚板，织工用双足踏板以提综，而以一手投梭，一手打筘，加速了效率。根据锦、绮、花罗等丝织品实物的组织和花纹，可以推测当时已有简易的提花机。汉代除民间普遍从事纺织以外，首都少府属官织室令丞主管御用品和官用品的织造。陈留郡的襄邑和齐郡的临淄都设服官，大量制造各种丝织品。

3. 铁器

各地遗址和墓葬出土的铁器数量大，种类多，而作坊遗址的发现更为研究当时的冶铁业提供了重要的材料。近年来，考古学研究与冶金史研究相配合，对秦汉冶铁业的技术发展水平有了新的认识。

发掘出土的铁器有犁、**鐴**、锸、铲、锄、耙、镰等农具，斧、锛、锤、凿、锯、锥等工具，刀、剑、矛、戟、镞、铠甲等兵器，炉、釜、镤、火钳、剪、带钩、镜、尺、缝衣针等生活用具，说明了铁器的使用已普及到农业、手工业、军备和日常生活的各个方面。经鉴定，当时的铁器可分锻件和铸件两大类。以块炼铁为材料的锻件有许多已达到钢的标准，而且在"块炼渗碳钢"的基础上更进一步，已经能用反复锻打的方法制成早期的"百炼钢"。以生铁为材料的铸件，除了"展性铸铁"以外，已开始有了性能更佳的"灰口铁"。西汉中期发明了用热处理的方法使铸铁在固态下脱炭成钢，西汉后期更出现了用生铁炒炼而成的"炒钢"。

汉武帝以后，在全国设铁官40余处，由国家垄断冶铁业。铁官所属的作坊遗址在各地多有发现，其中河南省巩县铁生沟和南阳瓦房庄等遗址经过大面积的发掘。铁生沟作坊在矿山附近，遗址中炼炉多，而锻炉、熔炉和铸范甚少，说明是以冶炼铁料为主，锻铸器物为次。瓦房庄作坊在当时的宛县城内，远离矿区，主要是从别处运来铁料以锻铸器物。

4. 铜器

和前代相比，秦汉铜器的特点是礼器的比重减少，日常生活用具的种类大增。兵器除弩机和矢镞外，多为铁器所取代。容器包括鼎、锺、壶、钫、樽、匜、卮、杯、鉴、锅、洗等食器、酒器和水器；烹饪器有甗、釜、甑、鐎斗等炊具和温器。用具的种类如灯、熏炉、博山炉、案、熨斗、漏壶等，有的在前代的基础上加以发展，有的则为汉代所创制。铜镜的制作甚盛，其形制、花纹不断演变。秦和西汉前期流行蟠螭纹镜，西汉中期流行草叶纹镜和星云纹镜，西汉后期流行四螭镜、日光镜和昭明镜，王莽和东汉前期流行方格规矩镜和连弧纹镜，东汉后期流行兽首镜、夔凤镜、盘龙镜，在长江流域还流行神兽镜和画像镜。

汉代开发的铜矿甚多。据文献记载，参照器物上的铭文，当时著名的铜矿有丹阳郡的丹阳、蜀郡的严道、犍为郡的朱提和堂狼、越巂郡的邛都和青蛉等处。1953年在河北省兴隆县寿王坟，1961年在山西省运城洞沟，分别勘查了西汉前期和东汉后期的铜矿遗址，发现了矿井、冶炼工场的遗迹和冶炼出来的铜锭。

汉代在首都负责铸造铜器的工官是少府属下的尚方令和考工令（东汉属太仆），其产品供御用或官用。河东郡和丹阳郡设铜官，其产品除供官用外，也作为商品出售。私营作坊所造的铜器，往往在铭文中标明卖价。

5. 漆器

秦汉是中国古代漆器制造业的全盛时代，所制漆器种类多，数量大，质量精美。特别是各种饮食器皿，由于具有更大的优越性，在一定程度上取代了青铜器。漆器的种类有鼎、壶、钫、樽、盂、卮、杯、盘等饮食器，奁、盒等化妆用具，几、案、屏风等家具。其胎质主要有木胎和夹纻胎两种，也有竹胎的，但很少。漆器上的纹饰可分漆绘、针刻、贴金银箔、嵌水晶和玻璃珠等几种。花纹有龙凤纹，云气纹、花草纹、动物纹和几何图案。少数器物，也有画神话传说和人物故事图的。盘、盒、奁等器物在口沿上镶镀银的铜箍，杯的双耳镶镀金的铜壳，称为"银口黄耳"或"釦器"。

秦和西汉前期漆器上有"咸亭"、"许市"、"蕃禺"、"布山"、"莒市"、"成市"、"女阴"等烙印，说明它们是咸阳、许县、蕃禺、布山、莒县、成都、汝阴等地官营作坊的产品。西汉中期以后，中央政府直接管辖的最重要作坊在成都、广汉和长安，其产品供御用或官用，但也广泛流传到全国各地。成都和广汉工官所产的漆器，有详细的铭文，记述着工场中的工人分素工、髹工、上工、黄涂工、画工、洀工、清工和造工等工种，监督和管理的官员除长、丞、掾、令史以外，还有少府派来的护工卒史。长安的工官为少府所属的"考工"和"右工",官吏有令、右丞、掾、令史和啬夫,但没有护工卒史。

6. 玉器

秦和汉初的玉器,主要是继承战国时代的传统。西汉中期以后,玉器的种类、花纹和治玉技术都出现了新的变化,与战国时代有显著的不同。作为礼器的玉器,种类减少,仅有璧和圭两种。用于死者身上的玉衣、玉琀、玉塞、玉瑱等所谓"葬玉",显然增多。玉笄、玉带钩等日常装身具及铁剑柄端和鞘上的玉具相当普遍。此外,玉印、玉刚卯等亦为前代少见或未见。

与前代相比,除了在扁平的玉片上施浅浮雕的玉器以外,还流行高浮雕和圆雕的玉器,而镂孔透雕和细线雕刻的花纹也颇有增加。玉器表面的抛光技术,达到了相当高的水平。除了与战国时代相同的绿色和黄褐色的玉料外,乳白色的羊脂玉大量增多。玉料主要来自新疆的和田。

汉代少府属官尚方令,主管御用玉器的制作。另一方面,东园匠专为皇帝制造丧葬用品,其种类包括玉衣和其他各种"葬玉"。诸侯王等贵族死后所用的玉衣之类,也多属"东园秘器",由朝廷发给。

7. 陶瓷器

秦汉的陶器,除了实用的以外,还包括大量专为随葬而作的明器。铅釉陶器的盛行,是汉代陶业的特点之一。东汉后期出现的青瓷,更是陶瓷史上的重要创新。

秦汉的灰陶,火候较高,陶质较坚实;西汉中期以后,绳纹基本上绝迹,一般器物大体上是素面的。在长江以南的广大地区,除灰陶外,还流行硬陶,烧制火候比灰陶高,器形和纹饰也与灰陶有异。

专为随葬而作的明器,可分模型和偶像两大类。秦和汉初首先出现的是模型类的仓和灶。从西汉中期以降,迄于东汉后期,除仓、灶以外,井、磨盘、猪圈、楼阁、碓房、农田、陂塘等模型及猪、羊、狗、鸡、鸭等动物偶像相继出现,时代愈晚,种类和数量愈多。

铅釉陶开始出现于西汉中期。主要流行于黄河流域和北方地区。釉药中含氧化铅,呈色剂是氧化铜或氧化铁,烧成后呈棕黄色或绿色。器物的种类除容器以外,还包括各种明器。铅釉陶器的出现,可能是受西亚的影响。

青瓷器用石灰釉，由于含有少量氧化铁，釉呈淡青色。器形多为广口、平底的四系罐。东汉后期开始出现于浙江省绍兴、上虞一带，以后普及到江淮各地。除浙江、江苏各地东汉后期墓以外，安徽省亳县曹氏墓中也有多量的发现。

北方烧制灰陶的窑筑在平地上，窑室较宽、较高，火道不长。南方烧制硬陶和青瓷器的窑筑在山脚坡面上，窑身细长，倾斜度较大。后者便于通风，使温度提得更高。秦汉陶器往往有"咸亭"、"河亭"、"河市"、"陕市"、"邯亭"、"安亭"和"市府"等的戳记，说明各地制陶作坊往往是由当地政府中主管工商业的"市府"管理的。

8. 砖瓦

制砖造瓦是秦汉陶业的一个重要的方面。和前代相比，瓦的制作有了改进，除了战国时代以来的空心砖以外，还发明了以长方砖为主的小型砖，使得当时的建筑水平有了显著的提高。

砖有长方砖、正方砖、楔形砖、榫卯砖等类，多用于造墓，也用于造屋，其形状、尺寸都有一定的规格。瓦有板瓦和筒瓦两种。板瓦断面约为四分之一圆周，筒瓦断面为二分之一圆周，制作都已相当规格化。筒瓦前端的瓦当有半圆形的和圆形的，半圆形瓦当主要限于秦和西汉前期。瓦当上的花纹多为各种云纹，也流行用"长乐未央"、"千秋万岁"等吉祥文字作装饰。王莽时用于礼制建筑物上的瓦当多为青龙、白虎等"四神"纹样。北方边境城邑所用瓦当有饰"单于和亲"、"单于天降"等文字的，西海郡所用瓦当则饰"西海安定"的文字，显示了地方的特色。西汉都城长安及三辅地区宫殿、官署的瓦当，所饰文字如"上林"、"兰池宫当"、"宗正官当"等都为宫殿和官署的名称，说明当时政府设有专为宫廷、官府造瓦的作坊。长安城遗址出土瓦片多印有"都司空"、"右空"等戳记，说明造瓦的作坊为"都司空"等机构所主管，作坊中的工匠多为被判罪的刑徒。

9. 舟车

秦汉的交通工具主要是车和船。车的实物遗迹，发现于临潼秦陵的兵马俑坑、满城汉墓、曲阜九龙山汉墓和北京大葆台汉墓；作为明器的车的模型,则有秦陵和武威雷台汉墓的铜车,云梦秦墓、长沙汉墓和武威磨嘴子汉墓的木车,广州汉墓和成都扬子山汉墓的陶车等,各地汉墓的壁画、画像石和画像砖上的车马图,也是研究车制的好材料。秦陵的铜车,为皇帝的专车,有其特殊的规格,但大体上是继承战国时代的车制。兵马俑坑中的木车,则为用于战争的兵车。汉代最常见的车为轺车,又有辎车、骈车、安车和高车,多为双辕,辕木多弯曲。各种车辆都用马驾引,运输货物则多用牛车。东汉后期,统治阶段所乘的车亦常用牛驾引,影响及于后代,竟成长期的风尚。

秦汉船舶的实物,至今未有发现。和林格尔汉墓的壁画、四川德阳汉墓的画像砖及沂南汉墓等许多汉墓的画像石上都有一些船的图形,但不甚清晰。江陵汉墓、长沙汉墓和广州汉墓中作为明器随葬的木船和陶船模型,制作得相当细致,由此可了解当时船舶的形制和结构。长沙西汉墓的木船,船身细长,船舱不高,两舷共置16支棹,船尾另有1支大棹,其特点在于轻捷。广州东汉墓的陶船,设前、中、后3舱,尾部又有望楼,两舷各设3个棹架,船首悬锚,船尾置舵,其特点在于稳重。1976年在广州发现了一处秦至汉初的造船工场的遗址,发掘出3个造船台及其附近的木料加工场的遗迹。从造船台的规模估计,可以制造长20~30米、宽6~8米、载重量约10吨的大型木船。

七 货币、度量衡及印章

货币和度量衡器代表秦汉时代国家在经济方面所建立的最基本的制度。各时期所铸钱币质量的优劣,往往反映当时政局是否稳定,经济秩序是否正常。印章体现了当时的官制,而印章及封泥上的地名则又为研究各时期的行政区划提供材料。

1. 货币

秦汉的铜铸币,主要可分"半两钱"、"五铢钱"和"新莽钱"三大类。前两类都是圆形方孔。后一类品名繁多,形状不一。汉武帝建元元年(公元前140年)曾铸"三铢钱",但不久作罢,故发现甚少。

半两钱

根据发掘出土品,秦始皇统一后流行的半两钱直径2.5~2.7厘米,重3~3.5克,比战国时代秦国的半两钱小而轻;文献记载说"重如其文",与实际不尽相符。据记载,西汉吕后时所铸半两钱重八铢,文帝时所铸半两钱重四铢。就出土的实物而言,西汉前期的半两钱直径2.2~2.5厘米,重2.5~2.8克,多为文帝时所铸。当时诸侯王和郡国豪强往往自行铸钱,钱文亦为"半两",但极为轻薄,直径仅1厘米左右,后世称为"榆荚钱"。

五铢钱

汉武帝元狩五年(公元前118年)始铸五铢钱,直径2.3厘米,重为五铢,合今约3.5克。从元鼎五年(公元前112年)起,禁郡国铸钱,五铢钱的铸造集中在首都长安。从武帝到平帝,铸造量达280亿枚。根据纪年的钱范和发掘出土的钱币实物,可以辨认所铸五铢钱在细节上的特征。经过王莽时期的间断,东汉光武帝于建武十六年(公元40年)重新发行五铢钱,铸工精良,但重量稍减,一般约为3克,其文字细节与西汉五铢钱又稍有差别。东汉中期以后,币制渐混乱,所铸五铢钱较粗陋,重量往往只有2~2.5克。至东汉后期,甚至有将五铢钱凿开,成为"剪轮钱"和"綖环钱"的。灵帝中平三年(公元186年)新铸五铢钱,质量较好,重3.6克,背面自方孔四角铸出四道斜线,故称"四出五铢",但发行量小,发现不多。

新莽钱

王莽摄政和称帝期间所铸的铜币,按形状可分为"泉"、"布"、"刀"3种,每种又各有等级。计有"小泉直一"、"么泉一十"、"幼泉二十"、"中泉三十"、"壮泉四十"、"大泉五十"、"小布一百"、"么布二百"、"幼布三百"、"序布四百"、"差布五百"、"中布六百"、"壮布七百"、"第布八百"、"次布九百"、"大布黄千"、"契刀五百"、"一刀平五千",后者"一刀"二字用黄金错出,故称"错刀"。在各种铜币之中,以居摄二年(公元7年)始铸的"大泉五十"、始建国元年(公元9年)始铸的"小泉直一"和地皇元年(公元20年)始铸的"货布"、"货泉"以及文献失载的"布泉"为常见。

2. 度量衡

秦始皇统一度量衡,是以战国时代商鞅变法以后的秦国度量衡制为标准。汉因秦制,基本上保持不变。王莽改变汉朝各种制度,但未改动度量衡制。东汉建武年间，整顿度量衡，由大司农颁发标准器，其标准仍与前代大致相同。

长度

据商鞅量的实物和铭文核算，秦1尺应为23.1厘米。据满城汉墓的铁尺和曲阜九龙山汉墓残铜尺测定，西汉1尺为23.2～23.5厘米。新莽时1尺的长度，据传世的始建国元年的嘉量测算，应为23.1厘米。东汉前期1尺的长度，根据传世的建初铜尺，为23.5厘米。东汉后期，按照各地发掘出土的铜尺和骨尺，1尺约为23.8厘米，似有增长的趋向。汉代长度单位为十进位的分、寸、尺、丈、引，而以6尺为步，300步为里。

容量

根据商鞅量和传世的其他秦代方升测算，当时的1斗为2 000毫升。西汉的1斗，据江苏省铜山崖墓出土的铜量及各地汉墓出土有铭铜器的容积计算，亦为2 000毫升左右。新莽嘉量经测定，1斗约为2 000毫升不变。东汉的容量，据建武平斛和光和铜斛测算，1斗为2 000±40毫升。汉代容量单位是2龠为合，10合为升，10升为斗，10斗为斛（亦称石）。其实，当时容量有大小两种制度。据居延汉简记载，小石（斛）为大石（斛）的6斗。

重量

据高奴权实测，秦1石（120斤）重为30.75公斤，1斤应为256.26克。西汉的重量，以满城汉墓的"三钩"铁权测算，1斤应为249.9克（此权钮部略有损缺，原重应稍增）。从各地出土有铭铜器测计，西汉单位重量的数值颇有出入，但以1斤合今250～254克的为多。以嘉量计算，新莽的1斤为226.6克；但据传世的天凤元年㶇仓平斛及各种圜权的重量测算，1斤应为240～246.97克。东汉的重量单位，据传世的光和二年（公元179年）铜权测定，1斤为250克。汉代24铢为两，16两为斤，30斤为钧，4钧为石。

3. 印章（附封泥）

秦汉的印章，可分官印和私印两大类。前者包括从皇帝、诸侯王到各级官员的印章，印文为称号和官职，不具姓名。后者不论是官是民，印文为姓名，不加职称。由于当时公文、书信都用竹简和木牍，所以印章多盖在简牍检木的封泥上。一般说来，封泥上的印文多为官印。

官印

秦代唯皇帝之印称"玺"。汉代则皇帝、皇后、诸侯王、王太后等人的印都称"玺"。皇帝玺虽未发现，但传世有"皇帝行玺"的封泥。据记载，皇帝六玺皆用白玉、螭虎钮，皇后的玺亦如此。1968年在咸阳汉长陵附近发现的"皇后之玺"为白玉质、螭虎钮，与记载相符。但是，1983年广州出土的南越王僭用的"文帝行玺"为金质、龙钮。诸侯王的玺，传世的"淮阳王玺"为玉质、龟钮，1981年江苏省邗江出土的"广陵王玺"为金质、龟钮，1954年陕西省阳平关出土的"朔宁王太后玺"亦为金质、龟钮。丞相、太尉等最高级大官用金印，其他秩比二千石以上的大官用银印，它们都为龟钮，印文称"章"。秩600石以下的中下级官吏用铜印，多为瓦钮或鼻钮，印文称"印"。少数民族首领被汉朝封为"王"的，如云南省晋宁出土的"滇王之印"为金印；其他职位较高的官佐用银印，一般的僚属用铜印。为了区别于汉朝的官印，它们多为驼钮或羊钮，滇王之印用蛇钮。印章的大小，亦与等级有关。南越王的"文帝行玺"方3.1厘米，咸阳的"皇后之玺"方2.8厘米，各为当时的1寸3分和1寸2分见方；西汉的官印多为方2.5厘米，新莽和东汉的官印多为方2.3厘米，大体上都是当时的1寸见方。官印是行政权力的凭证，官吏调迁或死亡时，必须缴还。因此，墓中随葬的官印，即使铸造工整，也未必是实用的原物。长沙马王堆汉墓出土的"长沙丞相"印和"軑侯之印"，文字草率，可判定是死后为随葬而仿制的。满城汉墓出土的中山靖王的玉玺，螭虎钮，2.7厘米见方，但不刻文字，显然是随葬品。传世的少数铜印和发掘出土的木印，既署官职，又加姓名，也是专为随葬而作的。

私印

私印没有严格的制度。印的形状除方形以外，有长方形、圆形、椭圆形，东汉还有柿蒂形等。除铜印以外，还有玉印和银印，东汉更有琥珀印和玛瑙印。印钮有鼻钮、桥钮、坛钮和龟钮，东汉还有虎钮和兽钮。有的印两面有字，没有钮。印的大小各异。印文除姓名以外，有时还加上籍贯和表字。所有差别并不代表等级。除多为男子使用外，女子亦有用印的，满城2号汉墓出土的窦绾铜印即是1例。

八 绘画、雕刻、书籍和碑碣

广义的绘画包括各种器物的图纹，但狭义的绘画在秦汉时代主要是帛画和壁画。帛画易朽，出土甚少，而壁画在坟墓中遗留，有大量的发现。秦汉雕刻艺术种类甚多，而以汉代画像石最具特色，它与壁画一样，是汉代考古的重要资料。汉代虽已发明造纸，但应用远未普及，所以秦汉的书籍主要是简册和帛书。中国古代的碑碣，开始于战国而盛行于秦汉，它们和石经相似，是刻于石材上的文献，可以补书籍记述的不足。

1. 壁画

秦汉的壁画，主要绘描于宫殿和陵墓。宫殿的壁画，迄今仅发现于咸阳秦宫殿遗址。陵墓的壁画则大量地发现于各地从西汉后期到东汉后期的空心砖墓、砖室墓和石室墓中。壁画的题材大体上可分4大类。第1类包括车骑出行图，燕居、田猎、庖厨宴饮、乐舞百戏等享乐生活图，城郭、衙署、仓库、楼阁等建筑物图，以及农耕、畜牧和庄园图等，都是绘描当时的现实。第2类是古代圣贤、忠臣义士、孝子烈女等历史人物故事图，但仍多按汉代的衣冠服饰绘描。第3类是东王父、西王母、伏羲、女娲之类的神话传说图及麒麟、白象、青龙、朱雀等祥瑞动物图，所画神人、奇禽和异兽等出于虚构，但反映了当时的宗教意识。第4类主要是日、月、星宿、云气等天象图，在一定程度上体现了当时的天文观念。绘描以毛笔为工具，用矿物质颜料着色。绘描方法包括线描、平涂和渲染，已能讲求大小比例和远近透视的效果。

2. 画像石

汉代的石刻画像，主要施于河南、山东、苏北、陕北等地区的许多石室墓或砖石混合结构墓的石材上，称为"画像石"。墓域地面上的石祠和石阙，如山东长清县孝堂山石祠和嘉祥县武氏石祠和阙，也由画像石构成。四川成都平原的崖墓也有刻画像的。

石刻画像的题材，与壁画相似，大体上可分5大类：第1类是表现当时的现实生活，如车马出行图、庖厨宴饮、乐舞百戏图，农耕、纺织、炼铁等劳动图，城郭、庭院等建筑物图等。第2类是历史人物故事图，如忠臣义士、孝子烈女等。第3类是伏羲、女娲、东王父、西王母、佛像以及各种仙禽、神兽等的宗教神话图。第4类是日、月、星宿、云气等的天象图。第5类是作为陪衬装饰的垂幛纹、流云纹、菱形纹、三角形纹等各种图案花纹。

石刻画像的制作，是先构图，后雕刻，当初还使用了彩色。雕刻的技法主要有阴纹线刻、减地平钑、减地肉雕和透雕等。在同一画像上，有时是两种技法并用，如在减地平钑或浮雕的图像轮廓上又用阴线刻出细纹。

3. 简册

秦汉时代最常用的书写材料是竹简和木简。前者称"简"，后者称"牍"和"札"等。将简编联起来，便成为册。在罗布泊、尼雅、敦煌及居延地区的遗址中，发现过汉和魏晋的木简和竹简。在云梦睡虎地秦墓、江陵凤凰山汉墓、长沙马王堆汉墓、阜阳双古堆汉墓、临沂银雀山汉墓、武威磨嘴子汉墓和旱滩坡汉墓等墓葬中，也发现秦汉的竹简和木简。简的长度大约有69厘米左右、56厘米左右、28厘米左右、23厘米左右、18厘米左右、13.5厘米左右等几种，分别相当于当时的3尺、2尺4寸、1尺2寸、1尺、8寸、6寸。每简所写的字数因简的长短而不等，但大体上有所规定。将零散的简编成册，用的是丝纶或麻绳。从简册的实物观察，都是先编联，后书写，纶绳所过之处空而不写。

简册的内容极广，有经典、书籍、诏书、律令、公文、名籍、账簿、历谱、药方、日忌、杂占、书信，以及用于随葬的"遣策"等类。云梦秦简有《语书》、《效律》、《封诊式》、《秦律杂抄》、《法律问答》、《为吏之道》和《日书》等书籍。阜阳双古堆汉简为《诗经》、《刑德》、《苍颉篇》等书籍。临沂银雀山汉简有《孙子兵法》、《孙膑兵法》、《六韬》、《尉缭子》、《元光元年历谱》等书籍和历谱。武威磨嘴子汉简为《仪礼》经，并有日忌、杂占以及关于王杖授受的律令等。武威旱滩坡汉简为药方。江陵凤凰山汉简为乡里名籍及关于赋税、徭役、贷粮、钱财收支等的账簿。长沙马王堆汉简为列举随葬品名目的"遣策"。居延和敦煌汉简则有诏书、律令、牒书、品约、劾状、爰书、符传等公文，以及《尚书》、《论语》等经书和《急就扁》、《苍颉篇》

等启蒙读物。

4. 帛书

缣帛也是秦汉时代的重要书写材料。用缣帛写成的书籍，称为帛书。当时帛书的数量甚大，只是不易保存，迄今发现的，仅限于长沙马王堆 3 号汉墓出土的帛书。帛书的幅度，大的用整幅的帛，宽 48 厘米；小的用半幅帛，宽 24 厘米。书写前，先用朱砂或墨在帛上均等地画出界线，每行宽各 7 厘米左右。书的篇题都写在末行的空白处。帛书的内容有《老子》甲乙本及附写的佚书各 4 篇，乙本所附佚书有《经法》、《十六经》、《称》、《道原》的篇名；有《战国策》及其他史籍；有天文书、相马书、医书；还有长沙国南部地形图、长沙国南部驻军图 2 幅地图。

5. 石经

东汉立石经于太学，是文化事业上的一大创举。通过石经，可以考订儒家经典，研究古代书法，还可了解当时学术的繁荣和太学规模的盛大。

汉灵帝熹平四年（公元 175 年），为正定经本文字，决定刊刻于碑石。自当年至光和六年（公元 183 年），凡 9 年才完成。共有 46 碑，立于太学讲堂东侧。其内容为《鲁诗》、《尚书》、《周易》、《仪礼》、《春秋》、《公羊传》、《论语》等 7 经，称"熹平石经"。魏文帝黄初元年（公元 220 年），重建太学。齐王芳正始二年（公元 241 年），又新刻石经，立于太学讲堂西侧，称"正始石经"。

20 世纪 20 年代以来，加强了对石经的研究。其成果在于石经碑片的收集、碑的形制和行款的复原，并确定了正始石经共有 27 碑。1957 年以来对太学遗址的发掘，使得对石经置立的地点及其排列次序等都有了新的认识。

6. 碑碣

秦汉的刻石，主要可分 3 类：第 1 类称"碣"，其形状大体上是方而近圆，上小下大，但没有严格的规则。第 2 类为"摩崖"，是利用天然的崖壁。第 3 类是"碑"，完全由人工雕治而成，碑身长方，顶部成圭形或圆弧形，趺座多为长方形。秦始皇刻石纪功，开树立碑碣的风气。到了东汉，碑刻大盛，其影响及于后世。

秦刻石

秦始皇统一六国后，为进一步巩固统治，先后五次巡视全国，并刻石纪功。据记载，共有峄山、泰山、琅琊、芝罘、东观、碣石、会稽等7石，字体为小篆。秦二世巡行各地，又加刻诏书及从臣姓名。琅琊残石至今犹存，泰山刻石仅存数字，其他都已湮没，但有重摹本流传。除碣石刻石外，秦刻石都是立石而刻，应该是碣。

东汉的碑刻

按内容不同，可分颂功记事的刻石和墓碑2种。颂功记事的刻石，如"西狭颂"、"石门颂"、"刘平国刻石"、"礼器碑"、"张迁碑"等，有的为摩崖，有的为碑，而"裴岑纪功碑"则不同于一般的碑，应属碣的一类。墓碑都为长方形的碑，见于著录的甚多，有的保存至今。发掘出土的墓碑有天津市武清县的雁门太守鲜于璜碑。东汉摩崖及碑刻多用隶书，但碑额往往用篆体。

九　少数民族的遗址和墓葬

对边境地区少数民族的研究，是秦汉考古的重要组成部分。少数民族有各自的社会制度和文化面貌，但都在不同程度上受到汉族的影响。特别是西汉中叶以后，随着汉朝政府在各边境地区增置郡县，在西域设都护府，少数民族与汉族在政治、经济和文化方面的关系更趋密切。

1. 匈奴和东胡

秦汉时代，北方草原地带的游牧民族主要是匈奴和东胡，后者分乌桓、鲜卑两部。就中国境内而言，匈奴活动范围在内蒙古大部和新疆北部，乌桓活动范围在内蒙古东南部和辽宁省北部，鲜卑活动范围在内蒙古东北部。东汉时，南匈奴入居塞内，北匈奴西迁，鲜卑遂据其故地。

二兰虎沟墓地

在内蒙古集宁市北察右后旗寒乌拉山。墓地面积约10000平方米，密集地排列着许多土坑墓。1956年前往调查，收集到许多器物。陶器有汉式的和土著的两种，后者为手制的灰褐色夹砂粗陶，器形为附有单耳、双耳或三耳的罐。铜釜也附双耳。许多透雕的铜牌铸成动物形，也有少数为几何图案形。这里应是匈奴的墓地，年代相当于西汉。

西岔沟墓地

在辽宁省西丰县西，地当汉辽东郡境内长城以北。墓地面积约8 000平方米，共有500多座墓。1956年发掘了其中的60余座，都是长方形土坑墓，单身葬。出土的铜制和铁制的刀、剑和矛，具有北方民族的特征。透雕铜牌的纹样多为各种动物，也有佩剑武士。汉式的刀剑、马具和工具等也很多。墓地的年代约在西汉中期到后期。有人认为是匈奴的墓地，但也有人主张应属于东胡族的乌桓。

札赉诺尔墓地

在内蒙古满洲里木图那雅河东岸。墓地上共有长方形土坑墓约300余座，排列甚密。1959年发掘了其中的30余座。均为单身葬，葬具为桦木棺。出土的陶器为灰褐色夹砂粗陶，器形以大口平底罐和单耳罐最具特色。铜器主要是透雕的动物纹铜牌。铁器有刀、矛和镞等兵器。木弓及其两端所附的骨弭遗留甚多。汉式物品有方格规矩镜和织锦。墓的年代属东汉。一般认为这里是鲜卑的墓地，但不能排除属于匈奴的可能性。

客省庄匈奴墓

在陕西省长安县客省庄，是1座长方形的土坑墓。随葬品如透雕铜牌、铜环、金环和铁饰等属匈奴的制品。墓的年代约在西汉前期，墓主人可能是死在长安的匈奴使者。

上孙家寨匈奴墓

在青海省大通县大通河西岸。这里是1处东汉的墓地。该墓为砖室墓，墓的形制和随葬品与其他东汉墓无异。其中的1枚"匈奴归义亲汉长"的驼钮铜印，证明墓主为匈奴的酋长，说明南匈奴入居内地后，已完全与汉族融合。

2. 西南夷

秦汉时代的西南地区聚居着许多少数民族。今贵州省西部有夜郎、且兰，云南省滇池周围有滇，四川省西南部有邛都、西北部有冉駹等。汉代统称之为西南夷。

黔西的夜郎墓

1977~1978年，在贵州省赫章、威宁境内发掘土坑墓近200座。有些墓采用二次葬，以纺织物或草席包裹人头，置于铜鼓、铜釜或铁釜内，不用棺木，不葬死者的躯肢。随葬品以当地所产的陶器为主。铜器分两类，一类有土著特色，一类为中原的产物。墓的年代属西汉。这里汉初属夜郎，汉武帝以后为犍为郡的汉阳县，故推测为夜郎的遗存。

滇池周围的滇墓

1955～1960年，在云南省晋宁石寨山发掘了数十座土坑墓，其中6号墓有金质的"滇王之印"随葬，确定了它们是滇墓。1964年在安宁太极山，1972年在江川李家山，又发掘了数十座相似的墓。墓的年代约从战国后期到东汉初期。墓坑形状不甚规整，葬具为木棺，除个别的墓为合葬以外，多为单身葬。随葬品因墓的年代不同而有变化。战国后期至西汉前期多为铜鼓、贮贝器、尖头锄、粗茎剑、空首钺、透雕动物纹饰牌等具有浓厚土著文化特征的铜器，货币全为海贝，铁器稀少。西汉中期至后期，上述各种土著铜器减少，洗、熏炉、镜、弩机等从中原地区输入的汉式铜器大增，半两钱和五铢钱代替了海贝。到了东汉，土著器物近于绝迹，汉式器物占绝对优势，铁器增多，还出现了陶质明器。

川西南的"大石墓"

1975年以来，在四川省西昌、冕宁、喜德、德昌等县境内发掘了数十座"大石墓"。其构造是在地面上用巨石砌成墓室，有的在墓门外立大石，有的在墓室上加封土。墓内埋葬人数甚多，年龄、性别各有不同，尸骨零乱，系分多次葬入。早期的墓年代在西汉之前，随葬品除大量的粗质陶器外，有剑、镯和环等少量铜器，也有刀、镞等石器。晚期的墓年代相当于西汉，随葬品中铜器增多，出现了铁器，而石器不再存在，个别的墓还有汉式的铜印。从文献记载看来，这些"大石墓"可能属当时的邛都等族。

川西北的"石棺墓"

1963年和1978年在四川省汶川、理县和茂汶县境内发掘数十座"石棺墓"。其构造是在长方形土坑内砌石成壁，形状略如棺。一般多为单身葬，少数为二次葬或火葬。随葬品只有少数陶器，个别的墓有许多铜器和铁器，它们都有显著的地方性特征，但也有从中原输入的半两钱等。墓的年代在西汉。对照文献记载，推测上述的"石棺墓"可能属于当地的冉駹等族。

3. 西域

新疆地区汉代属西域。据记载，南疆有楼兰（鄯善）、焉耆、龟兹、于阗等国，北疆有车师、乌孙等国，西汉初期共有36国，西汉后期增至50余国，统称为"西域诸国"。

罗布淖尔遗址

在新疆罗布泊之西。1930～1934年中国学者在此参加调查发掘工作，1949年以后又继续进行。这里本属楼兰，西汉昭帝时出兵占领，改称鄯善。孔雀河两岸的墓葬，可分早晚两期。早期为船棺葬，年代在西汉前期，随葬品以别针、梳等木制品为多，也有石镞和骨镞，陶器甚少，铜制品仅有少量饰物，羊毛织品以素地的为多。晚期的墓在葬具和随葬品方面保留早期的若干习俗，但有许多丝织品、漆器和铜镜等中原器物，陶器和木质器皿也与中原的相似，铁器也已出现，其年代在西汉后期之后。在孔雀河南岸，发现西汉后期至东汉的居住址。其中最重要的一处在周围用夯土筑围墙，形如城堡。从出土的汉文木简看来，这里应是汉朝经营西域的据点，魏晋时继续沿用。遗址中出土许多中原器物，也有不少当地产品，包括织有精美图纹的毛织品和经过染缬的棉织品。

尼雅遗址

在新疆民丰县北尼雅河沿岸，年代约从东汉前期到魏晋。这里本属精绝国，东汉时为鄯善所并。出土简牍上的"鄯善郡印"封泥、采集的"司禾府印"和许多汉文木简，说明了汉朝在这里的经营。据1954年和1959年的调查发掘，房屋的结构与罗布泊的相同。出土的器物以瓢、勺、桶、槌和捕鼠器等木制品为多，陶器甚少。铜制品有顶针和戒指。附近有炼铁遗迹，斧、刀、铲等铁器为本地所产。农作物有小麦、青稞、糜谷等类。从中原输入的物品有丝织品、漆器和铜镜，五铢钱已成为通用的货币。大量的佉卢文简牍是重要的发现。墓地在遗址的北部，多为船棺葬。1959年发掘的1具木棺则为长方箱形，夫妻合葬。尸体保存甚好，除所穿衣物外，还覆盖整幅的丝绸。随葬的"君宜高官"铭连弧纹铜镜，可证墓的年代在东汉后期。

买力克阿瓦提遗址

在新疆和田县南，玉珑喀什河西岸。1958年、1977年和1979年曾

3次调查。遗址是1座方形的城堡，城内西南部有许多土台，似为官衙或贵族的住宅。中部有陶窑，烧制各种夹砂粗陶器。北部居住址内发现1口大陶缸，内存大量西汉五铢钱。东北部有寺庙，遗有壁画和佛像的残块。从各方面来看，这里可能是汉代于阗国的一处城府。

阿拉沟的"石垣木椁墓"

在新疆乌鲁木齐市的南山。1976~1978年发掘了80余座古墓，其中4座是"石垣木椁墓"。石垣用卵石堆砌，围成长方形的墓域。竖穴式的墓坑在墓域中部，地面上用石块堆封。墓坑内筑木椁，内置木棺。每墓葬1人或2人。随葬品以各种虎纹、狮形的金牌、金箔带及兽面金饰为最突出，也有银牌、珍珠和玛瑙等。铜器有高足方盘，铁器有刀和镞，陶器为细泥红陶。漆器的花纹与长沙马王堆汉墓的相似。墓的年代相当于战国至西汉，墓主人应为当地的统治阶级。

伊犁河流域的"土墩墓"

分布在新疆昭苏、特克斯、新源、尼勒克、巩留、察布查尔等县的境内。地面上有圆形的坟丘，形如土墩。据1961年以来的发掘，墓室为竖穴式土坑，坑内筑木椁。在一个土墩之下，往往有2个或4个墓室。夫妻合葬有同室或异室两种方式。一般的墓，随葬品甚少。大墓不仅有丝织品、毛织品、金器、铜器和漆器等随葬品，而且还有殉葬人。墓内的铁农具说明当地已有农业。有些陶器和铁器，形制与中原地区的相似。从遗物并结合文献记载看来，可能是西汉乌孙人的墓。

（本文原载《中国大百科全书·考古学》，中国大百科全书出版社，1986年）

西汉的都城长安

西汉的首都长安城遗址，在今陕西省西安市西北约3000米，北距渭水南岸约2000米。在遗址上，但见残存的城墙绵亘起伏，重重叠叠的瓦片遍地皆是，昔日宏大的规模和繁华的景象于此可以想见。秦代首都咸阳城，在渭水北岸。汉代将都城建在渭水之南，可能是出于地形方面的选择。特别是从加强首都与函谷关以东广大地区的联系来考虑，这里的交通条件要比渭北便利得多。

长安城的建设，大体上可以分为三个阶段。汉高祖时，将秦代的离宫兴乐宫改建为长乐宫，在长乐宫的西面兴建未央宫，又在长乐、未央两宫之间建武库。汉惠帝时筑城墙，其进程大概是从城的西北方起，先筑西墙，再筑南墙，又筑东墙，最后筑北墙，并建东市和西市。汉武帝时，在长乐宫的北面建明光宫，在未央宫的北面建桂宫、修北宫，在西面城外建建章宫，并扩建上林苑，开凿昆明池，都城的规模至此大备。

长安城的平面形状，基本上呈方形，正方向，经纬相等。但是，由于城墙的建筑是在长乐宫和未央宫已经建成之后，必须迁就两宫的位置，所以南面城墙有多处曲折。北面城墙因地势的关系，主要是由于河道的限制，更有许多曲折、偏斜之处。《三辅黄图》说："城南为南斗形，城北为北斗形。"其实，所谓南斗形和北斗形是出于后世的附会，并非筑城时有意模仿。班固《西都赋》和张衡《西京赋》在叙述长安城的形制时都没有提到南斗形和北斗形，也足以说明这一问题。20世纪50年代初考古工作者在长安城遗址勘察时，大部分城墙犹高出地面，虽然有不少断缺之处，但仍有墙基遗留在地下。经1957年和1962年两次实测，东面城墙长约6000米，南面城墙长约7600米，西面城墙长约4900米，北面城墙长约7200米；四面城墙总长约25700米，合汉代62里强，基本上与《史记·吕后本纪》索引及《续汉书·郡国志》注引

《汉旧仪》长安城周围六十三里的记载相符。经算计，全城总面积约36平方千米（图1）[1]。

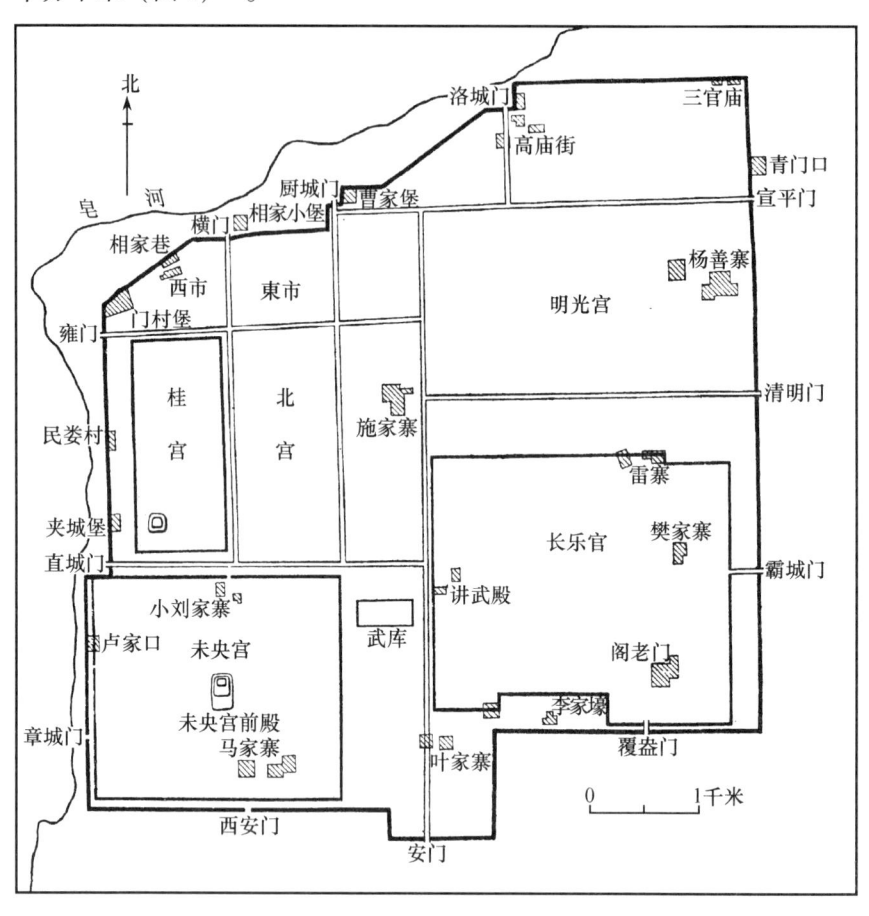

图1 汉长安城遗址平面示意图

城墙全部用黄土夯筑而成。其高度在12米以上，下部宽度为12～16米。《三辅黄图》说"城高三丈五尺，下阔一丈五尺，上阔九尺"，与实际不符。虽然是土筑的城墙，没有使用砖和石料，但其坚固的程度超出了人们的想象（图2-1、4）。据《汉书·惠帝纪》记载，当时是征调长安600里内的农民和各地诸侯王、列侯的徒隶来筑城墙的。十四万五六千人，劳动1个月，只能筑成一面城墙。四面城墙的筑成，大概经历了5年的时间。在城墙的外侧，有壕沟围绕。经勘探、发掘，壕沟宽约8米，深约3米，与《三辅黄图》"广三丈，深二丈"的记载近似。

1962年在章城门外的发掘，究明了城门前面壕沟的形制，可以判断当时在壕沟上架有木桥，以便出入（图3）[2]。

1. 城墙断面上所见的夯土层次
2. 霸城门南门道被烧毁的木柱遗迹 
3. 霸城门南门道及车辙遗迹 
4. 霸城门附近的城墙 

图2 汉长安城遗迹

全城共有12个城门，平均分布在东、南、西、北四面，每面各3个城门。东面的城门自北而南为宣平门、清明门、霸城门，南面的城门自东而西为覆盎门、安门、西安门，西面的城门自南而北为章城门、直城门、雍门，北面的城门自西而东为横门、厨城门、洛城门。其中，宣平门、霸城门、西安门、直城门于1957年经过发掘。

城门的设计，按照严格的规制。每个城门都有3个门道，每个门道的实际宽度都为6米，恰好相当于4个车轨（图2-3）。这就是《三辅决

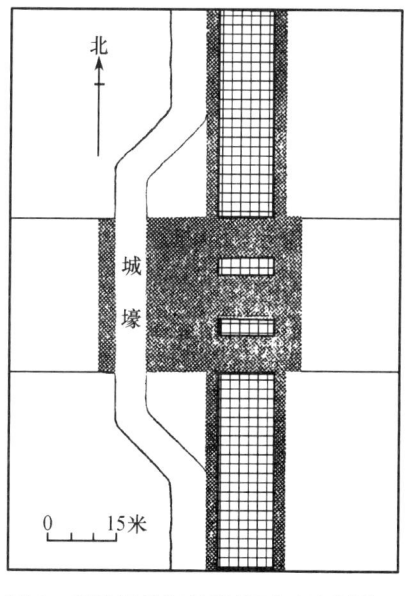

图3 章城门及门外城壕平面示意图

录》的所谓"三涂洞开"和《西京赋》的所谓"三途夷庭，方轨十二"。三国时薛综注《西京赋》说："一面三门，门三道，故云三途，途容四轨，故方十二轨。"这是对长安城城门形制最具体的说明。宣平门和直城门，门道之间的间隔为4米；霸城门和西安门，门道之间的间隔为14米。门道之间的间隔愈大，整个城门也就显得愈为广阔、雄伟。这可能是由于霸城门和西安门分别对着长乐宫的东门和未央宫的南门之故[3]。

1961年至1962年的钻探和发掘工作，究明了长安城内街道的形制。除了霸城门、覆盎门、西安门、章城门因入门不远便是长乐宫和未央宫而外，其余8个城门都各有1条大街通入城内，延伸甚长。这就是说，长安城虽有12个城门，但城内主要的大街是8条，正与《汉旧仪》、《三辅旧事》等的记载相符。这些大街，或作南北向，或作东西向，全街成一直线，毫无曲折。它们互相交错、接合，形成了许多"丁字路口"和"十字路口"。最长的是安门大街，计5500米；其次是宣平门大街，计3800米；最短的是洛城门大街，计850米。其余的大街，长度多为3000米左右。在当时，各条大街都有专门的名称。从文献记载结合实际勘察的情况来看，安门大街可能是章台街，直城门大街可能是稾街，清明门大街可能是香室街，横门大街可能是华阳街[4]。

8条大街的长度虽各有差别，但它们的宽度却完全相同，都在45米左右。这显然是出于统一的规划。值得注意的是，每1条大街都分成3条并行的道路，其间有两条宽约90厘米，深约45厘米的排水沟。这两条排水沟，形状很规整，断面成半圆形，它们固然是为了排除雨水而设，但也起了使大街一分为三的作用。中间的一条道路宽度较大，计20米；两侧的两条道路宽度较小，各为12米左右。据文献记载，中间的一条道路称"驰道"，是专供皇帝行走的；平民和官吏都不得行"驰道"，虽贵为皇太子亦不例外。《西都赋》所说"披三条之广路"，就是指长安城内的大街都分为3条并行的道路而言的。这也说明了每个城门为什么都要有3个门道（中间的1个门道为皇帝所专用，一般吏民的出入是经左右的2个门道）[5]。

对于四周筑有高大城墙的都市来说，排水设施是十分重要的。长安城的排水设施，主要是在城门的地下埋筑宽大的涵洞（图4）。据在直城门和西安门发掘所见，涵洞的宽度各约1.2米和1.6米，高约1.4米左右，系用砖和石块砌筑，顶部都用砖发券。城内的积水，通过大街两旁的水沟，从城门地下的涵洞排入城外的壕沟。《汉书·刘屈氂传》说："戾太子驱四市人，凡数万众，至长乐西阙下，逢丞相军，合战数日，死者数万人，血流入沟中。"所说的沟，就是指安门大街两旁的排水沟。此外，在建筑城墙时，还预先有计划地将一些断面成五角形或圆形的陶制水管埋入墙基，也起了排水的作用[6]。城内许多重要建筑物的地下排水系统，也是普遍使用这种陶制的水管来敷设的。

1961~1962 年，对长乐宫和未央宫的范围进行了勘探。长乐宫在

图 4　西安门地下的砖筑涵洞

城的东南部，所以又称东宫。宫的周围筑有围墙。由于兴建长乐宫和未央宫时，长安城还没有城墙，为了防卫，两宫的围墙都很宽阔，基部宽在 20 米以上。可能是因为长乐宫系由秦代的离宫改建而成，缺乏系统的规划，所以全宫的平面形状不很规整。从埋存在地下的断断续续的墙基看来，长乐宫的围墙全长在 10000 米左右，合汉代 20 余里；宫的全部面积约 6 平方千米，占长安城总面积约六分之一[7]。据文献记载，长乐宫四面各有一门，称"司马门"。其中东面和西面的司马门是主要的，门外有阙，称东阙和西阙，后者紧临安门大街。

未央宫在长安城的西南部，当时也称西宫。但是，经勘察，它的位置和东面的长乐宫不很对称。因为完全是汉代新建的，所以和长乐宫相反，它的规划十分整齐，全宫平面为一规整的方形。四周围墙的长度，东墙和西墙各为 2150 米，南墙和北墙各为 2250 米，周围全长 8800 米，合汉代 21 里；全宫面积约 5 平方千米，占长安城总面积约七分之一。围墙虽已夷平，仅存地下的墙基，但西墙尚有一小段遗留在地面上，其高度竟达 11 米。有名的未央宫前殿，基本上居全宫的正中，其基址至今犹高耸在地面上，南北长约 350 米，东西宽约 200 米，北端最高处高在 15 米以上，是利用龙首山的丘陵造成的（图 5）。萧何营建未央宫，其规模如此宏伟，无怪汉高祖要责问："天下匈匈，苦战数岁，成败未

可知，是何治宫室过度也？"据记载，未央宫四面各有一"司马门"，而以东面和北面的"司马门"为重要，门外有阙，称为"东阙"和"北阙"。诸侯来朝，入自东阙；士民上书，则诣北阙。至于西、南两面，则有门无阙。从实际情况看来，未央宫的南墙和西墙距长安城的城墙都很近，亦无立阙的余地[8]。

图 5　未央宫前殿遗址鸟瞰

《汉书·高帝纪》说："萧何治未央宫，立东阙、北阙、前殿、武库、太仓。"《三辅黄图》说："武库在未央宫。"但是，从《史记·樗里子传》和其他许多有关的记载来看，武库不在未央宫内，而在未央宫与长乐宫之间。《资治通鉴》注引《元和郡县志》谓未央宫与长乐宫相隔1里，其实不然。根据实际的勘探，长乐宫的西墙与未央宫的东墙相距为950米，合汉代2里有余，武库的位置便在这一地段上。

1975年以来，对武库进行了全面的发掘，究明了它的范围、形制和结构。它的四周都筑有围墙，整个平面成一规整的长方形，东墙和西墙各长320米，南墙和北墙各长约800米。在内部有一道隔墙，将整个武库划分为两个院落。东院有4个仓库，西院有3个仓库，共计7个仓库。其中最大的1个仓库，长约230米，宽约46米，包含着4个库房，每一库房的面积在1500平方米以上（图6）。在库房中，紧密地排列着放置各种兵器的木架。木架本身虽已朽坏无存，而木架的础石犹一一可数，充分显示了《西京赋》所说"武库禁兵，设在兰锜"的情形（图7）。发掘工作说明，与长安城中其他许多建筑物一样，武库毁于新莽末年的战火。所藏武器虽然多已被取走，但仍有一些残余，其种类包括铁制的甲、戟、矛、剑、刀、镞和铜制的戈与镞等，完全足以说明它是武库[9]。

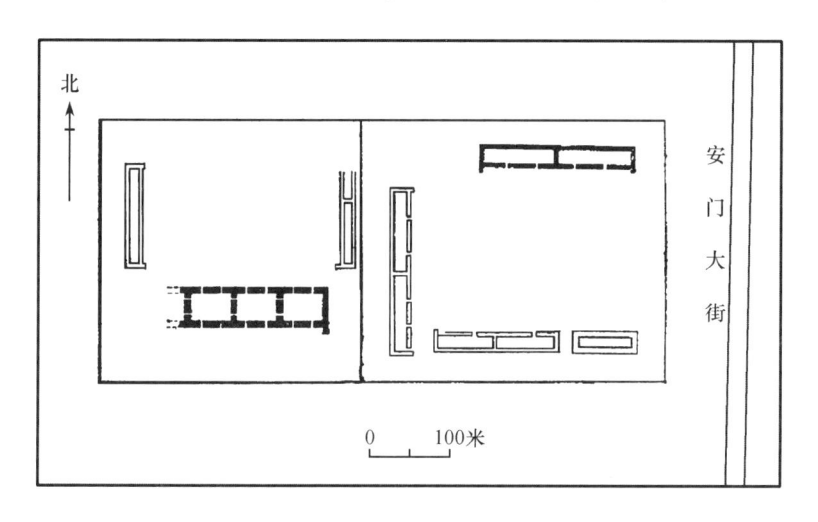

图6 武库遗址平面示意图

图7 武库第一号房址及其所遗兵器架的础石

据文献记载，桂宫在未央宫之北，西面隔城与建章宫相近。因此，它的位置应在直城门大街之北，横门大街之西，雍门大街之南。1962年，通过钻探，在这一范围内发现了桂宫的围墙，计东墙和西墙各长约1800米，南墙和北墙各长约880米，四面围墙总长约5300米，合汉代约13里；全宫平面呈长方形，面积约1600平方米。至于北宫和明光宫，迄今尚未究明它们的范围，只是根据文献记载，认为前者的位置应在未央宫之北、桂宫之东，后者的位置应在长乐宫之北而已。西面城外的建章宫，经1962年的勘探，大致究明了它的位置和范围，但还待进一步考察才能确定[10]。建章宫北有太液池，其遗迹尚大致可寻。1973年在池址的北侧发现了一件巨型的鱼形石雕，长近5米，证实了各种文献关于太液池北岸当时置有石鱼的记载（图8）[11]。

综合各种文献记载，可以肯定长安城内有九市。三市在街道之东，称东市；六市在街道之西，称西市。由于长安城的南部和中部都属宫殿区，九市只能是在城的北部。《三辅旧事》记述九市的位置在窔门（雍门）附近、横桥大道（应即横门大街）的两侧，因而可以进一步判断它们是在城的西北部。在城的西北部一带，有的地方曾发现地面上散布着许多陶俑和钱范，说明这里是手工业作坊的所在，也可以作为上述判断的一种依据[12]。《汉书·惠帝纪》说："（惠帝）六年（公元前189年），起长安西市"。由此可见，市的位置早在筑城之初已经选定。

图8　太液池遗址出土的石鱼

《考工记》说："匠人营国，方九里，旁三门，国中九经九纬，经涂九轨，左祖右社，面朝后市，市朝一夫。"这是中国古代都城的一种理想化的规划。据考证，《考工记》为东周时所作，但就调查发掘所知，东周列国都城的形制多与《考工记》不符。然而，综上所述，长安城的规划却的确有与《考工记》符合之处。这主要表现在：城的平面形状虽然不很规整，但基本上呈方形，经纬相等；12个城门平均分布在四面，每面3个城门；每个城门各有3个门道，其宽度按车轨计算；经由城门的主要大街，都各分为并行的3条道路；长乐宫和未央宫在城的南部，东市和西市在城的北部。这可能是由于《考工记》在汉初受到重视，因而在设计长安城时被充分参照，相反，也可能是由于汉儒从长安城的实际情况出发，增改了《考工记》的"匠人营国"部分的缘故。

　　长安城内的宫殿，仅长乐、未央两宫就占了全城总面积的三分之一，再加上桂宫、北宫和明光宫，宫殿所占的面积可能在全城总面积的二分之一以上。由于宫殿集中在城的南部和中部，所以，除了少数权贵人物的邸宅在未央宫北阙附近，即所谓"北阙甲第"而外，一般的居民，包括官吏在内，就只能居住在城的北部，特别是在城的东北部，靠近宣平门的地区。庾信《哀江南赋》有"践长乐之神皋，望宣平之贵里"之句，也说明了宣平门附近一带是汉代的重要住宅区。由于长乐宫和未央宫等宫殿的存在，霸城门、覆盎门、安门、西安门、章城门、直城门等城门实际上成为宫廷所专用。因此，西北面的横门和东北面的宣平门就成了长安城中吏民出入最频繁的城门。横门主要是管西北方面的交通，门外不远，便是有名的中渭桥，又称横桥或横门桥，横跨渭水，过桥即至咸阳，进而远赴河西诸郡。与此相反，宣平门主要是管东南方面的交通，出门沿渭水南岸东行，出函谷关而达关东广大地区，其重要性更在横门之上。根据各种文献记载，宣平门又称东都门，或称都门，由于位置重要，出入频繁，《汉书》、《后汉书》中有关此门的记载也最多。

　　发掘工作证明，长安城的许多建筑物，其中包括霸城门、西安门、直城门等城门，都是在新莽末年的战火中被焚毁的（图2-2）。宣平门亦不例外，门道的两壁都被烧得发赤，并大量崩塌。在门道的堆积层中，发现了西汉和新莽的铜钱，尤以新莽的货布和货泉为多，这就具体地说明了城门焚毁的确实年代[13]。霸城门和西安门，被毁以后，一任崩塌的乱土、碎瓦和灰烬等堆塞在门道中而未加清除，说明了它们在此后的东汉、魏晋、五胡十六国时期和西魏、北周是废弃不用的；有的城门如直城门，则只修理了3个门道中的1个，以供出入。与此相反，宣平门虽然也在同一时期被焚毁，但堆塞在门道中的乱土和灰烬完全被清除，门道两壁有着显著的修补遗迹。可以断定，自东汉以来，宣平门至少重建过两次。

第一次重建是在东汉初期，重建的遗迹是在北门道和南门道的旧壁上另用夯土补筑，形成了新壁（图9）。《后汉书·杜笃传》说："（建武十九年，即公元43年）于长安修理东都城门。"这不仅证实了发掘工作中的判断，而且进一步说明重建的具体年份。重建后的宣平门，一直使用到东汉末年，所以东汉末年有着许多关于宣平门的记载。《后汉书·献帝纪》说："（初平二年，即公元191年）三月，宣平门外屋无故自坏。"《三国志·董卓传》说："司徒王允挟天子上宣平城门避兵。"《后汉书·董卓传》说："王允奉天子保宣平城门楼上。"这些记载都说明直到东汉末年献帝居长安时，宣平门仍然存在，而且是一个筑有门楼的完整的城门。在门道的堆积层中发现了一些东汉的五铢钱和可能是董卓时所铸的粗制滥造的小铜钱，都是很好的物证[14]。

图9　宣平门北门道东汉补筑的夯土壁和隋代遗留的车辙

宣平门的第二次重建的遗迹，主要是在中门道和南门道用砖和土坯砌筑新壁。值得注意的是，所用的砖往往印有"石安"字样。据《魏书·地形志》记载，咸阳郡的石安县为后赵石勒所置，这就说明了这次改建的年代是在后赵（公元4世纪中叶）。《晋书·石季龙载记》说："（石虎）以石苞代镇长安，发雍、洛、秦、并州十六万人城长安未央宫。"《十六国春秋·后赵录》也说："（后赵石虎建武）十一年（公元345年），发雍、梁十六万人城长安未央宫。"由此可见，后赵石虎时曾大规模地修建过长安城，其中也包括宣平门[15]。

从发掘出来的遗迹看，自后赵以后，宣平门未有重大的改建，但在整个五胡十六国时期和北朝（公元4~6世纪），它一直作为一个重要的城门被使用着。当时宣平门已改名为青门，这可以从《后汉书·逢萌传》注引《汉宫殿名》的记载中得到证明。东晋刘裕攻长安，后秦姚泓曾打算从青门出降。到了北周，青门仍然是一个重要的城门。《周书·宣帝纪》说"大象元年（公元579年），帝亲擐甲胄，入自青门"，便是最好的说明。在门道的晚期堆积层中发现了北周的"五行大布"铜钱，证明了文献记载的正确。发掘工作还证明，这个城门甚至在隋代还继续被使用着，在门道地面上清楚地遗留着隋代的车辙，而所发现的隋代五铢钱则有力地说明了它们的年代[16]。到了唐代，城门的3个门道才被用夯土全部填塞。

总之，长安城虽然在新莽末年的战火中受到严重的破坏，但它在此后的东汉、魏晋、五胡十六国时期、西魏、北周以迄隋初，一直是一个重要的城市，不少朝代仍在此建都。从宣平门遗址的发掘工作中，可以看见自西汉直到隋初的长安城全部历史的缩影。

上林苑为秦都咸阳时所置，汉初荒废。汉武帝时收上林苑为宫苑，并大事扩充，长安城东南面至西南面的广大地区都在它的范围之中，周围延至200多里（图10）。苑内放养禽兽，供皇帝射猎，并筑离宫别馆数十处，许多印有"上林"字样的瓦当便是它们最明显的遗物。1961年在长安城址西南面约2000米的三桥镇高窑村发现了1处建筑遗址，由好几座房基组成，较大的1座房基长约340米，宽约65米，当为上林苑中重要宫观的遗址[17]。在房基附近发现了1个窖穴，内有铜鉴、铜鼎、铜钫和铜铜共20余件，器上所刻铭文表明它们是上林苑中所用之物，大概是因新莽末年的战乱而被有意埋藏起来的[18]。

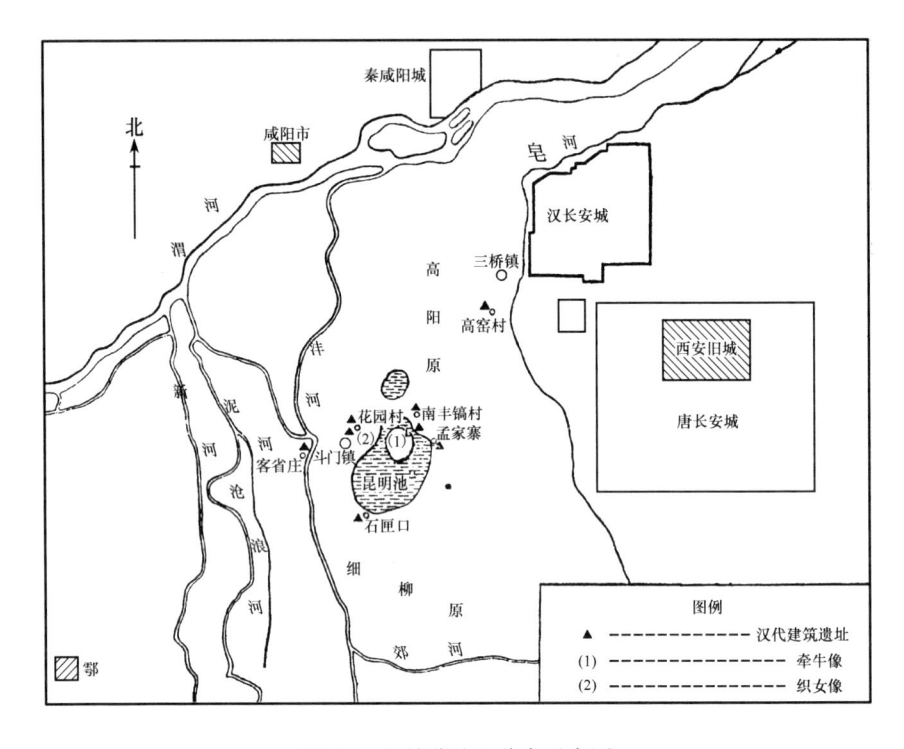

图 10　上林苑遗址分布示意图

元狩三年（公元前 120 年），为了准备与昆明国作战而训练水军，并解决首都水源不足的问题，在长安城西南面沣水和潏水之间开凿昆明池。两千多年后的今日，昆明池的遗迹犹依稀可辨。它是一片面积约十多平方千米的洼地，北部的一处高地像是当时池中的岛屿，应该便是《西京赋》所说的"揭焉中峙"的豫章馆之所在。《西都赋》、《西京赋》在叙述昆明池及豫章馆时说"左牵牛而右织女"，"牵牛立其左，织女处其右"。今斗门镇附近尚遗存石雕人像一对，一东一西，遥遥相对，它们的作风古朴，显然是西汉的作品[19]。东面的石雕是男像，应系牵牛（图 11），西面的石雕是女像，当为织女（图 12），前者位于豫章馆所在岛屿的东部，后者位于昆明池址的西侧，与班张两赋的记述完全相符[20]。在池址的周围，发现许多建筑物的基址，遗留着一些石础和大量的瓦片，对照有关文献的记载，它们可能便是上林苑中的宣曲宫、白杨宫、细柳宫等的遗迹[21]。

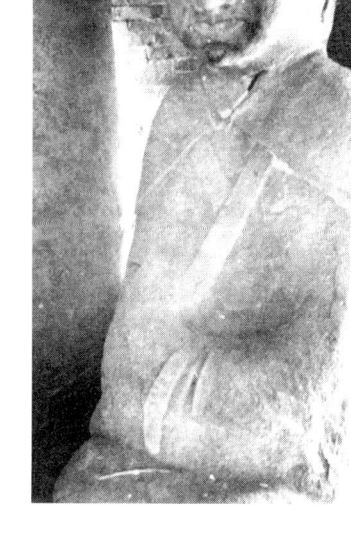

图11 牵牛石像　　　　　　图12 织女石像

汉武帝崇尚儒术，儒臣们向他建议在长安城南立"明堂"，但未能付诸实施（当时的"明堂"在泰山）。成帝时，大臣们议立"辟雍"于长安城南，亦未成事实。到了西汉末年，王莽执政，才在长安建立"明堂"、"辟雍"，同时兴建"灵台"和太学。当了皇帝以后，王莽又大兴土木，建造他的宗庙，即所谓"九庙"。这些神秘的、充满宗教色彩的建筑物，是按照儒家的传统礼制和当时流行的阴阳五行学说设计的，规模宏大，结构复杂。它们的遗址，自1956年以来，在汉长安城安门和西安门外的南郊陆续被发现，达10余座之多，有的已经过发掘。考古学家们统称之为"礼制建筑"[22]。

1956年发掘的1座"礼制建筑"，位置在安门南面偏东处。它是一个平面呈正方形的大庭院，四面的围墙各长235米，每面设1门，四面共4门。在院内的四隅，紧靠着围墙，都筑有平面成曲尺形的房屋。院内的中央，则是这个建筑物的主体所在，它是一个在直径为60米的圆形台基上建立起来的厅堂，平面呈正方形，四面附有配室，互相对称。在庭院的外面,由宽约 2 米的水沟围绕成一个直径达 360 米的大圆圈。总之,这个建筑物的特点,表现在它的整个平面图上,是圆形之中有方形,方形之中又有圆形,正与"明堂"、"辟雍"的所谓"上圆下方"或"外圆内方"的形制相符。由于各种记载中都说"辟雍"是"四面周水,圜如璧",所以它很可能便是"辟雍"的遗迹(图 13)[23]。

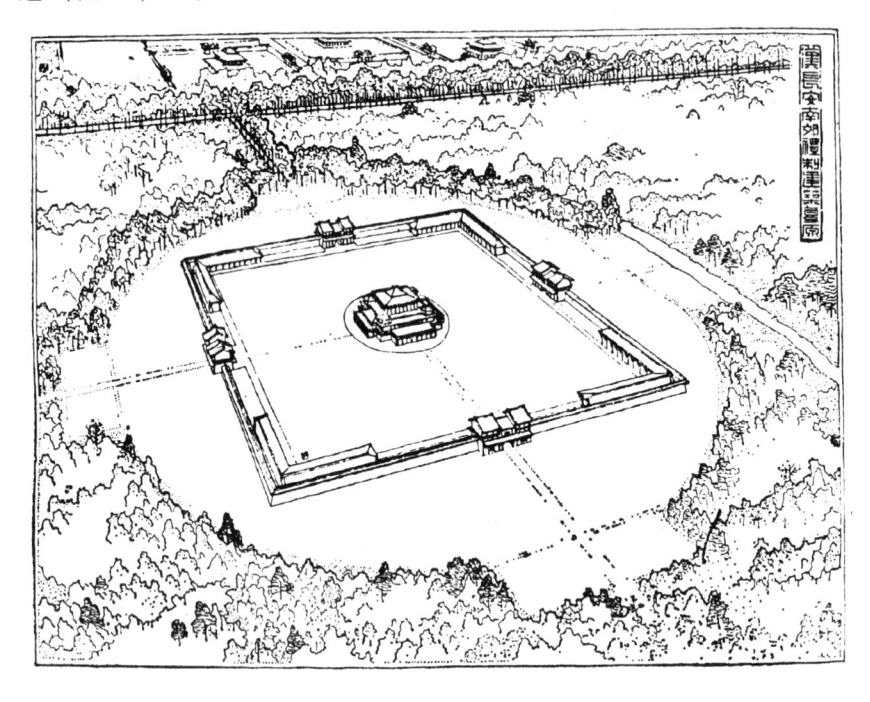

图 13 汉长安城南郊礼制建筑复原图

其余的许多"礼制建筑",都集中在安门的南面偏西处。它们的形制虽与上述的"辟雍"有相似之处,但周围没有水沟环绕,中央的厅堂也不是建筑在圆形的台基之上,所以不像是"辟雍"或"明堂"。由于出土的遗物明确地表明它们是新莽时所建,所以考古学家们多认为它们可能便是王莽的九庙。值得注意的是,庙的四门所用瓦当的图纹多属"四神",而青龙瓦当用于东门,白虎瓦当用于西门,朱雀瓦当用于南门,玄武瓦当用于北门,正与"四神分司四方"的说法相符[24]、[25]。发掘工作证明,所有这些"礼制建筑",包括"辟雍"和"九庙",都和长安城的城门、宫殿一样,是在新莽末年的战火中被毁的,此后一直未曾经过重建。

注　释

[1]　王仲殊：《汉长安城考古工作的初步收获》第 102~104 页，《考古通讯》1957 年第 5 期。
[2]　中国社会科学院考古研究所：《汉长安城遗址发掘报告》，待刊。
[3]　王仲殊：《汉长安城考古工作的初步收获》第 104、105 页，《考古通讯》1957 年第 5 期。
[4]　中国社会科学院考古研究所：《汉长安城遗址发掘报告》，待刊。
[5]　王仲殊：《汉长安城考古工作的初步收获》第 106~108 页，《考古通讯》1957 年第 5 期。
[6]　中国社会科学院考古研究所：《汉长安城遗址发掘报告》，待刊。
[7]　中国社会科学院考古研究所：《汉长安城遗址发掘报告》，待刊。
[8]　中国社会科学院考古研究所：《汉长安城遗址发掘报告》，待刊。
[9]　中国社会科学院考古研究所汉城工作队：《汉长安城武库遗址发掘的初步收获》第 261~269 页，图版玖~拾壹，《考古》1978 年第 4 期。
[10]　中国社会科学院考古研究所：《汉长安城遗址发掘报告》，待刊。
[11]　黑光：《西安汉太液池出土一件巨形石鱼》第 91、92 页，《文物》1975 年第 6 期。
[12]　俞伟超：《汉长安城西北部勘查记》第 20~26 页，图版柒，《考古通讯》1956 年第 5 期。
[13]　王仲殊：《汉长安城考古工作收获续记》第 25 页，图版肆，《考古通讯》1958 年第 4 期。
[14]　王仲殊：《汉长安城考古工作收获续记》第 25~27 页，图版壹~肆，《考古通讯》1958 年第 4 期。
[15]　王仲殊：《汉长安城考古工作收获续记》第 27~29 页，《考古通讯》1958 年第 4 期。
[16]　王仲殊：《汉长安城考古工作收获续记》第 31、32 页，图版肆，《考古通讯》1958 年第 4 期。
[17]　西安市文物管理委员会：《西安三桥镇高窑村出土的西汉铜器群》第 62~70 页，图版叁、肆，《考古》1963 年第 2 期。
[18]　陈直：《古器物文字丛考》第 80~82 页，《考古》1963 年第 2 期。
[19]　顾铁符：《西安附近所见的西汉石雕艺术》第 3~5 页，《文物参考资料》1955 年第 11 期。
[20]　俞伟超：《应当慎重引用古代文献》第 76 页，《考古通讯》1957 年第 2 期。
[21]　胡谦盈：《丰镐地区诸水道的踏察》第 189、190、194 页，《考古》1963 年第 4 期。
[22]　黄展岳：《汉长安城南郊礼制建筑的位置及其有关问题》第 53~58 页，《考古》1960 年第 9 期。

[23] 唐金裕:《西安西郊汉代建筑遗址发掘报告》第45~54页,图版壹~玖,《考古学报》1959年第2期。
[24] 中国社会科学院考古研究所汉城发掘队:《汉长安城南郊礼制建筑群发掘简报》第38页,《考古》1960年第7期。
[25] 雒忠如:《西安西郊发现汉代建筑遗址》第26~30页,图版捌,《考古通讯》1957年第6期。

(本文原载《汉代考古概说》,中华书局,1984年)

东汉的都城雒阳

东汉首都雒阳城的遗址，在今河南省洛阳市以东约 15000 米。这里北靠邙山，南临洛河，不仅有天然的屏障，而且是交通的要冲。所以，早在西周时，便选择在这里建立成周城，一直延续到东周。因在洛河之北，战国时改称雒阳。西汉时的雒阳城，基本上是成周城的旧址。东汉的雒阳城是在西汉的雒阳城的基础上扩建的，新的城墙和城门大约建成于光武帝建武十四年（公元 38 年）前后。

成周城的建筑遗迹，已经很难找到了。但是，城址北面的周代墓群却遗留至今，1928 年发现的著名的金村大墓便是其中的一部分[1]。西汉雒阳城的位置和范围，估计大概与成周城差不多，其中的南宫是当时雒阳城中的主要宫殿。东汉光武帝于建武元年（公元 25 年）定都雒阳，先居住在南宫，以后全面建筑城墙，扩大城的范围，把成周城北面的周代墓地也包括在都城之内。《续汉书·郡国志》注引《帝王世纪》说，东汉雒阳城内的东北部有"殷之墓地"及"周景王冢"，总的说来，是与实际情况相符的。

东汉雒阳城的东面、西面和北面的城墙，至今犹残留在地面上，1962 年考古工作者前往勘察时，有的地段上的城墙犹高达 7 米多。至于南面的城墙，则早因洛河改道而被冲毁，已无遗迹可寻。幸好当时在城的南郊所建"明堂"和"灵台"的遗迹仍然存在，据《后汉书·光武帝纪》注引《汉官仪》和《文选·闲居赋》注引《洛阳记》记载，它们与雒阳城的南面城墙相距为 2 里，可以由此判定南面城墙的位置大约在今洛河河道的中央。与西汉的长安城一样，这里的城墙亦系用黄土夯筑而成，十分坚固。经钻探了解，城墙的基部厚度，东墙约为 14 米，西墙约为 20 米，北墙约为 25 米，各不相等。这可能是由于魏晋时为了加强防御，增加了西墙和北墙的厚度的缘故。经实测，东面城墙残长约

3900米，西面城墙残长约3400米，北面城墙全长约2700米；南面城墙已不存在，其长度若按现存东墙和西墙在南端的距离计算，应约为2460米[2]。假定南面城墙的位置在今洛河河道的中央，则东墙和西墙的长度应在现存的长度之上各增加约300米。这样，四面城墙的总长度应约为13000米，合汉代约31里。《续汉书·郡国志》注引《帝王世纪》说"城东西六里一十步，南北九里一百步"，又引《晋元康地道记》说"城南北九里七十步，东西六里十步"，是符合实际情况的。虽然现存的三面城墙都不成直线，特别是东面城墙和北面城墙各有一处较大的曲折，但全城的平面形状基本上呈长方形。由于自南至北的长度约9里，自东至西的宽度约6里，所以这个都城被称为"九六城"。西汉长安城平面形状基本上呈正方形，东汉雒阳城平面形状基本上呈长方形，这是两汉都城形制的许多相异处之一（图1）。

据文献记载，东汉雒阳城有12个城门。城门的数目虽与西汉长安城相等，但与长安城不同的是，它们不是平均分布在城的四面，而是东面和西面各3个城门，南面4个城门，北面2个城门。东面的3个城门，自北而南为"上东门"、"中东门"、"耗门"；西面的3个城门，自南而北为"广阳门"、"雍门"、"上西门"；北面的2个城门，自西而东为"夏门"、"谷门"；南面的4个城门，自东而西为"开阳门"、"平城门"、"小苑门"、"津门"。在1962年的勘探工作中，发现了东面、西面和北面的8个城门，它们都有很明显的遗迹存在[3]。南面的4个城门，虽然都被洛河冲毁，无遗迹可寻，但可以从勘察工作中所发现的城内的4条南北向的大街分别确定它们的位置。从实测的城的平面图上可以看出，东面的上东门和耗门分别与西面的上西门和广阳门对直，而南面的开阳门、平城门、小苑门和津门的位置也相当匀称，这说明了筑城时的计划性较强。由于没有经过发掘，城门的形制和结构不甚清楚。但是，北面西头的夏门，遗迹保存得特别好，可以根据钻探所得的情况，判断它和西汉长安城的城门一样，有3个门道[4]。这与文献的记载是相符的。

在钻探工作中，发现了许多街道的遗迹，它们主要是属于以后的北魏时期的[5]。但是，可以认为，东汉时的街道分布情况，基本上与北魏时的街道分布情况相似；换言之，北魏时的街道，主要是沿用东汉以来的街道，只是因宫殿和个别城门位置的改变而有所增添或改修而已。因

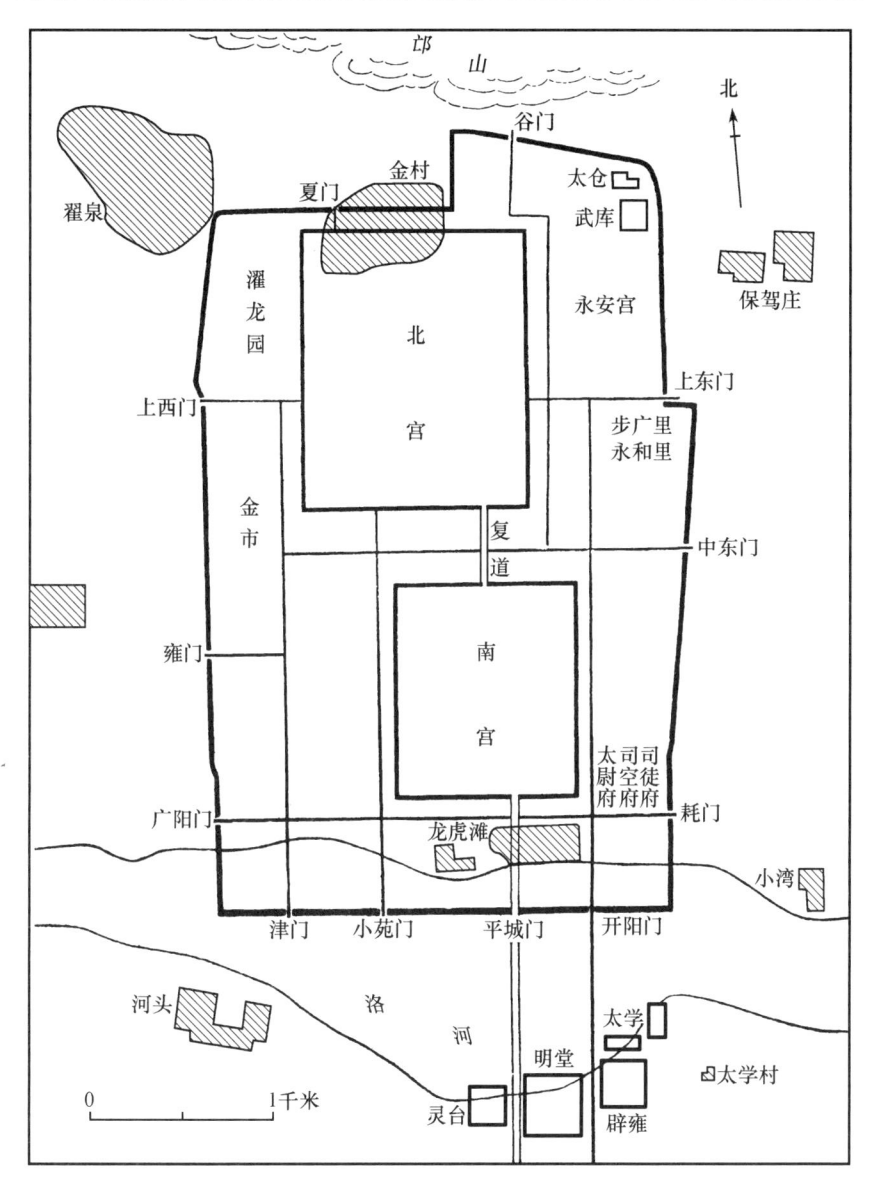

图 1　东汉雒阳城平面示意图

此，可以以钻探出来的街道遗迹为主要根据，并参照东汉时期的宫殿范围和城门的位置，来判断东汉雒阳城内街道的分布情形：

南北纵行的大街，共有 5 条：第 1 条可称"开阳门大街"，自开阳门往北，全长约 2800 米。第 2 条可称"平城门大街"，自平城门往北，遇南宫的南门而止，长约700米。第3条可称"小苑门大街"，自小苑门往北，至北宫的南门而止，全长约2000米。第4条可称"津门大街"，自津门往北，全长约2800米。第5条可称"谷门大街"，自谷门往南，遇北宫的北墙而东折，然后再折而向南，全长约2400米。至于自夏门南行的街道，因入城不到100米即遇北宫的北墙而止，所以实际上算不了1条大街。东西向横行的大街，亦有5条：第1条可称"上东门大街"，自上东门往西，遇北宫的东墙而止，长约600米。第2条可称"中东门大街"，自中东门往西，穿南宫与北宫之间而过，全长约2200米。第3条称"上西门大街"，自上西门往东，遇北宫的西墙而止，长约500米。第4条称"雍门大街"，自雍门往东，遇"津门大街"而止，长约500米。第5条可称"耗门—广阳门大街"，自耗门至广阳门，横贯全城，全长2460米。以上各条大街，互相交叉结合，形成许多十字路口和丁字路口，若以每两个路口之间为一段，则共有24段。《续汉书·百官志》注引《汉仪》说"洛阳二十四街，街一亭"，可能是指此而言的。除个别大街宽约20米以外，一般的大街宽在40米左右。由于没有经过发掘，街道的形制不能得到明确的了解。但是，《太平御览》引《洛阳记》说："宫门及城中大道皆分作三，中央御道，两边筑土墙高四尺余外分之，唯公卿、尚书章服从中道，凡行人皆行左右"。这说明了雒阳城内的大街也是由3条并行的道路组成，与西汉长安城的街道相似[6]。

东汉雒阳城内的宫殿，主要是南宫和北宫。它们在西汉时即已存在，但规模不如东汉。西汉时的南宫是很有名的，常在文献记载中被提到。《史记·高祖本纪》说"（高祖五年，公元前202年）帝置酒雒阳南宫"，《汉书·王莽传》说"（地皇三年，公元22年）司徒王寻将十余万屯雒阳，填南宫"，可见从西汉初年到西汉末年，南宫一直是雒阳城中主要的宫殿。1961年在西安西汉长安城外上林苑遗址发现的一件铜锤，刻有"南宫锤"字样[7]，应系当时雒阳南宫中所用之物，后来才被征调到长安的（图2）[8]。建武元年（公元25年），光武帝定都雒阳，居住在南宫的却非殿，它可能是西汉遗留的

图2 "南宫锤"铭文（拓片）

旧建筑。以后，由于不断进行扩建，南宫的规模日益增大，建武十四年（公元38年）终于在南宫中建成最重要的"前殿"。

由于还没有经过全面的发掘，南宫的遗迹迄今未被揭露出来。但是，如前所述，东汉雒阳城的城门和街道的分布情形已经究明，所以对于南宫的位置和范围也就可以据此作大概的判断。从实测图中可以看出，在雒阳城的南部，"中东门大街"之南，"秏门—广阳门大街"之北，"开阳门大街"之西，"小苑门大街"之东，有一片范围广大的长方形的区域，南北长约1300米，东西宽约1000米，应该便是南宫之所在。《续汉书·五行志》说，平城门是"正阳之门"，与南宫相连，举行郊祀典礼时，皇帝的车驾从此门而出，是最重要的城门。在钻探工作中发现的"平城门大街"，由南郊向北通入城内，直达上述南宫所在的范围，这就证明了以上的判断是正确的[9]。

光武帝在位时，主要是修建南宫。到了明帝时，又营建北宫，自永平三年（公元60年）开始，历时5年，至永平八年（公元65年）才全部建成。北宫中的"德阳殿"，是最重要的宫殿，"周旋容万人，陛高二丈"，殿前的朱雀阙高耸入云，据说从四十多里以外就可以望见。在勘察工作中，尚未明确究明北宫的遗迹。但是，可以根据街道分布的情形，判断北宫应在"中东门大街"之北，"津门大街"之东，"谷门大街"之西；由于"谷门大街"入城后南行不远便折而向东，这显然是由于遇到了北宫的北墙，从而可以认为北宫的北墙离雒阳城的北面城墙很近。和南宫比较起来，北宫的范围可能更大，它的位置在南宫之北，而略为偏西。据文献记载，南北两宫相去七里，但从上述实际的勘察工作看来，七里恐系一里之讹。两宫之间有复道相连，以保证皇帝往来时的安全。

西汉长安城中的长乐宫和未央宫，都在城的南部，左右并列；东汉雒阳城中的南宫和北宫则各在城的南部和北部，前后相接。这是两汉都城在形制和布局上的又一重大的不同之处。但是，从另一方面来看，都城中将近一半的面积都为宫殿所占，则是长安城和雒阳城所共同的。除了南宫和北宫之外，雒阳城中还有永安宫，其位置在北宫的东面偏北，靠近上东门处。在城的西北部，则有濯龙园，也是皇家的宫苑。在南宫的东南，靠近秏门和开阳门，则有太尉府、司空府和司徒府，是全国最高的行政机构。在北宫的东北方，紧靠城的东北角，则是太仓和武库之所在。达官贵族的居住区，如步广里、永和里，多在上东门内，董卓的住宅即在永和里[10]。至于一般的人民，则多居住在城外，尤其是靠近城门的地区，与西汉长安城的情况相似。工商业区有南市、马市和金市。南市和马市都在城外，前者在南郊，后者在东郊。金市在城内，其位置在北宫的西南，南宫的西北。潘岳《闲居赋》所说的"面郊后市"，应是指金市的位置在南宫之北而言的。

从建武元年汉光武帝定都雒阳以来，经历了165年，到初平元年（公元190年），董卓胁迫汉献帝迁都长安，"焚洛阳宫庙及人家"，"火三日不绝，京都为丘墟矣"。繁华的雒阳城，遭到了彻底的破坏。建安元年（公元196年），汉献帝自长安回到雒阳时，这个都城已是"宫室烧尽，百官披荆棘，依墙壁间"，连可供居住的地方都没有了，所以只好在曹操的挟持下，迁都于许县。

但是，由于地理上的重要性，曹魏继东汉之后，仍然选择在这里建都，并改"雒"为"洛"，始称"洛阳"。魏文帝曹丕时，主要是修复了北宫的一部分建筑物。到魏明帝曹叡青龙三年（公元235年），才大兴土木，在东汉南宫崇德殿的旧基上建太极、昭阳诸殿，同时又增饰芳林园等。由于东汉末年的破坏太严重了，在废墟上重建都城，工程艰巨。据《三国志·魏志·高堂隆传》记载，当时的情形是"百役繁兴，作者万数，公卿以下，至于学生，莫不展力，帝乃躬自掘土以率之"。看来曹魏时洛阳城中的建设，不会超过东汉的规模。西晋都洛阳，继续有所兴建，但在城的形制和布局上也没有什么大的变化。

但是，应该特别提出来的是，魏明帝曹叡，仿效他祖父曹操在邺城的西北角筑铜雀台、冰井台和金虎台等"三台"的经验，在洛阳城的西北角也建筑了金墉城。它实际上是一种军事性的城堡，壁垒坚固，由于紧靠邙山，地势高亢，可以由此俯瞰洛阳全城，在军事上具有制高点的作用，在西晋末年"永嘉之乱"的洛阳争夺战中是交战双方的必争之地，当时称为"洛阳垒"。1962年的勘查工作，究明了金墉城南北长约1080米，东西宽约250米，系由3个城堡组成，墙垣厚达13米。北面的1个城堡和中间的1个城堡筑在洛阳城的城墙之外，南面的1个城堡筑在城墙之内，三者互相连接，有门道相通[11]。值得注意的是，在金墉城的城壁上，每隔六七十米，就设有1个墩台，长约15米，宽约8米（图3）。同样的墩台，还见于洛阳城的西面和北面的城墙上，长约

图3　洛阳金墉城城墙及墩台

18米，宽约8米，相互之间的距离约120米，它们和金墉城一样，显然是魏晋时所增设的[12]。这种设在城墙外壁的墩台，除了边塞的城郭以外，在从两汉以迄隋唐的城墙上是没有类例的，直到北宋建汴梁城时才开始被普遍采用，当时称为"马面"，其作用在于加强防守，使攻城者在接近或扳登城墙时三面受敌，攻势受阻。它们在魏晋洛阳城的城墙上出现，充分说明了当时战乱频仍，出于军事上的需要，乃有这种特殊的发明。

西晋永嘉五年（公元311年），匈奴族的刘聪率军攻入洛阳，在激烈的战争中，城内的宫庙、官署和住宅多被焚毁。在东汉末年的废墟上经魏晋两朝70余年的经营才重建起来的洛阳城，再一次化为灰烬。

从这以后，过了180余年，最后在这里建都的朝代是北魏。北魏的孝文帝于太和十九年（公元495年）自平城迁都到此，经过多年的经营，不仅使洛阳重新成为繁华的城市，而且在都城的形制和布局上改变了汉和魏晋的旧制，出现了许多新的变革。由于北魏的洛阳城年代最晚，废弃以后，不再有别的朝代在这里建都，所以它的遗迹保存较好，经过勘察以后，能够绘制出一幅比较明确可靠的城的平面图（图4）。

和前代比较起来，北魏洛阳城最重要的改变，是在宫殿方面废除了东汉以来分为南北两宫的制度，建立了单一的宫城。宫城的位置在全城的北部而略为偏西，是在汉和魏晋的北宫的基础上兴建的。它的平面成一规整的长方形，四面筑围墙，计东墙和西墙各长约1400米，南墙和北墙各长约660米，其面积约占全城的十分之一。在宫城的南墙近西端处，发现了一处巨大的门址，它便是宫城的正门——阊阖门[13]。

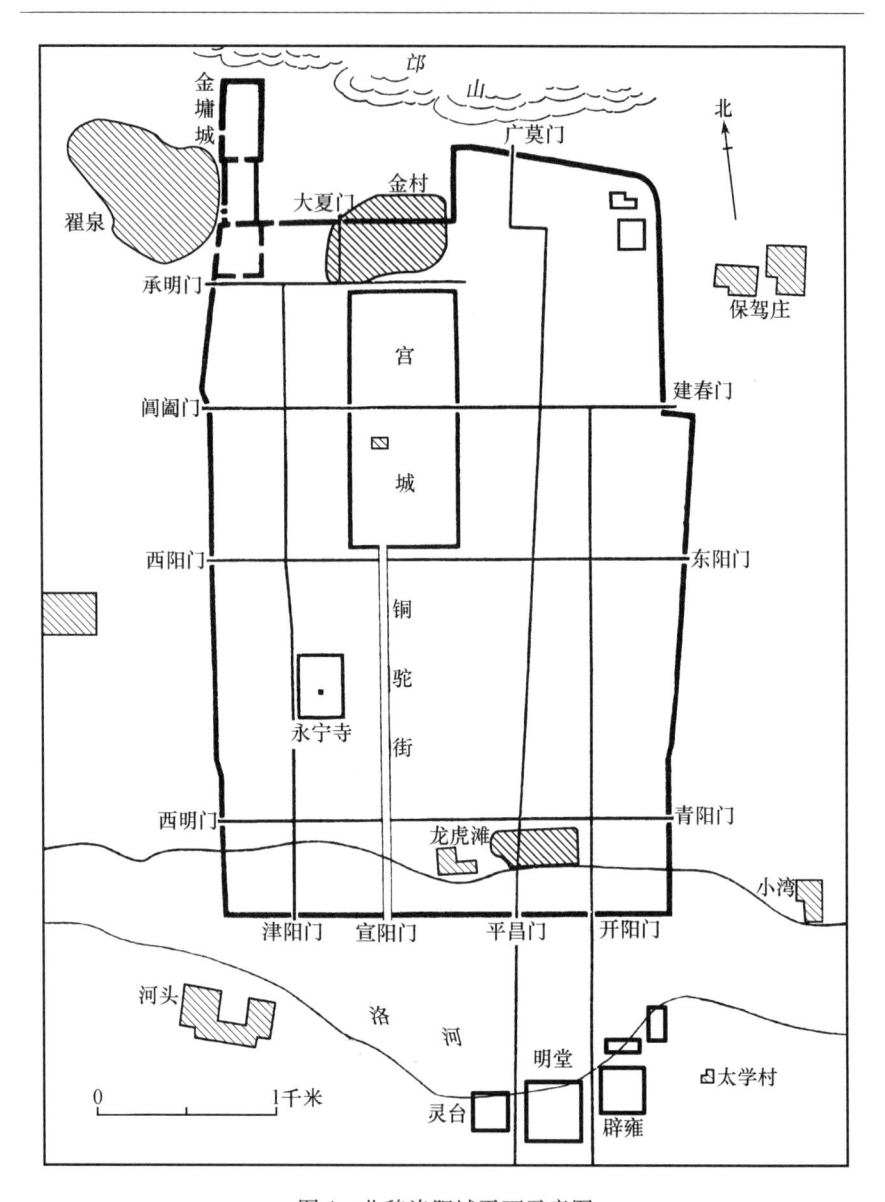

图 4 北魏洛阳城平面示意图

东汉以来的 12 个城门，除南面东头的开阳门以外，都改变了名称。有的是魏晋时就改名的，有的是北魏时才改名的，也有的是魏晋改名以后，北魏又改名。上东门改称建春门，中东门改称东阳门，耗门改称青阳门，平城门改称平昌门，小苑门改称宣阳门，津门改称津阳门，广阳门改称西明门，雍门改称西阳门，上西门改称阊阖门，夏门改称大夏门，谷门改称广莫。12个城门，都经过重建，其中11个城门仍然建立在汉和魏晋的旧址上，但西面的西阳门却从汉代的雍门旧址北移约500米，使得它恰好与东面的东阳门对直。此外，孝文帝初到洛阳时，因宫室未就，暂居金墉城，为了出入方便，在西面北头紧靠金墉城处新开了1个城门，称为承明门，使得洛阳城有了13个城门[14]。

由于宫城的范围和个别城门位置的改变，城内的街道也在东汉以来的基础上有许多变更。例如：南宫已经被彻底废弃，所以在广莫门和平昌门之间有了1条纵贯全城的南北向大街。东汉的雍门已经废绝，所以东汉以来的"雍门大街"可能已不再存在。由于新辟了承明门，所以增添了由承明门往东通入城内的大街，其北即为华林园。值得注意的是，建春门和阊阖门之间有了一条横贯全城的东西向大街，它从宫城的东门和西门穿过，将宫城分为南北两半，南半部是朝会之处，北半部为寝宫所在。更重要的是，由于新建的西阳门正好与东阳门对直，所以东汉以来的中东门大街被延长而贯通于西阳门和东阳门之间，成为又一条横贯全城的东西向大街，它在宫城南墙外通过，是全城的一条分界线。它的北面主要是皇家的宫殿和园囿，它的南面则分布着官署、佛寺和贵族的邸宅。最后，特别要提出来的是，由于宫城的位置在全城的北部而略为偏西，它的南门——阊阖门与南面城墙上的宣阳门对直，所以自阊阖门至宣阳门的南北向大街——铜驼街就成了全城的中轴线，代替了东汉时的平城门大街[15]。当时的司徒府、太尉府等高级官署和宗庙、社稷等重要建筑物，就分布在铜驼街的两侧（图5～图7）[16]。有名的永宁寺在街的西侧，其塔基遗迹至今犹保留在地面上[17]，最近已经过发掘。这样一来，宣阳门也就代替了东汉时的平城门，成为北魏洛阳城的最重要的城门。

如上所述，东汉以来的洛阳旧城，经过重建，面貌一新。但是，随着都市建设的进一步发展，它在北魏的整个洛阳城中，只是作为内城而存在，在它的外围还筑有郭城，是即外城。据《洛阳伽蓝记》记载，外郭城"东西二十里，南北十五里"，范围极其广大。在全城的范围内，划分为320坊。每个坊都呈正方形，四周筑围墙，每边长300步，即当时的1里，规划十分严密而整齐。据《魏书·世宗纪》记载，它们都是在宣武帝景明二年（公元501年），即孝文帝迁都洛阳以后的第七年，

图5　铜驼街东侧的建筑遗址

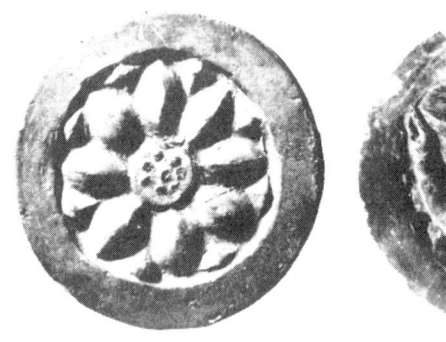

图6　铜驼街东侧建筑遗址出土的瓦当

图7　铜驼街东侧建筑遗址出土的兽面砖

发动数万人夫兴建起来的。在内城以外的各个坊内，居住着一般的人民，他们受到严格的管理和控制。作为工商业区的"市"，也设置在内城之外的郭城中。其中的"大市"在内城以西的西郭，"小市"在内城以东的东郭，"四通市"在内城以南、宣阳门外的南郭，三市的方位都在宫城以南，而汉和魏晋以来建在城内的金市则废而改建为佛寺，从而完全改变了西汉以来在宫城北面设市的所谓"面朝后市"的老传统[18]。总之，北魏洛阳城的形制和布局，和两汉以来的都城相比，出现了划时代的变革，而为此后隋代的大兴城、唐代的长安城和隋唐的洛阳城开创了先例。

据《后汉书·光武帝纪》记载，东汉的辟雍、明堂和灵台都建于建武中元元年（公元56年）。各种记载都说明它们的位置在雒阳城南，在开阳门和平城门外，已得到了考古发掘工作的证实[19]。

辟雍在开阳门外大路的东侧。遗址平面呈正方形，四面筑有围墙，每面长约170米。在这正方形的大院内，均称地配置着四组建筑物，每组各由3座房屋组成。据《后汉书·光武帝纪》注引《汉官仪》记载，辟雍四面都设沟堑，其上架桥，东、南、西三面堑中有水。曹魏和西晋时重建辟雍，应系在东汉的旧址上。1930年曾出土晋武帝三临辟雍的纪念碑，近年又发

图8 晋武帝三临辟雍碑

现了它的碑座，可证此遗址为汉和魏晋的辟雍无疑（图8）[20]。北魏虽曾修辟雍，但未完成。

明堂在开阳门外大路的西侧，平城门外大路的东侧，东距辟雍约150米。遗址平面呈正方形，四面筑有围墙，每面长约400米。在这正方形的大院的正中，有一直径为62米的圆形台基，即系主体建筑之所在，与《水经注》所说"寻其基构，上圆下方"的情形不无相符之处。西晋和北魏时，都曾重建明堂，当系在东汉明堂的旧址上。

灵台在平城门外大路的西侧，东距明堂约80米。遗址的总平面基本上亦呈正方形，四面筑有围墙，东墙和西墙各长220米，南墙和北墙各长200米。在这正方形的大院的正中，有一座平面成正方形的高台，其基部约为50米见方，是主体建筑之所在。高台残存高度约8米，顶部已塌毁，据记载，当时是"上平无屋"（图9）。房屋筑在高台的四周，可分上下两层，上层比下层高出1.86米，有坡道可以升登。下层的房屋实际上是回廊，廊外有用河卵石铺成的"散水"。上层房屋每面各五间，屋内地面用长方砖铺砌，墙壁上涂有色彩。东面房屋所涂为青色，西面房屋所涂为白色，南面房屋所涂为红色，北面房屋所涂为黑色，显然是按照"四神"——青龙、白虎、朱雀、玄武分别代表四方

图9 东汉雒阳城灵台遗迹全景

图10 灵台遗址的砖铺地面

的学说设计的。值得注意的是，西面的五间房屋，都设有深入于土台之中的暗室，室内用正方砖铺地（图10）。《晋书·天文志》说"张平子（张衡）作铜浑天仪于密室中"，也许就是指此而言的。曹魏和西晋，都沿用东汉的灵台。由于在西晋末年的战乱中灵台受到严重的毁坏，所以北魏时就废弃不用，而在台上筑佛塔。在发掘工作中发现的一些砖雕的佛像，便是北魏的遗物[21]。

太学的范围很大。由于解放前在这里盗掘石经，遗址遭到严重的破坏。经过勘探和试掘，可以确认其主要遗迹可分为两部分。一部分在辟雍之北，其范围略呈长方形，东西长约200米，南北宽约100米，过去许多石经碎片大多是在这里的北面附近出土的，从而可以认为是东汉太学的主要部分之所在。另一部分在它的东北约100米处，遗迹保存较好，其范围亦成长方形，南北长约200米，东西宽约150米，四周筑有围墙。东汉的太学始建于光武帝建武五年（公元29年），以后屡经扩建，至顺帝阳嘉元年（公元132年）才全部完竣，当时太学生多达3万余人。灵帝熹平四年（公元175年）立石经于太学，称"熹平石经"，观摩者"车乘日千余辆，填塞街陌"。汉末董卓烧洛阳宫庙，太学亦遭殃及。魏文帝黄初五年（公元224年）在东汉的旧址上重建太学，正始（公元240～249年）中又立三体石经。西晋初年，依汉魏之制兴太学，而咸宁二年（公元276年）又另立国子学，与太学并存。所以，潘岳《闲居赋》有"两学齐列，双宇如一，右延国胄，左纳良逸"之句。据《述征记》记载，"太学在国子学东二百步"。因此，推测西晋的太学在汉魏太学的东北部分，而将汉魏太学的西南部分改设国子学。

注　释

[1]　梅原末治：《洛阳金村古墓聚英》（增订版）第1、第2页，小林出版部，1937年。

[2]　中国科学院考古研究所洛阳工作队：《汉魏洛阳城初步勘查》第198、第199页，图版贰，《考古》1973年第4期。

[3]　中国科学院考古研究所洛阳工作队：《汉魏洛阳城初步勘查》第198～201页，《考古》1973年第4期。

[4]　中国科学院考古研究所洛阳工作队：《汉魏洛阳城初步勘查》第200页，《考古》1973年第4期。

[5]　中国科学院考古研究所洛阳工作队：《汉魏洛阳城初步勘查》第199、第202、第203页，《考古》1973年第4期。

[6]　王仲殊：《汉长安城考古工作收获续记》第24页，《考古通讯》1958年第4期。

[7]　西安市文物管理委员会：《西安三桥镇高窑村出土的西汉铜器群》第68页，图版肆，《考古》1963年第2期。

[8]　黄展岳：《西安三桥高窑村西汉铜器铭文补释》第199、第200页，《考古》1963年第4期。

[9]　中国科学院考古研究所洛阳工作队：《汉魏洛阳城初步勘查》第199、第202、第203页，《考古》1973年第4期。

[10]　作铭：《永乐大典卷9561引元河南志的古代洛阳图十四幅》第39页，图二，《考古学报》1959年第2期。

[11]　中国科学院考古研究所洛阳工作队：《汉魏洛阳城初步勘查》第207、第208页，《考古》1973年第4期。

[12]　中国科学院考古研究所洛阳工作队：《汉魏洛阳城初步勘查》第202、第208页，图版

贰,《考古》1973 年第 4 期。

[13] 中国科学院考古研究所洛阳工作队:《汉魏洛阳城初步勘查》第 203、第 204 页,《考古》1973 年第 4 期。

[14] 中国科学院考古研究所洛阳工作队:《汉魏洛阳城初步勘查》第 200 页,图版叁,《考古》1973 年第 4 期。

[15] 中国科学院考古研究所洛阳工作队:《汉魏洛阳城初步勘查》第 199、第 202、第 203 页,《考古》1973 年第 4 期。

[16] 中国科学院考古研究所洛阳工作队:《汉魏洛阳城一号房址和出土的瓦文》第 209 ~ 214 页,图版壹,《考古》1973 年第 4 期。

[17] 中国科学院考古研究所洛阳工作队:《汉魏洛阳城初步勘查》第 204 ~ 206 页,图版叁,《考古》1973 年第 4 期。

[18] 宿白:《北魏洛阳城和北邙陵墓》第 42 ~ 46 页,图版肆,《文物》1978 年第 7 期。

[19] 中国科学院考古研究所洛阳工作队:《汉魏洛阳城初步勘查》第 198 页,《考古》1973 年第 4 期。

[20] 阎文儒:《洛阳汉魏隋唐城址勘查记》第 121 页,图版肆,《考古学报》1955 年第 9 期。

[21] 中国社会科学院考古研究所洛阳工作队:《汉魏洛阳城南郊的灵台遗址》第 54 ~ 57 页,图版壹 ~ 叁,《考古》1978 年第 1 期。

(本文原载《汉代考古学概说》,中华书局,1984 年)

汉长安城宣平门的发掘

中国科学院考古研究所汉长安城工作队，在发掘出长安城的霸城门、西安门和直城门之后，于1957年10月下旬又发掘了它的宣平门。

宣平门的遗址，在现今青门口村的紧西，北距汉长安城的东北城角约1150米。在高出地面的城墙断崖上，隐约地可以察见城门的遗迹，保存的情况是相当良好的。发掘工作历时七个星期，于同年12月中旬基本上告一段落。

一　城门的概况

宣平门是汉长安城东面北头的城门，它的外面有郭，郭门叫做东都门。由于郭门和城门有密切的关系，有的时候宣平门和东都门两者混称。《汉书·元帝纪》：

（建昭元年）秋八月，有白蛾群飞蔽日，从东都门至枳道。

如淳注引《三辅黄图》：

长安城东面北头门号曰宣平门，其外郭曰东都门也。

王莽时长安城的十二个城门都改了名，宣平门改称春王门。《汉书·翟方进传》：

乃拜……春王城门校尉王况为震威将军。

颜师古注：

春王门长安城东出北头第一门也，本名宣平门，莽更改焉。

同样的记载也见于《三辅黄图》：

长安城东出北头第一门曰宣平门……王莽更名春王门。

在西汉和王莽时，即长安城的全盛时代，宣平门就可以说是出入最频繁的一个城门，从而在文献记载中被提到得很多。由长安城东出，往往是经过这一城门的。《汉书·疏广传》：

> （疏广）上疏乞骸骨……皆许之。公卿大夫、故人邑子设祖道，供帐东都门外，送者车数百辆。

《后汉书·逢萌传》：

> 萌谓友人曰……不去祸将及人，即解冠挂东都城门。

这些都是例证。同样，由东面入长安城，也以经宣平门的为多，特别是由东面向长安城进军，往往攻宣平门而入。例如，《汉书·昌邑哀王传》：

> 贺（昌邑王）到霸上，大鸿胪郊迎，……旦至广明东都门。

《汉书·王莽传》（亦见《续汉书·天文志》）：

> 十月戊申朔，兵从宣平门入。

《后汉书·刘盆子传》：

> 军及高陵……遂攻东都门，入长安城。

出入频繁的情形，是与宣平门的位置重要、交通方便等条件分不开的。如后文将要说到的那样，文献的记载和实际发掘工作的结果都证明宣平门和其他已经发掘的三个城门不一样，它在东汉、魏晋、五胡十六国和北朝时都继续作为一个完整的城门而存在，历史延续独长，这不是偶然的。

二　西汉时的形制

汉长安城的直城门、西安门和霸城门各有3个门道，但后两者现存门道仅有2个或1个，其余的已遭到破坏。宣平门和直城门一样，由于保存情况好，3个门道如数存在（图1）。门道宽各8米稍强，与其他的城门无异；门道与门道的间隔为4米稍强，和直城门相同（参照"汉长安城考古工作的初步收获"，《考古通讯》1957年第5期）。

这一考古发掘工作的结果，首先是更充分证实了汉长安城的各个城门都是1门3道，每1门道宽可容4个车轨，3个门道共容12个车轨（门道的实际宽度，须从8米中减去两侧立柱所占的2米，计6米；汉代的车轨据霸城门发掘所见，为1.5米）；由城门通往城内的大街各由3条并列的道路组成，它们的宽度与城门的门道一致。汉长安城城门和街道的这种制度，与《考工记》所载有类同之处；同时，它又为以后的洛阳城所承袭。《太平御览》卷一九五引陆机《洛阳记》：

图1　发掘出来的汉长安城宣平门（由东南往西北摄）

> 宫门及城中大道皆分作三，中央御道，两边筑土墙高四尺余……唯公卿尚书章服从中道，凡行人皆行左右。

根据这一记载，可以知道洛阳的大街也分为并列的3条道路，与长安城的相同，中央的1条称御道或中道，即相当于长安城中的驰道。发掘工作不仅更加明确了长安城城门和街道的制度，而且也可以由此推证《洛阳记》对洛阳城城门和街道的记述应该是可信的。

其次，宣平门的发掘进一步说明了汉长安城的各个城门表现在门道与门道的间隔上有两种不同的形制，可能也只有两种不同的形制。一种如西安门和霸城门，门道之间相隔14米左右；一种如直城门和宣平门，门道之间相隔4米稍强。门道与门道的间隔愈大，整个城门也就愈显得雄伟。这可能是由于霸城门和西安门各对着长乐宫和未央宫而直城门和宣平门则不然的缘故，也未可知。

在宣平门的南北两侧，城墙各向外突出，这和霸城门的情况是相同的。文献记载中提到宣平门外有郭门，但郭门应在远处，与此无关。

三 东汉时的重修

在王莽末年或稍后的战争时期中，和其他的3个城门一样，宣平门也遭到焚毁。门道的两壁都被烧得发赤，并且有所崩塌。在晚期的土层中，发现了一些西汉和王莽时的铜钱，其中以王莽时的货布和货泉为多，这就具体地说明了城门被焚毁的确实年代。

霸城门、西安门和直城门，在王莽末年或稍后的战火中被毁后，一任崩塌的乱土、碎瓦和灰烬等堵塞在部分的门道中而未经清除，说明了它们在此后的东汉、魏晋、五胡十六国和北朝时没有经过重修和改建，而是废弃不用的。与此相反，宣平门虽然也在同一时期被焚毁，但因崩塌而堆积在3个门道中的乱土和灰烬等则完全被清除，门道的两壁有着显著的修补遗迹。可以断言，城门至少重建过两次。

第一次修补的遗迹，是在王莽末年被烧得发赤的老壁上另用细密、坚实的夯土改作新壁。修补的年代，从地层关系上考察，应该是在王莽末年、赤眉军进军长安城以后，在五胡十六国时代以前，换言之，是在东汉或魏晋间。因为，这新筑的夯土壁包住了王莽末年烧坏了的老壁，而它又被五胡时再次修补的砖和土坯所压住（图2）。

这里，值得注意的是在东汉的末年，有着许多关于宣平门的记载。《后汉书·董卓传》注及《三国志·董卓传》注引《汉献帝起居注》：

> 初，天子（献帝）出到宣平门，当度桥，（郭）汜兵数百人遮桥。

《后汉书·献帝纪》（亦见《续汉书·五行志》）：

> （初平二年）三月，长安宣平城门外屋无故自坏。

《后汉书·董卓传》：

> 王允奉天子保宣平城门楼上。

《三国志·董卓传》：

> 司徒王允挟天子上宣平城门避兵。

这些记载，说明了在东汉末年献帝迁长安时，宣平门确实是存在的；在当时，它仍然是一个筑有门楼的完整的城门。这与实际发掘中所见的现象是一致的。上述从地层关系上判定为东汉或魏晋间重筑的夯土壁，有着许多方形的凹槽，宽各约40厘米；两壁的凹槽虽不严格对称，但数

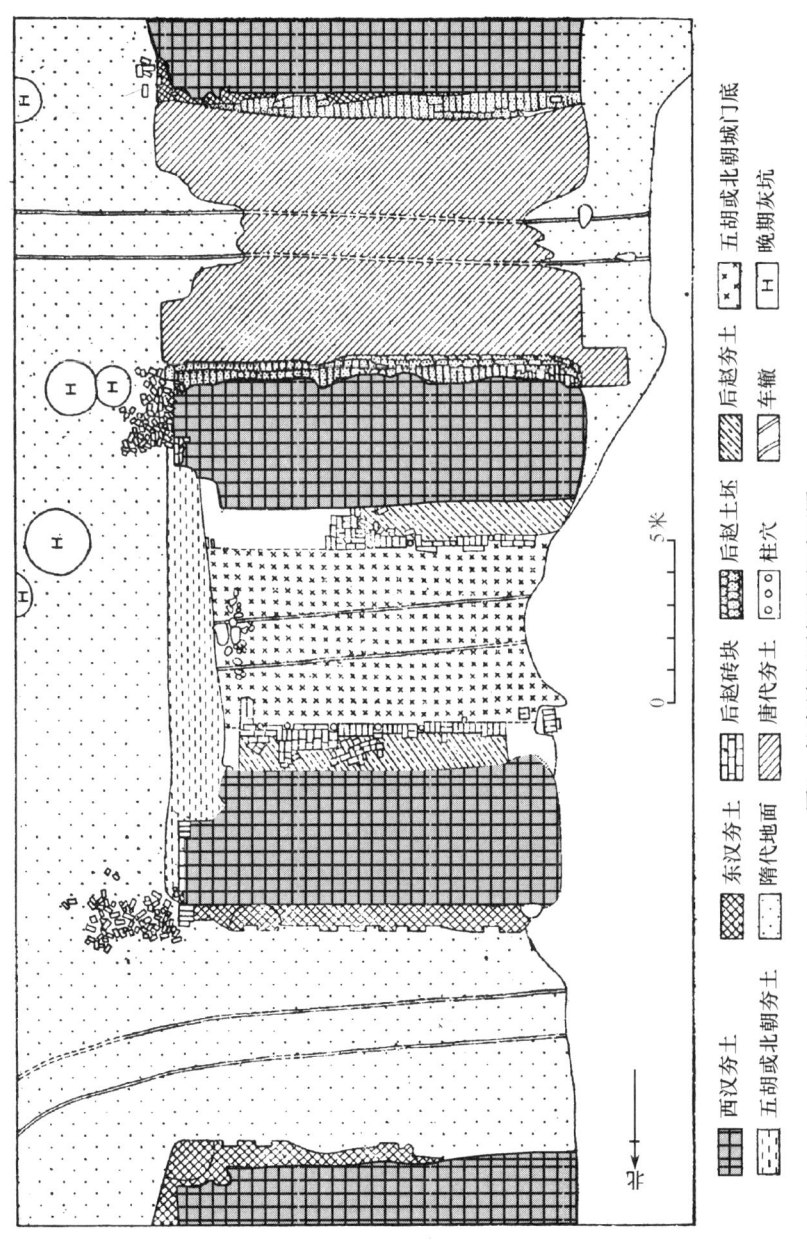

图 2 长安城宣平门遗迹平面图

目大致相等,它们显然是为安插建筑门楼用的木柱而设的。重修后的宣平门,门道的宽度可以从北门道精确地测得为6.5米,这较之西汉时的8米要狭了好些,但由于筑楼用的木柱系插在两壁的凹槽中,门道的实际宽度所减不多,与西汉时实宽6米比较,相差不大。根据上述的文献记载,结合发掘出来的遗迹,可以肯定宣平门第一次重修的年代应该在东汉,重修后的这一城门则可能延续使用到魏晋间。《三国志·董卓传》:

(李)催质天子于营,烧宫殿、城门。

但是,宣平门在东汉时重修过的道门新壁上,却没有火烧的痕迹。

在城门门道的堆积层中,发现了一些五铢钱,从它们的形制看来,应该是东汉时铸造的。更明显的是有些铜钱形小质轻,制作陋劣,它们或者没有文字,或者铸出不规整的"五朱"字样,根据以往的考古发掘,可以确认是东汉末年的产物。《后汉书·献帝纪》:

(初平元年)董卓坏五铢钱,更铸小钱。

《后汉书·董卓传》:

(董卓)又坏五铢钱,更铸小钱,悉取洛阳及长安铜人、钟虡、飞廉、铜马之属以充铸焉,……又钱无轮郭、文章,不便人用。

《三国志·董卓传》:

初平二年,徙天子都长安,……悉椎破铜人、钟虡,及坏五铢钱,更铸小钱,大五分,无文章,肉好无轮郭,不磨鑢。

由于这种铜钱发现在长安城的城门遗址中,这城门在董卓据长安时确实被使用着,钱的制作和形状等又与文献记载基本上相合,说它们为董卓时所铸,也是有些可能的。

四 后赵时的改建

宣平门第二次改建的遗迹,存在于它的中门道和南门道的两壁。前者用砖补筑新壁,保存得相当整齐;后者大部分用的是土坯,其中也夹杂少许的砖,破坏的程度较甚。此外,在门道隔墙的前壁,也用砖修砌(图1,图2)。这些砖,大小、厚薄不等,表面带有不甚清晰、规整的绳纹或菱格纹等。砖的制作粗糙,烧制时的火候也有显得欠匀或不足的。重要的是其中有不少的砖印有"石安田□"、"石安宋利"、"石安曹平"、"石安曹处（？）"、"石安王苻"、"石安王承"等的文字（图3）。显然，"田□"、"宋利"、"曹平"、"曹处（？）"、"王苻"、"王承"等系人名，"石安"则系地名。后者对判断第二次重修宣平门的年代提供了极为有利的条件。《魏书·地形志》：

> （咸阳郡）石安，石勒置。

《长安志》：

> 后赵石勒，于渭城置石安县。

后赵石勒时，在咸阳设置石安县，这是咸阳地区置有石安县的唯一记载。上述印有"石安"字样的砖，在长安城的遗址中被发现，它们无疑是后赵时的产物，这和砖的纹饰及砖上文字的书体所代表的时代也是一致的。用后赵时制作的砖来修筑宣平门，修筑的年代当然以系在后赵时的可能性为大。此外，有力的证据是《晋书·石季龙载记》：

图3 后赵砖块上所印的文字

> 以石苞代镇长安，发雍、洛、秦、并州十六万人城长安未央宫。

这说明了在后赵石虎时，确曾大规模地修筑过长安城，从而更具体地解决了宣平门第二次改建的年代问题。

改建后的宣平门，门道显得更狭了些；中门道的两壁保存既完好，可以测得它的原来宽度为5.3米。砖壁每隔约1.15米设有一个方形的凹槽，宽各约25厘米（图4）。与存在于北门道的东汉时补筑的夯土壁的做法相似，它们系用以安插木柱，在凹槽中还可以看出木柱的残迹。毫无疑问，后赵时的宣平门在门上仍然有完整的建筑。在中门道的前端，紧靠着砖壁，发现了设置门扉用的门砧石，臼窝中遗有铁锈的痕迹，可见门扉的转轴是铁制的。在门道前端的正中，有着1块不大规整的石块，它的下部牢牢地埋入土中，它的上部则系用以挡住2个门扉，使得不致过于被推向外面。这就是说，设在门道前端的两扇门是向内开启的。

一个宽为1.5米的车辙，在中门道的底部被发现（图2），它的时代至早不会早于后赵，至晚不会晚到隋代。车辙的年代，代表了经过第二次重修的宣平门中门道使用期限的下限。

图4 后赵时重修的长安城宣平门中门道砖壁（由北往南摄）

五 城门名称的变更

从发掘出来的现象看，自后赵以后，宣平门未有重大的改建。但是，作为一个城门，它在整个五胡十六国和北朝期间是一直被使用着的。这里，必须查考清楚，城门的名称在当时已改为青门。《十六国春秋·后秦录》（洪亮吉《十六国疆域志》引）：

（姚）泓计无所出，谋从青门出降于（刘）裕。

刘裕攻长安，从东面进军，青门以系当时长安城东门的可能性为大。西汉和王莽时，长安城东面南头的霸城门又名青门。《汉书·王莽传》：

（天凤三年）霸城门灾，民间所谓青门也。

颜师古注引《三辅黄图》：

长安城东出南头名霸城门，俗以其色青，名曰青门。

霸城门在王莽天凤三年遭火灾，照理须予重修。但是，根据实际发掘的结果，它在王莽末年或稍后的战争中再度被焚毁，至少就它的南侧的一个门道来看，此后是一直废弃不用的。火烧以后崩塌的乱土、碎瓦、灰烬和炭屑等填塞了整个门道，无可争辩地说明了这一点（图5）。因此，

图5　汉长安城霸城门南门道被乱土填塞的情状（由东往西摄）

后秦时的青门不可能是霸城门。与此相反，宣平门在王莽末年或稍后被焚毁，曾经两次重修，在五胡十六国时代仍然作为一个完整的城门而存在，这已因实际的考古发掘工作而得到证明。所以，后秦时的青门很可能就是两汉以来的、长安城东面北头的宣平门。这一推断，居然得到了文献记载的考实。前引《后汉书·逢萌传》"解冠挂东都城门"句下章怀注：

> 汉宫殿名：东都门，今名青门也。前书音义曰：长安东都城北头第一门。

《太平御览》卷一八三引《汉宫殿名》：

> 长安有宣平门、覆盎门、万秋门、横门，郭门东都门今名青门……

"东都门今名青门"，《御览》所引与章怀《后汉书》注中所见无异。按《汉宫殿名》一书，《隋书·经籍志》中未见。《旧唐书·经籍志》和《新唐书·艺文志》皆录《汉宫阁簿》三卷，其与《汉宫殿名》是否为一书，当然很成问题。但是，除章怀《后汉书》注中所引外，《艺文类聚》及《初学记》亦都引《汉宫殿名》，两者各修撰于唐武德和开元时，《四库全书》总目提要谓其所采多为隋以前书，而姚振宗《隋书经籍志考证》则直说《汉宫殿名》等书都是隋以前之地记。要之，《汉宫殿名》的作者及著作的确切年代虽然不明，但系汉以后、隋以前的作品则是可以肯定的。宣平门门外有郭，郭门称东都门，它在五胡十六国和北朝时则改称青门。文献的记载彼此相符，同时又与实际的发掘结果相合，这也就说明了现今宣平门遗址附近的几个村落为什么叫作青门口、青门口东村和青门口西村等。总之，在五胡十六国时代，至少是在后秦时，宣平门已改名为青门。

必须指出，关于这一问题，王先谦《后汉书集解》是有错误的。针对着上述章怀的注文，王先谦认为逢萌挂冠的东都门即系东出北头的宣平门，这固然很对，但他把《汉宫殿名》中所说的汉以后、隋以前的由宣平门改称的青门当作是西汉和王莽时的霸城门，从而反说章怀所注有误，这是不符事实的。

改名为青门的宣平门，自从后赵时再度重修以来，经前秦、后秦，至于北朝，一直到北周，它仍然存在，而且是长安城的一个重要的城门。《北史·周本纪》和《周书·武帝纪》：

（建德六年五月）青城门无故自崩。

《周书·宣帝纪》

（大象元年三月）帝亲擐甲胄，入自青门，皇帝衍备法驾从入，百官迎于青门外。

这些记载，和考古发掘的结果结合起来，都能说明以上所说的事实。但是，这里也存在着一个必须解决的问题。《资治通鉴》：

（陈太建十一年，即周大象元年）三月庚申，天元还长安，大阵军伍，亲擐甲胄，入自青门，静帝备法驾以从。

胡三省注：

青门，汉长安城东出南头第三门也，门色青，故名青门。

显然，和王先谦误将《汉宫殿名》中的汉以后、隋以前的青门认作是霸城门一样，胡三省把《北史》、《周书》中所载的，从而也见于《资治通鉴》的北周时的青门误认作是汉代的霸城门了。但是，霸城门的门道里满满地堆塞着的王莽末年因焚烧而崩塌的大量乱土和灰烬等则完全否定了他的理解（图5）。北周时的青门，和后秦时的青门无异，根据实际发掘的结果，不可能是长安城东面南头的霸城门；根据《汉宫殿名》中的记载，可以断定它是长安城的东都门，也就是东面北头的宣平门。

六　废弃的年代

在至少要比后赵再度重修时为晚、比隋代为早的时候，宣平门的中门道就废弃不用了。在门道的前方，有一堵宽约1.7米的版筑的土墙，阻挡了出入的交通（图2）。在墙的外边，即城门之外，是隋代的地面，墙的里边则是五胡十六国或北朝时的城门底。土墙包住了五胡时修补所用的砖块，压住了存在于中门道底部的五胡或北朝时的车辙。这些都能说明土墙的相对年代。但是，由于没有在文献上找到根据，堵塞的绝对年代和具体原因现在还没有十分弄清楚。要之，在宣平门的3个门道中，中门道的废弃要比南门道和北门道为早。

至于南门道和北门道，它们一直到隋代仍然被作为出入的通路。发掘工作在掘出隋代的地面后暂时中止，2个宽为1.3米的车辙痕迹各在南门道和北门道被发现。在北门道的入口处，发现了1枚铸出"五铢"字样的铜钱，紧贴在地面上。这五铢钱直径较小，周郭较宽，"五"字的中间两笔斜直，近穿孔处附有一条直道，显然是隋代的产物。它明确地说明了发掘出来的地面和地面上所遗车辙痕迹的具体年代（图6）。

图6　隋代的五铢钱

和直城门、西安门的部分门道一样，到了唐代，宣平门的门道全部被填塞了。填塞系用土逐层夯打，无论在门道的前端和后端，都与原来的城墙取直，很是整齐。不难理解，填塞的意义是在于杜绝北周以后城门的门道，使其不复交通，同时也在于修整两汉以来的城墙，继续加以利用。这一情况，是与唐代在两汉以来的长安故城遗址中修筑禁苑的事实分不开的。在实行堵塞的时候，南门道的隋代地面和遗留于地面上的隋代车辙痕迹被破坏了一部分，这对判定堵塞的年代也有一定的帮助（图1，图2）。要之，到唐代，宣平门结束了它的全部历史。

根据霸城门、西安门、直城门和宣平门的发掘，可以明确地知道长安城的多数城门是在王莽末年或稍后的战争中被焚毁的。在此后的东汉、魏晋、五胡十六国和北朝期间，有的城门已经废弃不用，有的城门仅部分地被利用。但是，也有像宣平门那样，由于位置重要、交通方便、出入频繁，焚毁之后，不止一次地经过修复和重建，一直作为一个完整的城门被沿用着，直到整个长安城因迁都而废弃为止。

宣平门的历史和汉代以来的长安城相始终。如果说从这个城门的历史中可以看到整个长安城历史的基本情况，这并不是过分的。

（本文原载《考古通讯》1958年第4期）

汉代的农业

在谈到汉代的农业时,首先要根据考古工作中的发现,说一说当时有哪些农产品。

在陕西省的咸阳[1],河南省的洛阳[2],湖北省的江陵[3]、光化[4],湖南省的长沙[5],江苏省的徐州[6]、海州[7]、[8],广西壮族自治区的贵县[9],广东省的广州[10]等地的西汉和东汉的墓中,都发现了当时农产品的遗留,其中以长沙马王堆汉墓出土的种类最多,保存最好。洛阳烧沟汉墓的陶仓和长沙马王堆汉墓的竹简上,还书写着各种农产品的名称。归纳起来,在汉代作为食物的农产品中,粟(小米)、稻、小麦、大麦、黍(黄米)、豆等谷物是最重要的。稻有粳、籼、糯等品种,豆有大豆和赤豆等。

图1 陕西米脂出土画像石上的牛耕图和粟

在黄河流域和北方地区,以种植粟和小麦为主。陕西米脂画像石的牛耕图中,刻绘着成熟的粟(图1),可见它是当地主要的谷物[11]。由于在咸阳、洛阳、江陵、光化、长沙、徐州、广东等地也发现了粟,可见它的种植是很普遍的。除了黄河流域以外,长江流域也种小麦和大麦,马王堆汉墓中即发现了它们的遗品。黄河流域也种稻,洛阳汉墓出土的稻谷经鉴定为粳稻[12],而墓中陶器上所书的"秫稻"则应系糯稻[13]。长江流域和南方地区,稻是主要的谷物。经鉴定,广州汉墓出土的稻谷为籼稻[14]；长沙马王堆汉墓出土的稻谷，从竹简上的文字，并从实物的鉴定看来，有籼稻，也有粳稻和糯稻[15]。江陵凤凰山汉墓发现有稻穗4束，放在1个陶仓中，保存得很好，稻穗长约18.5厘米，每穗平均有51粒，经鉴定，是一种粳稻[16]。此外，据报道，咸阳[17]、洛阳[18]、广州[19]等地的汉墓和辽阳三道壕的汉代村落遗址[20]中都曾发现高粱的残迹，只是还没有经过正式的鉴定。除了上述的谷物之外，作为食物的农产品还有薏苡、芋、葵（冬苋菜）、芥菜、甜瓜、葫芦、笋、藕、生姜等类，果品方面则有栗、枣、梨、桃、李、杏、梅、杨梅、橄榄，等等。作为主要纺织材料的大麻，已普遍种植，洛阳烧沟汉墓中有写着"麻万石"字样的陶仓，长沙马王堆和贵县罗泊湾汉墓更发现了大麻子的实物。

汉代农业生产的特点之一，是铁农具的普遍使用。当时的铁农具，不仅在中原一带，而且在边远地区广泛使用，普及全国。在考古调查发掘工作中，从东北的辽宁、内蒙古到西南的云南、贵州[21]，从东南的广东、福建到西北的甘肃[22]，都发现了汉代的各种铁农具。它们的种类，包括翻土用的锸、铲、钁、犁，除草用的锄，收割用的镰，等等（图2）。在辽宁省的辽阳、河北省的保定和满城[23]、江苏省的徐州等地[24]，还发现了一种三齿耙和双齿耙，用于耙地松土（图3）。

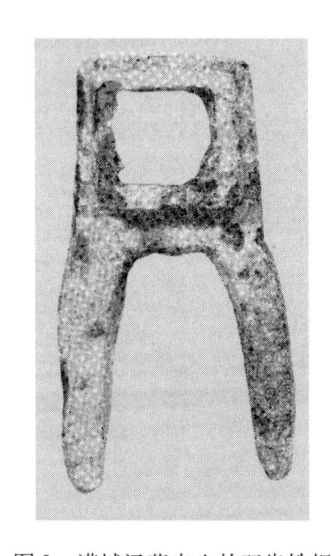

图2　长沙马王堆汉墓出土的木柄铁锸　　图3　满城汉墓出土的双齿铁耙

安在犁上的铧,一般都系"全铁制",比之战国时代套在木铧上的"铁口铧"显然要进步得多。铁铧因耕作对象的不同而有各种类型。有的小而轻巧,适用于翻耕熟地。有的锐利而厚重,适用于开垦生地。也有一种巨型铧,如在辽宁辽阳三道壕、山东滕县长城村、河北石家庄东岗头村等处出土的,长度和宽度都在40厘米以上[25]、[26];在有名的满城汉墓中,也发现了这种巨型的铁铧(图4)[27]。由于形制特别厚重,牵引极费力,不适于翻耕一般的农田,所以颇有人认为这种巨型铧大概是适应水利工程的需要,用于开沟作渠的。但是,《汉书·沟洫志》说"举锸为云,决渠为雨",颜师古注"锸,锹也,所以开渠者也",可见汉代开渠主要还是用锸而不用犁。如在陕西省的蒲城、礼泉、西安、陇县等地的发掘工作中所见,为了防止铁铧的口刃部分被磨损,往往采取在铧的前端套接"铧冠"的方法[28]。"铧冠"也系铁制,甚锐利,但它实际上只相当于铧的口刃部分,形体较狭,所以铸造比较节省,损坏后易于更换(图5)。

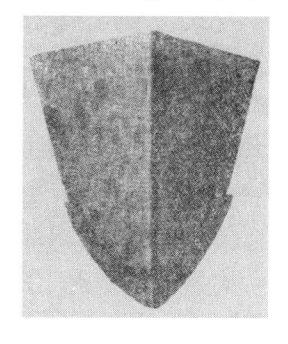

图4 满城汉墓出土的巨型铁铧　　图5 陕西陇县出土的铁铧和铧冠

在汉代,犁壁的使用也已经开始了。在山东的安丘,河南的中牟、鹤壁,陕西的长安、礼泉、西安、咸阳、陇县等地,都发现了汉代的犁壁[29]。犁壁又称犁镜,它安装在犁铧的上边,是铧的一种复合装置,其效用在于翻土起垄。在陕西省各地发现的犁壁,有向一侧翻土的单叶壁,有向左右两侧翻土的马鞍形双叶壁,说明当时对于犁壁的设计和使用已经达到相当的水平[30]。

在汉代,牛耕已经相当普遍。甘肃武威磨咀子西汉末年的木牛和木犁模型[31]、山西平陆枣园村新莽时期的壁画[32]、江苏睢宁双沟的东汉画像石[33]、山东滕县宏道院的东汉画像石[34]、陕西米脂的东汉画像石[35]及内蒙古和林格尔的东汉壁画中的牛耕图[36],都是研究当时牛耕的珍贵资料。画像石和壁画中的牛耕图,大多数是所谓"二牛抬杠"。2头牛抬着犁衡,牵引着一张长辕的犁,1人扶犁并驱牛,这是汉代牛耕的最通常的形式(图6)。对于《汉书·食货志》"用耦犁,二牛三人"的记载,迄今有许多不同的解释。但是,从上述的考古资料看来,所谓"耦犁",是指2头牛牵引一犁,大概是没有疑问的。到了东汉后期,特别是魏晋时期,犁耕的技术有了改进。甘肃嘉峪关魏晋时期壁画中的牛耕图有只用1头牛牵犁的,便是例证[37]。

图6 江苏睢宁出土画像石中的牛耕图

一个值得注意的问题是,汉代已经开始用耧车播种。在前面提到的山西平陆枣园村的新莽时期的壁画中,除了牛耕图以外,还有耧播图[38]。壁画已经漫漶,不甚清晰。耧车似为三足,耧斗表现得不清楚。但是,壁画所绘系耧车,则是没有疑问的,从而证明了《汉书·食货志》和崔寔《政论》关于耧播的记载。关于汉代的耧车,在考古资料方面虽然只有上述的一个孤例,但考古学家们认为,在辽阳三道壕、北京清河镇、陕西的富平等地的汉代遗址里发现的一种小型铁铧可能便是安装在耧车的足上的,可称之为耧铧[39]。1930年在内蒙古居延西汉遗址中发现的1件木制的农具,它的尖端应附有小型的铁铧,应该便是耧车的足(图7)。与耕犁用2头牛牵引不同,壁画中的耧车只用1牛牵引,

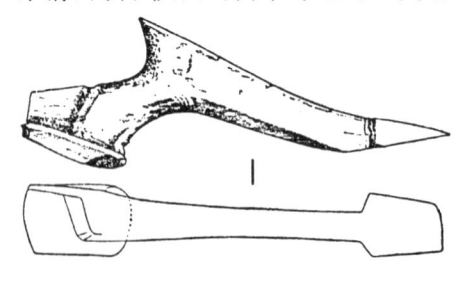

图7 居延西汉遗址出土的木耧脚

这显然是由于牵引耧车所需的力远比牵引耕犁所需的力为小之故。用三足的耧车播种，一耧可播三行，比之人工撒播，效率大大提高，效果也较好。

在甘肃嘉峪关魏晋时期的壁画中，还有耙田图和耱田图，耙和耱都用牛牵引，农夫站在它们的上面，以增加重量。这是迄今发现的关于操作这两种农具的最早的形象资料[40]。田地经耕犁翻起后，用带有排齿的大耙将土块切碎，使田地平整，播种以后，用土覆盖，又用不带齿的耱进一步将土块压碎、压平，以达到保墒的效果。耱的使用，限于北方的旱地。耙则不仅限于北方的旱田，而且也适用于南方的水田。广东连县西晋墓出土的犁田和耙田的陶制模型，便是例证[41]。关于耙和耱的使用，始见于北魏时（公元6世纪）的《齐民要术》，汉和魏晋文献上并没有这方面的记载。但是，由于魏晋时使用得相当普遍，而且已普及到边远地区，所以认为东汉时已经开始有了这种耕作技术，这也并不是完全没有可能的。

铁工具的广泛使用，使水利建设具备了优越的条件。大规模的水利工程，是由当时的政府主持的。例如，秦代在关中地区兴建的郑国渠，西汉时又经维修和改建，并增设了一条支渠，称为白渠。1973年，考古工作者在陕西省泾阳县调查了郑国渠和白渠的渠首遗址，发现白渠的渠首长约300余米的一段是"井渠"，这是汉代开凿水渠的一种新技术[42]。秦代在四川灌县修建的都江堰水利工程，汉代也继续维修和改进。1974年，在都江堰的江底发现了东汉建宁元年（公元168年）当地主管水利的官吏所建的李冰石像[43]，高近3米，它被置立在江水中，不仅表示对李冰的纪念，而且实际上起了测量水位的作用（图8）。

图8 李冰石像

利用桔槔汲取河水或井水以灌溉农田，在汉代是相当普遍的，它们的具体形状可以在画像石中见到[44]。在黄河流域和北方地区，大量利用水井灌溉。水井的陶制模型，在各地汉墓中被发现，有的显然是灌溉用井。例如，洛阳汉墓出土的陶井，设有辘轳井架，用两个汲水桶交替汲水，井旁附设长条状的水槽，表示从井中汲出的水经水槽流入沟渠，灌溉农田[45]。在长江流域和华南地区，除了充分利用河流以外，还多筑陂塘，塘中蓄水，灌溉稻田。在陕西的汉中[46]、四川的成都和彭山[47]、云南的呈贡[48]、广东的连县等处的汉和魏晋时期的墓中，发现了陶制的陂塘模型，往往与水田相连。这是一种人工开凿的蓄水池，设有闸门，表示可以调节水流，灌溉附近的稻田。西汉初年在庐江郡（今安徽庐江）开凿的芍陂，东汉时加以修复，是一项大规模的水利工程。安徽省寿县的安丰塘，便是当时芍陂的旧址，1959年考古工作者在这里发现了东汉时期的水堰。在附近发现的修筑堰坝的铁工具中，有一件刻有"都水官"铭文的铁锤，说明了这一水利工程是由官府主管的[49]。

收割成熟的谷物，已经普遍使用了铁镰。四川成都扬子山出土的东汉画像砖上，有一幅水稻收割图，形象、生动地说明水稻的收割情形[50]。从这画像上可以看出，当时收割水稻，是先割取稻穗，然后再用长柄的勾形镰刀刈割稻草。

谷物收获后，要经过打场、扬场，其情形可以在画像石和壁画中看到。值得注意的是，河南省洛阳和济源的汉墓中，发现了陶制的风车箱模型[51][52]。一般说来，北方多种粟和小麦，所以往往在场地上用扬弃的方法去除草秕。南方多种稻谷，需要用风车箱扇去秕糠。洛阳和济源汉墓中的发现，说明了风车箱不仅在南方，而且在中原地区也被使用。

谷物的加工，已普遍使用"践碓"。这是一种简单的机械装置，用人力践踏，以春捣谷物。它们的具体形象，可以在各地发现的画像石、画像砖和陶质模型中看到。据文献记载，到了魏晋时期，还普遍应用了利用水力的水碓。石制的转盘式的双扇磨盘，在汉代也已普遍使用（图9）。它们的实物和陶质模型，在汉代的遗址和坟墓中多有发现。年代最早的石磨实物，

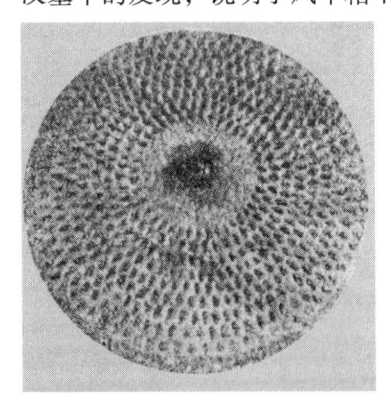

图9 汉长安城遗址出土的石磨

是在满城汉墓中发现的[53]，石磨下面置一大铜盘，以承受磨出来的粉。山东临沂银雀山汉墓出土的，是上述石磨的陶质模型，其年代比满城汉

墓还要早一些，可能在汉武帝时期之前[54]。这种转盘式的大型石磨的普遍制作与使用，显然是与铁工具的发达分不开的。在各地东汉墓中出土的陶质模型中，往往可以看到践碓与磨盘同时装置在一个碓房中，以进行谷物的加工。

汉代的农副业是多种多样的，豢养家禽与家畜是其中最普遍的一项。从各种考古资料来看，家禽是鸡、鸭和鹅，家畜则有马、牛、羊、猪、狗等。汉墓中出土的陶制猪圈，往往与厕所相连，说明了当时已经注意养猪积肥，以粪肥田。在北方和西北地区，还饲养骆驼，以供运输之用。在河北省定县发掘的东汉后期中山穆王刘畅的墓中曾发现骑骆驼的陶俑[55]，在四川省新都县发现的东汉画像砖上也有骆驼的图像[56]。射猎也是一种农副业。长沙马王堆汉墓随葬的肉食品中，走兽有野兔、梅花鹿等，飞禽有斑鸠、雁、鸮、竹鸡、喜鹊、雉、鹤等[57]。各地画像石和画像砖中有狩猎图，四川成都扬子山画像砖上还有弋射图[58]，都是很能说明问题的资料。除了在河流、湖泊中捕捞鱼类和其他水产动物以外，在人工开凿的陂池中也养殖鱼、鳖之类，以供食用，陕西汉中出土的陶制陂池模型很生动地说明了这种情形[59]。利用各种水面，种植荷藕、菱角之类，采取以供食用的情形，也可以在有关的考古资料中看到。

植桑养蚕，也是农村的一项重要副业。至少在战国时代，据铜器上的图纹所见，桑树已有两种。一种可称为"树桑"，甚高大；一种可称为"地桑"，较低矮。后者不仅便于采摘，而且叶多而嫩润，比前者更宜于饲蚕。汉代的桑树，据在画像石和画像砖上所见，亦有"树桑"与"地桑"两种（图10），而《氾胜之书》有关改进栽桑方法的记载则说明了低矮的"地桑"正是用改进了的方法培植出来的[60]。在汉代，植桑养蚕已从黄河流域推广到边远地区。四川省境内，盛产丝绸，自不待言。据《汉书·地理志》记载，广东、广西一带，早在西汉时便有蚕桑之业。《后汉书·卫飒传》则记载东汉初期，湖南省南部的桂阳郡一带亦已开始种桑养

图10 武梁祠画像石上的采桑图

蚕。据和林格尔汉墓壁画所见，至迟在东汉后期，山西北部和内蒙古境内的定襄郡（其治所西汉时在今内蒙古和林格尔，东汉时在山西省右玉）也有了蚕桑[61]。

1973年发掘的湖北省江陵凤凰山10号墓，墓主人名为张偃，葬于西汉景帝四年（公元前153年）。他是一个地主，在当时江陵县他的家乡任乡吏，替政府向农民征收赋税。在他的墓里，随葬着许多竹简和木牍，是乡里行政机构的文书和簿册[62]。其中有一组竹简称为"郑里廪簿"，是乡里行政机构向"郑里"这个农村的25户农民放贷种子的账簿，记录了农户的人口和土地数量。据这本账簿的记录，郑里农民25户，105人，能从事生产劳动的69人，共有土地617亩，平均每户24.6亩，每人不到6亩（每亩合今约456平方米）[63]。由此可见，即使在西汉前期，一般的自耕农也只能有少量的土地。《淮南子·主术训》说"中田之获，卒岁之收，不过亩四石"，《后汉书·仲长统传》说"今通肥饶之率，计稼穑之入，令亩收三斛"。由此可见，汉代一般农田的产量大约为每亩3石至4石，6亩田只能产粮20石左右（每石合今约20公升）。每人每天的食量以5升（合今1公升）计算，一年就需粮18石。这就是说，农民们辛勤劳动一年的收获，除了勉强糊口之外，就没有什么剩余。至于账簿里所记一个名叫"野"的农民，全家8口，只有15亩土地，平均每人不到2亩，那就更难于生活了。

而且，农民们还必须负担国家的赋税和徭役。从凤凰山10号墓出土的文书和簿册的记录也可以看出，当时的赋税和徭役是相当繁重的。在这种情况下，有的农民就不免破产。于是，大地主们就趁机收买破产农民的土地，而破产农民为了维持生活，就不得不成为大地主的雇农和佃户，有的甚至卖身为奴。随着时代的推移，这种情况愈来愈严重。到了西汉后期，由于土地兼并的结果，"富者田连阡陌"，就出现了许多私人占有的大庄园。

到了东汉，由于朝廷的纵容，土地兼并愈益激烈，豪强地主的势力愈益强大，庄园也愈来愈多，愈来愈大。豪强地主们使用他们的奴婢和与他们有人身依附关系的农民，即所谓"徒附"，在庄园中进行各种生产活动。庄园经济的特点，是从事多种经营，以农业生产为主，同时也包括各种农副业和手工业，从而能够做到"自给自足"。自足有余，庄园主也搞商业活动，将一部分产品出售。

如前面已经多次提到过的，1972年在内蒙古和林格尔发掘了一座东汉后期的墓，墓主人官至"护乌丸校尉"，是一个大官僚兼大地主。墓中有大量的壁画，其中后室南壁的一大幅壁画是庄园图[64]，生动而形象地描绘了当时庄园的各种情形（图11）。在画面的中部，是庄园的房舍。在它的东北方远处，是大片的原野，农夫们扶着犁，驱赶着牛，正在耕地。在房舍的附近，则另有园圃，以种植蔬菜之类，2个农夫手执锄头，正在精耕细作；为了防止家禽、家畜的侵扰，园圃四周还筑有围墙。房舍附近还有马厩、牛圈和羊圈，其中既有壮畜，也有幼畜，表示牲畜不断繁殖。在圈栏之外，还有一些散放着的鸡群和猪群。在房舍的周围，有一片桑林，4个女子拿着绳索、长钩和网子，正在采桑，旁边还有一些筐箔之类，以表明庄园中有蚕桑之业。在西面较远处，则有三个方形的池坑，里面堆放着麻，有人正在池坑旁边进行着沤麻的操作。在附近，还有一个车库，存放着一些备用的车辆。除了南壁这一大幅庄园图以外，在墓的前室壁画中还可以看到收获下来的成堆的粮食、运粮的牛车、存贮粮食的囷囤，以及人们正在利用"践碓"舂捣谷物。在中室的壁画中，则有酿造图，表示庄园中自行加工谷物，而且还自制酒、醋之类。在前室的另几幅壁画中，则又有牧马、牧牛、牧羊图，表示庄园中除了农业以外，还从事畜牧业，特别是因为这里是北方草原地带，所以牧畜业尤其兴盛[65]。

值得注意的是，在和林格尔汉墓后室南壁庄园图中部的房屋旁边有一座望楼。在前室牧羊图的上方，则有四面筑有围墙的堡垒，在堡垒后部的一角也建有一座高大的望楼（图12）。这些都显示了庄园中的建筑物是带有军事防御性质的。在庄园中从事生产劳动的农夫，也就成了豪强地主的部曲，即他们的私人武装部队。在许多文献记载中，也都说明在东汉，特别是在东汉的后期，豪强地主的部曲是具有亦农亦兵的性质的。四川成都天廻山东汉晚期墓出土的农夫俑和武士俑，衣着完全相同，而且前者和后者一样，也佩有作战用的大刀，正生动而形象地说明了这一问题[66]。

东汉末年曹操掌握政权后抑制豪强地主，严禁土地兼并，实行屯田制。屯田制分民屯与军屯两种。前者是招募无地或无牛的农民，在各级典农官统率下耕种官田，将收获的五成或六成交纳给官府；后者则组

图 11 和林格尔汉墓壁画中的庄园图（线图）

图 12 和林格尔汉墓壁画中的堡垒和望楼（摹本）

织士兵从事农业生产，以其所获供军用。在前面多次提到的甘肃嘉峪关魏晋时期的墓中，有两幅关于当时军屯的壁画，是十分珍贵的材料[67]。一幅可称为"营垒图"，正中绘一大军帐，帐中坐一军官，帐外左右两侧各立一军士，右立者手执一旗，似为传令官。大军帐的右方，树牙旗六面，分为两列，似为营门之所在；其余三方则排列着许多较小的军帐，重重叠叠，帐前立戟与盾牌。另一幅可称为"屯垦图"，其中部画着一个骑马驰骋的武将，两侧各有一队荷戟持盾的步兵在行进。在兵队的旁边，则有二人正在驱牛耕地，一人戴帽似汉人模样，一人披发作少数民族装束。"营垒图"和"屯垦图"结合起来，正是当时河西地区军队屯田的真实写照。曹魏的屯田制，在中原地区也广泛推行，只是有关的考古资料迄今还付之缺如。

注　释

[1] 咸阳市博物馆：《陕西咸阳马泉西汉墓》第127、第128页，《考古》1979年第2期。

[2] 洛阳区考古发掘队：《洛阳烧沟汉墓》第112、第113、第156~158页，图版第贰拾，科学出版社，1959年。

[3] 长江流域第二期文物考古工作人员训练班：《湖北江陵凤凰山西汉墓发掘简报》第51页，《文物》1974年第6期。

[4] 湖北省博物馆：《光化五座坟西汉墓》第168页，图版第陆，《考古学报》1976年第2期。

[5] 湖南省博物馆等：《长沙马王堆一号汉墓》第35~37页，图版第二五七~二六四，文物出版社，1973年。

[6] 徐州博物馆：《江苏徐州奎山西汉墓》第120页，《考古》1974年第2期。

[7] a. 南京博物院等：《海州西汉霍贺墓清理简报》第185、第186页，《考古》1974年第3期。

b. 刘亮：《关于西汉霍贺墓出土稷的鉴定》第90页，《考古》1978年第2期。

[8] 南波：《江苏连云港市海州西汉侍其繇墓》第176页，《考古》1975年第3期。

[9] 广西壮族自治区文物工作队：《广西贵县罗泊湾一号墓发掘简报》第32页，《文物》1978年第9期。

[10] 广州市文物管理委员会：《广州西村皇帝冈42号东汉木椁墓发掘简报》第42、第43页，《考古通讯》1958年第8期。

[11] 陕西省博物馆写作小组：《米脂东汉画象石墓发掘简报》第71~73页，《文物》1972年第3期。

[12] 中尾佐助：《河南省洛阳汉墓出土的稻米》第79~82页，《考古学报》1957年第

4 期。

[13] 中国科学院考古研究所：《新中国的考古收获》第 77 页，文物出版社，1961 年。
[14] 杨式挺：《谈谈石峡发现的栽培稻遗迹》第 28 页，《文物》1978 年第 7 期。
[15] 湖南省农学院等：《长沙马王堆一号汉墓出土动植物标本的研究》第 1～3 页，文物出版社，1978 年。
[16] 凤凰山一六七号汉墓发掘整理小组：《江陵凤凰山一六七号汉墓发掘简报》第 34 页，图版第贰，《文物》1976 年第 10 期。
[17] 咸阳市博物馆：《陕西咸阳马泉西汉墓》第 128 页，《考古》1979 年第 2 期。
[18] 贺官保：《洛阳老城西北郊 81 号汉墓》第 406 页，《考古》1964 年第 8 期。
[19] 杨式挺：《关于广东早期铁器的若干问题》第 104 页，《考古》1977 年第 2 期。
[20] 东北博物馆：《辽阳三道壕西汉村落遗址》第 121 页，图版第伍，《考古学报》1957 年第 1 期。
[21] 张增祺：《从出土文物看战国至西汉时期云南和中原地区的密切关系》第 32、第 33 页，《文物》1978 年第 10 期。
[22] 敦煌文物研究所考古组：《敦煌甜水井汉代遗址的调查》第 112～114 页，《考古》1975 年第 2 期。
[23] 唐云明：《保定东壁阳城调查》第 82 页，《文物》1959 年第 9 期。
[24] 南京博物院：《利国驿古代炼铁炉的调查及清理》第 46、第 47 页，《文物》1960 年第 4 期。
[25] 张振新：《汉代的牛耕》第 60 页，《文物》1977 年第 8 期。
[26] 庄冬明：《滕县长城村发现汉代铁农具十余件》第 82 页，《文物参考资料》1958 年第 3 期。
[27] 中国社会科学院考古研究所等：《满城汉墓》第 59、第 60 页，文物出版社，1978 年。
[28] 陕西省博物馆：《陕西省发现的汉代铁铧和镑土》第 23 页，图版第叁、第肆，《文物》1966 年第 1 期。
[29] 张振新：《汉代的牛耕》第 60 页，《文物》1977 年第 8 期。
[30] 陕西省博物馆：《陕西省发现的汉代铁铧和镑土》第 23 页，图版第叁，《文物》1966 年第 1 期。
[31] 甘肃省博物馆：《武威磨咀子三座汉墓发掘简报》第 13、第 14 页，图第二十三，《文物》1972 年第 12 期。
[32] 山西省文物管理委员会：《山西平陆枣园村汉墓壁画》第 463 页，《考古》1959 年第 9 期。
[33] 江苏省文物管理委员会：《江苏徐州汉画像石》第 12 页，图版第陆叁，科学出版社，1959 年。
[34] 傅惜华：《汉代画像全集》（初编），图版第 96，上海商务印书馆，1950 年。
[35] 陕西省博物馆写作小组：《米脂东汉画像石墓发掘简报》第 70、第 71、第 73 页，《文物》1972 年第 3 期。
[36] 内蒙古自治区博物馆文物工作队：《和林格尔汉墓壁画》第 20、第 123、第 145、第

146页,文物出版社,1978年。

[37] 甘肃省博物馆等:《嘉峪关魏晋墓壁画的题材和艺术价值》第76页,图版第壹,《文物》1974年第9期。

[38] 山西省文物管理委员会:《山西平陆枣园村汉墓壁画》第463页,图版第壹,《考古》1959年第9期。

[39] 陕西省博物馆:《陕西省发现的汉代铁铧和镴土》第23页,图第十一,《文物》1966年第1期。

[40] 甘肃省博物馆等:《嘉峪关魏晋墓壁画的题材和艺术价值》第76页,图版第壹、叁,《文物》1974年第9期。

[41] 徐恒彬:《简谈广东连县出土的西晋犁田耙田模型》第75、第76页,《文物》1976年第3期。

[42] 秦中行:《郑国渠渠首遗址调查记》第35页,《文物》1974年第7期。

[43] a. 四川灌县文教局:《都江堰出土东汉李冰石像》第27、第28页,图版第拾捌,《文物》1974年第7期。

b. 王文才:《东汉李冰石象与都江堰"水则"》第29、第30页,《文物》1974年第7期。

[44] 傅惜华:《汉代画像全集》(初编)图版第1、第3,上海商务印书馆,1950年。

[45] 洛阳区考古发掘队:《洛阳烧沟汉墓》第125~127页,图版第贰玖、第叁拾,科学出版社,1959年。

[46] 秦中行:《记汉中出土的汉代陂池模型》第77、第78页,《文物》1976年第3期。

[47] 刘志远:《成都天廻山崖墓清理记》第97页,图版第肆,《考古学报》1958年第1期。

[48] 张增祺:《从出土文物看战国至西汉时期云南和中原地区的密切关系》第33、第34页,《文物》1978年第10期。

[49] 殷涤非:《安徽省寿县安丰塘发现汉代闸坝工程遗址》第61、第62页,《文物》1960年第1期。

[50] 刘志远:《四川汉代画像砖反映的社会生活》第46页,图版第壹,《文物》1975年第4期。

[51] 余扶危等:《洛阳东关东汉殉人墓》第57页,《文物》1973年第2期。

[52] 河南省博物馆:《济源泗涧沟三座汉墓的发掘》第50~52页,《文物》1973年第2期。

[53] 中国科学院考古研究所满城发掘队:《满城汉墓发掘纪要》第9页,《考古》1972年第1期。

[54] 山东省博物馆等:《临沂银雀山四座西汉墓葬》第367页,图版第玖,《考古》1975年第6期。

[55] 定县博物馆:《河北定县43号汉墓发掘简报》第12页,图第二十六,《文物》1973年第11期。

[56] 四川省博物馆:《四川新都县发现一批画像砖》第56页,图版第柒,《文物》1980年

第 2 期。

[57] 湖南省农学院等:《长沙马王堆一号汉墓出土动植物标本的研究》第 47、第 48、第 52~55、第 68~73 页,文物出版社,1978 年。

[58] 刘志远:《四川汉代画像砖反映的社会生活》第 46 页,图版第壹,《文物》1975 年第 4 期。

[59] 秦中行:《记汉中出土的汉代陂池模型》第 77、第 78 页,《文物》1976 年第 3 期。

[60] 夏鼐:《我国古代蚕桑丝绸的历史》第 14、第 15 页,《考古》1972 年第 2 期。

[61] 内蒙古自治区博物馆文物工作队:《和林格尔汉墓壁画》第 20、第 21 页,文物出版社,1978 年。

[62] 长江流域第二期文物考古工作人员训练班:《湖北江陵凤凰山西汉墓发掘简报》第 44、第 45 页,图版第柒、捌,《文物》1974 年第 6 期。

[63] 裘锡圭:《湖北江陵凤凰山十号墓出土简牍考释》第 56、第 57 页,《文物》1974 年第 7 期。

[64] 内蒙古自治区博物馆文物工作队:《和林格尔汉墓壁画》第 20、第 21、第 101、第 102、第 146、第 147 页,文物出版社,1978 年。

[65] 内蒙古自治区博物馆文物工作队:《和林格尔汉墓壁画》第 79、第 121~127 页,文物出版社,1978 年。

[66] 刘志远:《成都天廻山崖墓清理记》第 99 页,图版第捌,《考古学报》1958 年第 1 期。

[67] 嘉峪关市文物清理小组:《嘉峪关汉画像砖墓》第 27 页,图版第陆,《文物》1972 年第 12 期。

(本文原载《汉代考古学概说》,中华书局,1984 年)

汉代的漆器

考古发掘工作说明，早在新石器时代，中国可能已经有了漆器。1978年，在浙江省余姚县的河姆渡遗址中发现了许多木器。其中有1件木碗，里外施朱红色涂料，色泽鲜艳，其物理性能与漆相同[1]。经放射性碳素测定，河姆渡遗址的年代距今约7000年。上述的木碗，其涂料如果的确是漆，那么它便是中国迄今发现的最早的漆器。

到了商代，漆器上的花纹和装饰已经相当精致。1973年，在河北省藁城县台西村的商代中期遗址里，发现了许多漆器的残片，可以辨认的器形有盘、盒之类，它们是朱红色地，黑色花纹，纹样有饕餮纹、蕉叶纹、云雷纹、夔纹等，与铜器上的花纹相似，有的还镶嵌着绿松石，有的则贴金箔，作为装饰[2]。在商代后期都城遗址——河南省安阳市小屯村的殷墟，也常常发现漆器的残迹，可惜由于保存情况不好，器形和纹饰已不清楚[3]。总之，可以肯定的是，商代的漆器已经相当发达。在商文化的影响下，边远地区也出现了漆器。例如，1977年在辽宁省敖汉旗大甸子的夏家店下层文化的墓葬中也发现了2件朱红色的漆器，外形保存得比较完好，有些像商代的觚[4]。经放射性碳素测定，大甸子遗址的年代距今约3500年。上述的2件觚形的漆器，可以说是迄今发现的年代最早的、器形保持比较完整的漆器。

属于西周时代的漆器，在考古发掘工作中也有发现。例如，1964年在河南省洛阳庞家沟发掘的西周早期墓和1956年在同省陕县上村岭发掘的西周晚期或东周早期的虢国墓里，都发现了漆器[5]、[6]。它们的共同的特点是用蚌壳制成的圆泡镶嵌，作为装饰。1953年在陕西省长安县普渡村发掘的西周早期墓中，也发现过类似的镶有蚌泡的漆器的残迹[7]。

漆器制造业的进一步迅速发展，突飞猛进，是在战国时代。解放前在湖南省的长沙[8]、河南省的洛阳[9]，解放后在湖南省的长沙[10]、湖北省的江陵[11]和随县[12]、河南省的信阳[13]、四川省的成都[14]等地的战国墓中都发现了大量的漆器,保存情况良好。它们的种类,除了器皿以外,还包括各种家具、丧葬用具、乐器以及兵器上的附件等等,说明了漆器已被广泛应用于社会生活的各个方面。就器皿来说,战国初期的漆器多系木胎,厚重有余,轻巧不足。从战国中期以后,漆器的胎壁有系用薄木片制成的,而且开始有了夹纻胎。到了战国晚期,有时在薄胎的漆器上镶铜扣,其上镀金银,不仅加强了器物的牢固,而且增进了它们的精致和美观。漆器上的花纹,也绘描得十分富丽和精美。总之,无论从哪一方面来说,战国时代的漆器已经达到了很高的水平。汉代的漆器,便是在战国时代的基础上进一步发展起来的。

汉代的漆器,发现地点甚多。举其主要者而言,解放前在朝鲜的平壤[15]、蒙古的诺音乌拉发现的漆器[16],数量多,保存好,且多有纪年的铭文,研究价值很高。解放以后,在河南省的洛阳[17]、山东省的文登[18]、江苏省的盐城[19]和连云港[20]、浙江省的宁波[21]、湖南省的长沙[22]、广东省的广州[23]、贵州省的清镇[24]、甘肃省的武威[25]等地的汉墓中,都有漆器出土,有的已经朽坏,有的保存尚好,而清镇和武威的漆器有详细的纪年铭文,可以与朝鲜境内发现的漆器相比较。最近十多年来,各地汉墓出土漆器,更是不胜枚举;广西壮族自治区的合浦[26]和贵县[27]、江苏省的海州[28]、山东省的临沂[29]、河北省的满城[30]、安徽省的阜阳[31]等地的汉墓中都发现了许多漆器。特别要提出来的是,长沙马王堆[32]、江陵凤凰山[33]、云梦大坟头汉墓[34]中随葬的漆器,数量大,种类多,保存极好,往往完美如新,为研究汉代漆器提供了新的珍贵的材料。

汉代漆器的胎质,主要有木胎与夹纻胎二种。另外也有竹胎的,但很少。根据对出土实物的观察,并作了一些模拟试验,了解了器胎的制作方法[35]。木胎的制法大概有三种:一种是用轮旋刮削的方法制成器物的外壁,然后再剜空其内部,鼎、盒、壶、盂等圆形器物多用此法。一种是用割削、剜凿的方法制成,而未经轮旋,杯、匜、钫、案等非圆形器物用此法。另一种是用几块薄木片卷曲成弧形的器壁,用木钉拼接成一个圆筒,另接器底;有些直壁的圆筒状器如樽、奁等即用此法。用后一种方法制成的木胎,要用麻布裱起来,然后再涂漆,使得不露接缝。夹纻胎是先用木头或泥土制成器型,作为内模,然后用多层麻布或缯帛附于内模上，干实以后，去掉内模，便剩下麻布或缯帛的夹纻胎，这便是所谓"脱胎"。一般说来，西汉前期以木胎漆器为多。安徽阜阳双古堆汉墓中的20余件漆器，夹纻胎的虽然将近半数，但长沙马王堆一号汉墓中共有180多件漆器，夹纻胎的仅有少数卮、奁等器而已。西汉中期以后，如长沙、满城、清镇、平壤等处的遗品所见，木胎漆器虽然仍不少，但杯、盘、卮、盒、奁等器物用夹纻胎的颇有增多。

在漆器上施花纹，有下列几种方法：一种是漆绘，用生漆制成半透明的漆液，加上各种颜料，绘描于已经涂漆的器物上，色泽光亮，不易脱落，大多数漆器的花纹都用此法绘描。一种是油彩，用油汁（可能是桐油）调颜料，绘描于已经涂漆的器物上，所绘花纹往往因油脂年久老化，易于脱落[36]。一种是针刻，用针尖在已经涂漆的器物上刺刻花纹，长沙马王堆三号墓出土的竹简记录着这种技法在当时称为"锥画"[37]。值得注意的是，湖北省光化汉墓中的2件漆卮有针刻的虎、兔、鸟等动物纹及流云纹的纹样，在刺刻出来的线条内填入金彩，产生了类似铜器上金银错的花纹的效果[38]。此外，还有一种方法是用金、银箔制成各种图纹，贴在器物的漆面上，呈现了类似"金银平脱"的效果（图1）[39]。

图1 连云港汉墓出土漆器的贴银箔花纹

汉代漆器上所描花纹的纹样，最常见的有图案化的龙凤纹（图2）、云气纹、花草纹（图3），也有各种几何形纹，以及许多近于写实的兽类、鸟类和鱼类的图纹（图4、图5）。总的说来，纹样的特点是细致而流利。西汉前期的漆器，花纹富丽而复杂；东汉的漆器，其花纹则显得比较简单。朝鲜平壤附近出土的个别东汉的漆器有神仙及孝子等人物故事画[40]、[41]，虽系很少见的特殊的例子，却代表了一种新的作风，而江苏海州侍其繇墓的发现则又说明这种以人物故事为题材的漆器图纹早在西汉中晚期即已存在（图6）[42]。金、银箔贴的纹样，如长沙、合浦、连云港等处的遗品所见，有飞禽、走兽、车马、人物及各种几何图案，可以说是丰富多彩[43]。

图2 马王堆汉墓出土的漆器　　图3 马王堆汉墓出土的漆器

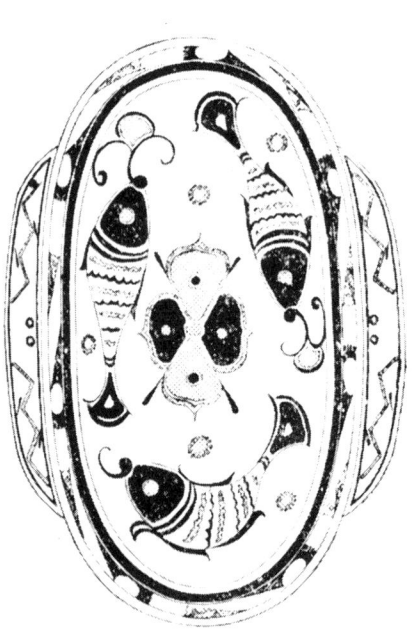

图4 乐浪汉墓出土漆器的兽纹　　图5 江陵凤凰山汉墓出土漆器的鱼纹

图6 海州侍其繇墓出土漆器的人物故事图

从战国晚期以来,特别是西汉中期以后,在盘、樽、盒、奁等漆器的口沿上镶有镀金或镀银的铜箍,在漆杯的双耳上镶有镀金的铜壳。这就是《盐铁论》中的所谓"银口黄耳",也就是《后汉书·和熹邓皇后纪》中的所谓"扣器"。东汉时,有些漆器如盒和奁的盖上附有柿蒂形铜饰,同时镶嵌水晶或琉璃珠,在洛阳和平壤曾发现过这样的遗物(图7)[44]、[45]。

图7 洛阳汉墓出土漆器上的柿蒂形铜饰及琉璃珠

漆器的耐用程度相当高。在贵州省的清镇,西汉时制作的漆器在东汉的墓中出土,便说明了这一问题。在平壤石岩里的一座西汉墓中,始元二年(公元前85年)的漆杯与元始三年(公元3年)的漆杯共存[46],说明了前者至少被保存达80余年之久。

总之，汉代的漆器制作精巧，色彩鲜艳，花纹优美，装饰精致，而又相当耐用，是当时最珍贵的日用器物，而其价值之高昂也就不言而喻。所以，《盐铁论》说"一文杯得铜杯十"，又说"一杯桊用百人之力，一屏风就万人之功"。

图8 江苏盐城汉墓出土漆器上的"大官"字样

由于漆器珍贵，所以当时的贵族和官僚们往往在漆器上书写姓氏或官爵之类的文字，作为所有权的标志。例如：朝鲜平壤王盱墓和王光墓中的漆杯有"利王"和"王氏牢"字样[47]，山西省阳高耿婴墓中的漆杯有"耿"字[48]，湖南省长沙刘骄墓中的漆盘有"杨主家般"字样[49]，长沙杨家山传"王后家"出土的漆盘有"杨主家般、今长沙王后家般"字样[50]，长沙马王堆轪侯利苍家属墓中的许多漆器都有"轪侯家"字样[51]，等等。有些漆器书写"上林"字样[52]，说明它们曾是上林苑宫观中所用之物；有的漆器则刻有"大官"、"汤官"字样[53]，说明它们本是少府属官中主管皇家膳食的官署所藏之器（图8）。有些漆器上还书写着有关器物的用途的文字，如马王堆汉墓出土的许多杯、盘等器都书有"君幸酒"、"君幸食"，宁波汉墓中的漆杯也有"宜酒"的字样，它们都兼有祝福吉祥的意思。

汉代统治阶级日常所用的饮食器皿，往往是带有金银装饰的漆器。《汉书·贡禹传》说："尝从之东宫（长乐宫），见赐杯案，尽文画金银饰"。《盐铁论·散不足》说："今富者银口黄耳，金错蜀杯"。《汉旧仪》说："大官令尚食，用黄金扣器；中官长、私官长尚食，用白银扣器"。以上说明，当时宫廷和贵族所用的器皿，主要是漆器，而漆器的制作又是如何的精致！朝鲜平壤附近出土的2件新莽时期的漆盘，在底部分别刻有"常乐大官，始建国元年正月受，第千四百五十至四千"[54]和"常乐大官，始建国元年正月受，第二千一百七十三至三千"字样[55]，说明在当时的长乐宫（新莽时改称"常乐室"）中主管皇家膳食的官署中所用的漆器，仅漆盘一种，即达数千件，其数量之多到了惊人的程度（图九）。这说明了统治阶级的奢侈和铺张，同时也说明漆器制造业的发达。

在汉代，许多地方都出产漆器。值得注意的是，制造漆器的手工业作坊有很多是官营的。广州西村石头冈西汉初年墓中的漆器有"番禺"的烙印（图10）[56]，广西贵县罗泊湾西汉初期墓中的漆器有"布山"、"市府"的烙印[57]，山东临沂银雀山西汉前期墓中的漆器有"莒市"、"市府"等烙印（图11）[58]，长沙马王堆和江陵凤凰山西汉前期墓中的漆器有"成市"、"市府"等烙印[59]。这说明了这些漆器是分别在南海郡的番禺（今广州）、郁林郡的布山（今广西桂平）、城阳国的莒县

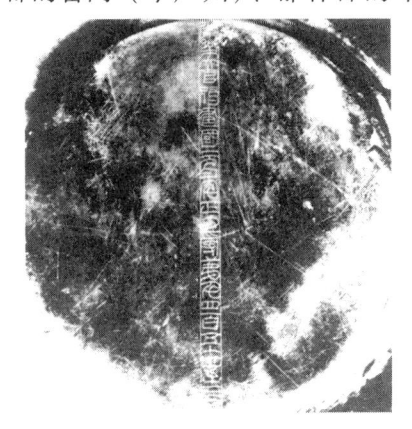

图 9　乐浪汉墓出土漆盘上的铭文

图 10　广州汉墓出土漆器上的"蕃禺"烙印

图 11　临沂银雀山汉墓出土漆器上的"莒市"（左）、"市府"（右）烙印

（今山东莒县）和蜀郡的成都（今成都）制造的，它们都是郡国的治所所在地；同时也说明了在西汉前期，漆器是由这些城市中主管商业和手工业的官府——"市府"经管的。由于四川的漆器制造业特别兴盛，所以成都的产品大量地远销到长沙和江陵。

1977年在安徽省阜阳县双古堆发掘的西汉初年的汝阴侯墓中出土了许多漆器，其中有不少器物刻有铭文[60]。例如：有1件漆卮，其铭文为"女（汝）阴侯卮容五升，三年女阴库己、工年造"。又有1件漆盘，其铭文为"女阴侯布平盘，径尺三寸，七年吏讳、工速造"。铭文中的"库己"、"吏讳"是汝阴侯国中掌管财务和器材的官吏，"己"、"讳"是他们的名字；"工年"、"工速"是制器的工人，"年"、"速"是他们的名字。有些器物还烙有"女阴"字样的戳记，表明它们的制作地点便在汝阴（今安徽阜阳）。汝阴侯墓中还出土许多铜器，其中的1件铜灯有铭文，表明它也是"库己"和"工某"所造。由此可见，在西汉初期，分封在各地的诸侯王和列侯也有自设手工业作坊以制造各种器物的，其中包括漆器。侯国规模不大，所以它的手工业作坊是综合性的，有关的官员同时管理着漆器和铜器等其他器物的制造。

据《汉书·地理志》记载，汉朝在河南郡（治所在今洛阳）、河内郡的怀县（今河南武陟）、颖川郡的阳翟县（今河南禹县）、南阳郡的宛县（今河南南阳）、济南郡的东平陵县（今山东章丘）、泰山郡及其属县奉高（今山东泰安）、蜀郡的成都县（今成都）、广汉郡（治所在今四川梓潼）及其所属雒县（今四川广汉）设有工官，由中央政府直接控制。这些工官的设置，大概是在景帝至武帝的前期。《汉书·贡禹传》说："蜀、广汉主金银器，岁各用五百万"。如淳注："地理志，河内怀、蜀郡成都、广汉皆有工官，工官主作漆器物者也"。可见蜀郡和广汉郡的工官制造金银器，同时也制造漆器。在平壤、诺音乌拉、清镇发现的西汉中期至东汉前期的大多数漆器，都在铭文中记明它们是蜀郡和广汉郡工官的产品，从而证实了上述史书的记载。漆器上多镶有镀金或镀银的铜扣，正说明蜀郡、广汉郡的工官也制作金银器。蜀郡的治所在成都，广汉郡的治所在梓潼（新莽时改为子同），所以在新莽时期的漆器铭文中称蜀郡工官为"成都郡工官"，称广汉郡工官为"子同郡工官"[61]。

前面曾经说过，长沙马王堆汉墓和江陵凤凰山汉墓的年代属西汉前期，墓中随葬的漆器有许多烙有"成市"、"市府"的戳记，说明它们是成都县市府所属作坊的产品。因此，可以认为，西汉前期由成都市府经管的漆器制造业，到了西汉中期已经归中央政府直接控制了。蜀郡和广汉郡工官所制的漆器，主要是供宫廷中使用；有的漆器在铭文中有"乘舆"字样，正说明它们是皇帝的御用品。这些漆器在清镇、平壤、诺音乌拉等地出土，大概是由于当时的朝廷用它们来赏赐边郡的官吏和少数民族的首领，或赠送给外国。

平壤、诺音乌拉、清镇出土的漆器，有详细的纪年铭文，年代最早的为西汉昭帝始元二年（公元前85年），最晚为东汉和帝永元十四年（公元102年）。铭文中记录着制作的年份、工官的名称、器物的名称和容量、制器工人和各级官员的名字，由此可以了解蜀郡和广汉郡工官的组织体制和制作漆器的工序。兹举贵州省清镇出土的一件漆杯的铭文为例：

> 元始三年，广汉郡工官造乘舆髹汨画木黄耳杯，容一升十六龠；素工昌、髹工立、上工阶、铜耳黄涂工常、画工方、汨工平、清工匠、造工忠造，护工卒史恽、守长音、丞冯、掾林、守令史谭主。

从铭文中可以看出，工人按工作性质不同，分为"素工"、"髹工"、"上工"、"铜耳黄涂工"、"画工"、"汨工"、"清工"、"造工"。"素工"是制木胎的工人；如系夹纻器，则不用"素工"。"髹工"是漆工。"上工"有时作"汧工"，可见也是漆工，它与"髹工"的区别可能在于"髹工"是初步涂漆，"上工"是进一步涂漆。有人认为"上工"是镶嵌铜扣的工人，但不镶铜扣的漆器在铭文中也有"上工"，可见此说不可信。"铜耳黄涂工"的任务是在漆杯所镶的铜耳上镀金；如系镶有铜箍的漆盘和漆壶等，则铭文中称"铜扣黄涂工"。"画工"是在器物上画花纹的。"汨工"的性质曾引起许多争论，但看来以系"雕工"的可能性为大，其任务或认为在于雕刻花纹和铭文。但是，有些漆器并无雕刻的花纹，而铭文中仍有"汨工"的名字；湖北省云梦大坟头汉墓中的许多漆器没有雕刻的铭文，但该墓的"赐方"中仍称它们为"髹汨画盂"等等[62]，可见"汨"字的意义不在于雕刻花纹或铭文，可能是指在漆器上精心刮摩，使其发生光泽。"清工"是将制成的漆器加以修整、洗净，实际上负有检验产品的责任，也可以说是检验工。"造工"则是工场中的工人主任。各种不同工种的工人名字在铭文中的排列次序，说明了制造漆器的工序先后是制木胎，初步涂漆，进一步涂漆，镶铜耳或铜扣，绘描花纹，刮摩使发光泽，最后加以修整、洗净，经过检验，全部制作过程乃告结束。在年代较早的始元二年（公元前85年）的漆器铭文中，工人只有"髹工"、"画工"和"洭工"，只是在成帝以后的漆器铭文中才增加了"上工"、"黄涂工"与"清工"。这可能是说明起初分工较简单，到后来才越分越细。

在平壤和清镇出土的铭文较完整的漆器中，属于元始三年（公元3年）广汉郡工官制造的共有2件，元始四年（公元4年）广汉郡工官制造的共有2件，元始三年蜀郡西工制造的共有3件，元始四年蜀郡西工制造的共有7件。以同属元始四年蜀郡西工所造的7件漆器为例，各器的髹工、上工、黄涂工、画工的名字各不相同，可见在工场中不仅有着许多不同工种的工人，而且同一工种的工人也各有多人。总的说来，髹工人数最多，这是由于髹漆的任务最为繁重。上工、黄涂工、画工人数亦较多，但次于髹工。洭工人数较少，可能是由于刮摩漆器比较容易之故。值得注意的是，7件漆器的清工都是"平"，其中5件的造工都是"宗"，说明了清工和造工的人数最少，从而也进一步说明了清工是检验工，造工是工人主任（见表1、表2）。

表1　元始三年至四年广汉郡工官工人官员名字表

广汉郡工官	素工	髹工	上工	黄涂工	画工	洭工	清工	造工	护工卒史	长	丞	掾	令史
元始三年漆杯（清镇）	昌	立	阶	常	方	平	匡	忠	恽	音	冯	林	谭
元始三年漆杯（清镇）	昌	隆	孙	惠		平	匡	忠	恽	音	冯	林	谭
元始四年漆盘（清镇）		则	良	伟	谊	平	郎		恽	亲	冯	忠	万
元始四年漆杯（平壤）		玄	护		武			仁	恽	亲	冯	忠	万

表2　元始三年至四年蜀郡西工工人官员名字表

蜀郡西工	素工	休工	上工	黄涂工	画工	洀工	清工	造工	护工卒史	长	丞	掾	令史
元始三年漆杯（清镇）	丰	建	常	武	典	万	政	？	章	良	凤	隆	宽
元始三年漆杯（平壤）	丰	赣	谭	充	谭	戎	政	宜	章	良	凤	隆	宽
元始三年漆杯（平壤）	禁	给	钦	武	丰	宜	政	宜	章	良	凤	隆	宽
元始四年漆盒（平壤）		吕	活	古	钦	戎	平	宗	章	良	凤	隆	褒
元始四年漆盘（平壤）		恭	周	威	辅	丰	平	宗	章	良	凤	隆	褒
元始四年漆盘（平壤）		石	谭	丰	张	戎	平	宗	章	良	凤	隆	褒
元始四年漆杯（平壤）	卤	顺	匡	殴	岑	戎	平	宗	章	良	凤	隆	褒
元始四年漆杯（平壤）	卤	宗	活	殴	孟	丰	平	宜	章	良	凤	隆	褒
元始四年漆杯（平壤）	卤	立	当	古	定	丰	平	宗	章	良	凤	隆	褒
元始四年漆杯（平壤）	卤	便	匡	殴	丰	忠	平	宜	章	良	凤	隆	褒

值得注意的是，工场中虽有明确的分工，但工人们却往往兼有各种技能。例如工人谭既能任上工，又能作画工；工人丰既是素工，又兼任黄涂工、画工和洀工；造工宗有时也兼任髹工。从全部有纪年的漆器铭文看来，工人们的任期相当长。例如：造工宗自建平三年（公元前4年）至天凤元年（公元14年），任职达十八年；素工兼画工和洀工丰自建平三年（公元前4年）至居摄三年（公元8年），任职达12年之久[63]。

据铭文所见，蜀郡和广汉郡工官中的官吏职称有"护工卒史"、"长"、"丞"、"掾"、"令史"等。"长"是工官中主要的行政负责官员，"丞"是他的副职，他们的地位和待遇相当于县长和县丞。"掾"

是"长"、"丞"之下的办事官吏,"令史"则是掌管文书的官吏。前述铭文中的"守长"、"守令史"的"守"字,是指试任或暂任。汉代在官营手工业作坊中从事生产劳动的人,往往有卒、徒、工匠三种,蜀郡和广汉郡工官的作坊当亦不在例外。卒是被迫服徭役的民夫,徒是罪犯,他们在工场中都担任粗杂工;工匠即上述的素工、髹工、上工、黄涂工、洀工、清工和造工,他们有专门的技术,但也没有人身自由。"护工卒史"是监督工官的官员,其监视的对象自然也包括人数众多的卒、徒和工匠。但是,就"护工卒史"这一职称来说,"卒史"是一种官吏的名称,"护工"则是他的具体任务。汉代九卿及郡太守的属吏都有"卒史"。被派到工官中担任监督职务的卒史,则称"护工卒史"。一般卒史的秩位不高,但"护工卒史"为少府所派,在工官中居监视、督察的职位,权力很大,所以在漆器铭文中列名于长、丞之前而居于首位[64]。在始元二年(公元前85年)的漆器铭文中,护工卒史名在长、丞之后,只是在阳朔二年(公元前23年)的漆器铭文中才开始将护工卒史之名列于首位,以后乃成为定制。这说明了大概从成帝以后,中央政府对蜀郡和广汉郡工官的控制进一步加强了。

如前所述,平壤和清镇出土的元始三年和四年广汉郡工官所造的漆器共4件,元始三年和四年蜀郡西工所造的漆器共10件。值得注意的是,各器铭文中所见"护工卒史"、"长"、"丞"、"掾"、"令史"的名字几乎完全相同,这就说明了工官中的各种官吏每职只有一人。但是,在不同年份的漆器铭文中所见的官员名字则往往不相同,从而说明了与工匠们的任期甚长相反,各种官吏是常常更换的,任期很短,任免频繁。任职年限较长的护工卒史章,自元始三年(公元3年)至居摄三年(公元8年),前后亦不过6年。其他的官员,往往有任职才一两年即被更替的。

除了蜀郡和广汉郡的工官以外,设在首都长安的工官亦制作漆器;甘肃武威和朝鲜平壤出土的一部分漆器在铭文中记明系"考工"、"右工"、"供工"所制,即是例证。"考工"和"右工"都系少府属下的工官;"供工"可能即系"考工",也可能是另一工官,但亦应系属少府管辖。这些设在长安的工官,既制造铜器,亦制造漆器。所制漆器的铭文表明,作坊中的工人亦有画工、洀工、涂工等分工,但在铭文中却往往只举一人之名,作为代表,此人即相当于蜀郡和广汉郡工官中的造工。工官中的官员有"令"、"右丞"、"掾"、"令史"、"啬夫"等。"令"和

"左丞"、"右丞"是负责的官员,但主管漆器制造的是"右丞"。从考古发现的情形看来,长安工官的产品可能不如蜀郡和广汉郡工官的产品多。

《后汉书·和熹邓皇后纪》:"元兴元年(公元105年),其蜀汉扣器、九带佩刀,并不复调"。这可能说明,蜀郡和广汉郡工官从此不再为宫廷制造漆器了。前面已经说过,在朝鲜平壤地区发现的大量有纪年铭文的漆器中,年代最晚的为永元十四年(公元102年),这一事实正与上述《后汉书·和熹邓皇后纪》的记载相符。因此,可以推测,到了东汉中期以后,官营的漆器制造业可能已经衰落,代之而起的则是由各地豪强地主经营的私营手工业。

总之,从战国时代开始突飞猛进的漆器制造业,在汉代度过了它的黄金时代。但是,与任何事物一样,漆器制造业也是盛极而衰。漆器种类很多,其中属于饮食器皿的一类漆器曾因它具有一定的优越性而取代了青铜器。但是,到了东汉以后的魏晋时代,青瓷器兴起,漆制的器皿有相当一部分逐渐被瓷器所取代。当然。就制作技术而言,在汉以后的各个时期中,各类漆器仍然不断在发展,不断在进步。

注　释

[1] 河姆渡遗址考古队:《浙江河姆渡遗址第二期发掘的主要收获》第5页,图版第叁,《文物》1980年第5期。

[2] a. 河北省博物馆等:《河北藁城县台西村商代遗址1973年的重要发现》第47、第48页,图版第壹,《文物》1974年第8期。

b. 河北省文物管理处台西考古队:《河北藁城台西村商代遗址发掘简报》第37、第43页,《文物》1979年第6期。

[3] 中国科学院考古研究所安阳发掘队:《1958—1959年殷墟发掘简报》第70页,《考古》1961年第2期。

[4] 王世襄:《中国古代漆工杂述》第49页,《文物》1979年第3期。

[5] 洛阳博物馆:《洛阳庞家沟五座西周墓的清理》第22页,《文物》1972年第10期。

[6] 中国科学院考古研究所:《上村岭虢国墓地》第19页,图版第肆壹,科学出版社,1959年。

[7] 石兴邦:《长安普渡村西周墓葬发掘记》第124页,图版第肆,《考古学报》第八册,1954年。

[8] 商承祚:《长沙出土漆器图录》,上海出版社,1955年。

[9] 梅原末治:《洛陽金村古墓聚英》(增订版)第25~27页,图版第三十~三十五,小林出版部,1944年。

[10]　湖南省文物管理委员会：《长沙出土的三座大型木椁墓》第93~101页，图版第壹、贰，《考古学报》1957年第1期。

[11]　a. 湖北省文化局文物工作队：《湖北江陵三座楚墓出土大批重要文物》第33~39、第54、第55页，《文物》1966年第5期。
b. 荆州地区博物馆：《湖北江陵藤店一号墓发掘简报》第9期第11页，《文物》1973年。

[12]　随县擂鼓墩一号墓考古发掘队：《湖北随县曾侯乙墓发掘简报》第10、11页，《文物》1979年第7期。

[13]　a. 河南省文化局文物工作队第一队：《信阳长台关发掘一座战国大墓》第21、第22页，《文物参考资料》1957年第9期。
b. 河南省文化局文物工作队：《信阳长台关第2号楚墓的发掘》第79、第80页，《考古通讯》1958年第11期。
c. 河南省文化局文物工作队：《河南信阳楚墓出土文物图录》，河南人民出版社，1959年。

[14]　四川省文物管理委员会：《成都羊子山第172号墓发掘报告》第14~16页，图版第柒、第捌，《考古学报》1956年第4期。

[15]　a. 原田淑人等：《樂浪》第36~49页，图版第四十三~八十一，刀江书院，1930年。
b. 小场恒吉等：《樂浪漢墓》（第一册），樂浪漢墓刊行会，1974年。

[16]　梅原末治：《蒙古ノィンゥラ發見の遺物》第28~34页，图版五十九~六十五，东洋文库论丛第27册，1960年。

[17]　洛阳区考古发掘队：《洛阳烧沟汉墓》第203~205页，图版第陆拾、第陆壹，科学出版社，1959年。

[18]　山东省文物管理处：《山东文登的汉木椁墓及漆器》第129、第130页，图版第壹、第贰，《考古学报》1957年第1期。

[19]　江苏省文物管理委员会等：《江苏盐城三羊墩汉墓清理报告》第397、第398页，图版第伍，《考古》1964年第8期。

[20]　南京博物院：《江苏连云港市海州网疃庄汉木椁墓》第287、第288页，彩色版、图版第壹，《考古》1963年第6期。

[21]　赵人俊：《宁波地区发掘的古墓葬和古文化遗址》第81、第82页，《文物参考资料》1956年第4期。

[22]　中国科学院考古研究所：《长沙发掘报告》第120~123页，图版第柒肆~捌贰，科学出版社，1957年。

[23]　a. 广州市文物管理委员会：《广州市龙生冈43号东汉木椁墓》第150~152页，图版肆~陆，《考古学报》1957年第1期。
b. 广州市文管会：《广州黄花冈003号西汉木椁墓发掘简报》第39、第40页，图版第柒、第捌，《考古通讯》1958年第4期。

[24]　a. 贵州省博物馆：《贵州清镇平坝汉墓发掘报告》第99、第100页，图版第陆，《考古学报》1959年第1期。

b. 贵州省文物管理委员会：《贵州清镇平坝汉至宋墓发掘简报》第 209 页，图版第壹，《考古》1961 年第 4 期。

[25] 甘肃省博物馆：《武威磨咀子三座汉墓发掘简报》第 14、第 15 页，图版第肆，《文物》1972 年第 12 期。

[26] 广州壮族自治区文物考古写作小组：《广西合浦西汉木椁墓》第 27、第 28 页，《考古》1972 年第 5 期。

[27] 广西壮族自治区文物工作队：《广西罗泊湾一号墓发掘简报》第 31、第 32 页，《文物》1978 年第 9 期。

[28] 南京博物院等：《海州西汉霍贺墓》第 181~183 页，图版第肆、第伍，《考古》1974 年第 3 期。

[29] 山东省博物馆等：《临沂银雀山四座西汉墓葬》第 369 页，图版第柒、第捌，《考古》1975 年第 6 期。

[30] 中国科学院考古研究所满城发掘队：《满城汉墓发掘纪要》，《考古》1972 年第 1 期第 14 页。

[31] 安徽省文物工作队等：《阜阳双古堆西汉汝阴侯墓发掘简报》第 15~17、第 20、第 21 页，《文物》1978 年第 8 期。

[32] 湖南省博物馆等：《长沙马王堆一号汉墓》第 76~96 页，图版第一五四~一七七，文物出版社，1973 年。

[33] a. 长江流域第二期文物考古工作人员训练班：《湖北江陵凤凰山西汉墓发掘简报》第 46~48、第 59、第 60 页，图版第壹、第玖，《文物》1974 年第 6 期。

b. 纪南城凤凰山一六八号汉墓发掘整理组：《湖北江陵凤凰山一六八号汉墓发掘简报》第 9 期第 4、第 5 页，图版第伍~捌，《文物》1975 年第 9 期。

c. 凤凰山一六七号汉墓发掘整理小组：《江陵凤凰山一六七号汉墓发掘简报》第 32、第 33 页，《文物》1976 年第 10 期。

[34] 湖北省博物馆等：《湖北云梦西汉墓发掘简报》第 24、第 25 页，图版第壹，《文物》1973 年第 9 期。

[35] 湖南省博物馆等：《长沙马王堆一号汉墓》第 76 页，文物出版社，1973 年。

[36] 湖南省博物馆等：《长沙马王堆一号汉墓》第 76、第 77 页，文物出版社，1973 年。

[37] 中国科学院考古研究所等：《马王堆二、三号汉墓发掘的主要收获》第 57 页，《考古》1975 年第 1 期。

[38] 王世襄：《中国古代漆工杂述》第 53 页，《文物》1979 年第 3 期。

[39] 中国科学院考古研究所：《长沙发掘报告》第 122、第 123 页，图版第捌叁，科学出版社，1957 年。

[40] 原田淑人等：《樂浪》第 42、第 43 页，图版第五十六~五十八，刀江书院，1930 年。

[41] 小泉显夫等：《彩篋塚》第 41~43 页，图版第四十一~五十，朝鲜古迹研究会，1934 年。

[42] 南波：《江苏连云港市海州西汉侍其繇墓》第 172~174 页，图版第陆，《考古》1975 年第 3 期。

[43] 南京博物院:《江苏连云港市海州网疃庄汉木椁墓》第288页,彩色版、图版第壹,《考古》1963年第6期。
[44] 洛阳区考古发掘队:《洛阳烧沟汉墓》第203页,图版第陆拾,科学出版社,1959年。
[45] 小泉显夫等:《彩篋塚》第47页,图版第陆拾,朝鲜古迹研究会,1934年。
[46] 小場恒吉等:《樂浪漢墓》(第一册)第35~38页,樂浪漢墓刊行会,1974年。
[47] 榧本龟次郎等:《樂浪王光墓》第36页,图版第伍拾,朝鲜古迹研究会,1935年。
[48] 水野清一等:《蒙疆陽高县漢墓调查略報》第23页,大和书院,1943年。
[49] 中国科学院考古研究所:《长沙发掘报告》第120、第121页,图版第柒捌,科学出版社,1957年。
[50] 湖南省博物馆:《湖南汉代漆器图录》第27页,湖南人民出版社,1965年。
[51] 湖南省博物馆等:《长沙马王堆一号汉墓》第77、第78页,图版第一六七,文物出版社,1973年。
[52] 梅原末治:《蒙古ノィンゥラ發見の遺物》第28~30页,图版第五十九,东洋文库论丛第27册,1960年。
[53] 江苏省文物管理委员会等:《江苏盐城三羊墩汉墓清理报告》第397页,《考古》1964年第8期。
[54] 梅原末治:《支那漢代紀年銘漆器圖說》第40、第41页,图版第三十五,桑名文星堂,1943年。
[55] 榧本杜人等:《漢代紀年銘漆器集成》,《樂浪漢墓》第一册第96页,樂浪漢墓刊行会,1974年。
[56] 麦英豪:《秦始皇统一岭南地区的历史作用》第208页,《考古》1975年第4期。
[57] 广西壮族自治区文物工作队:《广西罗泊湾一号墓发掘简报》第31、第40页,《文物》1978年第9期。
[58] 蒋英炬:《临沂银雀山西汉墓漆器铭文考释》第349~351页,《考古》1975年第6期。
[59] 俞伟超:《马王堆一号汉墓出土漆器制地诸问题》第344~348页,《考古》1975年第6期。
[60] 安徽省文物工作队等:《阜阳双古堆西汉汝阴侯墓发掘简报》第20、第21页,《文物》1978年第8期。
[61] 梅原末治:《支那漢代紀年銘漆器圖說》第41~44页,图版第三十六~三十八、第四十七,桑名文星堂,1943年。
[62] 湖北省博物馆等:《湖北云梦西汉墓发掘简报》第24~26、第35、第36页,图版第壹,《文物》1973年第9期。
[63] 榧本杜人等:《漢代紀年銘漆器集成》第110~111页,《樂浪漢墓》第一册,樂浪漢墓刊行会,1974年。
[64] 宋治民:《汉代铭刻所见职官小记》,《考古》1979年第5期。

(本文原载《汉代考古学概说》,中华书局,1984年)

汉代的铜器

1968年在河北省满城发掘了西汉中山靖王刘胜及其妻窦绾的墓,墓中有着许多珍贵的青铜器[1]、[2]。其中如"楚大官糟锺",通体镀金银,光彩夺目,主要的花纹是四条金龙,上下蟠绕,其间配置一些云朵,表示龙在云中。又如"长乐食官锺",器身由镀金银的平行的横带和交叉的斜带构成许多菱形和三角形的空格,其中满嵌碧琉璃,在镀金的斜带上又点缀着许多半球状的银珠,彩色缤纷,绮丽异常。又有"鸟篆文壶"一对,从壶盖到壶身,全部都用金丝和银丝镶嵌出许多图案化的美术字,这种美术字是在篆体文字上装饰着象征性的鸟,有时也有虫的形象,所以称为"鸟篆文"或"鸟虫书",它们不仅是壶上的花纹,而且构成了一篇奇妙的文章[3]。还有1件"错金博山炉",炉身和炉盖的形状铸成层层起伏的山峦,其间有树木、野兽和猎人,花纹用金丝镶嵌,金丝有粗有细,细的有如毫发,用以刻画人物、动物、树木、山峰的细部,制作得极其精致。最有名的是1件称为"长信宫灯"的铜灯,通体镀金,灿然发光,它的全体形状是一个跪坐着的宫女用双手执灯,不仅宫女的形象塑造得十分优美,而且灯盘和灯罩的设计也非常巧妙,既可以调节灯光的亮度和照射的方向,又可使蜡烛燃烧时的烟烬通过宫女的手臂纳入其体内(宫女体内是空的),以保持清洁。总之,上述刘胜夫妇墓中的铜器,可以说是集中了汉代青铜器工艺的精华。

中国古代的青铜器,发展到春秋战国之际,风格为之一变。战国时代的青铜器,在器形和花纹方面,已经摆脱了商代、西周以来那种庄严、厚重、古拙的旧作风,代之而起的则是比较轻巧、生动和多样化的新风貌,而镀金、镀银以及用金银、宝石之类镶嵌花纹的新技术则使得青铜器更加绚丽、美观。从满城汉墓中的珍贵遗品看来,西汉的青铜工艺可以说是在战国的基础上又向前发展了一步,不仅器物的造型越来越适应于现实生活的需要，而且在装饰方面也显得更加丰富多彩。

应该指出的是，刘胜夫妇墓中的这些青铜器，是当时宫廷、王府的专用品。例如，"楚大官糟锺"原是楚元王刘交家里的器物，景帝前元三年（公元前154年）刘交的孙子参与"七国之乱"败死，此器乃被朝廷抄没，以后转赐刘胜。又如"长信宫灯"，原是信阳侯刘揭家里的器具，景帝前元六年（公元前151年）他的儿子有罪，被削除封爵，撤销封地，此灯亦被朝廷没收，归长信宫中使用，以后可能是由居住在长信宫中的窦太后将它赠送给她的亲族女窦绾的[4]。2件"鸟篆文壶"，虽然没有有关它们的制作和所有主的铭文，但鸟篆文是春秋战国以来流行于南方的美术字，所以它们也很可能本是吴王或楚王府中的藏品，"七国之乱"以后被朝廷没收而转赐刘胜的。至于"长乐飤官锺"，则本是长乐宫中的御用器物，应该也是由居住在长乐宫中的皇太后赐给刘胜的。以上都说明满城汉墓中的那些青铜器，即使在当时的宫廷、王府之中，也是不可多得的珍品，所以制作得特别精美。另外，可能是由于这些青铜器多系文帝时或文帝以前所制，年代较早，所以在装饰方面保留着战国以来的工艺技术，而且还有所发展。"长乐飤官锺"的形制、花纹和装饰，与1928年在洛阳金村的战国墓中发现的铜壶极相似，便是最明显的例证[5]。

但是，一般说来，从西汉中期以后，铜器上复杂的花纹和富丽的装饰已经越来越少见了，素面的青铜器则普遍流行，即使是宫廷中的御用品亦不例外。1961年在陕西省西安市三桥镇发现了一批窖藏的铜器，包括铜鉴10件、铜鼎5件、铜锺5件、铜钫和铜锅各1件，共22件[6]。除1件铜锺以外，所有的器物都有详细的铭文，说明它们都是首都长安城郊区上林苑的皇家宫馆中所用之物；其中的1件铜鼎，在铭文中还有"乘舆"字样，表明它是皇帝的御用品。它们的制作年代，自汉武帝天汉四年（公元前97年）至成帝鸿嘉三年（公元前18年），属西汉的中晚期。除大部分系在长安铸造之外，有的是从泰山郡（今山东泰安）、东郡（今河南濮阳）和雒阳的宫观中征调来的，有的则为东郡、颍川郡（今河南禹县）和九江郡（今安徽寿县）的地方官所贡献（图1）[7]、[8]。值得注意的是，这批铜器虽然都是宫廷所用的器物，但却都是素面的，没有什么花纹和装饰。其实，即使就满城汉墓来说，除了那些年代较早的特殊的珍品之外，在刘胜在位的晚期，应中山王府的需要而铸造的铜锺、铜钫以及王府派官员到河东（今山西夏县）、雒阳等地购置的铜钫和铜鋗等，正与西安市三桥镇出土的铜锺，铜钫和铜鋗一样，也都是素面的（图2，3）。人们往往将汉代素面青铜器的普遍流行看作是当时青铜工艺的衰落。这可能是由于精巧、美观的漆器，作为日常生活中所用的容器，有时要比青铜容器更具有优越性，从而使统治阶级的爱好从青铜器转向漆器的缘故。但是，从另一方面来说，铜器纹饰的简素，也可能是当时的一种新风尚。

图1　西安三桥镇出土的上林苑铜锺　　　图2　满城汉墓出土的铜钫

虽然铜器的花纹和装饰变得简素了，但汉代铜器制造业的规模不仅没有衰退，而且反而有所发展。上述西安市三桥镇出土的铜器，在这一问题上提供了很好的说明。例如，根据三桥镇的8件铜鉴的铭文，就可以知道，仅就上林苑宫馆中所用的铜鉴来说，阳朔元年（公元前24年）九月工匠杨政造10件，阳朔四年（公元前21年）五月工匠李骏、周博各造240件，鸿嘉二年（公元前19年）六月工匠杨放、周霸各造300件，鸿嘉三年（公元前18年）四月工匠黄通、周博又各造84件，从阳朔元年到鸿嘉三年的短短8年内共造铜鉴1258件，数量之多达到了惊人的程度（图4）。又如铜鼎，甘露三年（公元前51年）工匠王意造116件，鸿嘉二年六月工匠左恽造200件，铸造数量也甚大[9]。其他各种器物，也有相似的铸造量，当然是无待于言的。除了宫廷中大量使用以外，各地的贵族、官僚，以及一般的中小地主阶级，都相当普遍地使用青铜器，这可以从许多汉墓的发掘工作中得到说明。可以认为，正

图3 满城汉墓出土的铜䥶　　图4 西安三桥镇出土上林苑铜器铭文

是因为青铜器的纹饰简素，所以才能得到大量的制作和普遍的使用。

与前代比较起来，汉代铜器在种类和器形上有许多变化。周代流行的簋、簠，敦、豆等食器，到汉代已经不见了。鼎、锺、壶、钫是当时最主要的容器，它们继承了前代的形制而略有改变，其中钫仅流行于西汉，到东汉也就绝迹了。其他的容器，以䥶、洗、鋞、樽、盘、卮、杯、镳斗、釜和甑等饮食器皿和炊事用具为最常见，它们在形制上具有汉代的特点，有的是汉代才有的（图5）。另一方面，汉代又出现了许多新兴的铜器，如灯、博山炉、案、熨斗、炉、漏壶之类，都是前代所未见或少见的，这说明除了供饮食、贮藏、烹饪用的容器以外，青铜器已被推广到日常生活的其他各个方面（图6，图7）。在这些新兴的铜器之中，灯和博山炉往往制作得很精致。就铜灯而言，仅以近年来的出土品为例，满城汉墓中除前面说过的"长信宫灯"外，还有"朱雀灯"、"羊灯"、"当户灯"[10]，广西合浦汉墓有"凤鸟灯"[11]，甘肃武威雷台汉墓有"十二连枝灯"[12]，它们都是设计精巧，式样新颖，实用效果也好。战国时代虽然也已经有了铜灯，但汉代铜灯种类之多，制作数量之大，使用之普遍，又大大超过了战国时代。

图5 广西乐平汉墓出土的铜鋞　　图6 西安出土的铜方炉

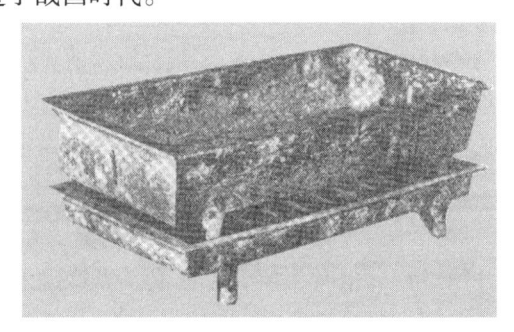

虽然从西汉中期以后，素面无纹的青铜器已成为主流，但镀金的铜器却相当流行。此外，也还有一些铜器施有花纹，纹样是由镂刻的细线构成的。例如，湖南长沙西汉后期墓中的1件镀金的铜酒樽，自器身到器盖，全部镂刻着细线流云纹，纹样细致、流畅，很像漆器上的花纹[13]。广西合浦西汉后期墓中的提梁壶和三足盘等多件铜器，都装饰着由镂刻的细线构成的各种几何图案和凤、鹿等动物的纹样，相当精致（图8）[14]。广西梧州东汉墓出土的1件铜案，也有类似的花纹（图9）[15]。这种在铜器上镂刻花纹的工艺，在战国时代已经出现，到汉代又得到进一步的发展，但主要流行在南方地区。此外，特别值得提出来的，

图7　内蒙古伊克昭盟出土的铜漏壶

是1962年在山西省右玉县发现的2件镀金的铜酒樽（所刻铭文说明它们的制作年代为西汉河平三年，即公元前26年），它们的花纹是铸出来的，纹样有猿、骆驼、牛、兔、羊、鹿、虎、狐狸、熊、雁、鸦、鹅、鸭等各种兽类和禽类，都作浮雕式，形态生动，这在汉以前的铜器花纹中是甚少类例的（图10）[16]。总之，汉代的青铜器工艺，虽然在纹饰方面显得衰退，但也不是完全没有创新。而且，在铜器上用金银、宝石之类镶嵌的技术也并没有失传；就近年来的发现为例，江苏徐州东汉墓

图8　广西合浦汉墓出土铜盘上的细线镂刻花纹

图9　广西梧州汉墓出土铜案上的细线镂刻花纹

里的1件镀金的铜砚盒镶嵌着红色的珊瑚、蓝色的绿松石和青金石[17],甘肃武威雷台东汉墓里的1件镀金的铜酒樽用银丝镶嵌出细致的云气纹和各种奇禽异兽的纹样,便是例证[18]。但是,像这样的青铜器,当时确实是极少见了,这也是不可否认的事实。

除了实用的器物以外,应该提到的是,1969年发掘的甘肃武威雷台汉墓出土了许多专为随葬而作的铜质的车辆模型、马匹及骑马武士等人物的偶像,它们的铸造技术达到了高度的水平。特别是其中的一匹足踏飞鸟的奔马,形象逼真,姿态生动,已成为世界闻名的优秀艺术作品。雷台汉墓的年代属东汉晚期,而墓中出土的实用的青铜器除上述的灯和酒樽外,还有壶、盘、碗、鉴、洗、鐎斗和熨斗等等,种类和数量都相当多,说明了青铜器在汉代一直是流行的[19]。但是,到了魏晋以后,青铜器制造业显然是衰落了。这可能是由于瓷器兴起了,它取代了青铜器在日常生活中所占的地位。

图10　山西右玉出土的镀金铜酒樽

中国是世界上最早发明铜镜的国家之一。根据近年来的考古发掘,可以肯定在殷代已经出现了铜镜(以后,在齐家文化的遗址也有铜镜出土)。到了战国时代,铜镜的铸造发展得很快,而汉代的铜镜又在战国以来的基础上进一步得到普及。中国的铜镜,始终只是一种日常的生活用具,并不像日本的弥生时代和古坟时代那样把从中国输入的铜镜当作珍宝或神器。只是由于铜镜的形制和花纹随着时代的推移而不断演变,在考古年代学上有较大的意义,所以就成为一种比较重要的研究对象。

在西汉前期,铜镜的形制和花纹保留着战国时代的作风。最常见的是一种带有"地纹"的"蟠螭纹镜",镜钮呈带状,长沙马王堆汉墓出土的铜镜即属此类(图11)[20]。与战国铜镜不同的是,从西汉前期开始,有的铜镜上已经有了铭文。由于西汉前期的铜镜保留着战国铜镜的作风,所以严格地说来,它是属于"战国式"的,而不是"汉式"的。到了西汉中叶的汉武帝时期,才出现了真正的"汉式镜",最初出现的是所谓"草叶纹镜",满城汉墓中即曾发现过[21]。比"草叶纹镜"稍晚,又出现了一种"星云纹镜"(或称"百乳鉴"),它的花纹可能是由西汉前期的"蟠螭纹镜"演变而来,但和"草叶纹镜"一样,完全取消了"地纹"。西汉后期的铜镜,最典型的是"日光镜"和"昭明镜",它们都是因铭文的内容而定名的,其花纹的特点是规整而简洁,而镜钮则普遍成为半球状。到了新莽时期,阴阳五行的思想反映到铜镜上,就大量出现一种带有"四神"(青龙、白虎、朱雀、玄武)纹样和"十二辰"(子、丑、寅、卯、辰、巳、午、未、申、酉、戌、亥)文字的所谓"规矩镜",镜面上的图纹显得比较繁复,这种铜镜一直到东汉中后期仍然流行。从新莽时期开始,有的铜镜在铭文中有了纪年,东汉时纪年的铜镜越来越多。东汉前期的铜镜,是继承西汉后期和新莽时期的铜镜而有所演变。到了东汉中期以后,铜镜中出现了一种新的型式,它们的花纹是浮雕式的,其题材有的是神仙和灵兽,有的是人物和车马,前者称为"神兽镜",后者称为"画像镜",图纹显得很热闹,而半球状的镜钮则变得越来越大(图12)。值得注意的是,至少自西汉中期以来,汉代铜镜的样式是全国统一的,但东汉中期以后的"神兽镜"和"画像镜"却首先是在长江流域开始兴起。因此,在东汉后期和此后的三国时期,南方和北方的铜镜存在着一定的区别。根据日本出土的许多铜镜的铭文,当时洛阳的制镜技师是最有名的,但会稽郡(浙江省绍兴)的技师也可以与洛阳的技师相比。总之,在东汉的中后期,江南的会稽郡无疑也已成为制作铜镜的一个重要的中心了[22]。

图11 马王堆汉墓出土的蟠螭纹铜镜   图12 绍兴出土的画像镜

新莽时期及其前后的许多铜镜,常常有"善铜出丹阳"的铭文,可见丹阳(今安徽省当涂)是汉代最有名的铜矿所在。据《汉书·地理志》记载,汉朝政府在丹阳郡(其治所在今安徽省宣城)设有铜官。

辽宁省辽阳出土的1件魏晋时期的铜镜和日本出土的许多相当于魏晋时期的铜镜,则有"铜出徐州"的铭文[23]。从镜铭来看,到了魏晋时期,徐州(今山东省东南部和江苏省北部,其治所在江苏省徐州市)继丹阳之后成为全国有名的铜矿所在地。从实际情况来说,今徐州市及其附近一带自古未闻有铜矿。因此,镜铭中的"徐州"是指州的全境,不是指州的治所。应该指出,汉代开发的铜矿是比较多的;据文献记载,四川、云南一带的铜矿也相当丰富。

1953年在河北承德地区调查了一处西汉的铜矿遗址,其中包括矿井、选矿场和冶炼工场等。矿井深达100多米,有宽广的采矿场。矿井附近发现的铁锤和铁钎,便是当时的采矿工具。采矿场四周有坑道,从坑道运出来的矿石就在井口的附近进行挑选。冶炼工场共发现4处,都在附近不远处。从遗留的炉砖形状来看,炼炉是圆形的。冶炼出来的成品是圆饼状的铸锭,每锭重约5公斤至15公斤不等。铸锭上面刻有"东六十"、"西五三"等字样,数字是它们的编号,"东"和"西"则可能是指炼铜工场的位置(图13)。有的铸锭还刻有"二年"字样,表明它们的制作年代可能在汉武帝建立年号之前[24]。1955年,在西安汉代首都长安城遗址附近发现了当时的铜锭10块,都作长方形,重各34公斤,纯铜率为99%。铜锭都刻有重量和编号,其中1块刻"汝南(郡)富波(县)宛里田戎卖"的字样,说明当时政府为了铸造铜器和铜钱,除了控制采矿业以外,有时还收购民间的铜材[25]。

图13 河北兴隆出土的汉代铜锭

汉代官营的铜器制造业,规模很大,其产品主要供宫廷和官府使用。中央政府中少府的属官尚方令和考工令(东汉时属太仆),在首都负责制造御用和官用的铜器。根据铜器上的铭文,在西汉武帝时,尚方已分为左、右、中三部分，至东汉仍然。中尚方所制器物有鼎、锺、壶、镶斗、灯等，种类最多。弩机则为左、右、中三尚方所共制。考工室所制铜器有鼎、锺、钫、灯、弩机等，其种类与中尚方所制似无多大区别。但是，铜镜则为尚方所制，不由考工制作。曹魏时，制作铜镜的是右尚方。此外，少府属官右工室亦制作铜器。

　　汉朝政府还在各地设工官，其所属作坊亦有制造铜器的。蜀郡和广汉郡的工官，除制造漆器以外，还以制造铜器而闻名。《汉书·贡禹传》说："蜀、广汉主金银器"。从考古发掘的实际情况来看，汉代的金银器并不发达。所谓"蜀、广汉主金银器"，主要应系指制造镀金或镀银的铜器而言。北京故宫博物院收藏的东汉建武二十一年（公元45年）蜀郡西工所造的1件铜酒樽，附有托盘，通体镀金，并在樽和托盘的三个熊形的足上镶嵌绿松石和水晶，制作极其精致（图14）[26]。值得注意的是，托盘上有详细的铭文："建武二十一年蜀郡西工造乘舆一斛承旋，雕蹲熊足，青碧闵瑰饰，铜承旋径二尺二寸，铜涂工崇、雕工业、冻工康、造工业造，护工卒史恽、长氾、丞萌、掾巡、令史郧主"。铭文的格式及其所记工官的体制与漆器的铭文完全相同，可见在同一工官中既制造漆器，也制造铜器。

图14　建武廿一年铭镀金铜酒樽

　　1925年在朝鲜平壤发掘的王盱墓中，有1件建武廿八年（公元52年）蜀郡西工所造的漆杯，其铭文如下："建武廿八年蜀郡西工造乘舆侠纻量二升二合羹杯，素工回、髹工吴、洇工文、汦工廷、造工忠，护工卒史旱、长氾、丞庚、掾翕、令史茂主"[27]。与上述铜酒樽铭文中的各职官吏的名字相比，这件漆杯由于制作的时间晚了7年，所以护工卒史、丞、掾、令史等官吏的名字都不相同，但长的名字却没有改变，仍然是"氾"。这不仅说明了"氾"的任期甚长，至少达7年之久，而且也说明了在蜀郡的工官中各职官吏既管漆器的生产，也经管铜器的生产。

私营的铜器作坊也很多，其产品有时在铭文中标明价格。满城汉墓出土的中山王府派官员从雒阳买来的 1 件铜钫和从河东买来的 1 件铜鋗，大概也是私营作坊的产

图 15　满城汉墓出土铜鋗上的铭文

品，铜鋗的买价为 840 钱（图 15）[28]。许多铜镜，往往在铭文中自夸铜质的优良、制作的精致，使用者可以长寿富贵，如云"内清质以昭明，光辉象夫日月"，"叶氏作竟佳且好，明如日月世少有"，"吾作明竟自有纪，令人长命宜子孙"等等，充分说明了它们是作为商品而生产的。也有许多铜镜，虽系私营作坊的产品，但也在铭文中套用"尚方作镜"的字句，这可能已成了一种习惯，其目的是为了提高产品的声誉。

注　释

[1]　中国科学院考古研究所满城发掘队：《满城汉墓发掘纪要》第 10、第 11 页，图版第肆～陆，《考古》1972 年第 1 期。

[2]　中国社会科学院考古研究所等：《满城汉墓》第 36～38、第 45～50 页，图版第八—十、第十六，文物出版社，1978 年。

[3]　a. 肖蕴：《满城汉墓出土的错金银鸟虫书铜壶》第 49～52 页，图版第拾贰，《考古》1972 年第 5 期。

　　b. 张振林等：《关于满城汉墓铜壶鸟篆文释文的讨论》第 356～359 页（三篇），《考古》1979 年第 4 期。

　　c. 张政烺：《满城汉墓出土错金银鸟虫书铜壶（甲）释文》第 1～6 页，《中华文史论丛》1979 年第 3 辑。

[4]　中国科学院考古研究所满城发掘队：《满城汉墓发掘纪要》第 11 页，《考古》1972 年第 1 期。

[5]　梅原末治：《洛阳金村古墓聚英》（增订版）第 21、第 22 页，图版第十八，小林出版部，1994 年。

[6]　西安市文物管理委员会：《西安三桥镇高窑村出土的西汉铜器群》第 62～70 页，图版第叁、肆，《考古》1963 年第 2 期。

[7]　陈直：《古器物文字丛考》第 80～82 页，《考古》1963 年第 2 期。

[8]　黄展岳：《西安三桥高窑村西汉铜器群铭文补释》第 198～200 页，《考古》1963 年第 2 期。

[9]　陈直：《古器物文字丛考》第 82 页，《考古》1963 年第 2 期。

[10] 中国科学院考古研究所满城发掘队：《满城汉墓发掘纪要》第 11~12 页，图版第陆，《考古》1972 年第 1 期。
[11] 广西壮族自治区文物考古写作小组：《广西合浦西汉木椁墓》第 20 页，图版第柒，《考古》1972 年第 5 期。
[12] 甘肃省博物馆：《武威雷台汉墓》第 100~101 页，图版第拾叁，《考古学报》1974 年第 2 期。
[13] 中国科学院考古研究所：《长沙发掘报告》第 112 页，科学出版社，1957 年。
[14] 广西壮族自治区文物考古写作小组：《广西合浦西汉木椁墓》第 23~25 页，《考古》1972 年第 5 期。
[15] 梧州市博物馆：《广西梧州市近年来出土的一批汉代文物》第 70~71 页，《文物》1977 年第 2 期。
[16] 郭勇：《山西省右玉县出土的西汉铜器》第 4~12 页，《文物》1963 年第 11 期。
[17] 夏鼐：《无产阶级文化大革命中的考古新发现》第 33 页，《考古》1972 年第 1 期。
[18] 甘肃省博物馆：《武威雷台汉墓》第 98~100 页，图版第拾壹，《考古学报》1974 年第 2 期。
[19] 甘肃省博物馆：《武威雷台汉墓》第 90~103 页，图版第叁~拾贰，《考古学报》1974 年第 2 期。
[20] 湖南省博物馆等：《长沙马王堆一号汉墓》第 128 页，图版第一七八，文物出版社，1973 年。
[21] 中国科学院考古研究所满城发掘队：《满城汉墓发掘纪要》第 17 页，《考古》1972 年第 1 期。
[22] 王士伦：《浙江省出土铜镜选集》，中国古典艺术出版社，1957 年。
[23] 东北博物馆：《辽阳三道壕两座壁画墓的清理工作简报》第 51、第 52 页，《文物参考资料》1955 年第 12 期。
[24] 罗平：《河北承德专区汉代矿冶遗址的调查》第 22~27 页，《考古通讯》1957 年第 1 期。
[25] 贺梓城：《西安汉城遗址附近发现汉代铜锭十块》第 82 页，《文物参考资料》1956 年第 3 期。
[26] 方国锦：《鎏金铜斛》第 69、第 70 页，《文物参考资料》1958 年第 9 期。
[27] 原田淑人等：《楽浪》第 39 页，图版第四十四、第四十五；刀江书院，1930 年。
[28] 中国科学院考古研究所满城发掘队：《满城汉墓发掘纪要》第 77 页，《考古》1972 年第 1 期。

（本文原载《汉代考古学概说》，中华书局，1984 年）

汉代的铁器

根据考古发掘，中国炼铁的历史大约开始于西周晚期。到了汉代，铁器的制造和使用已经很普遍。可以说，在社会生产和生活的各个方面，都离不开铁器。首先，如前面已经讲过的，在农具方面，有犁、钁、锸、铲、锄、镰等，它们在全国范围内被广泛使用，使得当时的农业生产有显著的提高。历史学家估计，战国末年，燕、赵、韩、魏、齐、楚、秦7国人口总共2000万左右[1]。西汉中期以来，人口激增，据《汉书·地理志》记载，到西汉末年全国已将近6000万人。如果不是普遍使用铁农具耕作，以及使用铁工具来兴修水利工程，使粮食和其他农作物的产量提高，那是不能想象的。

在工具方面，有斧、锛、锤、凿、刀、锯、锥、钉等，它们使得各种木工、竹工、石工、土工等的效率不断提高，并使大规模的建筑工程得以顺利完成。汉代水上交通频繁，造船业突飞猛进。1975年在广州发掘了一处秦汉之际的造船工场，发现了3个造船台[2]，据估计，可以造长约30公尺、宽约8公尺，载重量可达60吨的大木船[3]。汉代造船业的规模于此可见一斑，而这正是与铁工具的使用分不开的。谷物加工用的转盘式的双扇石磨盘，关系着全国人民的最基本的日常生活，如果不是用铁工具来制作，就不可能得到迅速的普及。东汉大墓里常见的石刻画像，以及墓前所立的石阙和石兽之类，正是由于使用了优质的铁工具，才能成为雕刻家们的优秀的艺术作品。

在兵器方面，铁器的优越性更为突出。铁制的长剑在西汉前期就完全取代了战国以来的青铜短剑。战国时代的青铜剑，长度多不足半公尺，而汉代的铁剑则往往长达1公尺左右，钢铁的优越性使剑的长度增加了一倍。柄首成环状的大铁刀，在西汉时就出现，长度亦多达1公尺；它完全是一种新兴的武器，为前代所未见，到了东汉就成为最主要的武器之一，在石刻画像上常可见到士兵们一手执盾，一手持刀，正在进行战斗的情形。殷周以来的铜戈，其形制随着时代而改变，直到西汉时还有被制作、使用的，但不久也被铁制的矛和戟所完全代替。汉代的铁戟和铁矛，仅戟头和矛头就有长近0.5公尺的，加上它们的木柄，全长可达2.5公尺以上[4]。汉代的矢镞，虽然仍有不少是铜质的，但其铤部已多改为铁制，而铁镞也开始盛行，到后来终于代替了铜镞。由于制铁技术的发展，铠甲的质量和性能有了显著的提高。在考古发掘工作中，已经发现了不少汉代铁甲的实物，其中以内蒙古呼和浩特附近汉定襄郡（治所在今内蒙古和林格尔）的边境城镇遗址出土的1件[5]和河北满城中山靖王刘胜墓出土的1件[6]为最完整，它们的制作都很完备，特别是后者，是由2800多片细小的铁片编成的"鱼鳞甲"，尤为精致、完善。为了防止敌兵来袭，大量的铁蒺藜被散布在城墙以外的广大地段上，它们的设计很巧妙，系由四个方位均称的锐刺组成，无论怎样放置，总有一个尖刺是向上的，从而可使人足和马足受创（图1）[7]。正是由于掌握了各种先进的铁兵器，所以才能对付北方民族强大的骑兵。西汉景帝时，晁错分析汉朝与匈奴作战的军事形势，就指出汉朝优越

图1　铁蒺藜

的武器是克敌制胜的有利条件之一。继秦代之后，汉代建立统一的大帝国，它的版图达到了空前的规模，除了政治、经济等多方面的原因而外，这也是与军事装备上充分利用铁器的优越性分不开的。

在生活用具方面，铁器也占重要的地位，从鼎、炉、釜等容器、炊具到带钩、镊子、火钳、剪刀、厨刀，以及钓鱼钩和缝衣针之类，无不应有尽有（图2）。铁釜的广泛使用，为炊事提供了方便（图3）；河南省南阳瓦房庄发现的1件大铁锅，直径达2公尺左右，可能是煮盐用的[8]。厨刀从别的各种刀类中分化出来，专门按庖厨的需要而制造。汉代的剪刀，虽然和世界各地的初期剪刀一样，是用一根两端具有锋刃的铁条弯曲而成，利用钢铁的弹性而操作，但它在裁剪布帛乃至剪除须发等生活方面所提供的方便也是不可低估的。在汉代，铁制的缝衣针是日常生活中不可或缺的，但由于极其细小，锈蚀之余，难于发现，因而湖北江陵凤凰山167号墓出土的缝衣针就成为迄今唯一保存完好的遗品；

当时缝制各种衣物以及在丝织品上刺绣美丽的花纹，用的就是这种铁针[9]。1975年在陕西省咸阳市发掘的一座西汉后期墓中，发现了1件漆盒，内有铁针七八枚，放在针筒里，但多已锈蚀断缺[10]。度量用的尺子，也有许多是铁制的；满城汉墓出土的铁尺，其刻度和花纹系用金丝镶嵌[11]。汉代虽盛行铜灯，但东汉时铁灯也很流行，洛阳等地汉墓中出土的"十二枝灯"等（图4），制作得相当精巧[12]。甚至是镜子，也有不少是铁制的，往往在东汉后期的墓中被发现，只是由于已经锈蚀，有时不被人们所重视，其实它们的花纹是相当优美的。例如，甘肃武威雷台汉墓中的1枚铁镜[13]，经X光透视，可以看出是用金丝和银丝镶嵌成夔凤纹，十分精致（图5）。这就无怪汉末的曹操要用许多铁镜，而不是铜镜，来赠送给皇帝。

图2　洛阳汉墓出土的铁炉

图3　洛阳汉墓出土的铁釜

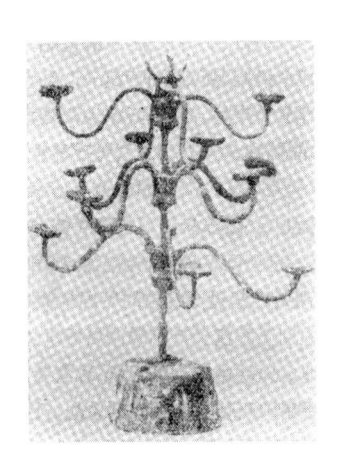

图4　洛阳汉墓出土的铁十二枝灯

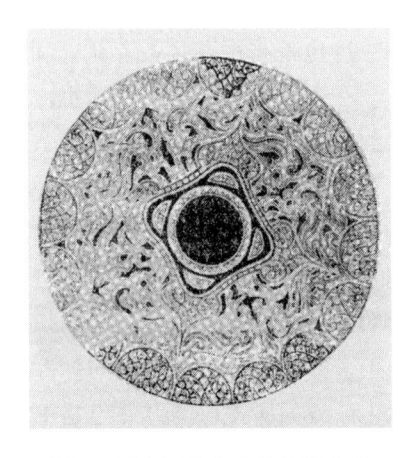

图5　雷台汉墓出土的铁镜花纹

总之，当时的铁器，关系到军备国防，关系到国计民生，所以制铁业就越来越成为特别重要的经济部门，统治阶级必须加以控制。据《史记·南越列传》和《汉书·南粤王传》记载，西汉初年，南越赵佗搞分裂割据，闹独立，吕后就下令实行铁器禁运，以作为制裁，引起赵佗的强烈反应，甚至出兵进犯长沙，威胁朝廷，从这里也可以看出铁器的重要性。西汉初年，冶铁

图6 临淄出土的铁官封泥

业有的控制在中央政府手里，有的却被控制在各地的诸侯王手里。诸侯王自设铁官，经营冶铁业，在山东临淄一带就有"齐铁官印"、"齐铁官长"、"齐铁官丞"和"临淄铁丞"等封泥流传下来，便是例证（图6）[14]。也有一些大商人，为了谋求巨富，私自经营冶铁业。因此，中央政府和各地诸侯王及富商大贾们互相争夺对冶铁业的控制权，相当激烈。汉景帝击败了吴楚七国的叛乱以后，中央政府的权力大大增强，终于在汉武帝时完全垄断了全国的冶铁业。铁器和食盐一样，由政府设专门的机构经营，实行官卖政策。

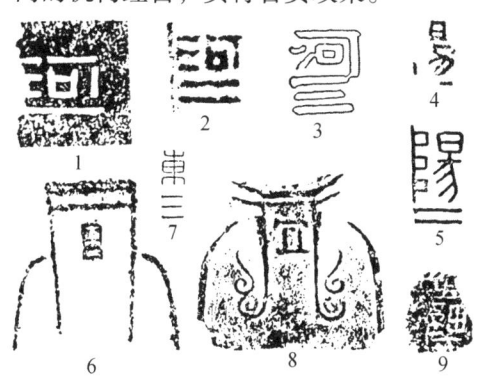

图7 汉代铁器上的铭文

据《汉书·地理志》记载，汉代全国设铁官40余处，其分布东起山东、江苏，西到甘肃，东北到辽宁，西南到四川、云南之间，范围十分广大。铁官所制的铁器，有时有铭文，作为它的标志（图7）。例如，根据出土的遗物，河南郡（今洛阳）所制的有"河一"、"河二"、"河三"字样，南阳郡（今河南南阳）所制的有"阳一"、"阳二"字样，河东郡（今山西夏县）所制有"东二"、"东三"字样；"河"、"阳"、"东"等字是郡名的简称，"一"、"二"、"三"等数字则是各郡铁官所属作坊和工场的编号[15]。

解放以来，经过广泛调查，在北京清河镇[16]、山东滕县[17]、江苏

徐州利国驿[18]等许多地点发现了制铁工场的遗址。特别是中原地区的河南省，迄今已发现的制铁工场和作坊的遗址已达十数处之多，其中巩县铁生沟和南阳瓦房庄2处已经过大规模的发掘[19]。前者的年代约自西汉中期至新莽时期，后者的年代则自西汉中期至东汉。

巩县铁生沟制铁作坊，坐落在嵩山脚下的一个盆地。作坊中有冶炼工场，也有铸造和锻造工场。附近相距仅数公里的山中有丰富的铁矿，所用矿石便是从那里开采的。因此，这个作坊实际上包括了从开矿、冶炼到制造成品的全部生产过程。在已经发掘的2000平方米的范围内，

图8 巩县铁生沟冶铁遗址中的配料池

发现了矿石加工场1处、各种炼炉18座、熔炉和锻炉各1座，并有配料池、储铁坑等附属设施（图8）。从发掘出来的遗迹和遗物可以看出，矿石运到矿石加工场，用铁锤击碎，筛子筛过，使其成为大小均匀的颗粒，并配以一定比例的石灰石作为熔剂，在配料池中搅拌后，与燃料一起放入炼炉。18座炼炉的型式、结构和功效各有不同。有的可称"固态还原炉"，是用低温将铁矿石还原，炼成海绵状的"块炼铁"。有的可称"高炉"，用高温炼出液态的生铁。还有一种可称"炒钢炉"，是将已经炼好的生铁放在炉内，加热熔化时，不断进行搅拌，使生铁"炒"炼成钢或熟铁。各种炼炉多作半地穴式，用耐火砖砌成炉壁，壁上又涂耐火泥，炉底铺耐火土。炼出来的铁块，放在储铁坑内。熔炉1座，是熔化生铁用的，附近有一些泥范，用以铸造各种器物。锻炉1座，用于锻炼块炼铁并将它制作成器，在附近发现了锤打器物用的铁砧和淬火池。作坊中所用的燃料，据说有木柴、煤和煤饼三种，后者是用煤末掺以黏土和石英制成的[20]。由于发现的炼炉很多，而锻炉、熔炉和铸范却都较少，因而可以认为这个制铁作坊以冶炼铁料为主，锻铸器物为次[21]。

南阳瓦房庄制铁作坊，在汉南阳郡的治所宛县城内[22]。南阳郡的铁官是当时最有名的，瓦房庄作坊当为南阳郡铁官所属的许多作坊之一。宛县的古城墙至今犹有不少遗留在地面上，从而可以判断这个制铁

作坊的位置是在城内的中部。由于作坊设在大城市中，远离矿区，所以它的主要业务是利用从别处运来的已经炼好的生铁锭和废旧铁器作原料，在这里进行熔炼，重点在于制造各种器物，这与上述巩县铁生沟的情况恰好相反。在已经发掘的3000平方米的范围内，发现了17座炉子。其中一部分炉子是熔炉，将生铁熔化，以供铸造。在遗址中发现了大量的泥范，其种类包括鼎、罐、盆等容器，䦆、锸、铲、铧、斧、锛、锤、凿等农具和工具，以及辖和轴承等车具，可见所铸器物种类和数量之多。另外一些炉子则为"炒钢炉"，将生铁炒炼成钢或熟铁，以锻制各种器物。锻制时所使用的铁锤和铁砧，以及已经锻制成的刀、镰、矛头等器物，在遗址中都有多量的发现。与巩县铁生沟不同，这里所用的燃料只是木柴[23]。

最近几年来，考古研究与冶金史研究相结合，主要是冶金学家们对考古发掘所得的铁器进行分析、研究，取得了很好的成绩[24]、[25]。研究工作证明：至迟在春秋晚期（公元前6世纪末），中国已经使用在较低温度（800℃～1000℃）中用木炭还原铁矿石的方法得到比较纯净而质地疏松的铁块。这种炼铁的方法，称为"低温固体还原法"，或称"块炼法"，其产品称"块炼铁"（一般也称熟铁），可以锻造成器。1974年江苏省六合县春秋晚期墓中出土的小铁条，便是用这种"块炼铁"锻制的[26]。到了战国晚期，冶铁工匠们已掌握了把上述的"块炼铁"用固态渗碳的方法制钢，将纯铁于木炭中以900℃以上的温度长时间加热，或锻造时将铁在木炭中反复加热，使碳渗入铁内而成为钢。1973年河北易县燕下都出土的战国晚期的铁剑，就是用"块炼铁"渗碳成为低碳钢制成的[27]、[28]。

从战国晚期以后的100～200年中，随着经验的积累，技术的提高，主要是采取越来越多的反复锻打的方法，使钢内碳的均匀性不断改善，夹杂物的含量不断下降，从而使钢的质量有较大的提高，形成了早期"百炼钢"的工艺。满城汉墓中的刘胜佩剑，便是属于当时正在形成的"百炼钢"工艺的早期产品。西汉中期的这种处于初级阶段的"百炼钢"，是在上述战国晚期的"块炼渗碳钢"的基础上直接发展而来的。所用的铁料和渗碳的方法都和战国晚期的相同，但增加了反复加热锻打的次数。锻打不仅起着器物加工成型的作用，而且更重要的是使钢铁中的夹杂物减少、减小，使其分布均匀化，使钢的质量提高。拿上述燕下都的剑和刘胜佩剑相比，它们的原料同属"块炼渗碳钢"，但前者钢里含碳不均匀，杂质较多、较大，而后者则相反，钢内碳的分布均匀，杂质少而小，这主要便是由于后者大大增加了反复折叠锻打的次数。要之，从战国晚期的"块炼渗碳钢"到西汉中期的反复锻炼成钢，这是冶炼技术史上的一个大进展。

为了提高剑的锋利程度，刘胜佩剑还经过表面渗碳和刃部淬火。淬火是一种热处理技术，即将加热的钢放入水中，迅速冷却，以提高其强度和硬度。刘胜佩剑只在刃部淬火，所以剑刃坚硬、锋利，而脊部仍保持较好的韧性。表面渗碳，也是为了使作为剑的外层的刃部因渗碳而提高坚硬的程度。

满城汉墓出土的铁器，除上述佩剑而外，还有其他的兵器如刀、戟、短剑等，它们也都具有较高的质量（图9）。另外还有1把错金的"书刀"，其制作工艺尤为精湛。它的冶炼过程和佩剑相似，只是刀身用含碳较低的钢锻成，硬度较低，便于刻槽镶嵌金丝，而刃部则渗碳、淬火，使其坚硬、锋利[29]、[30]。

图9 满城汉墓出土的错金铁短剑

另一方面，早在战国初年（公元前5世纪），即在开始掌握用"块炼法"炼铁之后不久，我国还发明了炼制含碳量在2%以上的生铁，用以铸成器具。1975年洛阳出土的战国早期铁锛，便是经过鉴定的最早的用生铁铸成的工具[31]。这比世界各国要早出1800年。冶炼生铁，主要是依靠高温。由于长期以来青铜冶铸技术的高度发展，鼓风的进一步加强，使冶炼时的温度能达1100℃~1200℃以上。在这样的高温之下，被木炭还原而成的固态铁就迅速吸收碳，因而使它的熔点比纯铁大大降低。当冶炼温度超过1146℃时，含碳量达到2%以上的铁就开始局部熔为液体，而它吸收碳的速度也就进一步提高，含碳量越来越高，熔化越来越快，终于全部熔化为生铁。这种生铁，含硅量低，不含石墨，由于断口光亮，故称"白口铁"，其性质脆而且硬。

为了改善生铁的性能，在战国初期也就已经掌握了将"白口铁"长时间加热，使碳化铁分解为铁和石墨，克服了"白口铁"性脆的缺点。经过这种柔化处理的生铁,称展性铸铁。这种展性铸铁,在战国中晚期已被广泛应用于制造农具和兵器等,在湖南长沙、湖北大冶和河北易县燕下都等战国遗址和墓葬中都有发现。到了西汉中期,以满城汉墓为例,亦有不少铁器是展性铸铁的制品[32]。

值得注意的是,在满城汉墓中还发现了一批"灰口铁"的铸件。这是迄今已发现的我国最早的"灰口铁"制品。所谓"灰口铁",就是通过提高冶炼温度和降低冷却速度,使生铁中超过2%的那一部分碳成为片状石墨在凝固时析出,铁的断口呈灰色,所以称"灰口铁"。它具有硬度比"白口铁"低,脆性较小,耐磨,滑润性能良好等特点。满城汉墓出土的铁钁是展性铸铁的制品,而车轴承则为"灰口铁"铸件,这说明了当时已经掌握了不同种类的铸铁的性能特点,而加以具体的应用[33]。

我在本文开头时就列举汉代在农具、工具、兵器、生活用具等方面的各种各样的铁器,它们有的是锻件,有的是铸件。直到西汉中期以前,锻件和铸件总是分别用块炼铁和生铁作为原料的。随着炼炉的加大,鼓风设施的改进,生铁冶炼技术不断发展,生铁铸件得到了越来越广泛的应用。但是,由于生铁质脆,其用途不能不受到限制。块炼铁虽然可以制成渗碳钢,但必须经过反复锤炼,要花费很大功夫,产量和效率是很低的。在这种情况下,遂又发明了一种新的工艺,使铸铁在固体状态下脱炭成钢。例如,南阳瓦房庄出土的1件铁凿,从外形看来无疑是铸件,但表面的金相分析证明它是钢的组织。有的铁凿经分析,其含碳量为约0.6%或约1%。在当时的条件下,不可能有高于1500℃的高温和与此相应的耐火材料,所以不可能是液态铸钢。因此,可以肯定,汉代的这种钢件,是利用热处理使铸铁在固态下脱碳成钢的[34]。由于满城汉墓出土的铁镞也是属于这种固态脱碳成钢的铸件,可以肯定这种工艺早在西汉中期即已存在[35]。

更为重要的是,到了西汉后期,随着冶炼技术的进一步发展,终于出现了将生铁"炒"炼成钢的新方法。所谓生铁"炒"钢,就是将生铁加热成为半液体状态,加以不断地搅拌,利用空气中的氧使其脱碳,以获得不同含碳量的钢或熟铁。用生产效率很高的生铁作为制钢的原料,这是炼钢史上的一次革命。这样一来,"百炼钢"既可用生铁"炒"成的熟铁为原料,经过渗碳锻打成钢,又可把生铁"炒"到所需要的含碳量,成为"炒钢",然后反复加热锻打成为钢制品。1974年在山东苍山汉墓出土1件大铁刀,刀上的错金铭文称此刀为"三十炼大刀",并记明其制作年代为永初六年(公元112年)[36]。冶金学家将此刀进行分析、研究,认为它就是用"炒钢"为原料而制成的[37]。

自汉武帝时由国家垄断冶铁业以来,一直到西汉末年,仍然如此。在官营的工矿作坊中,参加劳动的除一些专门的工匠以外,有许多是被判罪的刑徒和被迫定期服徭役的民工。据《汉书·贡禹传》记载,为了铸钱及冶铁,到矿山开采铜铁所动用的劳动力每年在10万人以上,可见其规模之大。西汉晚年,颍川郡(其治所在今河南省禹县)和山阳郡(其治所在今山东省金乡县)的铁官徒因不堪压迫,曾先后起义。东汉初期,承袭西汉的制度,冶铁业仍由国家专营。但是,当时的豪强地主势力强大,他们往往私设工场,自造铁器,官府不能禁止。章和二年(公元88年),和帝即位,东汉中央政府终于不得不作出让步,宣布盐铁开禁。于是,冶铁业和制盐业一样,就被逐渐进一步控制在各地豪强地主的手中。山东省博物馆珍藏着一块画像石,上面刻绘着一幅冶铁图[38]。图中有12个工匠正在工场中操作,其中4人在用皮囊为炼炉鼓风,其余的人则在持锤锻制器物[39]。这块画像石是1930年在山东省滕县宏道院出土的,其年代当在东汉盐铁开禁之后(图10)。正是由于豪强地主生前经营冶铁业,所以才将冶铁图刻绘在自己的墓壁上。画像不仅描绘了工场中的冶炼的情形,而且说明了制铁业已转入私人手中。当然,就这块画像石来说,也不能排除另一种可能性:一个生前曾任铁官的官僚,为了纪念其生平事迹,所以在墓内刻绘了一幅冶铁图。

图10 山东滕县汉画像石中的冶铁图

注 释

[1] 范文澜：《中国通史》（第二册）第 59 页，人民出版社，第五版，1978 年。
[2] 广州市文物管理处等：《广州秦汉造船工场遗址试掘》第 1~16 页，图版第贰~伍，《文物》1977 年第 4 期。
[3] a. 夏鼐：《考古学与科技史》第 84 页，《考古》1977 年第 2 期。
　　b. 上海交通大学造船史话组：《秦汉时期的船舶》第 21 页，《文物》1977 年第 4 期。
[4] 浙江省文管会：《杭州古荡汉代朱乐昌墓清理简报》第 150~152 页，《考古》1959 年第 3 期。
[5] 内蒙古自治区文物工作队：《呼和浩特二十家子古城出土的西汉铁甲》第 249~253 页，图版第玖，《考古》1975 年第 4 期。
[6] 中国社会科学院考古研究所等：《满城汉墓》第 66~68 页，文物出版社，1978 年。
[7] 中国社会科学院考古研究所：《汉长安城遗址发掘报告》，待刊。
[8] 河南省博物馆等：《河南汉代冶铁技术初探》第 13 页，《考古学报》1978 年第 1 期。
[9] 凤凰山一六七号汉墓发掘整理小组：《江陵凤凰山一六七号汉墓发掘简报》第 34 页，《文物》1976 年第 10 期。
[10] 咸阳市博物馆：《陕西咸阳马泉西汉墓》第 134 页，《考古》，1979 年第 2 期。
[11] 中国社会科学院考古研究所等：《满城汉墓发掘报告》，文物出版社，1980 年。
[12] 洛阳区考古发掘队：《洛阳烧沟汉墓》第 196、第 197 页，图版第伍捌，科学出版社，1959 年。
[13] 甘肃省博物馆：《武威雷台汉墓》第 103 页，图版第拾陆、拾柒，《考古学报》1974 年第 2 期。
[14] 罗振玉：《齐鲁封泥集存》第 10、第 11、第 45 页，上虞罗氏出版，1913 年。
[15] 李京华：《汉代铁农器铭文试释》第 61~66 页，《考古》1974 年第 1 期。
[16] 苏天钧：《十年来北京市所发现的重要遗址》第 136 页，《考古》1959 年第 3 期。
[17] 李步青：《山东滕县发现铁范》第 72 页，《考古》1960 年第 7 期。
[18] 南京博物院：《利国驿古代炼铁炉的调查及清理》第 46、第 47 页，《文物》1960 年第 4 期。
[19] 河南省博物馆等：《河南汉代冶铁技术初探》第 1~4 页，《考古学报》1978 年第 1 期。
[20] 河南省文化局文物工作队：《巩县铁生沟》第 5~26 页，图版第肆一拾叁，文物出版社，1962 年。
[21] 河南省博物馆等：《河南汉代冶铁技术初探》第 4 页，《考古学报》1978 年第 1 期。
[22] 河南省文化局文物工作队：《南阳汉代铁工厂发掘简报》第 58~60 页，《文物》1960 年第 1 期。
[23] 河南省博物馆等：《河南汉代冶铁技术初探》第 11~13 页，图版第壹，《考古学报》

1978 年第 1 期。

[24] 李众:《中国封建社会前期钢铁冶炼技术发展的探讨》第 1~20 页,《考古学报》1975 年第 2 期。

[25] 北京钢铁学院等:《中国冶金简史》,第 40~136 页,科学出版社,1978 年。

[26] 南京博物院:《江苏六合程桥二号东周墓》第 120 页,图版第陆,《考古》1974 年第 2 期。

[27] 河北省文物管理处:《河北易县燕下都 44 号墓发掘报告》第 231、第 232 页,《考古》1975 年第 4 期。

[28] 北京钢铁学院压力加工专业:《易县燕下都 44 号墓铁器金相考察初步报告》第 241、第 242 页,《考古》1975 年第 4 期。

[29] 李众:《中国封建社会前期钢铁冶炼技术发展的探讨》第 11~13 页,《考古学报》1975 年第 2 期。

[30] 中国社会科学院考古研究所等:《满城汉墓》第 54~57 页,文物出版社,1978 年。

[31] 李众:《中国封建社会前期钢铁冶炼技术发展的探讨》第 5 页,图版第壹,《考古学报》1975 年第 2 期。

[32] 李众:《中国封建社会前期钢铁冶炼技术发展的探讨》第 6、第 7 页,《考古学报》1975 年第 2 期。

[33] 中国社会科学院考古研究所等:《满城汉墓》第 57 页,文物出版社,1978 年。

[34] 河南省博物馆等:《河南汉代冶铁技术初探》第 20、第 21 页,《考古学报》1978 年第 1 期。

[35] 中国社会科学院考古研究所等:《满城汉墓发掘报告》,文物出版社,1980 年。

[36] 刘心键等:《山东苍山发现东汉永初纪年铁刀》第 61 页,图版第伍,《文物》1974 年第 12 期。

[37] 李众:《中国封建社会前期钢铁冶炼技术发展的探讨》第 14 页,图版第陆,《考古学报》1975 年第 2 期。

[38] 山东省博物馆:《汉画像冶铁图说明》第 2 页,《文物》1959 年第 1 期。

[39] 傅惜华:《汉代画像全集》(初编)图版第七十三,上海商务印书馆,1950 年。

(本文原载《汉代考古学概说》,中华书局,1984 年)

汉代的陶器

在讲述汉代的制陶业时，首先要提到的是，自商周以来的泥质灰陶系统的陶器，在战国时代的基础上，又向前发展了一步，达到了很高的水平。如果说此后历代的灰陶制作技术基本上是停留在汉代已经达到的水平上，这也并不是过于夸张之辞。汉代灰陶烧制技术的提高，表现在器物都呈青灰色，火候均匀，烧成温度约在摄氏1000度以上，质地坚实，同时也表现在大型器物的普遍增多。关于后者，洛阳等地汉墓中的陶瓮往往高达50余厘米[1]，满城汉墓中的陶酒缸高达70余厘米[2]，便是明显的例证。陶质的坚硬和大型器物的增多，是与陶窑的改进分不开的。1956年在河北省武安县的午汲古城遗址中发掘了20余

图1 河北武安午汲古城中的汉代陶窑

座战国、西汉和东汉的陶窑[3]，可以看出，汉代的窑与战国的窑相比，窑室的体积增大，火道加长，烟道的设计改善，就说明了以上的问题（图1）。

在制坯方面，汉代凡属圆形的灰陶器，无不采用轮制的方法。器物的形状规整，表面比较光滑，除了随着陶轮的旋转而刻划的少许平行的弦纹以及一些局部的几何形划纹和印纹以外，一般都没有什么花纹，基本上可以说是素面的（图2）。西汉前期有少数器物如瓮、罐之类偶尔

图2　洛阳汉墓出土的灰陶罐

还带有一些不甚明显的绳纹[4]、[5]，但到了西汉中期以后，带有绳纹的陶器几乎可以说是不复存在了。自新石器时代以来流行达数千年之久的绳纹终于绝迹（除瓦以外），这不能不说是汉代陶器的重要特点之一。

在各地汉墓中，往往可以发现一些绘有彩色花纹的陶器。这些陶器也属灰陶，彩色的花纹是在陶器烧成以后才绘描的。例如，洛阳汉墓中发现的一些陶壶[6]和满城汉墓中发现的许多陶壶和陶盆[7]，彩色鲜艳，绘描精致，都是优美的艺术品。但是，由于花纹是器物烧成以后才绘描的，所以易于脱落，而且除了在坟墓中发现的以外，在居住址里却没有发现过这种彩绘的陶器，因而可以肯定它们是专为随葬而作的。此外，汉代还有在灰陶的表面涂漆，以模仿漆器的。山东临沂银雀山汉墓[8]、安徽阜阳双古堆汉墓[9]和湖北云梦大坟头汉墓中的许多灰陶器[10]，涂有浓厚的黑色或褐色漆，很像漆器，大坟头汉墓的1件涂漆陶壶在该墓的"赗方"中被称为"髹画瓦瓮"，便是例证。

在器形方面，上述西汉前期的少数瓮、罐等带有绳纹的器物有时还有系圆底的[11]，但从西汉中期以后，除了三足器和圈足器以外，几乎所有的陶器都是平底的。从新石器时代到商代和西周一直流行的陶鬲，在汉代之前早已绝迹。战国时代流行的陶豆，在西汉初期还偶有所见，但不久就消失了。陶钫是战国晚期才开始出现的，西汉时很流行，但到东汉也就极少见了。无论是西汉或东汉，陶鼎和陶锺都是最常见的仿铜的陶器，但到了魏晋以后，随着青铜器的衰落，终于近于绝迹了。此外，战国末年出现的一种造型奇特的"鸭蛋壶"，主要流行于秦代和西汉前期，西汉中后期以后也就消失了。其他各种属于泥质灰陶系统的器物，如瓮、罐、盒、樽、盆、碗之类，其形态也随着年代的推移而不断演变。总之，汉代的灰陶，种类繁多，用途各异，它们不仅流行于黄河流域和北方地区，而且普及于全国，可以说是当时陶器的主流。

但是，另一方面，必须指出的是，在长江以南，包括广东、广西、湖南、江西、福建、浙江及江苏南部等广大地区，除了上述的灰陶以外，还普遍存在着另一类陶器，称为硬陶。这种硬陶，是用当地的一种密度较大、粘性较强的粘土制成，与灰陶相比，烧制火候更高，陶质更坚硬。器物的表面往往拍印着细密的方格纹，或刻划有水波形纹、锯齿形纹等等，与上述基本上是素面无纹的灰陶迥然相异（图3）。器物的种类有瓮、罐、壶、盒、碗等，与灰陶系统的各种陶器相比，它们的器形也别具风格。例如，广州地区有一种壶，称地为匏壶，其形状有如匏瓜；广州、长沙等地有一种"四联罐"或"五联罐"，系由4个或5个小罐互相接合而成。有许多器物，在肩部或腹部附有系绳用的钮；也有一些小型的盒和罐，在底部附有低矮的三足（图4）[12]、[13]。总之，从陶质、火候、纹饰和器形等各个方面看来，可以认为，长江以南广大地区的这种硬陶是继承了当地自新石器时代晚期以来的所谓"几何印纹硬陶"的余绪，在汉代陶器中自成一个系统。

图3 绍兴汉墓出土的印纹硬陶罐　　图4 广州汉墓出土的三足陶罐

作为汉代制陶业的一项新的发明，是一种浓厚的棕黄色和绿色的釉陶。它们的开始出现，是在西汉的中后期，地区主要是在陕西省的关中和河南省的洛阳一带[14]、[15]，但以后发展很快，到西汉后期即已相当盛行，流行的地区也有所扩大。东汉时，这种釉陶不仅已普及到整个黄河流域和北方地区，甚至在长江流域也颇有所见。一般说来，棕黄色的釉陶出现较早，绿色的釉陶出现较晚，但后者在东汉时大量流行，又远较前者为普遍。这种浓厚的棕黄色和绿色的釉陶，所用釉药中含有多量的氧化铅，烧制的火候并不高，仅摄氏800度左右，所以被称为"铅釉"或"软釉"，由于主要流行于黄河流域和北方地区，因而在这里也可称为"北方釉陶"。它们在器形上的种类，有鼎、锺等仿铜的容器，也有仓、灶、井、楼阁等模型及鸡、犬等动物偶像。由于这种釉陶的内胎（一般呈砖红色）并不很坚实，釉也易于脱落或变质，特别是由于它们

只是作为随葬品而存在于坟墓中,在居住址里极少发现,所以使人怀疑它们可能是专为随葬而作,不是真正的实用器。

应该指出的是,虽然中国自商代和西周以来即有釉陶,但所施的釉都属浅色的青釉,烧成温度甚高,与上述棕黄色和绿色的低温的铅釉并不相同。因此,曾经有一种看法认为,铅釉在西汉中后期的突然出现可能与汉武帝时通西域,加强了中国与西亚的交通和贸易,从而受到西亚地区釉陶的影响有关。如所周知,在西亚的伊朗、伊拉克等地,早在亚述帝国和波斯的阿契美尼德王朝时期,就盛行各种釉陶制品。到了与汉代同时的安息王朝时,则流行绿、褐等单色的釉陶器,甚至在陶制的棺材上也多施绿色釉。安息的这种釉陶,亦系低温烧成,从外表看来,与汉代的铅釉很相似。据《汉书·西域传》记载,汉通西域以后,与安息的交往频繁,安息的各种事物颇有传入中国的。因此,可以认为,铅釉在西汉中后期的出现,正是由于受到安息釉陶影响的结果。但是,也有不同的意见认为,西亚的釉陶与汉代的铅釉虽然同属低温烧成,但釉的成分有所不同,而中国铅釉的出现的年代则又可以上溯到战国,从而认为铅釉为中国所首创,与西亚的釉陶无关[16]。其实,从解放以来对大量的战国和西汉墓葬的发掘来看,铅釉陶器的出现未必能早到战国时代。至于西亚的釉陶与汉代铅釉的性质是否相同,则需要进一步作分析研究。考古发掘工作表明,到了魏晋以后,陶器上施铅釉的工艺虽然继续存在,但和汉代相比,显然是衰落了。

与"北方釉陶"所施的"铅釉"不同,在南方各地发现的各种硬陶上往往有一层薄薄的釉,或黄或绿,颜色都很浅,烧成温度甚高,属于青釉的系统。此外,在湖南长沙[17]、江苏海州[18]等地的西汉后期墓中有一种附有双耳的陶瓶,胎壁呈紫褐色,甚坚硬,颈部和肩部施较厚的绿色釉,亦属南方系统的釉陶;在洛阳的西汉晚期墓中也发现了同样的釉陶瓶[19],估计可能是从南方传来的。这些主要流行于南方地区的硬质釉陶,与魏晋时期的青瓷有一定的渊源关系,但从各方面的条件看来,它们与青瓷器之间还存在着很大的差距。

以往认为,真正的青瓷器是在三国时代的吴地开始出现的,在吴的首都武昌和南京附近发现的有黄武六年(公元227年)[20]、[21]、赤乌十四年(公元251年)[22]、甘露元年(公元265年)[23]等纪年的墓中所出土的各种青瓷器便是典型的代表。但是,经过近年来的调查、发掘和研究，可以认为，早在东汉的后期，首先是在浙江省的绍兴、上虞一带，已经出现了青瓷器。考古工作者在上虞地区调查了许多古窑址，其中有不少是属于东汉时期的，它们的形制和结构属于所谓"龙窑"。这种窑是利用山坡的斜面筑成，窑室较狭、较低，但却很长，有利于通风，从而使温度提高。窑址中出土的瓷片，釉呈淡青色，经鉴定，各方面都符合瓷器的标准。在窑址附近采集的1件东汉晚期的完整的"四系罐"，便是当时典型的青瓷器[24]。类似的"四系罐"，在河南洛阳[25]和安徽亳县[26]的东汉后期的墓中也有发现，从它们的器形看来，似乎也属南方的产品。特别是1977年在亳县元宝坑村和董园村发现的曹操的宗族墓中，存在着以四系罐为代表的大量青瓷器，釉色光亮，质地纯净，说明了东汉晚年制造青瓷的技术已经相当成熟[27]。总之，青瓷器的开始出现，是汉代制陶业的又一重要的创造。

汉代制陶业的特点，还表现在器物种类的极其多样化。汉代作为容器的陶器，大体上可分两类。一类是鼎、豆、锺、钫等模仿铜器的器物，总的说来，它们在汉代是在逐渐趋向衰落。另一类是瓮、罐、瓶、盒、盆、碗等日常用器，种类繁多，器形复杂。除此以外，还有不少陶器，如案、灯、熏炉以及扑满之类，既非饮食器，亦非贮藏器，而是一般的生活用具（图5、图6）。在制陶工艺上最富特色的是，随着丧葬习俗的改变，在西汉中期以后，还盛行制作各种专为随葬用的陶质明器，种类之多，数量之大，达到了惊人的程度。最初出现的是仓和灶，它们在秦和西汉前期的墓中即有所见，但普遍流行则在西汉中期以后。其他诸如井、磨、猪圈、楼阁、碓房、农田和陂塘等模型，以及猪、

图5 洛阳汉墓出土的陶灯

羊、马、狗、鸡、鸭等动物偶像，应有尽有，不一而足，时代越晚，特别是东汉以后，种类越多。有些地区的汉墓中有一种小型的陶瓶，外形像枭，过去曾被误认为"三代器"，其实是汉代特有的一种随葬陶器[28]。各式各样的陶俑，亦被大量制作以随葬。这些陶质的明器，有

时制作得很精致。例如：陕西咸阳杨家湾西汉墓中的大量骑马陶俑，造型生动，并施彩绘[29]。河南辉县百泉村东汉墓中的陶狗和陶羊，塑造得十分逼真[30]，堪称塑像艺术中的杰作（图7）。

图6　洛阳汉墓出土的陶扑满　　图7　河南辉县汉墓出土的陶羊

陶器是日常生活中最普遍的用品，制作又比较容易，所以应该多为私营的小规模的手工业作坊所制造。但是，在汉代，各地的官府也普遍经营陶器制造业。由各地官府经营的手工业作坊，所制陶器往往印有戳记。例如：洛阳汉河南县城遗址出土的陶器印有"河亭"、"河市"字样（图8），河南陕县汉墓中出土的陶器印有"陕亭"、"陕市"字样（图9），河北邯郸汉代遗址出土的陶器印有"邯亭"字样，山西夏县安邑汉城遗址出土的陶器印有"安亭"字样（图10），等等。[31]根据汉河南县城遗址的发掘，可以认为，印有"河亭"字样的陶器年代较早，属西汉前期，印有"河市"字样的陶器年代较晚，属西汉晚期[32]。戳印中的"亭"和"市"的意义是相同的，是指汉代各地城市中的手工业和商业区，它们是由官府来管理的。上述的各种戳印，说明了这些陶器是由各地官府中主管手工业和商业的机构所属的作坊制作的[33]。

图8　陶器上的"河亭"、"河市"戳记　　图9　陶器上的"陕亭"、"陕市"戳记

最能说明汉代各地存在着官营的制陶手工业的，是1块传世的"安城陶尉"的封泥（图11）[34]。它说明了当时汝南郡的安城县（今河南省正阳）设有专门管理制陶业的官吏[35]。值得注意的是，"尉"是一种武官的职称。由武职的官吏来主管制陶业，可能是由于在官营的制陶手工业作坊中从事劳动的主要是许多被判刑的刑徒，他们大概是按照军事性的编制被组织起来的。

图10　陶器上的"安亭"、"邯亭"戳记　　图11　"安城陶尉"封泥

　　制砖和造瓦，是汉代陶业的一个重要的方面。在中国古代，最初的砖是一种体积庞大的特殊的砖，长度一般都在1米以上，内部是空的，所以称为空心砖（图12）。它开始出现于战国晚期，地区限在中原，其用途主要不在于建筑房屋，而在于造墓。西汉是空心砖的极盛时期，在河南禹县白沙[36]和洛阳烧沟[37]等地发掘的大量的西汉墓中，几乎有半数是用这种空心砖筑造的。但是，在汉代，除了筑墓以外，空心砖的用途并未被推广，它的流行地区亦仍限于河南省及陕西省的中部、山西省的南部一带。除了大多数是长方形的以外，西汉的空心砖也有少数是三角形或长条状的，以便砌造墓门。砖面上的花纹是作为墓室的装饰而设计的，系用戳印逐个打印，纹样除几何图案以外，还有各种动物、植物，以及人物、车马和房屋，等等[38]。到了东汉，空心砖突然衰落，乃至绝迹。

　　在西汉前期，真正的砖出现了。这是汉代在建筑方面的一大发明。与上述的空心砖相比，它们都系小型、实心、长方形或正方形，长度一般从20多厘米到30多厘米不等，这里称之为"小型砖"，以区别于上述庞大的空心砖。小型砖用于各种建筑物，大量使用的是长方砖，正方砖只用于铺地（图13）。为了符合建筑上的要求，砖的尺寸必须整齐划一。长方砖的长、宽、厚，都按一定的比例，一般说来，长与宽是二比一，宽与厚多为四比一。小型砖一经出现，就被广泛使用，迅速普及到

图 12　河南出土的汉代空心砖 　　图 13　汉长安城遗址出土的正方砖

全国各地。以洛阳的汉河南县城遗址的发掘所见为例，小型长方砖用于建筑各种住房和粮仓，也被用来砌筑水井[39]。在西安的汉长安城遗址，则可以看到它们被用以砌筑排水的涵洞[40]。但是，在汉代，它们还没有被用来建筑城墙。在黄河流域，早在西汉中后期，就盛行用小型砖建筑墓室。到了东汉，用它们来筑造的砖室墓已普及到全国各地。随着小型砖的出现，发券的技术也就被广泛使用。一般的长方砖都可以用以发券，但为了增加券顶的强度，也有专门用于发券的"楔形砖"和"子母砖"（图 14）[41]。长方砖以素面的为多，但也有不少在侧面印有花纹，纹样以几何图案为主，有时也有其他各种图纹。铺地用的正方砖，则多在正面印几何图案。此外，东汉时还有一种"画像砖"，或为正方形，或为长方形，砖面上印着各种有关社会生活和生产活动的图纹，主要是用于构筑并装饰墓室，流行的地区主要限于四川[42]。

图 14　洛阳汉墓的子母砖

在中国，瓦的使用比砖早。根据考古发掘，早在西周初期就有了瓦，在西安附近的客省庄遗址中就有大量的发现[43]。到了春秋战国时期，瓦的制作和使用迅速推广，并已按其用途分为板瓦和筒瓦，前者铺在下面，后者覆在上面。在战国时代，房檐筒瓦前端的瓦当多为半圆形的，有的为素面，有的有花纹。当时的七个主要国家，瓦当上的花纹各有特点，互不相同。

到了汉代，瓦的制作和使用又进一步得到了发展，制瓦的方法也有所改进。无论是筒瓦或板瓦，形状都比较规整，表面上拍印的绳纹也显得比较整齐。根据洛阳汉河南县城的发掘，在西汉前期，除了圆形的瓦当以外，仍有不少瓦当是半圆形的；到了西汉中期以后，半圆形的瓦当才逐渐消失[44]。在汉代，瓦当上的花纹也统一了。从长安、雒阳等大城市到边远地区的小城镇，瓦当上的几何图案几乎都是属于所谓卷云纹，绝少例外（图15）。用"长乐未央"、"长生无极"、"千秋万岁"、"亿年无疆"等吉祥文字作为瓦当上的装饰，也是从西汉开始的。北方边境城镇所用的瓦当有"单于天降"、"单于和亲"的文字（图16）[45]，青海湖附近的西海郡（新莽时所置）所用瓦当则有"西海安定"的字样（图17）[46]、[47]。在新莽时期，还流行用"青龙"、"白虎"、"朱雀"、"玄武"的所谓"四神"的图纹作为瓦当上的装饰，这种瓦当主要用于礼仪性的建筑物上[48]。

图15 汉长安城遗址出土的卷云纹瓦当

图16 内蒙古包头汉墓出土的"单于天降"瓦当

图17 青海海晏汉代遗址出土的"西海安定"瓦当

值得注意的是，在西汉首都长安城及三辅地区的宫殿、官署所用的瓦当，往往用文字作为装饰，而这些文字正是宫殿和官署的名称。例如：长安郊区上林苑中的各宫观用"上林"瓦当，长安城西建章宫中的骀荡殿和折风阙分别用"骀汤万年"、"折风阙当"瓦当，右扶风槐里县的黄山宫用"黄山"瓦当，右扶风渭城县的兰池宫用"兰池宫当"瓦当（图18），长安城内的宗正署用"宗正官当"瓦当（图19）[49]，等等。这说明了当时的政府设有专门的制陶作坊，制造专供宫廷和官署使用的砖瓦。在长安城遗址的发掘工作中，发现了许多印有"都司空瓦"文字的瓦当，并发现在大量的瓦片上印着有"都司空"、"保城都司空"、"右空"及"都建平三年"、"都元寿二年"、"都元始五年"等字样（"都"是都司空的简略）的戳记（图20），充分说明了这些瓦的制作是由宗正的属官"都司空令"（新莽时改称"保城都司空"）和少府的属官"左司空令"、

图18 汉代的瓦当

图19 汉长安遗址出土的
"宗正官当"瓦当

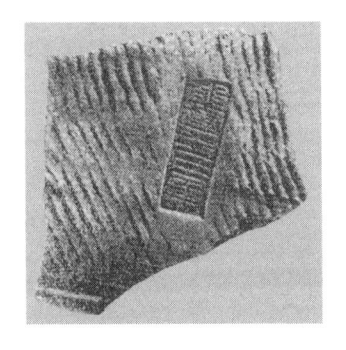

图20 汉长安城遗址出土的
"都建平三年"瓦

"右司空令"所主管[50]。《汉书·百官公卿表》说,"(宗正)属官有都司空令丞"。颜师古注引如淳曰:"律,司空主水及罪人。贾谊曰,输之司空,编之徒官"。可见"都司空"、"左司空"和"右司空"等管理工程的机构同时也是管理刑徒的机构,由它们主管砖瓦的制造正说明了汉代官营的制陶手工业作坊中使用大量的刑徒作为劳动力。

注　释

[1]　洛阳区考古发掘队:《洛阳烧沟汉墓》第109~112页,图版第壹、第贰贰,科学出版社,1959年。

[2]　中国社会科学院考古研究所等:《满城汉墓》第40页,图版第伍,文物出版社,1978年。

[3]　河北省文物管理委员会:《河北武安县午汲古城中的窑址》第339~342页,图版第捌,《考古》1959年第7期。

[4]　黄河水库考古工作队:《1957年河南陕县发掘简报》第76页,《考古通讯》1958年第11期。

[5]　河南省文化局文物工作队:《河南桐柏万冈汉墓的发掘》第386~388页,《考古》1964年第8期。

[6]　洛阳区考古发掘队:《洛阳烧沟汉墓》第103~106页,彩版第壹~叁,科学出版社,1959年。

[7]　中国科学院考古研究所满城发掘队:《满城汉墓发掘纪要》第13、第14页,《考古》1972年第1期。

[8]　山东省博物馆等:《临沂银雀山四座西汉墓葬》第364页,图版第陆,《考古》1975年第6期。

[9]　安徽省文物工作队等:《阜阳双古堆西汉汝阴侯墓发掘简报》第17、第23页,《文物》1978年第8期。

[10]　湖北省博物馆等:《云梦西汉墓发掘简报》第24、第27页,《文物》1973年第9期。

[11]　河南省文化局文物工作队:《河南桐柏万冈汉墓的发掘》第386、第387页,《考古》1964年第8期。

[12]　中国科学院考古研究所:《长沙发掘报告》第104~106页,图版第伍柒~陆壹,科学出版社,1957年。

[13]　麦英豪:《广州华侨新村的西汉墓》第52~64页,图版第肆~玖,《考古学报》1958年第2期。

[14]　苏秉琦:《斗鸡台沟东区墓葬》第143~146、第170~189页,国立北京大学出版部,1948年。

[15]　洛阳区考古发掘队:《洛阳烧沟汉墓》第100~105页,图版第贰壹,科学出版社,

1959年。

[16] 水野清一:《绿釉陶について》,《世界陶磁全集》第八卷第236~238页,河出书房,1955年。

[17] 中国科学院考古研究所:《长沙发掘报告》第107~109页,图版第陆壹,科学出版社,1957年。

[18] 南京博物院等:《海州西汉霍贺墓清理简报》第185页,图版第伍,《考古》1974年第3期。

[19] 洛阳区考古发掘队:《洛阳烧沟汉墓》第107、第108页,图版第贰壹,科学出版社,1959年。

[20] 武汉市文物管理委员会:《武昌任家湾六朝初期墓葬清理简报》第68~70页,《文物参考资料》1955年第12期。

[21] 程欣人:《武汉出土的两块东吴铅券释文》第529页,《考古》1965年第10期。

[22] 倪振逵等:《南京赵士冈发现三国时代孙吴有铭瓷器》第156、第157页,《文物参考资料》1955年第8期。

[23] 南京博物院:《江苏省出土文物选集》,图第127、第128,文物出版社,1963年。

[24] 叶宏明等:《关于我国瓷器起源的看法》第86、第87页,《文物》1978年第10期。

[25] 中国科学院考古研究所:《洛阳中州路》第134页,图版第捌伍,科学出版社,1959年。

[26] 亳县博物馆:《亳县凤凰台一号汉墓清理简报》第187、第188页,图版第陆,《考古》1974年第3期。

[27] 安徽省亳县博物馆:《亳县曹操宗族墓葬》第33、34、第39页,《文物》1978年第8期。

[28] 中国科学院考古研究所:《辉县发掘报告》第60、第61页,图版叁陆,科学出版社,1956年。

[29] 陕西省文管会等:《咸阳杨家湾汉墓发掘简报》第10~16页,图版第壹、叁,《文物》1977年第10期。

[30] 中国科学院考古研究所:《辉县发掘报告》第141页,图版第壹零壹、第壹零贰,科学出版社,1956年。

[31] 俞伟超:《汉代的"亭"、"市"陶文》第34~38页,《文物》1963年第2期。

[32] 中国科学院考古研究所:《洛阳中州路》第37页,图版第捌伍,科学出版社,1959年。

[33] 俞伟超:《汉代的"亭"、"市"陶文》第34~38页,《文物》1963年第2期。

[34] 罗振玉:《齐鲁封泥集存》第48页,上虞罗氏出版,1913年。

[35] 陈直:《两汉经济史料论丛》第169、第170页,陕西人民出版社,1958年。

[36] 河南省文化局文物工作队:《河南禹县白沙汉墓发掘报告》第62~70页,图版第壹,《考古学报》1959年第1期。

[37] 洛阳区考古发掘队:《洛阳烧沟汉墓》第8~22页,图版第壹~叁、第陆,科学出版社,1959年。

[38] 河南省文化局文物工作队第一、第二队:《河南出土空心砖拓片集》,人民美术出版社,1963 年。
[39] 郭宝钧:《洛阳西郊汉代居住遗址》第 19~23 页,图版第壹~肆,《考古通讯》1956 年第 1 期。
[40] 中国社会科学院考古研究所:《汉长安城遗址发掘报告》,待刊。
[41] 洛阳区考古发掘队:《洛阳烧沟汉墓》第 91、第 92 页,图版第拾叁,科学出版社,1959 年。
[42] 刘志远:《四川汉代画像砖艺术》,中国古典艺术出版社,1958 年。
[43] 中国科学院考古研究所:《沣西发掘报告》第 26、第 27 页,图版第拾壹,文物出版社,1962 年。
[44] 中国科学院考古研究所:《洛阳中州路》第 46~49 页,图版第叁拾~叁肆,科学出版社,1959 年。
[45] 内蒙古自治区文物工作队:《内蒙古出土文物选集》第 7 页,图第 71、第 72,文物出版社,1963 年。
[46] 安志敏:《青海的古代文化》第 381 页,《考古》1959 年第 7 期。
[47] 安志敏:《元兴元年瓦当补正》第 626~628 页,《考古》1959 年第 11 期。
[48] a. 考古研究所汉城发掘队:《汉长安城南郊礼制建筑遗址群发掘简报》第 38 页,《考古》1960 年第 7 期。

b. 雒忠如:《西安南郊发现汉代建筑遗址》第 26~30 页,图版第捌,《考古通讯》1957 年第 6 期。
[49] 陈直:《秦汉瓦当概述》第 20~24 页,《文物》1963 年第 11 期。
[50] 陈直:《两汉经济史料论丛》第 170、第 171 页,陕西人民出版社,1958 年。

(本文原载《汉代考古学概说》,中华书局,1984 年)

汉代的墓葬（上）

在工农业基本建设的施工动土的过程中，或是在考古学家们的调查发掘工作中，汉墓是最容易遇到的。这是由于西汉和东汉两朝共达400余年之久，年代很长；也是由于当时中国是统一的大帝国，政治局面比较安定，经济比较发达，因而人口兴旺。此外，汉代地主官僚阶级讲求厚葬，墓中随葬器物种类多，数量大，易于被人发现，而墓室又往往采用砖石结构，不易毁坏，这些也都是重要的原因。解放以来，全国各地考古工作中所发现的汉墓，估计已达万座之多。这使得对于汉代的丧葬制度和习俗能够有比较充分的了解。

与前代比较起来，汉代的墓葬可以说是最富有时代的特色的。汉以前的墓，包括从新石器时代、夏商、西周以迄春秋、战国时代的墓，其墓圹主要是长方形的土坑，不论大小、深浅如何，都是由地面一直往下掘，所以称为"竖穴"。西汉中期，在黄河流域开始流行在地下横掏土洞，作为墓圹，所以称为"横穴"。西汉时，主要是在中原地区，盛行用庞大的空心砖堆砌墓室。到了东汉，无论是在中原还是在南方和北方的边远地区，都普遍用小型砖砌叠、券筑墓室。从西汉末年开始，还流行石室墓。此外，从西汉到东汉，在有些地区，还有一种"崖墓"，其墓圹亦属横穴式。总起来说，用横穴式的洞穴作墓圹，用砖和石料构筑墓室，是汉墓与汉以前的墓在形制和构造上的主要区别，其特点在于模仿现实生活中的房屋。

但是，如上面所指出的，汉代墓制的这种变化，从时代上说，主要是在西汉中期才开始的，从地区上说，首先发生于黄河流域，然后逐渐普及到各地。在西汉前期，统治阶级仍然习惯于沿用战国以来的竖穴式土坑墓，墓中筑木椁。在长江流域以及南方和北方的边远地区，这种竖穴式木椁墓一直延续到西汉晚期，甚至到东汉。

长沙马王堆汉墓、江陵凤凰山汉墓、北京大葆台汉墓，可以作为西汉前期和中期的土坑木椁墓的代表。墓中的棺椁，沿袭着周代以来的礼制。《庄子·天子篇》和《荀子·礼论篇》都说："天子棺椁七重，诸侯五重，大夫三重，士再重"。长沙马王堆一号汉墓所葬为轪侯利苍的夫人，其棺椁按诸侯的规格，是4棺1椁（图1）[1]。江陵凤凰山一六八号汉墓所葬为"五大夫"遂少言，他的爵位在汉代二十等爵中属九等，略高于八等"公乘"以下的所谓"民爵"，身份相当于县令，所以是2棺1椁[2]。北京大葆台一号墓所葬可能为燕王，墓中棺椁保存不大好，但仍可看出是5棺2椁，比列侯又高了一等，而与天子的"棺椁七重"之制相同[3]。当然，有的时候也并不严格按礼制的规定办事，如长沙马王堆二号墓所葬为轪侯利苍本人，但却只有2棺1椁[4]。在北京大葆台汉墓和长沙咸家湖汉墓中，还使用了所谓"黄肠题凑"[5]。

图1 马王堆一号汉墓棺椁俯视

在贵族的大墓中，河北满城的中山靖王墓和山东曲阜的鲁王墓可以作为西汉中期新兴的横穴式墓的代表[6]。它们都是在山崖中穿凿巨大的洞穴，作为墓室，所以称为"崖墓"。全墓可分为耳室、前室和后室等部分。以中山靖王刘胜墓为例，墓中的南耳室为车马房，放置车辆和驾车的马匹，北耳室为仓库，贮存大量盛有食物的陶器（图2），前室是宽大的厅堂，陈列着帷帐和各种主要的随葬器物，后室是内室，放置棺材。前室和两个耳室，都用

图2 满城刘胜墓北耳室

木材搭成房屋，屋顶铺瓦；后室也用石板搭成房屋形，并在前方设两扇石门，门上装有铜质镀金的铺首。总之，墓的形制和结构完全模仿地面上的居住建筑，所以称为"地下宫殿"（图3）[7]。在这种新式的墓中，棺椁也就摆脱了旧的礼制。实际上，刘胜墓中的木椁也与周代以来的木椁不同，它只不过是一种套棺而已。在这里，棺椁的层数多少已经不是衡量墓主人身份的标准了。刘胜等人采用这种新的墓制，与利苍等人沿袭周代以来的旧墓制迥然不同。因此，曾有人从墓制的新旧出发，认为刘胜是代表革新势力的法家，利苍是代表保守势力的儒家。其实，墓制与儒法斗争并没有什么关系。刘胜不是什么法家，利苍也未必是儒家。

汉代的新的墓制，还表现在中原一带盛行"空心砖墓"。与战国晚期的空心砖墓不同的是，汉代的空心砖墓往往是在横穴式的土洞内砌筑墓室。空心砖墓的规模，一般并不很大，大概是属于当时的中小地主阶级的。在西汉前期，空心砖墓的墓室呈长方形，形状像木椁，到了西汉中晚期，它的顶部往往搭成两面坡的屋顶状，并将前壁搭成门的样子，更显得像房屋[8]。砖面上所印的花纹和图像，成了墓室内的装饰，有的墓里还开始有了彩色的壁画。在洛阳发现的1座空心砖墓，所绘壁画有日、月、青龙、白虎、朱雀及伏羲、女娲的形象（图4）[9]。同地发现的另1座墓，其壁画除了日、月、星辰的天象图以外，还有以"二桃杀三士"、"鸿门宴"等历史故事为题材的（图5）[10]。这种"天象图"、"四神图"、神话传说和历史故事图，在以后的东汉墓的壁画和石刻画像中得到了进一步的发展。

大约在西汉中期以后，在中原和关中一带开始出现了用小型砖建筑的墓，这里称为"砖室墓"，以区别于上述的空心砖墓。砖室墓一经出现，便迅速普及，它在中原地区逐渐取代空心砖墓，在长江流域以及南方和北方的边远地区则代替了当时尚在延续的土坑木椁墓。到了东汉，砖室墓在全国各地流行，成为最常见的一种墓。大贵族、大官僚的砖室墓，如河北定县的中山简王墓[11]、望都的太原太守墓[12]，规模宏大，结构复杂，其布局有如他们的府第。有的砖室墓里，有彩色的壁画。比较有名的壁画墓，如河北望都的浮阳侯墓和河南密县的弘农太守家族墓，前者所绘主要是墓主人的属吏和侍从等人物（图6），把墓室布置得像他的官署一样[13]，后者所绘有车马出行图和宴会百戏图等[14]，表现了墓主人生前的豪奢的生活。

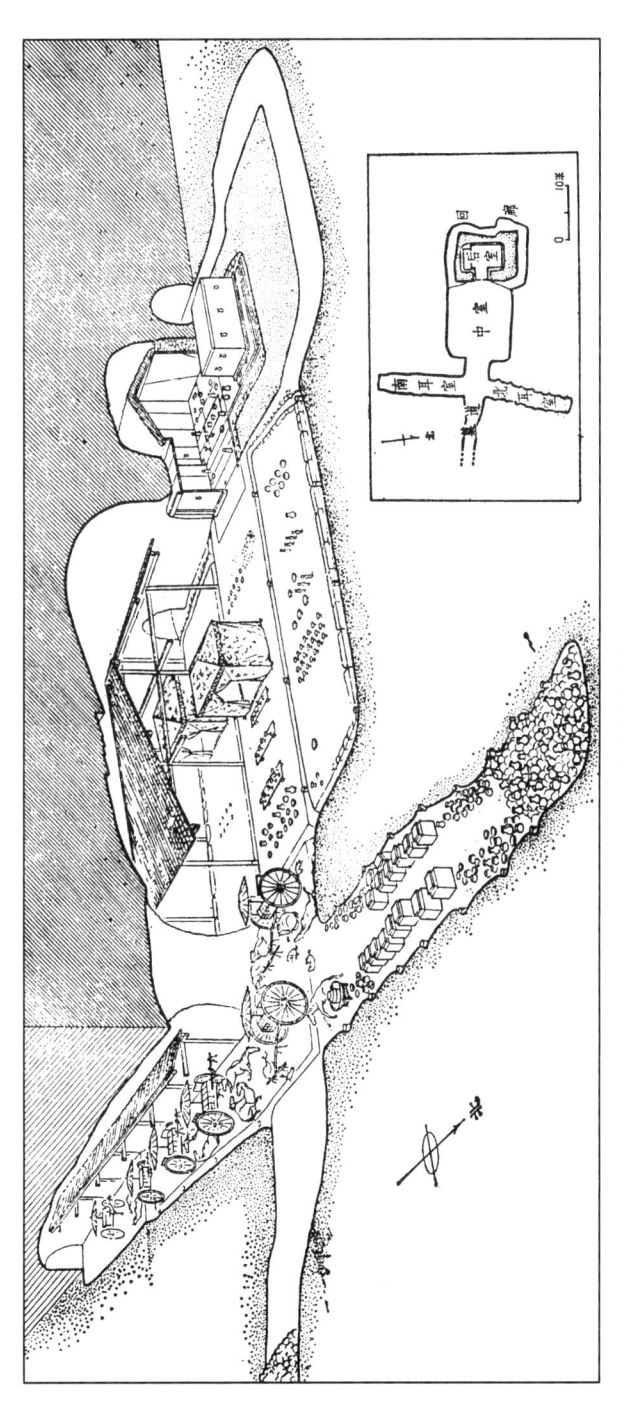

图3 满城刘胜墓复原图

图4　洛阳汉墓壁画中的女娲像

图5　洛阳汉墓壁画中的历史故事图

图6　河北望都汉墓壁画中的"辟车伍佰"

1972年在内蒙古和林格尔发掘的1座庞大的砖室墓（图7），墓主人官至护乌丸校尉。墓内壁画的内容十分丰富，主要是以车马出行图的形式描绘了墓主人生前的全部仕途经历，这可以从壁画上所书的文字得到说明：首先是在他的家乡定襄郡（其治所西汉时在内蒙古和林格尔，东汉时在山西省右玉）被选拔为"孝廉"，取得了做官的资格，不久便按常例被分配到首都雒阳担任"郎"官。他首次出任地方官是担任西河郡的"长史"，郡的治所在离石（今山西省离石县）；以后又被提升为上郡属国都尉，其治所在土军（今山西省石楼县）。他曾一度被调到中原地区的魏郡繁阳县（今河南省内黄县）任县令，在这里曾受到皇帝的褒奖。最后，他又迅速被提拔，到边境地区的上谷郡宁城（今河北省万全县，或以为在张家口附近）担任护乌丸校尉的大官。结合着上述车马出行图中的仕途经历，还有许多画面绘描着离石城、土军城、繁阳城和宁城的城郭、官府、仓库、市场等等，以及墓主人在任职期间的各种活动场面。当时的大官僚，同时也是大庄园地主，所以壁画中还有一大幅庄园图，描绘着庄园中的耕种、作圃、放牧、饲养、采桑等各种生产活动。不论墓主人晚年是否有一段退职还乡的生活，壁画中的庄园应该是在他的家乡。总之，和林格尔汉墓中的壁画，是一项空前的大发现，它明确地说明了壁画的内容及在墓中绘描壁画的意义和目的[15]。

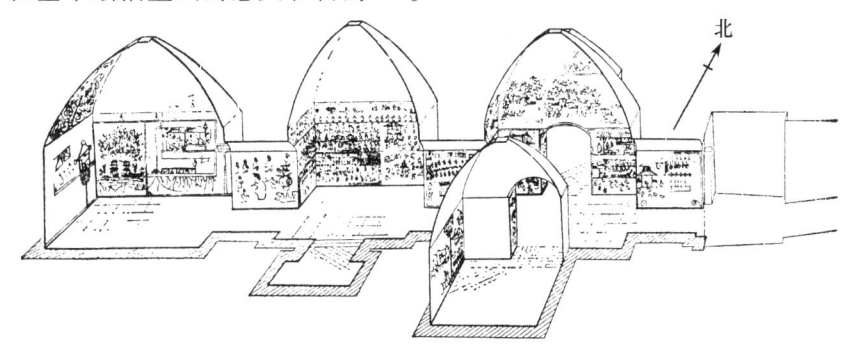

图7 和林格尔汉墓墓室透视图

从西汉末年开始，还新兴一种石室墓，到东汉更为盛行。墓室由许多整齐的石块筑成，石块上雕刻着各种画像，所以称为"画像石墓"。它们的分布，以山东省到江苏省的北部、河南省到湖北省的北部为最多，四川省的中部、陕西省的北部和山西省的西部一带也颇不少。长久以来，许多墓都被破坏，只剩下大量的画像石，分散在各处。解放以后，在考古发掘工作中发现了一些画像石墓，其中如河南省的唐河汉墓[16]、山东省的安丘汉墓[17]、苍山汉墓[18]、沂南汉墓等[19]，保存甚好，结构完整，可以看出墓室的布局也是仿照现实生活中的住宅。最明显的是1954年发掘的沂南汉墓，墓内有一幅画像是刻绘墓主人生前居住的宅院，而墓室的布局正与画像中的宅院一致。画像的题材十分广泛，但主要也是表现地主官僚阶级的生活和事迹。沂南汉墓的主人，生前大概是一位将军，所以在墓门的上方以最显著的位置雕刻着一幅精致的攻战图：一队占优势的汉朝步兵，正在战胜北方游牧民族的骑兵和步兵，而墓主则乘车在阵后督战，以表示这是他生前最值得纪念和宣扬的重要事迹（图8）[20]。沂南画像石墓与和林格尔壁画墓，可以并称为东汉画像石墓和壁画墓中的双绝。

图8 沂南汉墓石刻画像中的攻战图（局部）

图9 成都汉墓中的乐舞画像砖

东汉时，四川省境内的砖室墓，往往在墓室的砖壁上另嵌一种"画像砖"，作为装饰，故称"画像砖墓"。画像砖有正方形和长方形两种，砖上的画像都是趁泥坯未干时用模子印成，烧成后还有施加彩色的（图9）。画像的题材很广泛，既有讲经、宴饮、乐舞、车骑等地主官僚阶级的生活场面，也有收获、射猎、采桑、采芋、舂米、酿酒、煮盐等各种社会生产活动的情景，而后者具有浓厚的地方色彩。这种画像砖是成批制作的，所以常常可以在几个不同地方的墓中发现完全相同的砖。因此，画像的内容并不是直接与墓主人有关的[21]。此外，在四川各地，东汉时还普遍流行崖墓。它们系在山崖中开凿，规模大小各有不同，往往几十座墓聚集在一处，形成一片很大的墓地[22]。

以上所说，都是关于地下的墓室。在地面上，和前代比较起来，汉墓也有许多新的特点。在商代和西周，即使是规模很大的墓，地面上也没有坟丘，这就是《礼记·檀弓》的所谓"古者墓而不坟"。春秋晚期和战国时代，有些地区的大墓，已经在地面上筑有坟丘[23]，但从全国来说，还不很普遍。到了汉代，坟丘普遍流行。皇帝、贵族和官僚墓上的坟丘，如《盐铁论》所说，"积土如山"，要集中大量的人力，费很多的时间，才能筑成。坟丘的形状，多为截尖方锥状。据《汉书·卫青霍去病传》记载，卫青墓的坟丘像庐山，霍去病墓的坟丘像祁连山，则是特殊的例子。

战国时代，在诸侯陵墓的地面上，已有建"享堂"的，河南辉县固围村魏王墓和河北平山县中山国王墓便是例证[24]。到了汉代，地主官僚们则盛行在墓前设祠堂，并在墓域的前方立墓阙。郦道元的《水经注》中，有很多关于汉代祠堂和墓阙的记述。东汉墓前的祠堂和墓阙多用石材建成，所以有一直保留到今天的，山东肥城孝堂山的"郭巨祠"、嘉祥县（今济宁）的武氏祠和阙、四川新都县的王稚子墓阙和雅安县的高颐墓阙，是其中最有名的（图10）[25]。有的墓前还置立动物的立体石雕像，除上述武氏墓和高颐墓前的石兽外，近年来在各地还颇有新的发现[26]。墓前置石雕立体人像的，亦颇不乏例[27]。

图10 四川雅安高颐墓阙

从东汉开始，还流行在墓前立石碑，碑文记述墓主人的死亡日期和平生的主要事迹，加以宣扬，这就是所谓"树碑立传"[28]。从魏晋时期开始流行的墓志，就是从汉代的墓碑演变而来的。初期的墓志，如在洛阳发现的西晋太康八年（公元287年）的砖质墓志和元康七年（公元297年）的石质墓志，在形式上就和汉代的墓碑相似[29]。所不同的是，墓碑甚大，立在地面上，墓志较小，放在地下的墓室里。

中国古代，一般是棺椁并称，两者都属葬具。西汉前期的竖穴式木椁墓，仍然如此。但是，如同前面已经说过的那样，两汉中期以后的横穴式墓，特别是东汉的砖室墓和石室墓，墓室本身就起了椁的作用，可称为"砖椁"和"石椁"，而墓室内的葬具则有棺无椁。一般说来，除有些木椁墓里的棺材形状与战国时代的一样，前后两端的宽度、高度相等而外，汉代的木棺多是前端较宽较高，后端较狭较低。西汉时的木棺多用榫卯相接，"细腰"合盖，东汉则普遍使用铁钉，所以东汉刘熙在《释名·释丧制》中说"古者棺不钉也"。贵族们的木棺，采用上好木料，制作得十分精致、美观，极其奢侈。只要看过长沙马王堆一号汉墓的3具彩绘的漆棺，就可以知道《潜夫论·浮侈篇》所说"计一棺之成功将千万夫"之语不虚[30]。满城窦绾墓的漆棺，在棺盖和棺的外壁嵌饰圆形的玉璧20余块，在棺的内壁更满镶长方形或方形的玉版近200块，简直像是一具玉棺，其设计可能是出于对玉的迷信，以为可使棺内的尸体不朽[31]。

按照周代以来的丧礼，汉代出殡时张举着的一种旌幡，入葬时被覆盖在棺材上；旌幡长2米余，正与棺材的长度相等。在湖南长沙马王堆一号墓[32]、三号墓[33]和山东临沂金雀山九号墓中[34]，都发现了这种旌幡（图11）。长沙马王堆的2幅，上部较宽，全体呈T字形；临沂金雀山的1幅，上下等宽，全体成长方条状。它们都系由绢帛制成，绘有精致的彩色图画。图画的内容，自上而下分三段，分别表示天上、人间、地下。天上和地下，都是根据各种神话传说绘描的。前者主要是绘太阳和月亮，有时也有星辰，太阳中有金乌，月亮中有蟾蜍和玉兔，有时还有奔月的嫦娥；后者则绘各种怪异的水族动物，实际上是表示海底的"水府"。至于人间，则绘墓主人日常生活的情景，并突出地绘有他本人的肖像。上述长沙马王堆和临沂金雀山的3幅旌幡，由于有着细致、精美的彩色图画，所以称为"帛画"，被作为珍贵的艺术品而受到重视。类似的旌幡，在甘肃武威县磨咀子汉墓中也有发现，有的为丝织品，有的为麻织品，都系覆盖在棺上，它们或者完全没有图画，或者只简单地绘太阳和月亮，但都书写着墓主人的姓名和籍贯等，代替了上述帛画中的墓主人肖像，这便是所谓"铭旌"（图12）[35]。可以认为，在汉代的丧礼中，使用这种旌幡，是相当普遍的，只是由于它们都系丝麻织物，易于腐朽，所以没有被保留下来。长沙马王堆汉墓和临沂金雀山汉墓由于有特殊的防腐设施，武威磨咀子汉墓由于当地气候干燥，所以独能得到保存。

图11 马王堆一号汉墓出土的旌幡

图12 甘肃武威磨咀子汉墓出土的旌幡

尸体在棺内的放置，一般都采取仰身伸直的方式。战国时代在黄河流域各地流行的屈肢葬，到汉代已经绝迹。大概是为了企图使尸骨不朽，有时使用各种小玉具遮盖或充塞死者的七窍。塞在口中的称"琀"，往往被制成蝉的形状[36]。《汉书·杨王孙传》说："口含玉石，欲化不得，郁为枯腊"，这当然是不可信的（图13）。

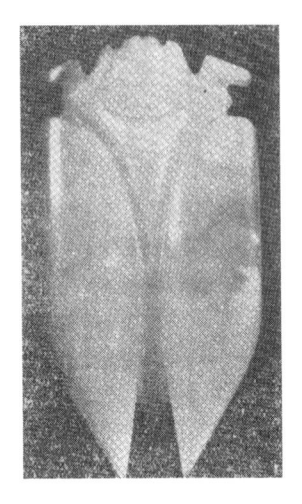

汉代皇帝和贵族，死时穿"玉衣"（又称"玉匣"）入葬。它们是用许多四角穿有小孔的玉片，用金丝、银丝或铜丝编缀起来的，分别称为"金缕玉衣"、"银缕玉衣"、"铜缕玉衣"[37]。解放以来，汉墓中所发现的玉衣已在10件以上，其中河北省满城西汉中山靖王刘胜及其妻窦绾的2件[38]、定县西汉中山孝王刘兴的1件[39]、江苏省徐州东汉彭城靖王刘恭的1件[40]、安徽省亳县东汉末年曹操的宗族曹某的1件[41]，共5件，已经完全复原（图14）。以满城汉墓的2件为例，刘胜的玉衣共用玉片2498片，金丝重1100克，窦绾的玉衣共用玉片2160片，金丝重700克，其制作所费的人力

图13 河北定县汉墓出土的玉琀

和物力是十分惊人的。从出土的实物，并结合文献的记载来看，西汉的玉衣似乎多属金缕，东汉的玉衣则有金缕、银缕、铜缕之分。据《续汉书·礼仪志》记载，皇帝用金缕，诸侯王和始封的列侯用银缕，其他多用铜缕，估计袭爵的列侯也在用铜缕之列。河北定县东汉中山简王刘焉的玉衣是鎏金的铜缕[42]，其等级可能与银缕的相当。迄今发现的完整的玉衣，以满城汉墓（武帝时期）的2件为最早。由于在陕西咸阳杨家湾五号墓（其年代在文帝或景帝时）中也发现了玉衣上的玉片[43]，可见西汉前期即已开始使用玉衣，以后一直沿袭到东汉。亳县董园村东汉末年曹氏墓中出土的玉衣，应该是年代最晚的。据《三国志·魏志》记载，魏文帝曹丕于黄初三年（公元222年）下令禁止用玉衣，而在实

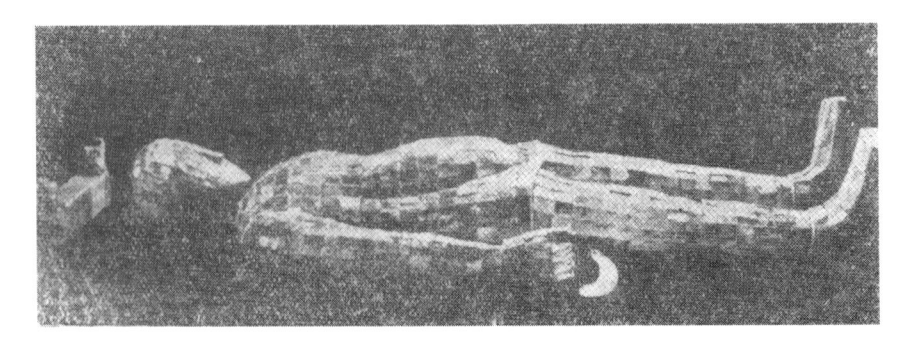

图14 满城刘胜墓中的玉衣

际的考古发掘工作中也没有发现过魏晋以后的玉衣，可见它的使用限于汉代。东汉的政府还以玉衣赠送给少数民族的首领。据《魏志·扶余传》记载，扶余国王葬时用玉衣，汉朝政府将玉衣存放在玄菟郡（其治所在今辽宁省沈阳附近），等扶余王死时派人前来领取。司马懿消灭割据辽东的公孙渊时，玄菟郡库房中尚存留玉衣1件。这时已在曹丕下禁令之后，但大概由于事关对少数民族的政策，所以是一种例外。以玉衣为葬服，其目的是企图保存尸骨不朽。《后汉书·刘盆子传》说，西汉诸帝陵墓内凡穿有玉衣的尸体都完好如生人，这当然是无稽之谈，不足为信。曹丕在下禁令时就说，用玉衣之类随葬是"愚俗之所为"。

长沙马王堆汉墓、江陵凤凰山汉墓等许多西汉前期的墓，与战国时代的许多墓一样，墓中存放着用竹简编成的簿册，记录着各种随葬品的名称和数量，根据《仪礼·既夕礼》"书遣于册"的记载，可以称之为"遣策"（图15）[44]。考古学家们按照"遣策"中的记录，可以了解当时各种器物的名称和用途。湖北云梦大坟头汉墓[45]、江苏海川霍贺墓[46]和侍其繇墓[47]中则有长方形的木版，书写着随葬器物的名称和数量，根据《仪礼·既夕礼》"书赗于方"的记载，可称之为"赗方"，其性质与"遣策"相似。发掘工作证明，直到三国和晋代，仍然流行这种"赗方"（图16）[48]、[49]。

图15 马王堆一号汉墓出土的遣策（局部）　　图16 南昌西晋墓中的赗方

注 释

[1] 史为:《长沙马王堆一号汉墓的棺椁制度》第 49~52 页,《考古》1972 年第 6 期。

[2] 纪南城凤凰山一六八号汉墓发掘整理组:《湖北江陵凤凰山一六八号汉墓发掘简报》第 2 页,图版第壹,《文物》1975 年第 9 期。

[3] 北京市古墓发掘办公室:《大葆台西汉木椁墓发掘简报》第 23~29 页,图版第肆,《文物》1977 年第 6 期。

[4] 中国科学院考古研究所等:《马王堆二、三号汉墓发掘的主要收获》第 48 页,《考古》1975 年第 1 期。

[5] 长沙市文化局文物组:《长沙咸家湖西汉曹𡟰墓》第 1~4 页,《文物》1979 年第 3 期。

[6] 山东省博物馆:《曲阜九龙山汉墓发掘简报》第 39~41 页,《文物》1972 年第 5 期。

[7] 中国社会科学院考古研究所等:《满城汉墓》第 14~17 页,图版第三,文物出版社,1978 年。

[8] 洛阳区考古发掘队:《洛阳烧沟汉墓》第 30 页,图版陆,科学出版社,1959 年。

[9] 洛阳博物馆:《洛阳西汉卜千秋壁画墓发掘简报》第 8~12 页,图版第壹~叁,《文物》1977 年第 6 期。

[10] 郭沫若:《洛阳汉墓壁画试探》第 1~5 页,《考古学报》1964 年第 2 期。

[11] 河北省文化局文物工作队:《河北定县北庄汉墓发掘报告》第 127~133 页,《考古学报》1964 年第 2 期。

[12] 河北省文化局文物工作队:《望都二号汉墓》第 2~5 页,文物出版社,1959 年。

[13] 北京历史博物馆等:《望都汉墓壁画》第 3~14 页,图版第捌、玖,中国古典艺术出版社,1955 年。

[14] 安金槐等:《密县打虎亭汉代画象石墓和壁画墓》第 52 页,图版第壹,《文物》1972 年第 10 期。

[15] 内蒙古自治区博物馆文物工作队:《和林格尔汉墓壁画》,文物出版社,1978 年。

[16] 周到等:《唐河针织厂汉画象石墓的发掘》第 26、第 27、第 33~36 页,《文物》1973 年第 6 期。

[17] a. 殷汝章:《山东安丘牟山水库发现大型石刻汉墓》第 55~59 页,《文物》1960 年第 5 期。

b. 山东省博物馆:《山东安丘汉画象石墓发掘简报》第 30~35 页,《文物》1964 年第 4 期。

[18] 山东省博物馆:《山东苍山元嘉元年画象石墓》第 124、第 125 页,《考古》1975 年第 2 期。

[19] 曾昭燏等:《沂南古画象石墓发掘报告》第 3~11 页,图版第五~七、第九~十六,文化部文物管理局,1956 年。

[20] 曾昭燏等：《沂南古画象石墓发掘报告》第12、第21页，图版第二十四、第四十九，文化部文物管理局，1956年。

[21] 刘志远：《四川汉代画象砖艺术》，中国古典艺术出版社，1958年。

[22] 刘志远：《成都天回山崖墓清理记》第88～93页，图版第壹、贰，《考古学报》1958年第1期。

[23] 湖北省文化局文物工作队：《湖北江陵三座楚墓出土大批重要文物》第33页，《文物》1966年第5期。

[24] a. 傅熹年：《战国中山王墓出土的兆域图及其陵园规制的研究》第113～115页，图版第壹，《考古学报》1980年第1期。

b. 杨鸿勋：《战国中山王陵及兆域图研究》第127～132页，《考古学报》1980年第1期。

[25] 陈明达：《汉代的石阙》第9～23页，《文物》1961年第12期。

[26] a. 孔次青：《山东曲阜孔林发现汉代石兽》第209页，《考古》1964年第4期。

b. 陶鸣宽等：《芦山县的东汉石刻》第41、第42页，《文物参考资料》1957年第10期。

[27] 王思礼：《山东邹县城东匡庄的古代石人》第49页，《文物参考资料》1956年第10期。

[28] 天津市文物管理处等：《武清县发现东汉鲜于璜墓碑》第68～70页，《文物》1974年第8期。

[29] 河南省文化局文物工作队第二队：《洛阳晋墓的发掘》第181～184页，《考古学报》1957年第1期。

[30] 湖南省博物馆等：《长沙马王堆一号汉墓》第13～27页，图版第二十六，文物出版社，1973年。

[31] 中国社会科学院考古研究所等：《满城汉墓》第26页，图版第三，文物出版社，1978年。

[32] 湖南省博物馆等：《长沙马王堆一号汉墓》第39～43页，图版第七十一，文物出版社，1973年。

[33] 中国科学院考古研究所等：《马王堆二、三号汉墓发掘的主要收获》第57页，图版第陆，《考古》1975年第1期。

[34] 临沂金雀山汉墓发掘组：《山东临沂金雀山九号墓发掘简报》第25、第26页，图版第壹，《文物》1977年第11期。

[35] 甘肃省博物馆等：《武威汉简》第148、149页，图版第二十三，文物出版社，1964年。

[36] 史为：《长沙马王堆一号汉墓的棺椁制度》第147～149页，图版第拾、第拾贰，《考古》1972年第6期。

[37] 史为：《关于金缕玉衣的资料简介》第48～50页，《考古》1972年第2期。

[38] 中国科学院考古研究所技术室：《满城汉墓金缕玉衣的清理和复原》第39～47页，《考古》1972年第2期。

[39] 河北省博物馆等:《定县40号汉墓出土的金缕玉衣》第57~59页,图版第肆,《文物》1976年第7期。
[40] 藤田国雄等:《中華人民共和国出土文物展図録》,图版第95,朝日新闻东京本社企画部,1973年。
[41] 安徽省亳县博物馆:《亳县曹操宗族墓葬》第36页,图第十九,《文物》1978年第8期。
[42] 史为:《长沙马王堆一号汉墓的棺椁制度》第149~151页,《考古》1972年第6期。
[43] 陕西省文管会等:《咸阳杨家湾汉墓发掘简报》第16页,《文物》1977年第10期。
[44] 中国科学院考古研究所:《长沙发掘报告》第55页,科学出版社,1957年。
[45] 湖北省博物馆等:《湖北云梦西汉墓发掘简报》第24页,图44、45,《文物》1973年第9期。
[46] 南京博物院等:《海州西汉霍贺墓清理简报》第183、第184页,图第五,《考古》1974年第3期。
[47] 南波:《江苏省连云港市海州西汉侍其繇墓》第175页,图第六,《考古》1975年第3期。
[48] 江西省历史博物馆:《江西南昌市东吴高荣墓的发掘》第226、第227页,图版第拾贰,《考古》1980年第3期。
[49] 江西省博物馆:《江西南昌晋墓》第375页,图版第捌,《考古》1974年第6期。

(本文原载《汉代考古学概说》,中华书局,1984年)

汉代的墓葬（下）

在汉代地主官僚阶级中流行的丧礼和葬俗，其中心思想之一，是把死人当作生人看待，即《论衡·薄葬篇》所说的"谓死如生"。所以，不仅在墓室的形制和结构上模仿现实生活中的房屋，而且在随葬品方面也尽量做到应有尽有，凡是生人所用的器具、物品，无不可以纳入墓中。《盐铁论·散不足》所谓"厚资多藏，器用如生人"，也正说明了这一事实。

首先，为了使死者能在另一世界继续过着美好的生活，各种各样的食物就成为主要的随葬品。以长沙马王堆一号汉墓为例，墓中发现的食物，包括稻米、小麦、大麦、黍、粟、大豆、赤豆等粮食，甜瓜、枣、梨、梅、杨梅、葵（冬苋菜）、芥菜、藕、笋等瓜果和蔬菜，猪、牛、羊、狗、鹿、兔等兽类，鸡、鸭、鹤、斑鸠、鸮、雁、喜鹊、麻雀、鸳鸯、竹鸡、雉等禽类，鲤鱼、鲫鱼、鳜鱼、银鲴、鳡鱼等鱼类[1]，它们多被制成饭、饼，烹调成各种羹肴，加上糖、蜜、酱、盐等调味品和各种酒类，其名称见于墓中的"遣策"，品类之繁，名目之多，举不胜举[2]。满城汉墓所葬中山靖王刘胜是以嗜酒出名的，在他和他的妻子窦绾的墓中有着30余个高达70厘米的大陶缸，有的缸上写着朱红色的文字，如云"黍上尊酒十五石"、"甘醪十五石"、"黍酒十一石"、"稻酒十一石"、"甘醪十石"等，出土时缸内都清楚地遗留着酒的痕迹，估计当时所装的酒共达5000多公斤，达到了惊人的程度（图1）[3]。《论衡·死伪篇》说，汉元帝傅后墓内多藏食物，腐朽猥发，改葬时发棺，臭气熏天，以致身临现场的洛阳丞闻臭而死。这是对当时统治

图1 满城汉墓中的大酒缸

图 2 马王堆一号汉墓出土的锦袍

阶级厚葬的莫大讽刺。

各种衣物和衣料，也是当时主要的随葬品。马王堆一号汉墓中的衣物，计有绵袍、夹袍、单衣、单裙、鞋、袜和手套等类，多系用丝绸制成（图 2），并有大量成幅的丝绸放置在大型的竹笥中，其种类包括绢、纱、罗、绮、锦和刺绣，质地精致，颜色鲜艳，花纹美丽[4]。可以认为，各地许多汉墓中都有不少衣物和衣料随葬，只是由于缺乏保存的条件，年久朽坏，没有能够遗留下来而已。有些汉墓，如江苏省海州的霍贺墓和侍其繇墓，虽然没有发现较多的衣物，但在它们的"赗方"中却记录着各种衣物的名称和数量，便是例证。

各种铜器、漆器和陶器，是汉墓中最常见的随葬品，它们主要是容器，当时应该是装有食物和饮料的。灯、熏炉、熨斗、奁、镜等生活用具及刀、剑等武器，也在墓中普遍地存在。装饰品方面，则有各种珠佩等类，其质料包括玉石、玛瑙、琥珀、水晶及金银等。总之，墓中随葬品的种类极多，不胜枚举。它们往往视墓主人的身份和财富的不同而有厚薄、多寡之分。但是，另一方面，随着时代的推移，社会情况和风俗的改变，随葬品的种类和性质也有所变化。总的说来，西汉前期和中期，贵族、官僚们往往主要是将生前实用的各种珍贵器物纳入墓中。值得注意的是，西汉中期以后，风气为之一变，专为随葬而作的陶质明器开始显著地增多。最初出现的是陶仓和陶灶，它们在秦和西汉前期即已存在，但普遍流行则在西汉的中期（图 3、图 4）。以后，诸如井、磨、猪圈、楼阁、碓房、田地等模型，以及猪、狗、羊、鸡、鸭等家畜和家禽的偶像，陆续出现，应有尽有，时代愈晚，特别是东汉以后，种类和数量愈多。在东汉的墓中，大量的随葬品主要是各种陶制容器和上述的各种陶质明器，而比较贵重的实用品如铜器和漆器等则反而逐渐减少，即使是官僚、贵族们的大墓亦不在例外。这说明随着庄园经济的发展，地主阶级对随葬品的观念已经有了改变。他们可能觉得，与其将一些有限的珍贵器物带到地下，还不如将庄园中的全部动产和不动产都制作成象征性的陶质明器，纳入墓中。

图 3　洛阳汉墓出土的陶灶　　　图 4　河南荥阳汉墓出土的陶仓

汉代的地主阶级，对土地的占有特别重视，这在随葬品方面也得到充分的反映。在属于西汉前期的江陵凤凰山一六七号墓中，发现了 1 块用绛红色绢布包裹着的土块，对照该墓的遣策，可知它的名称为"簿土"，意即在官府的簿册中经过登记的合法的土地；土块呈长方形，长 20 厘米、宽 14 厘米、厚 12 厘米，它被放在墓中随葬，象征着墓主人对土地的占有权[5]。凤凰山八号墓和一六八号墓，据遣策的记录，也有同样的簿土[6]；八号墓的竹笥中有泥土一堆，应该便是它的实物[7]。到了东汉，则又盛行用陶质的田地模型随葬，其含意正与上述用"簿土"随葬相同（图5）。

图 5　广东连县汉墓出土的陶水田模型

自商代、西周以来，直至战国时代，在统治阶级的陵墓附近，往往另设坑穴，埋置车马。在西汉中期的贵族墓中，仍然有用真车、真马随葬的，满城的中山靖王墓、曲阜的鲁王墓和北京大葆台的燕王墓便是例证[8],[9]。但是，到了西汉晚期，特别是东汉，一般也都用木制或陶制的车的模型和马的偶像来代替了。杀人殉葬在法律上已被禁止，这可以从《汉书·赵敬肃王传》等记载得到说明。所以，除了个别例外，汉墓中已无人殉的现象，而是用木俑或陶俑随葬，作为奴婢的替身。

图6 咸阳杨家湾汉墓的骑马陶俑

陕西省咸阳市杨家湾四号墓和五号墓，年代相当于西汉的文帝和景帝时期，墓主人可能是当时重要的将领。有人根据《水经注》的记述，认为它们也许是周勃、周亚夫父子二人的墓。在墓的南面附近，设有10个坑穴，埋藏着大量的陶俑（图6），其中步兵俑共1800余，骑兵俑共580余，士兵们手执武器，身被铠甲，行列整齐有序[10]。在汉代，重要的将领死后，朝廷给以隆重的礼遇，用军阵送葬。杨家湾汉墓的庞大的陶俑群，正是这种军阵的模拟。

虽然在大多数汉墓里用以随葬的车的模型和人、马的偶像是木制或陶制的，但也不无例外。在甘肃省武威县雷台汉墓中，随葬着一批铜质的车马模型和兵士、奴婢的铸像，便是最突出的一例[11]。如前所述，在东汉砖室墓的壁画中，常有车马出行图。雷台汉墓中没有这种壁画，却用铜质的车的模型和人、马的偶像来模拟出行时的行列，前面是手执矛、戟的骑马武士，后面则是各种车辆以及御车、牵马和随从的奴婢，共计武士17人、奴婢28人、马39匹、车14辆，排列起来，颇为壮观，可以说是别出心裁。当然，这要耗费很大的人力和物力。东汉后期，边郡的大吏和将领们往往拥有很大的财富和权力，可以在当地为所欲为，雷台汉墓正反映了这种情形。

在长江流域和南方地区，水上交通发达，所以除了车马之外，船的模型也成为墓中的随葬品。在江陵的西汉前期墓[12]、[13]、长沙和广州的西汉后期墓中[14]、[15]，都曾发现木船的模型，在广州的东汉墓中还曾发现陶船的模型[16]。这些木船和陶船模型，都制作得相当细致，形状和结构逼真。有的模型显示了是用于运输的船，它们在墓中随葬，可能与墓主人从事商业活动有关（图7）。

大概是由于对货币的重视在汉代已日益加深，所以在墓中用铜钱随葬已成为风气。即使是贵族、官僚们的大墓，墓中有着各种各样贵重的随葬品，也免不了要再添上一些铜钱，作为财富的象征。西汉时，虽然已盛行用铜钱随葬，但所用铜钱的数量往往并不很多，到了东汉，才逐渐增加。上述东汉后期的雷台汉墓，随葬铜钱竟达28000余枚之多[17]。有的地区，例如在湖南省的长沙一带，除了铜钱以外，还盛行用泥质的冥钱随葬。必须指出，这并不是出于墓主人的节约，而是一种风俗。马王堆汉墓随葬着大量珍贵的器物，但却用泥钱来代替铜钱，便是最好的说明（图8）[18]。

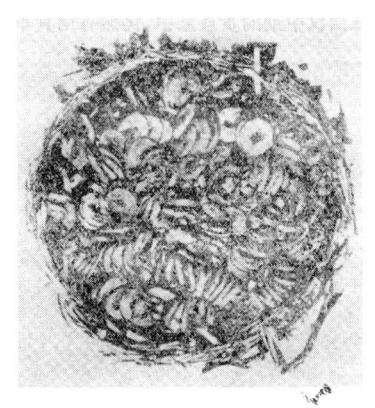

图7 广州汉墓出土的陶船　　图8 马王堆一号汉墓出土的泥钱

汉代的贵族、官僚和地主们，往往喜欢用书籍随葬。当时的书籍，有的书写在丝织品上，称为帛书，有的书写在竹简和木牍上，可称之为竹书和木书。解放以来，在汉墓中发现的帛书、竹书和木书，已经达到相当大的数量。例如，湖南长沙马王堆西汉墓中发现《老子》、《易经》、《战国策》等帛书（图9）[19]，安徽阜阳双古堆西汉墓中发现《诗经》、《苍颉篇》等竹书[20]，山东临沂银雀山西汉墓中发现《孙子兵法》、《孙膑兵法》、《晏子春秋》等竹书（图10）[21]，甘肃武威磨咀子东汉初期墓中发现《仪礼》的木书[22]，武威旱滩坡东汉初期墓中发现有关医药的木书[23]，它们都是十分珍贵的文物。上述这些西汉和东汉的墓，有的由于有特殊的防腐设施，有的由于墓穴较深而使棺椁被长期浸泡在地下水中，有的则由于当地气候干燥，所以墓中的书籍能够得到保存。可以认为，汉代用书籍随葬的风气是相当普遍的，只是由于大多数的墓不具备保存书籍的条件，所以没有能够遗留下来而已。

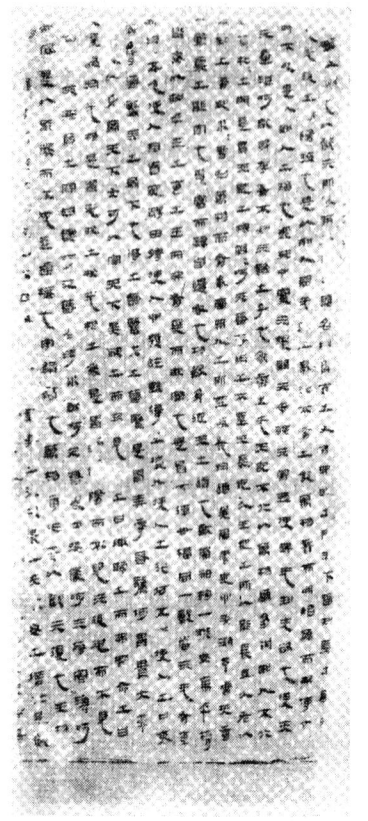

图9 马王堆三号墓
出土的帛书（《老子》）

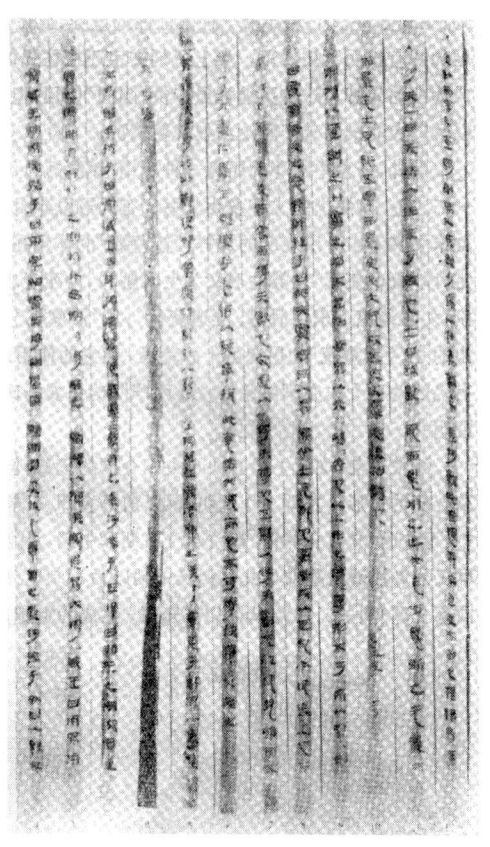

图10 临沂银雀山汉墓
出土的竹书（《孙膑兵法》）

汉代的地主官僚阶级，还流行用印章随葬，有的为私印，有的为官印。仅就湖南省长沙一地而言，近20余年来，汉墓中出土的各种印章已有近百枚之多，可见当时用印章随葬的风气之盛[24]。在长沙马王堆二号汉墓中，发现了3枚印章，印文分别为"轪侯之印"、"长沙丞相"和"利苍"，前二者为铜质鎏金，后者为玉质，它们的发现确定了墓主人的姓名和身份[25]。在汉代，使用印章的虽多为男子，但亦颇有例外。满城二号汉墓所葬为中山靖王刘胜之妻，墓中出土的铜印刻有"窦绾"、"窦君须"字样，便是一例[26]。

在东汉的墓中，有时还随葬着一种买卖墓地的契约，多数是刻在长条状的铅板上，称为"买地券"[27]。它是作为一种象征性的证券，放在墓里，使得死者有所凭持，以保证对墓地的所有权而不被侵犯，券上所刻文字还往往强调要将墓地范围内所埋葬的其他死者都成为他的奴婢。这种买地券虽专供"阴间"使用，但也反映了现实生活中土地兼并的激烈，以及广大农民因破产而沦为奴婢的情况。

此外，在墓中随葬的还有一种所谓"镇墓瓶"，流行于东汉中期，特别是东汉的后期（图11）。陶瓶上的文字多为朱书，有的冠以年月日，最后都以"如律令"的字样结束[28]。如朱书文字本身所表明的那样，"镇墓瓶"的作用在于使生人的家宅安宁，使死者的冢墓稳定，以"天帝使者"之类的名义为生人解罪，为死者求福，安慰并约束亡灵，使其认识死生有别，勿事纠缠。东汉后期，巫道流行。从"镇墓瓶"上的文字看来，当与巫术有关。应该指出的是，"镇墓瓶"的用意虽十分荒诞，但它的使用却相当普遍，即使是官僚地主阶级中极有名望的士大夫亦不能免俗。陕西华阴的弘农杨氏墓中也有这种"镇墓瓶"的存在，便是证明[29]。

汉代以前，文献上虽有关于夫妇合葬的记载，但在考古发掘工作中迄今极少发现有同墓合葬的情形。发掘工作证明，汉以前的合葬，一般是夫妇分别葬于两个并排紧靠的墓坑中，可称为"异穴合葬"。直到西汉前期和中期，夫妇合葬仍然多采用这种方式，长沙马王堆汉墓和满城汉墓即如此。西汉中期以后，制度为之一变，除帝陵以外，逐渐流行夫妇同墓合葬（图12），从此以迄东汉，遂成为定制，绝少例外。横穴式的、砖石结构的墓室，为同墓合葬提供了方便。

图11　洛阳汉墓出土的镇墓瓶　　图12　洛阳西汉墓中的夫妇合葬

汉代的庄园经济，使地主阶级的家族关系十分紧密，东汉时尤其如此。表现在丧葬制度上，家族的墓地往往被长期延续，一家数世，父子兄弟并葬。死在异乡的人，即使是千里迢迢，也必须归葬于故乡的家族墓地，即所谓"归旧茔"。在这方面，陕西华阴的弘农杨氏家族墓地是一个典型的例子。汉代弘农杨氏是一个有名的家族，其在华阴的墓地也长期受到世人的重视，墓地上树立的石碑还曾经在唐宋以来的书籍中被著录。1959年的发掘工作证明，杨氏墓地中共有7座墓，排列整齐，自东而西按辈分定次序，分别埋葬着杨震、杨牧、杨让、杨统、杨著、杨馥和杨彪，祖孙四代，前后相继，竟达百年之久[30]。

汉代统治阶级的坟墓，以帝陵为最高级，其规模之大则又远非一般贵族、官僚的坟墓所能比。西汉的帝陵，除文帝的"霸陵"和宣帝的"杜陵"在长安城的东南郊，其余九陵都在长安西北方渭水北岸的高原上（图13）[31]。东汉的帝陵，除光武帝的"原陵"多认为是在洛阳北面的孟津以外，其余诸陵的位置尚难确定，但估计有不少是在洛阳北面和西面的邙山[32]。大概西汉帝陵的形制系模仿秦始皇陵，而东汉的帝陵则又系承袭西汉的制度。由于未经发掘，所以对汉代帝陵的了解只限于地面上的建筑。除西汉文帝的"霸陵"系依山为陵以外，其余的帝陵都有用夯土筑成的截尖方锥状的巨大坟丘。陵园的范围很大，平面呈正方形，以坟丘为中心，四面筑围墙，每面围墙的正中设1门，四面共4门。陵园建寝殿和便殿，陵旁立庙，以供奉、祭祀。以规模最大的汉武帝的"茂陵"为例，据1962年的勘察所知，陵园东西长430米，南北宽414米，大约为当时的1里见方，围墙厚约6米；陵园正中的坟丘，每边长260米，高46米，可称宏伟之极（图14）[33]。在皇帝陵园的附近，往往有许多功臣、贵戚陪葬，称为陪陵。汉武帝"茂陵"的附近有卫青、霍去病墓，稍远处则有霍光的墓，它们都系陪葬墓[34]。在汉高祖"长陵"的东北方，已发现的陪葬墓达70余座之多，前面说过的杨家湾四号墓和五号墓便是其中已经发掘的2座[35]。汉代皇帝即位之后，就开始经营自己的陵墓，称为寿陵。为了建筑寿陵和筹备各种珍贵的随葬器物，据说要耗费全国贡赋收入的三分之一，达到了惊人的程度。少府属官中有东园匠，它与考工室、右工室并称为三工官；东园匠专门为皇帝制作丧葬用品，诸如棺椁、金缕玉衣及各种明器之类，称为"东园秘器"，每年所费达数千万。

图13 西汉诸陵位置图

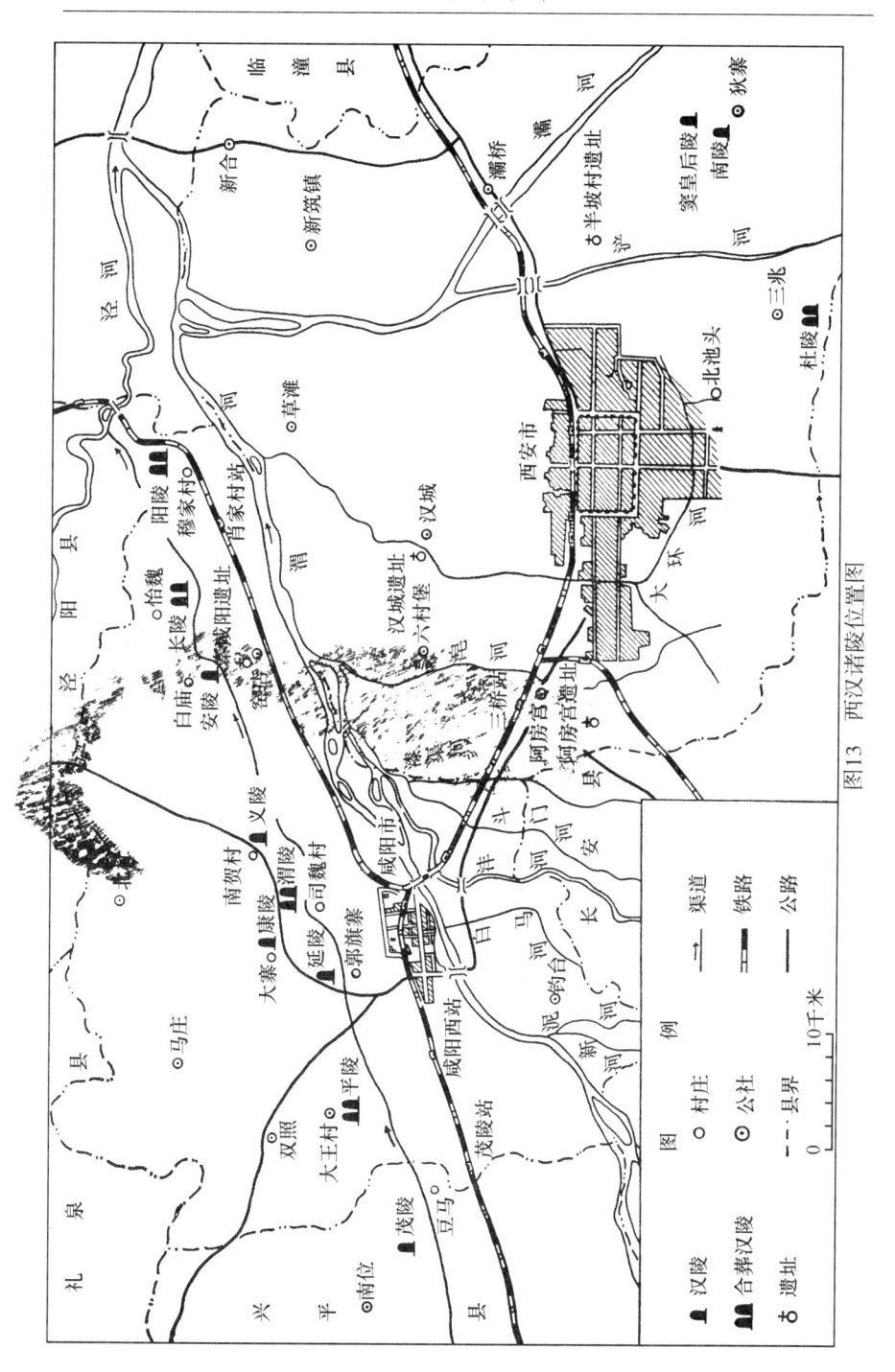

图14　汉武帝茂陵

在统治阶级的残酷剥削和压迫下,汉代的农民往往因破产而沦为奴婢,或被判罪而成为刑徒。刑徒们被强迫从事各种繁重的体力劳动,除了在官营的手工业作坊中充当各种粗杂工以外,还被大批地投入诸如修路架桥、开凿栈道、治水挖河、筑城、建宫殿和造陵墓等工程中。两汉的帝陵,与秦始皇陵一样,往往是从全国各地集中数以万计的刑徒来营建的。1972年,在陕西省咸阳市汉景帝"阳陵"西北约1.5公里处,发现了一片丛葬的墓地,经勘探,面积达8万平方米,埋葬着筑陵的刑徒,估计人数在万人以上[36]。墓坑排列无序,有的呈长方形,有的不成形状,坑内或埋1人,或埋多人。发掘出来的尸骨,有在颈上带铁钳的,有在脚上带铁钛的,证明他们是刑徒无疑,刑罚的性质属于所谓"髡钳"。可以肯定,这些刑徒是带着刑具参加劳动的。《史记·景帝本纪》说"免徒隶作阳陵者",《汉书·景帝纪》说"赦徒作阳陵者死罪",都说明了在"阳陵"的营建工程中所用的劳动力主要是刑徒。考古发掘工作的结果,正与文献的记载相合。规模宏伟的帝陵,正是建筑在成千上万的奴隶们的尸骨之上,生动而形象地说明了统治阶级的残酷!

在河南省偃师县西大郊村,离东汉的首都雒阳城遗址约2.5公里处,存在着另一处属于东汉中期的埋葬刑徒的墓地。长期以来,附近的农民们在掘地翻土时,常常发现尸骨,因而称其地为"骷髅沟"。早在20世纪初期,这里出土的一些称为"刑徒砖"的刻有文字的砖块已被作为一种古物，著录在有关的书籍中，引起研究者的注意。墓地的面积，在 5 万平方米以上。1964 年，发掘了其中约 2000 平方米，发现了刑徒墓 500 余座[37]。刑徒们的墓是一个长方形的土坑，长约 2 米，宽约 0.5 米，深不足 1 米，仅能容身。它们被紧紧地排列在一起，相互之间没有什么余地（图 15）。刑徒们的性别，男的占 96%，女的占 4%，绝大多数是青壮年，尸骨上往往有明显的劳损痕迹。除少数墓内有一两枚铜钱之外，绝大多数

图 15　洛阳东汉刑徒墓地（局部）

的墓没有任何随葬品。墓中放置一两块残缺的砖，砖面上刻文字，记明刑徒所属的监管机构、有无技能、是否戴刑具、来自何处监狱、编制组织、死亡日期，刑罚的名称有"髡钳"、"完城旦"、"鬼薪"、"司寇"等，而以前二者为绝大多数（图 16）。对砖文的研究说明，刑徒中绝大多数是劳动人民，贵族、官吏被判罪而成为刑徒的极少。他们从全国各地的监狱被押送到雒阳，被强制从事各种劳役。发掘出来的 500 余座墓，年代自东汉安帝永初元年（公元 107 年）至永宁二年（公元 121 年），前后不到 14 年。这说明了繁重的劳动、极端低劣的生活条件，使刑徒们不断死亡，而被草率埋葬在一个仅能容身的浅坑中。过不了几年，他们的尸骨往往又从墓坑中被掘了出来，以便另葬新死的刑徒。

除了上述的刑徒墓以外，汉代贫富悬殊、阶级对立的情形也可以在其他的墓葬方面得到生动的说明。例如，1955 年在河南省洛阳市发掘了一批西汉后期至东汉后期的贫民墓。墓地离当时的河南县城甚远，处在低洼地带。死者的葬具都很简陋，有的使用陶棺，有的用砖块稍加垒砌，有的则用瓦片覆盖，甚至根本没有葬具，以身亲土（图 17）。随葬品极为贫乏，往往仅有几件粗陋的陶器或几枚铜钱[38]，这与以上所说的皇帝、贵族、官僚、地主们的陵墓形成了鲜明的对比。

图 16　洛阳东汉刑徒墓砖　　　　图 17　洛阳汉代平民墓

注　释

[1]　湖南省农学院等:《长沙马王堆一号汉墓出土动植物标本的研究》,文物出版社,1978年。

[2]　湖南省博物馆等:《长沙马王堆一号汉墓》第 130 ~ 142、第 154、第 155 页,图版第十一、第二一九 ~ 二二二,文物出版社,1973年。

[3]　中国社会科学院考古研究所等:《满城汉墓》第 40、第 41 页,图版第五,文物出版社,1978年。

[4]　湖南省博物馆等:《长沙马王堆一号汉墓》第 46 ~ 75 页,图版第七八 ~ 一五二,文物出版社,1973年。

[5]　凤凰山一六七号汉墓发掘整理小组:《江陵凤凰山一六七号汉墓发掘简报》第 35 页,《文物》1976 年第 10 期。

[6]　吉林大学历史系考古专业:《凤凰山一六七号汉墓遣策考释》第 41 页,《文物》1976 年第 10 期。

[7]　金立:《江陵凤凰山八号汉墓竹简试释》第 74 页,图版第玖,《文物》1976 年第 6 期。

[8]　山东省博物馆:《曲阜九龙山汉墓发掘简报》第 41、第 42 页,《文物》1972 年第 5 期。

[9]　北京市古墓发掘办公室:《大葆台西汉木椁墓发掘简报》第 23 页,图版第肆,《文

物》1977 年第 6 期。
- [10] 展力等：《试谈杨家湾汉墓骑兵俑》第 22~26 页，《文物》1977 年第 10 期。
- [11] 甘肃省博物馆：《武威雷台汉墓》第 90~97 页，图版叁~玖，《考古学报》1974 年第 2 期。
- [12] 纪南城凤凰山一六八号汉墓发掘整理组：《湖北江陵凤凰山一六八号汉墓发掘简报》第 5 页，《文物》1975 年第 9 期。
- [13] 长江流域第二期文物考古工作人员训练班：《湖北江陵凤凰山西汉墓发掘简报》第 48、第 49 页，《文物》1974 年第 6 期。
- [14] 中国科学院考古研究所：《长沙发掘报告》第 154~160 页，图版第壹零叁，科学出版社，1957 年。
- [15] 广州市文物管理委员会：《广州皇帝冈西汉木椁墓发掘简报》第 27 页，《考古通讯》1957 年第 4 期。
- [16] 广州市文物管理委员会：《广州东郊东汉砖室墓清理纪略》第 64 页，图版第壹，《文物参考资料》1955 年第 6 期。
- [17] 甘肃省博物馆：《武威雷台汉墓》第 104、第 105 页，《考古学报》1974 年第 2 期。
- [18] 湖南省博物馆等：《长沙马王堆一号汉墓》第 126 页，图版第二二六、第二二七，文物出版社，1973 年。
- [19] a. 中国科学院考古研究所等：《马王堆二、三号汉墓发掘的主要收获》第 48~55 页，《考古》1975 年第 1 期。

  b. 马王堆汉墓帛书整理小组：《马王堆汉墓帛书》（壹）、（贰）、（叁），文物出版社，1974 年。
- [20] 安徽省文物工作队等：《阜阳双古堆西汉汝阴侯墓发掘简报》第 15 页，图版第贰，《文物》1978 年第 8 期。
- [21] a. 山东省博物馆等：《山东临沂西汉墓发现孙子兵法和孙膑兵法等竹简的简报》第 16~18 页，图版壹~捌，《文物》1974 年第 2 期。

  b. 银雀山汉墓竹简整理小组：《银雀山汉墓竹简》（壹），文物出版社，1975 年。
- [22] 甘肃省博物馆等：《武威汉简》，文物出版社，1964 年。
- [23] a. 甘肃省博物馆等：《武威旱滩坡汉墓发掘简报》第 18~21 页，图版壹~肆，《文物》1973 年第 12 期。

  b. 甘肃省博物馆等：《武威汉代医简》，文物出版社，1975 年。
- [24] 周世荣：《长沙出土西汉印章及其有关问题研究》第 271~279 页，《考古》1978 年第 4 期。
- [25] 湖南省博物馆等：《长沙马王堆二、三号汉墓发掘简报》第 40 页，图版第拾伍，《文物》1974 年第 7 期。
- [26] 中国科学院考古研究所满城发掘队：《满城汉墓发掘纪要》第 17 页，《考古》1972 年第 1 期。
- [27] 鲁波：《汉代徐胜买地铅券简介》第 60~62 页，《文物》1972 年第 5 期。
- [28] 中国科学院考古研究所：《洛阳中州路》第 134 页，图版捌捌，科学出版社，1959 年。

[29] 陕西省文物管理委员会：《潼关吊桥汉代杨氏墓群发掘简记》第59页，《文物》1961年第1期。

[30] 王仲殊：《汉潼亭弘农杨氏冢茔考略》第33~38页，《考古》1963年第1期。

[31] 足立喜六：《长安史迹考》（中译本）第63~86页，商务印书馆，1935年。

[32] 李健人：《洛阳古今谈》第309、第310页，河洛印刷所，1936年。

[33] 陕西省文物管理委员会：《陕西兴平县茂陵勘查》第86~89页，《考古》1964年第2期。

[34] 茂陵文物保管所等：《茂陵和霍去病墓》第87~89页，图版第叁，《文物》1976年第7期。

[35] 陕西省文管会等：《咸阳杨家湾汉墓发掘简报》第10页，《文物》1977年第10期。

[36] 秦中行：《汉阳陵附近钳徒墓的发现》第51~53页，《文物》1972年第7期。

[37] 中国科学院考古研究所洛阳工作队：《东汉洛阳城南郊的刑徒墓地》第2~17页，图版第肆、第伍，《考古》1972年第4期。

[38] 河南省文化局文物工作队：《1955年洛阳涧西区小型汉墓发掘报告》第75~89页，图版第壹、贰，《考古学报》1959年第2期。

（本文原载《汉代考古学概说》，中华书局，1984年）

沂南石刻画像中的七盘舞

华东文物工作队在山东省沂南县清理了1座规模宏大的石室墓，墓里有着许多精美、生动的石刻画像。其中，中室东面石刻画像的内容是当时的舞乐和杂伎；在这些舞乐和杂伎中，最值得我们讨论的是石刻左部所见的"七盘舞"。

汉及魏晋的舞伎中，有一种踏盘之舞，在当时的辞赋诗歌里常常提到。例如，王粲《七释》说：

　　七盘陈于广庭，畴人俨其齐侯。（《文选·舞赋》注）

卞兰《许昌宫赋》说：

　　与七盘其递奏，觐轻捷之翾翾。（《文选·舞赋》注）

陆机《日出东南隅行》（或曰《罗敷艳歌》）说：

　　丹唇含九秋，妍迹陵七盘。（《文选》）

宋鲍照的《数诗》中也说：

　　七盘起长袖，庭下列歌钟。（《文选》）

所说的盘都是7个，所以称这种舞伎为七盘舞。唐章怀太子注《后汉书·边让传》，李善注《文选·傅仲武舞赋》，都引到汉张衡赋中"历七盘而屣蹑"的句子，而称张衡的赋为七盘赋或七盘舞赋，可见七盘舞的名称在当时已经存在了（百衲本《后汉书》注作"七盘赋"，可能系"七盘舞赋"之误）。

从以上所引的这些诗赋中，我们可以想见七盘舞的情形。表演时，先在广庭上放置着7个盘。舞者着长袖的舞衣。根据当时诗赋中更详细的记述，知道在舞蹈时是边舞边歌的。舞蹈的动作非常轻捷、灵巧，舞者在7个盘的周围徘徊、周旋，或缓或速；时或凌驾在盘上，踏来踏去，却一点也不会把盘踏坏。这是一种极其优美、愉快的舞蹈。不用说，舞蹈时并有各种音乐作伴奏。

七盘舞最重要之处，当然是在置于地上的7个盘。以前发现的武氏祠前室第7石所刻舞人之旁有1个盘盂，据《金石索》作者冯云鹏说，亦系舞所用；但究竟如何，不能确定。又武氏祠左石室第3石上刻有1个人在盘上舞蹈，但所能见到的盘是5个，不是7个，而且这5个"盘"到底是不是盘还有问题。要之，在这以前，由于没有充分的实物资料可以作证，对于七盘舞的了解是不够明确的。

沂南石室墓的石刻画像上很明显的刻画着七盘舞。如画像所示，在地面上有7个盘，分列为两排，一排3个，一排4个，都系倒覆在地上；它们的大小、形状和纹饰，看来都是一致的。在这7个盘的左侧，有1个人在舞蹈，从他的衣冠、服饰看起来，应该是个男子，唇上、口侧仿佛还有髭须。舞者头上戴冠，冠上的两条垂带似乎系结在领下，其垂余则因舞动而飘拂，增加了舞姿的美好。所穿的舞衣像是长袖的，从袖中又好像飘出两条带状的东西，这种东西在有名的辽阳汉墓壁画中的舞者身上也可以见到。衣裳因舞动而掀起，露出里面的裤。从舞者的右足看来，足上所穿像是靴；裤的下端塞进靴里，舞蹈时也许可以避免碍足。舞蹈者的姿态刻画得极其生动，真如傅毅《舞赋》中所说"若俯若仰，若来若往"的样子。他的头回转过来，仿佛在顾盼着地上的7个盘。毫无疑问，他正在表演着优美、动人的七盘舞（图1，图2）。

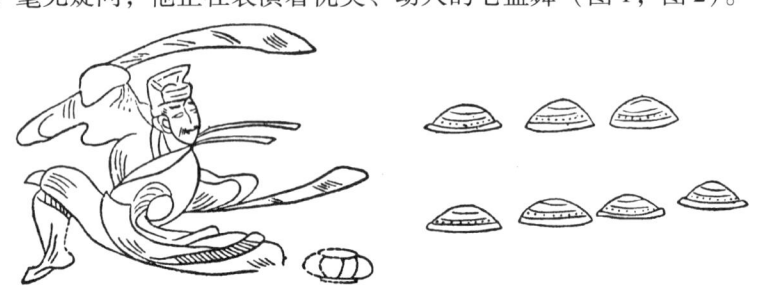

图1 沂南石刻画像中的七盘舞（舞者与七盘、一鼓）

在舞者的对面，有三列坐在席上的乐人。第一列5人，在拊鼓，但鼓的数目却只有4个，这是值得注意的。第二列5人，1人在击鼓，1人在吹壎，3人在吹箫。第三列4人，1人在抚琴，1人在吹壎，1人在吹笙；另1人不持乐器，拱手默坐。此外，在这些乐人的右侧，自近及远，1人立着在击大鼓，1人立着在撞钟，1人坐在席上在击磬；大鼓1个，钟2个，磬4个，支置或悬垂在所谓簨簴上（在图2上磬仅见2个又半，垂磬之簴仅见其半，坐席击磬的乐人未见）。所有这许多乐人，组成了盛大的伴奏乐队（图2）。

图2 沂南画像石墓中室东面石刻（左部）

除了七盘舞的舞者以外，在邻近还有人在表演晋陆翙《邺中记》上所说的"额上缘橦"，也有一人在表演飞剑的伎艺。因此，从石刻画像上平面地看起来，我们不能确定前面所说的那些乐人究竟是在为谁做伴奏；要说那些乐人是在为表演者的全体作伴奏，当然也是可以的。但是，我们猜想，乐人们的主要伴奏对象恐怕不在表演额上缘橦和飞剑的人，而是在于七盘舞的舞者。

刊载在《文物参考资料》（1954年第8期）上的《山东沂南汉画像石墓》一文的笔者，大概是从画像石上平面地看到了7个覆盘系在表演额上缘橦（类同唐代所称的戴竿）的赤膊壮汉的脚下，从而认为这些盘可能与戴竿戏有关[1]，这恐怕是不正确的。因为，我们知道，汉或魏晋所称的寻橦在李尤的《平乐观赋》[2]、张衡的《西京赋》[3]、傅玄的《正都赋》[4]及陆翙的《邺中记》[5]等文献中都有相当详细的记述，实物的资料则如山东孝堂山第7石的画像也可以参考[6]；唐代所称的戴竿在姚汝能的《安禄山事迹》[7]、郑处诲的《明皇杂录》[8]等笔记中也有提到，具体的物例则有日本正仓院所藏的弹弓漆画可以对照[9]，但是无论那里都没有踏盘的情形。至于所说舞者左上方的5个圆丸，则大概系属于表演飞剑的人；所谓飞剑、跳丸，本来是性质类同的伎艺，在汉晋诸赋中往往被同时提到,以前发现的画像石中且有丸、剑并跳的实例[10],可以作证。

沂南画像石上所刻画的七盘舞,还有值得注意之处是舞者的左足近旁有1个鼓,这是必须指出来的(图1,图2)。石刻在这里大概是略为损缺了一些,拓片不大清楚;但是,仔细观察的结果,我们仍然可以发现鼓的存在,而且不难看出它的形制和乐人所拊的没有什么两样。前面说过,第一列坐在席上拊鼓的乐人共有5个,但鼓的数目却只有4个(最后1个乐人,右手持短棒,但左手仍在拊鼓)。所以,我们怀疑舞者足旁的1个鼓也许是临时从拊鼓的乐人那里移挪过来的,固然这只是出于一种猜测而已。总之,我们在这里知道了演出七盘舞时,除了7个必需的盘以外,还须为舞者安置至少1个鼓。关于这一点,我们觉得王粲的《七释》和卞兰的《许昌宫赋》是说得很清楚的。《七释》说:

> 七盘陈于广庭,畴人俨其齐俟,揄皓袖以振策,竦并足而轩跱,邪睨鼓下,优音赴节,安翘足以徐击,驭顿身而倾折。(《文选·舞赋》注)

《许昌宫赋》说:

> 振华足以却蹈,若将绝而复连,鼓震动而不乱,足相续而不并,婉转鼓侧,蜿蛇丹庭,与七盘其递奏,观轻捷之翾翾。(《文选·舞赋》注)

可见鼓在这里的作用是置于舞者身旁,用足徐徐蹈击,为舞作节,两赋所述与我们在画像石上所见正相一致。

七盘舞到唐代想来是已经绝迹了,因此连博学的李善对它也显得不大熟识。但是,他在注《文选·傅武仲舞赋》时,根据各家辞赋中的记述,知道这种舞伎在表演时既有盘,又有鼓,是"舞人更递蹈之而为舞节",则是相当正确的。至于他虽然称张衡的赋为七盘舞赋,却把七盘舞称为般鼓之舞,表示有盘有鼓,而没有明确地、强调地把七盘之数提出来,似乎还是有些欠妥当。

赵邦彦先生曾经写过一篇题为《汉画所见游戏考》的文章,在那篇文章里,他对汉代的舞乐和杂伎作了相当详细的论证。但是,由于欠缺足够的实物资料可供参考,对于七盘舞的了解却是很不清楚。他知道"汉人舞有踏鼓之事",也看到汉晋诸赋中"言舞必多及鼓",

又由于他在汉画中看到了踏鼓之舞而从未看到踏盘之舞，于是怀疑汉晋诸赋中所说的般（盘）都系鼓，强调了踏鼓，忽视并否定了踏盘，从而根本没有说到当时有像七盘舞那样的踏盘之舞的存在[11]，这当然是不对的。我们觉得沂南石刻画像的发现，可以对他的文章加以修正与补充。

沂南画像石室墓的年代大概属于魏晋，早到汉末的可能性不大，晚到北魏的可能性更小[12]，这是相当明确的。但是，由于这一部分石刻画像的发现，结合文献上的记述，却证实了至少是在从东汉中叶到南北朝初期，包括魏晋在内的一段相当长的时期里，确曾有过一种可以称为七盘舞的舞伎。石刻的发现不仅消除了以往对七盘舞了解不够和怀疑，而且为七盘舞提供了最真实、最生动的材料，补充文献上记述的不足。例如，七盘舞所用的 7 个盘究竟是仰置的，还是覆置的，在文献上没有提到；现在，我们确切地知道这些盘都是覆置的；事实上，也唯有覆置才适合于我们优秀的舞蹈家的舞踏。

我国的舞乐和杂伎，有着悠久的历史和优良的传统。我们古代的艺术家们曾经有过各种卓越的创造和光辉的成就。这些创造和成就，虽然不断地被流传并在继续地被发扬着，但是在过去的封建时代中却也有一部分遭到失传和埋没。今天，随着祖国经济建设的高潮，文化和艺术方面也得到了空前的发展；在推陈出新的时候，当然也应该更好地去了解古代曾经有过的各种优秀的艺术。考古研究者通过自己的工作，是极有可能在这方面提供材料的，沂南石刻画像的发现便是许多例子中的出色的一个。

注　释

[1]　蒋宝庚、黎忠义：《山东沂南汉画像石墓》第 41 页，《文物参考资料》1954 年第 8 期。
[2]　李尤：《平乐观赋》卷 63 第 11 页，《艺文类聚》宏达堂校梓本。
[3]　张衡：《西京赋》卷 2 第 32 页，《文选》四部丛刊本。
[4]　傅玄：《正都赋》卷 61 第 24 页，《艺文类聚》宏达堂校梓本。
[5]　陆翙：《邺中记》卷 1 第 7 页，榕园丛书辑本乙集，商务印书馆。
[6]　EDOUARD CHAVANNES（沙畹）：NISSION ARCHEOLOGIQUE DANS LA CHINE SEPTENTRIONALE（中国北部考古记），1909，PL. XXVIII.
[7]　姚汝能：《安禄山事迹》卷 1 第 2 页，《藕香零拾》，上海古籍出版社。

[8] 郑处诲:《明皇杂录》卷上第3页《墨海金壶》,博古斋景行本。
[9] 《东瀛珠光》第4册第248图,审美书院。
[10] 赵邦彦:《汉画所见游戏考》第533页,图第4,《庆祝蔡元培先生六十五岁论文集》上册,1933年。
[11] 赵邦彦:《汉画所见游戏考》第537页,《庆祝蔡元培先生六十五岁论文集》上册,1933年。
[12] 安志敏:《论沂南画像石墓的年代问题》,《考古通讯》,1955年第2期。

(本文原载《考古通讯》1955年第2期)

略说杯盘舞及其时代

西晋时，流行着一种"杯盘舞"。《宋书·乐志》引《搜神记》说："晋太康中，天下为晋世宁舞，矜手以接栖桦反覆之"[1]。《津逮秘书》所收《搜神记》里的话，大致也是这样，但另外又有一些解释：

> 太康中，天下为晋世宁之舞。其舞抑手以执杯盘而反覆之，歌曰晋世宁，舞杯盘，反覆至危也。杯盘酒器也，而名曰晋世宁者，言时人苟且饮食之间，而其智不可及远，如器在手也。[2]

《搜神记》这部书，是有些疑问的[3]。但是，与此相似的记述也见于《晋书·五行志》：

> 太康中，天下为晋世宁之舞，手接杯盘而反覆之，歌曰晋世宁，舞杯盘。识者曰：夫乐生人心，所以观事也。今接杯盘于手上而反覆之，至危之事也。杯盘者，酒食之器，而名曰晋世宁，言晋世之士苟偷于酒食之间而不知及远，晋世之宁犹杯盘之在手也。[4]

现在，且不论杯盘舞的意义如何。我们所要知道的是这种舞伎的具体情况怎样。根据文献，它应该是这样的一种舞伎：舞者手弄杯盘，一面翻来覆去地表演着惊险的技艺，一面唱着歌谣。但是，说到杯和盘，它们的数目是几个，怎样被舞者玩弄着，杯、盘二者的关系又是怎样，这些就较难在上述简短的描写中得到了解。因此，过去讨论这一舞伎，也只能是很简单的了[5]、[6]。

1944年秋，在辽宁省辽阳市西北郊棒台子屯附近的地方发现了1座规模庞大的古代石室墓，墓里有着许多彩色鲜艳、保存良好的壁画。

图1 杯盘舞
（辽阳棒台子屯古墓壁画）

壁画的内容有不少是当时的舞乐和杂伎，其中有画着1个黑帻襦衣的男子，两手各执一条细棒，一条棒上顶着1个圆盘，盘内放着1个耳杯，在作生动、活泼的表演的[7]。这使人不得不怀疑它就是《搜神记》里所说的杯盘舞（图1）。

汉和魏晋的舞蹈和杂伎，在当时的文献里多有记述；一般画像石、画像砖和壁画上所见到的各种舞伎，往往能在有关的书籍里找到对于它们的描写。但是，像辽阳棒台子屯古墓壁画上所见的这种舞伎，除了上述《宋书·乐志》和《晋书·五行志》等以外，却找不到别的记载。因此，如果给壁画上的舞伎以一个合适的名称，我们就只好称它为"杯盘舞"了。事实上，如壁画所示，表演者手弄杯盘为舞，与《宋书·乐志》所引《搜神记》及《晋书·五行志》里的记述并无不同之处，只是舞时杯、盘各1个，杯系置于盘内，盘系用细长的棒支着等各种具体情况没有被提到而已。这些具体情况没有被提到，是不足为怪的，古书上简短的描述往往不能道及细节，但它们却能在考古材料上被得到证实。

《宋书·乐志》和《晋书·五行志》里所说的杯盘舞，都是西晋时所流行的。因此，在讨论棒台子屯古墓壁画中的舞伎时，必须了解一下该古墓的年代。关于古墓的年代，李文信先生曾在《辽阳发现的三座壁画古墓》一文中就各方面的情况作了考察，特别是对于壁画的作风、题材和内容等作了分析。他说，壁画中的许多情况"都证明这座墓葬的年代当在东汉晚期，也可能再稍晚一些，但不会晚的很远"[8]。这样，如果墓的年代并不比东汉晚年更晚，那么，应该说类似《搜神记》里所说的杯盘舞在东汉晚年也已经存在了。至少，如果墓的年代不晚到西晋，那么，杯盘舞并不是到晋代才开始的。因为，不管壁画中的舞伎是否即系《搜神记》里所说的杯盘舞，但它们之间确实是存在着极为类同之处的。

在讨论杯盘舞的时代问题时，值得注意的是沈约在《宋书·乐志》里所说的那一段话：

晋初有栝榤舞，……按栝榤今之齐世宁也。张衡舞赋云，历七槃而纵蹑；王粲七释云，七槃陈于广庭；……鲍照云，七槃起长袖。皆以七槃为舞也。搜神记云，晋太康中，天下为晋世宁舞，矜手以接栝柈反覆之。此则汉世唯有柈舞，而晋加之以栝，反覆之也。

所谓柈舞，就是指七盘舞，它是把7个盘子放在地上的。这已经由近年发现的山东沂南县古墓的石刻画像上得到了证实[9]。此外，四川彭县发现的1块画像砖也是极好的资料，可供参考[10]。其实，仅仅是根据汉晋诸赋的记述，也足以肯定这一点。这里，顺便要说的是《宋书·乐志》明明白白的说"七盘"二字是指7个盘子，而不像王世襄先生那样把七盘舞的"盘"字解释作盘旋[11]。至于盘子在舞时的用法，沈约引张衡、王粲等人的文句，即使不能很具体的了解七盘舞的内容，也不会不知道这7个盘子是陈于地上，而不是执于手中。同样，他不仅知道，而且说明了杯盘舞的杯和盘是用手舞弄的。只是，他把话说得简单了些，容易使人发生误解，好像七盘舞和杯盘舞二者在表演时使用盘的方式是相同似的。我们不必在这一点上多加讨论。要紧的是，据沈约的了解，盘上加杯的舞伎在汉代是没有的，要到晋代才开始有。关于这一点，即杯盘舞的时代问题，《宋书·乐志》里的话是说得很肯定的。马端临在《文献通考》中亦据此而说：

盘舞汉曲，至晋加以杯，谓之世宁舞也。[12]

其他如陈旸的《乐书》，也根据《宋书·乐志》而说杯盘舞开始于晋代[13]。不过，我们说，若是上述辽阳棒台子屯壁画古墓的时代不能比东汉晚期更晚，那么《宋书·乐志》里所说的那句话就不免有些失实了。因为，纵令壁画上所见的舞伎不正是《搜神记》里所说的杯盘舞，但毕竟也是盘上加杯的舞伎。事实上，一种舞伎的发生是不会突如其来的；西晋时盛行的杯盘舞在东汉晚期已经存在，这也并不是不可理解的。四川成都出土的1块被认为是属于汉代的画像石上，也可以看到类似的杯盘舞，这就是一个值得注意的例证（图2）[14]。

图2 四川成都画像石上的杯盘舞

说到四川成都的石刻画像，这里有略加讨论的必要。常任侠先生只说它是耍盘子，而没有再说别的[15]、[16]。虽然石刻的原物没有机会见到，但就所发表的拓本观察，盘内的确还另有1件器物，表现在拓本上，它是黑黑的1块。虽说画像雕刻较粗，器形难辨，但根据文献的记述、辽阳古墓壁画的对证和常情的猜想，它应该是1个杯。所以，这一石刻所表现的也正是盘上加杯的杯盘舞，而不是在耍着空盘子。就石刻的作风看来，它是东汉的产物，疑问甚少。事实上，根据现有的考古资料看来，在晋代似乎也没有这种类型的画像石。这样，杯盘舞在东汉已经存在的推测就更为可靠了。

汉和魏晋的好多舞伎，往往因舞时所唱歌曲而定名。杯盘舞在晋时又被称为"晋世宁舞"，就是由于舞者在表演时唱着"晋世宁，舞杯盘……"那样的歌谣。杯盘舞在东汉时已经存在，但晋世宁舞则开始于西晋，这是很清楚的。东汉的杯盘舞在演出时是否歌唱，所唱何曲，则不得而知。杯盘舞在宋和齐时也还有，但舞者所唱已由"晋世宁"改为"宋世宁"和"齐世昌"了[17]。"齐世昌"到梁时还继续存在，所以沈约在《宋书·乐志》里说"杯盘今之齐世宁也"。这一在西晋时盛行而在东汉已经存在的奇妙的舞伎，竟延续了一个相当长的时期。

我国的舞乐和杂伎，有着悠久的历史。今天我们看到的许多杂伎，如走索、戴竿、飞剑和跳丸等，早在汉代即已盛行了。我们看到辽阳棒台子屯古墓壁画和四川成都的石刻画像以后，很自然地会感觉到现在的"盘舞"和汉晋的杯盘舞具有类似之处，不同的是盘里的杯已经不见，而盘的数目则有增加。现在的盘舞一般多用一条细棒支着盘底并使旋转，但也有用一条棒支盘底、另一条棒敲击盘边使旋转的。根据后者推测，辽阳壁画上所见的杯盘舞虽系用二条细棒舞弄，但左手所执的一条系支盘底，右手所执的一条则系用以打击盘边，二者用法有所不同，这也是很可能的。四川成都石刻画像上所见的舞伎，则与辽阳壁画上的有所差异，而与今日常见的一种盘舞比较近似，系用一条细棒支盘底并使旋转的。《宋书·乐志》有杯盘舞歌诗一篇：

  晋世宁，四海平，……舞杯槃，何翩翩，举坐反覆寿万年，……左回右转不相失……[18]

歌中说的也是表演时舞者不断地弄盘使旋转，与我们在壁画和石刻上所见相一致，与今日的盘舞也相仿佛。

注　释

[1]　《宋书》卷第19，志第9，乐第1，第25页，百衲本。

[2]《搜神记》卷第 7，第 3 页，津逮秘书本。
[3]《四库全书总目提要》第 27 册，子部，小说家类 3，第 75 页，万有文库本。
[4]《晋书》卷第 27，志第 17，五行上，第 15 页，百衲本。
[5] 原田淑人：《漢代の舞楽と雜伎》第 120 页，《東亞古文化研究》，1945 年。
[6] 赵邦彦：《汉画所见游戏考》第 537 页，《庆祝蔡元培先生六十五岁论文集》上册，1933 年。
[7] 李文信：《辽阳发现的三座壁画古墓》第 17 页，插图第五，图版第三，《文物参考资料》，1955 年第 5 期。
[8] 李文信：《辽阳发现的三座壁画古墓》第 38 页，《文物参考资料》，1955 年第 5 期。
[9] 王仲殊：《沂南石刻画像中的七盘舞》第 13 页，《考古通讯》，1955 年第 2 期。
[10]《文物参考资料》第 8 期第 78 页，1956 年。
[11] 王世襄：《从傅毅"舞赋"及一些石刻画像中所看到的一种汉代歌舞——"般鼓舞"》第 91 页，《民族音乐研究论文集》第一集，音乐出版社，1956 年。
[12]《文献通考》第 1273 页，卷第 145，乐考第 18，商务印书馆，1937 年。
[13]《乐书》卷第 179，第 3 页，光绪丙子刊本。
[14] 常任侠：《汉画艺术研究》图版第 67，上海出版公司，1955 年。
[15] 常任侠：《汉画艺术研究》第 9 页，上海出版公司，1955 年。
[16] 常任侠：《东方艺术丛谈》第 92 页，新文艺出版社，1956 年。
[17]《南齐书》卷第 11，志第 3，乐志，第 35 页，百衲本。
[18]《宋书》卷第 22，志第 12，乐第 4，第 20 页，百衲本。

（本文原载《考古通讯》1957 年第 3 期）

汉潼亭弘农杨氏冢茔考略

陕西省文物管理委员会1959年冬在潼关吊桥地方发掘了以汉太尉杨震为首的弘农杨氏冢茔，其后有《潼关吊桥汉代杨氏墓群发掘简记》一文发表在《文物》1961年第1期（以下称《发掘简记》或《简记》）。已经发掘的汉墓以千数，墓主人姓名可考者颇寥寥，而两《汉书》中有传者迄今尚属绝无仅有。因此，在汉代墓葬的发掘工作中，杨氏冢茔是比较重要的。

杨氏茔中包括7座墓，按发掘日期的先后，分别编号为墓1~7。7墓排列整齐，其次序自东而西为墓2、墓7、墓3、墓5、墓6、墓1、墓4。《发掘简记》根据各墓随葬器物及墓室形制，认为7座墓的年代以东头的墓2为最早，自东而西依次渐晚，而以西头的墓4为最晚；又据《后汉书》卷五十四《杨震列传》载震孙杨赐卒于灵帝中平二年（公元185年）九月而葬于旧茔，震曾孙杨彪于魏文帝黄初六年（公元225年）卒于家（华阴），认为7座墓之中除杨震墓之外，应有杨赐与杨彪之墓。《简记》推测，墓2年代最早，应系杨震之墓；墓4年代最晚，应系杨彪之墓。从各方面的情况看来，除杨赐墓是否确在此茔中尚应商榷而外，《简记》的论点是合理的，可以置信。但是，遗留的问题是：7座墓之中若确有杨赐之墓，则除墓2、墓4之外，余5座墓何者属之；更重要的是除去杨赐之墓，所余4座墓又各属于杨氏家族中之何人？兹就这些问题，试作考证，以补《简记》之不足。

《后汉书·杨震传》载，顺帝即位，"以礼改葬（震）于华阴潼亭"。李贤注："墓今在潼关西大道之北，其一尚存。"王先谦《后汉书集解》谓"官本，一作碑"，《资治通鉴》卷四十三胡三省注引李贤《后汉书》注亦作"其碑尚存"，而宋绍兴本《后汉书》（即今百衲本之底本）中的李贤注正作"其碑尚存"。因此，关于李贤的注文，当以宋绍兴本《后汉书》、《后汉书集解》所称之官本及胡注所引为是。其实，杨氏茔前所立之碑，除杨震碑而外，尚有杨统、杨著、杨馥3人之碑各1，合计4碑。此4碑，宋欧阳修《集古录》、赵明诚《金石录》及洪适《隶释》均有著录[1]。《集古录》、《金石录》谓杨统、杨著、杨馥之碑皆在阌乡杨震墓侧，《隶释》亦谓陕州阌乡杨氏墓前所存之碑凡四。潼关在阌乡县西，华阴县东，地当两县分界处。《后汉书·杨震传》谓震为华阴人，自系按汉时实况；李贤注谓杨氏旧宅在阌乡县西南，则系根据唐时境域；唐《国史补》亦谓杨震墓在潼关亭，子孙犹在阌乡故宅。要之，杨氏4碑唐时犹存在于茔上，至宋仍然。因此，陕西文管会所发掘的7座墓之中，必有杨统、杨著、杨馥之墓。

据杨震碑，震长子牧，为富波侯相；牧子统，为金城太守、沛相。杨统碑额题汉故沛相杨君之碑，碑文首尾不完，失其名字，然称其人为富波君之子，官历金城太守、五官中郎将、沛相，证以杨震碑所载，可以断定为杨统之碑无疑[2]。碑中谓统年五十六，灵帝建宁元年（公元168年）三月癸丑遘疾而卒。查《二十史朔闰表》，建宁元年三月己卯朔，是三月无癸丑，建宁元年二月己酉朔，二月五日为癸丑，碑文三月癸丑或系二月癸丑之误。汉卫尉卿衡方碑载方卒于建宁元年二月五日癸丑，亦是一证。《隶释存疑》以杨统碑为据，谓衡方碑二月癸丑是三月癸丑之讹，未免是非颠倒。王先谦《后汉书集解》据惠栋《后汉书补注》，谓统卒于灵帝建宁二年，实误。

又据杨震碑，震次子让，为常山相；让子著，为高阳令。杨著碑额题汉故高阳令杨君之碑，虽因碑文不全而失名字，然称其人官至高阳令，其从兄为沛相，可证此碑确属杨让之子杨著，亦即杨统之从弟[3]。据杨著碑，著年五十三，□□□年十月二十八日壬寅卒（3字缺失），由于碑文记著因从兄沛相（统）之丧而去官，不久即卒，知其卒虽在杨统之后而相差不远，以长历推之，应为灵帝建宁元年（公元168年）十月二十八日[4]。

于此，特别值得注意的是，陕西省文管会在《发掘简记》中发表了墓5出土的陶瓶，瓶上有朱书文字。这种朱书陶瓶（有时为墨书），一般称为"镇墓罐"，流行于东汉中叶，特别是东汉的晚期，解放前偶有出土，亦有见于著录者，解放后在陕西、河南各地汉墓中发现较多，更得明其性质。朱书或墨书多冠以年月日，而以"如律令"的字样结末，内容多属安慰并约束亡者灵魂之语，与当时的道教颇有关系。墓5的陶瓶有文字13行，行7字，共91字，虽多剥落，字迹不清，不能辨识，但起首12字却保存良好，曰"建宁元年十一月乙巳朔九日"。这一陶瓶的发现，说明了墓5若非杨统之墓，即为杨著之墓，亦证实了杨统、杨著等确系葬于其祖杨震之墓侧，与其碑在震之墓侧的记述符合。

杨馥碑额题汉故繁阳令杨君之碑，碑上文字磨灭缺失者甚多，故亦失其名字，幸碑文称其人为富波君之少子，乃得查考。《新唐书》卷七十一下《宰相世系表》载富波侯牧（按杨牧为富波侯相，诸碑中称富波君，但非富波侯，世系表作富波侯，当系富波侯相或富波相之误）有二子，曰统，曰馥，可见繁阳令实系杨统之弟，即是杨馥[5]。杨馥碑载馥年五十一，灵帝熹平二年（公元173年）三月己丑卒（查《二十史朔闰表》，熹平二年三月庚戌朔，三月无己丑，碑中所记月日有误）。

如前所述，据《后汉书》本传，杨赐卒于中平二年，视杨馥之卒为晚，而馥卒于熹平二年，又视杨统、杨著之卒为晚。按诸墓排列次序，墓5之后为墓6与墓1，墓1之后便是被认定为杨彪之墓的墓4。如此，若果如《发掘简记》所判断，杨赐墓确在潼亭茔中，则墓5既因朱书纪年陶瓶的出土而证明为杨统或杨著之墓，墓6自应为杨馥之墓，而杨赐所葬应为墓1。

墓6之前为墓5。杨统、杨著虽同卒于建宁元年，然统在三月（可能为二月），著在十月，著之卒在统之后。在假定杨赐墓系在7座墓之内的前提下，墓6既属杨馥，则墓5应系杨著之墓而非杨统；统之墓应在墓5之前，即为墓3。

至此，7座墓中大致已得6座墓之主，独余墓7未知所葬为谁。墓7排列在墓3之前。若墓3所葬为杨统，则墓7之葬应较杨统之死为早，即早于建宁元年。杨统为杨震长子杨牧之长子，实为震之长孙，年五十六而卒，寿不谓促，亦不甚永。因此，以常理推测，墓7所葬应系杨震之子，而不应为震之孙。

《后汉书·杨震传》载震有五子，而仅举其长子牧、中子秉、少子奉，而杨震碑记震诸子官秩亦止牧、让、秉、奉四人，故洪适《隶释》颇疑《后汉书》传所载五子之数有误。然而，《新唐书·宰相世系表》亦谓震有五子，且列举其名曰牧、里、秉、让、奉[6]。《后汉书集解》王先谦引周寿昌《后汉书注补正》，以为"传与碑不及里者，或未仕早夭，故不载也"。看来，周氏之说是可信的。杨震碑以让为震次子而居秉前，世系表则列让于秉后，互相矛盾，当以碑为准；而杨震传既称秉为震之中子，奉为少子，则里似应为震之第四子。然则杨里既早夭，杨震死时年已七十余，里之死自必在震之前，所葬当不在此茔中。至于杨震中子秉，据《后汉书》本传，卒于桓帝延熹八年（公元165年），时年七十四，赐茔陪陵，杨震碑亦云秉陪陵京师。汉代陪陵，有陪已死皇帝之陵者，有陪当朝皇帝预作之陵者。秉之陪陵，不论属于何者，必在洛阳，故秉亦不可能为墓7之主。因此，墓7或葬杨牧，或葬杨让，或葬杨奉，3人居其一，以杨氏诸碑及《后汉书》本传所载欠详，不能考其究竟。然墓7葬杨奉的可能性不大，理由将在下文述及。

杨震死于安帝延光三年，顺帝即位，改葬潼亭。查顺帝即位在延光四年（公元125年）十一月，次年始改元永建，而震之改葬则在延光四年十二月[7]。文管会《发掘简记》谓杨氏诸墓年代始自顺帝永建元年（公元126年），稍有差误。虽然，以公元计，延光四年十二月固亦已属公元126年。

兹将杨氏世系、各墓所葬及其年份，列表如下，供参考。

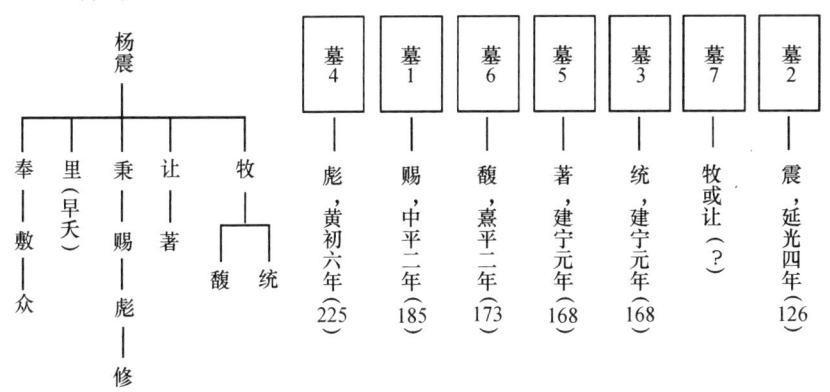

墓4	墓1	墓6	墓5	墓3	墓7	墓2
彪，黄初六年（225）	赐，中平二年（185）	馥，熹平二年（173）	著，建宁元年（168）	统，建宁元年（168）	牧或让（？）	震，延光四年（126）

杨震世系：奉—敷—众；里（早夭）；秉—赐—彪—修；让—著；牧—馥、统

但是，杨赐是否葬于潼亭茔中，实有值得怀疑之处。杨氏四世三公，震与彪死时已去职，而赐则卒于司空之任。《后汉书·杨震传》载杨赐之死，皇帝素服，三日不临朝，及葬，又使侍御史持节送丧，兰台令史十人，发羽林骑轻车介士，前后部鼓吹，又敕骠骑将军官属、司空法驾，送至旧茔，公卿已下会葬，在封建礼仪上可称极为哀荣。然观所发掘的7座墓之中，除墓2（震墓）与墓4（彪墓）而外，规模都不大，墓1亦如此，反不如震墓及彪墓，与杨赐死时所居身份及死后所受

哀荣不甚相称。《蔡邕集》中有邕所作杨赐碑，刘勰《文心雕龙》颇称道其文章，碑文记杨赐之葬甚详，除谓中平二年九月赐卒后公卿尚书三台以下会葬，三年九月甲申（廿四日）小祥会如初，与《后汉书》所载相同外，又谓四年九月戊申（廿四日）大祥公卿尚书三台以下会如小祥之礼[8]。这似乎说明杨赐之墓在洛阳而不在华阴。否则，纵使初葬时公卿等高级官员不嫌远途前往会葬，但洛阳至华阴数百里，往返甚费时日，加上期年小祥，又期年大祥，连续三次，倾朝而出，实有不便，虽封建礼仪容或有此等事情，亦颇不易想象。汉代子孙从其父祖为祔葬，是谓归旧茔。杨赐所葬"旧茔"，虽有系潼亭祖茔之可能，然赐父秉既有茔地在洛阳皇帝之陵园中，则赐之葬旧茔实亦未始不可解为葬于其父秉之洛阳茔中。

　　如前所述，推定墓5为杨著之墓，墓3为杨统之墓，实系出于杨赐墓包含在7座墓之内的前提下；若杨赐之墓不在此，则墓5所葬为杨著抑或杨统，尚需斟酌。据墓5出土陶瓶所书，此墓之葬在建宁元年十一月九日。就见于文献记载者而言，汉代统治阶级自死至葬最近者为7日，或10日，或10余日至20日，或数十日至百余日，亦颇有200余日，甚至有迟至数百日的。若墓5为杨著之墓，则著自死至葬凡11日（假定陶瓶朱书系葬之当日所作，否则时日还应略长），虽嫌短促，然汉人埋葬之所以稽迟，除可能因有时日禁忌之说外，或系由于求择吉地[9]，若杨氏子孙，旧茔既在，自可不必久殡不葬，且杨著是年因其从兄杨统之丧去官居家，死后茔地既近，无须长途运柩，其葬自速，故非不合理。然而，定墓5为杨统之墓，则统自死至葬计二百数十日，虽似乎嫌迟，但汉代这种例子确属屡见不鲜，无足为怪。例如：《隶释》所录汉卫尉卿衡方碑载方建宁元年二月五日卒，九月十七日葬；同上所录汉冀州从事张表碑载表建宁元年三月己卯卒，十月一日葬；《金石录》所录汉冀州从事郭君碑载郭光和二年卒，三年十月葬；《隶续》所录汉尉氏令郑季宣碑载季宣中平二年四月辛亥卒，三年四月辛酉葬。凡此诸例，自死至葬皆为200余日乃至300余日，而这些人亦不见得都不是葬在其父祖之旧茔，盖汉时迟葬已成风气，不能完全从时日禁忌或求择吉地等因得到解释。因此，就诸墓排列次序看来，若杨赐葬在洛阳，则墓1应为杨馥之墓，墓6应为杨著之墓，而墓5实为杨统之墓。

这样，墓2之后，墓5之前，有墓7与墓3，此二墓应葬杨牧、杨让或杨奉。由于杨奉之子杨敷不葬在此茔地，而杨牧之子统、馥与杨让之子著各葬墓5、墓1与墓6，则墓7与墓3自以葬牧与让的可能性为大。牧为兄，让为弟，以常情度之，墓7应葬牧，墓3则葬让。杨震传与杨震碑都谓震改葬时朝廷除其二子为郎，而杨秉早年隐居教授，年四十余始应辟为官，可见除郎之二子即为长子牧与次子让，说明了杨震死时虽年岁甚高，但牧与让确系死在震之后。

于是，华阴杨氏7座墓所葬的另一种更可能的情况即如下表：

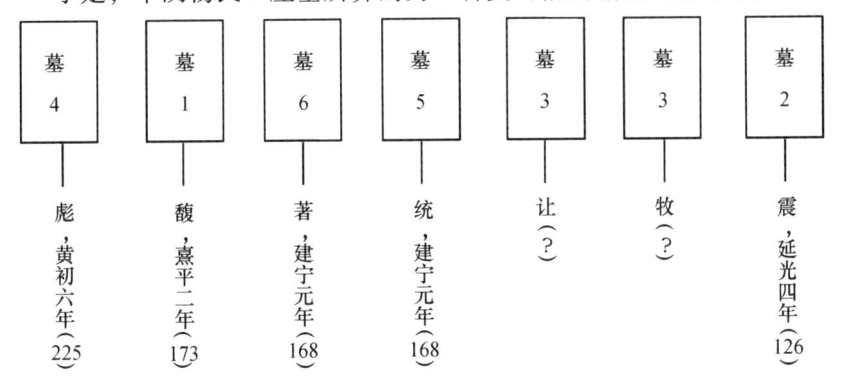

墓4	墓1	墓6	墓5	墓3	墓3	墓2
彪，黄初六年（225）	馥，熹平二年（173）	著，建宁元年（168）	统，建宁元年（168）	让（？）	牧（？）	震，延光四年（126）

从这一表中可以看出：杨震长子杨牧与次子杨让曾以父荫为官，皆得祔葬于父茔；杨统、杨馥、杨著为杨牧与杨让之子，自亦祔葬在其父祖的旧茔中。墓4为杨彪之墓，虽无确凿证据，但可能性是很大的。彪在汉末任三公之职，魏代汉后，不愿为太尉，死时又在华阴家中[10]。在这种情况下，彪父杨赐与祖杨秉之墓虽皆在洛阳，但彪之葬实不可能舍潼亭旧茔而反就之洛阳父祖之茔。特别是墓4的形制，与7座墓中的其余6座墓皆不相同，足见其年代较晚，亦颇能说明问题。至于杨震少子杨奉的一系，则大概由于是小宗，另立茔地，故葬不在此。

汉代祔葬之风特盛，于东汉尤甚，往往一地而一家数世，父子兄弟并葬，文献记载中屡有所见。华阴潼亭杨氏茔中埋7座墓，自震至彪，凡四世，自汉之延光以迄魏之黄初，前后延续百年，实为汉代聚族而葬之一典型。

注　释

[1]　洪适:《隶释》卷第七、第九、第十一、第十二。
[2]　赵明诚:《金石录》卷第十六。
[3]　欧阳修:《集古录》卷第一。
[4]　娄机:《汉隶字源》碑目第一百六。
[5]　王昶:《金石萃编》卷第十五。
[6]　欧阳修:《新唐书》卷第七十一下。
[7]　司马光:《资治通鉴》卷第五十一。
[8]　蔡邕:《蔡中郎集》卷第三。
[9]　杨树达:《汉代婚丧礼俗考》第二章。
[10]　范晔:《后汉书》卷第五十四。

（本文原载《考古》1963 年第 1 期）

说滇王之印与汉委奴国王印

1955年以来在云南晋宁石寨山3次发掘的古墓葬群，是属于西汉时的滇国的。其中，1956年发现的第6号墓规模甚大，随葬品特别丰富、豪奢。由于该墓埋藏着1枚金质的"滇王之印"，可以认为墓主人是滇王。

滇王的金质王印，2.4厘米见方，通高1.8厘米，印钮作蛇形。印文"滇王之印"4个字，篆体，阴刻[1]。

《史记·西南夷列传》："元封二年，天子发巴蜀兵，击灭劳浸、靡莫，以兵临滇。滇王始首善，以故弗诛。滇王离难西南夷举国降，请置吏入朝，于是以为益州郡。赐滇王王印，复长其民。西南夷君长以百数，独夜郎、滇受王印。滇小邑，最宠焉。"（同样的记载亦见《汉书·西南夷列传》）现在，在滇国故址所在的云南省晋宁县发掘了滇王的墓，在墓中果然发现了王印。这不能不使人联想到2000多年前汉朝"赐印"的历史事实。

云南省博物馆在对这枚金质的王印作了仔细的观察和研究之后，在其所发表的《晋宁石寨山出土有关奴隶社会的文物》一文中给印的来历下了一个相反的结论，主张它不是汉朝所赐，而是滇国"本族自制"的。归纳起来，其理由有三：

（1）经鉴定，金印含金量为95%左右，其余的5%左右是银和铜，与其他许多在墓中出土的金器成分相同，而这许多金器则可以肯定是在滇国本地制作的。

（2）"储贝器"的盖上铸有祭"铜柱"的形象（储贝器整个系铜制，盖上附铸的东西也就是铜的，至于当时滇人所祭的"柱"是不是铜质的，不能绝对肯定，但有可能），"铜柱"上缠着一条蛇，可见蛇是滇民族的图腾，因而所发现的兵器和装饰品上亦往往饰有蛇。金印系蛇钮，所以应该是本民族自制的。

（3）印文是金印铸成后再刻上去的，其字体与汉印篆字不类[2]。

这三点理由，表面上看来，好像很充分。但是，进一步研究，它们是否能够成立，实在是很值得商榷的。《文物》1959年第7期发表了吴朴同志的一篇文章，指出云南省博物馆所举的上述三点理由都难于成立，并主张"滇王之印"还是以汉朝赐给的可能性为大，我非常同意[3]。当然，我并不完全排除这样的一种可能性，即所发现的"滇王之印"也许是为随葬而另行制作的，但它的形制则应该是完全仿照汉朝所赐的原来的那一枚。

首先应该提出来讨论的，是关于金印的含金量和化学成分的问题。有关单位所作鉴定的本身，当然是无可怀疑的；事实上，鉴定的结果也是合理的、正确的。要紧的是考古工作者对这一鉴定的结果必须要有正确的理解和解释。不然，它不仅不能解决问题，反而会引起一些混乱的看法。古代的黄金制品用的是自然金。自然金事实上不会百分之百的是金，但含金量高的往往可以达到百分之九十几，有的甚至接近于纯金，而其余少量的成分则主要是银，其次是铜，偶然可能还有极少量的铁或其他的金属（一般在作分析时，往往记录到银和铜的含量为止）[4]。这在世界各地都一样。中国的情况，包括云南的在内，也不能例外。古代埃及的许多黄金制品，有经过了分析的，它们的化学成分除了金以外，几乎无不包含有少量的银和铜，与晋宁滇国墓葬出土的金器——包括"滇王之印"在内——基本上相同，便是一个很好的实例[5]。这就是说，在古代用自然金的情况下，同一地区的黄金制品含金量可以相同，也可以不同；不同地区的黄金制品含金量可以不同，也可以相同；不管地区同或不同，含金量或多或少，黄金制品的化学成分除了金以外，总是含有少量的银和铜，它们并不是由于人工的掺入。因此，"滇王之印"含金95%左右，其余5%左右的成分是银和铜，与其他许多出土的金器情况相近或相同，这根本不能说明印是汉朝赐给的还是滇国自制的问题。至于吴朴同志认为滇王金印中含有5%的银和铜，是"合金"，是为了使印的质地加硬，便于铸刻，这显然是不恰当的。金印中所含的银和铜不是由于人工的掺入，所以谈不到什么"合金"。

于是，剩下来所要讨论的，主要是金印的钮作蛇形和它的印文系出于刻凿的两个属于印章形制方面的问题了。

"储贝器"的盖上铸有滇人祭"铜柱"的情形。由于柱上缠着蛇，认为蛇是滇民族的"图腾"，这是颇有可能的，但也还有讨论的余地。至于印钮作蛇形是不是也表示图腾，那就非常难说了。吴朴同志所举上海文管会收藏的"浙江都水"和"琅左盐丞"两方蛇钮的铜印，可以说已经否定了这一点。我觉得，即使印钮上的蛇在某种意义上和某种程度上"象征"着滇民族，也不足以断定印不是汉朝给的。汉封建朝廷赐给"蛮夷"的王印，有时用某些"象征"所谓蛮夷的动物形象作钮，这也并不是完全不可能的。当然，这与图腾不能混为一谈。吴朴同志说，"滇王之印"是蛇钮，与《汉旧仪》"诸侯王印黄金橐驼钮"的记载不符，从而认为这"确是有些问题"。这样的说法恐怕是不正确的。这里，吴同志很明显的是把滇王和汉朝的"诸侯王"完全等同起来了。其实，汉朝的"诸侯王"并不包括"蛮夷"的君长在内，这是不容置疑的。《汉书》卷十三《异姓诸侯王表》和卷十四《诸侯王表》，既不包括滇王，也不包括匈奴单于和其他。要之，滇王与汉朝诸侯王有所区别，其印章形制自当可以与诸侯王的不完全一样，尽管有些传世的"蛮夷"印章用的是驼钮。

至于印文"滇王之印"4个字的书体，明明白白的是篆体，我和吴朴同志一样，实在看不出它和汉印篆字有什么可以称为"不类"的相异之处。据云南省博物馆鉴定，"滇王之印"4个字是印铸成后再刻上去的，这应该是不容争辩的事实，但不能由此说明印不是汉朝给的。因为，没有任何理由可以断定汉朝所授的印章不能用刻文。《学古编》："汉魏印章皆用白文，大不过寸许。朝爵印文皆铸，盖择日封拜，可缓者也。军中印文多凿，盖急于行令，不可缓者也。"这里，说朝爵印文皆铸，自不尽然，但说汉朝印章有用凿文的，则是事实。铜印尚且可以用凿文、刻文，金印又为什么不可以？用凿文和刻文，这在制度上既没有什么抵触，在技术上也不会有什么困难。汉代的金质印章，虽然发现得并不算很多，但印文系出于刻凿的却肯定是有的。所要说到的"汉委奴国王"印，正是这样。

要具体地讨论"滇王之印"的形制，最好能和同时代的、性质相同的印章作一番比较。日本的"汉委奴国王"印，也是汉代所谓"蛮夷"的王印，拿它来和"滇王之印"作比较，是颇有些益处的。吴朴同志在他的文章中也已经提到了"汉委奴国王"印，但提得太简单了些，不能说明关键问题之所在，所以我想在这里加以补充。

"汉委奴国王"印，是1784年在日本福冈县志贺岛上偶然发现的。除了个别的人对发现的年月和具体的地点略存疑问外，绝大多数的考古学者都认为这印即系《后汉书》所载汉光武帝于建武中元二年经来访使者之手赐给的[6]。"汉委奴国王"印，2.4厘米见方，通高2.4厘米，金质。值得注意的是它和"滇王之印"一样，系蛇钮（个别的人曾说是驼钮，这是完全不正确的）；印文"汉委奴国王"5个字，篆体，阴文，也系出于刻凿[7]。曾有人怀疑这枚金质的王印系赝物，其重要理由之一即是印文系刻凿而非铸成[8]。现在，"滇王之印"发掘出来了，它的印文也是刻凿的，可以帮助说明170余年前偶然发现的"汉委奴国王"印并非出于伪造。反过来，"汉委奴国王"金印系蛇钮，也可以由此说明发掘出土的蛇钮的"滇王之印"不见得是滇国自制的。要之，同属汉代"蛮夷"王印的"滇王之印"和"汉委奴国王"印，两者都系蛇钮，印文都系刻凿而非铸出，这是很值得注意的事。

流传的和发掘出来的汉印，虽然多得不可胜计，但汉朝赐给的少数民族和邻国的王印却毕竟还少。在研究它的形制，判断它的真伪，推测它的来历时，不能完全以一般汉印的情况为凭。"滇王之印"和一般的汉印比较起来，许有它的一些特点，而这些特点也存在于"汉委奴国王"印，当然不会是偶然的。

晋宁石寨山滇国墓葬的发掘，在我国考古学上有着重大的意义。许多有关滇国政治、经济、文化和社会性质的问题，都是值得深入研究和讨论的。"滇王之印"是汉朝赐给的还是滇国自制的，这在学术上关系不很大，但毕竟是一个必须解决的具体问题。所以，我在这里不厌其烦地提出自己的一些粗浅的看法。错误和不足的地方，希望大家纠正，补充！

注　释

[1]　陈丽琼、马德娴：《云南晋宁石寨山古墓群清理初记》第57页，《文物参考资料》1957年第4期。

[2]　云南省博物馆：《晋宁石寨山出土有关奴隶社会的文物》第59页，《文物》1959年第5期。

[3]　吴朴：《我对"滇王之印"的看法》第49页，《文物》1959年第7期。

[4] R. J. Forbes：Metallurgy in Antiquity（古代冶金技术），p. 144，1950.
[5] A. Lucas：Ancient Egyptian Materials & Industries（古代埃及的材料和手工业），p. 545，3rd. Ed. 1948.
[6] 后藤守一：《古墳文化》第8页，《日本考古学講座》第5卷，1955年。
[7] 三宅米吉：《委奴国王金印偽作説の批評》第174页，《考古学会雜誌》，第二编第五号，1898年。
[8] 松浦道辅稿：《汉委奴国王金印偽作辨》第173页，《考古学会雜誌》第二编第五号，1898年。

（本文原载《考古》1959年第10期）

黄龙元年镜与嘉兴元年镜铭辞考释

——试论嘉兴元年镜的年代及其制作地

本文称为"黄龙元年镜"的铜镜，是指湖北省鄂州市博物馆所藏的1枚黄龙元年纪年铭对置式神兽镜（图1-1）。称为"嘉兴元年镜"的铜镜则指中国历史博物馆所藏的1枚嘉兴元年纪年铭对置式神兽镜（图1-2），以及日本东京书道博物馆所藏和东京某氏个人所藏的嘉兴元年纪年铭对置式神兽镜各一枚（图1-3、4），后二者属"同范镜"。黄龙元年镜为发掘品，1974年出土于湖北省鄂城（今为鄂州市）；3枚嘉兴元年镜皆为传世品，出土地点不明。

为了与王沈《魏书》、韦昭《吴书》相区别，本文称陈寿《三国志》中的《魏书》、《吴书》为《魏志》、《吴志》，但文末所附注释中按中华书局出版的《三国志》目录仍称《魏书》和《吴书》。文中所记汉、魏、吴、晋等各朝代的年号，按例在括号内用阿拉伯数字注明相当公元何年，以求明确。

一

如所周知，"黄龙"为三国时代吴国君主孙权的年号，黄龙元年相当公元229年。据湖北省博物馆和鄂州市博物馆的研究者释文，出土于湖北省鄂城的黄龙元年镜（图1-1）的铭辞全文为：

> 黄龙元年，太岁在丁巳，乾坤合化（作），帝道始平，五月丙午，[时][加]日中，造作明竟（镜），百涷清铜，服者万年，位至三公，辟除不祥[1]。

我曾在题为《"黄初"、"黄武"、"黄龙"纪年镜铭辞综释》的论

黄龙元年镜与嘉兴元年镜铭辞考释 ·261·

1.黄龙元年镜（湖北省鄂州博物馆藏）  2.嘉兴元年镜（中国历史博物馆藏）

3.嘉兴元年镜（日本东京书道博物馆藏）  4.嘉兴元年镜（日本东京某氏个人藏）

图1 黄龙元年镜与嘉兴元年镜

文中对此镜铭辞作考释，方形括号内的［时］、［加］2字是我根据当时铜镜铭辞的一般格式推定的[2]。所谓"时加日中"，其意为时当正午（《老子》云"抗兵相加，哀者胜矣"，王弼注"加，当也"）。至少自东汉以降，五月丙午被视为铸镜的大吉日，而正午则是铸造的最佳时刻。因此，为了表示吉祥，工匠们往往在镜铭中虚托作镜的日期为"五月丙午"，有时并强调其镜为此日正午（日中）所制作。但是，如我在《论日本出土的景初四年铭三角缘盘龙镜》一文中所指出，"五月丙午"

之为虚托之辞，有两种情况。一种是"五月"、"丙午"皆为虚托；另一种是"丙午"为虚托，而"五月"则为真实[3]。查《二十史朔闰表》所记长历，黄龙元年五月朔日干支为癸丑，全月没有丙午日，可知铭辞中的"丙午"必为虚托。但是，据《三国志·吴志·孙权传》记载，黄龙元年四月丙申（十三日）孙权称帝，而镜铭中的"帝道始平"说明此镜作于孙权称帝以后，故制作的日期可能在此年五月。因此，"五月丙午"的"丙午"虽为虚托，但"五月"大概是真实的。孙权在武昌（今湖北省鄂城）称帝，而此镜出土地在鄂城，可证它是在当时吴的都城武昌制作的。

所谓"帝道"，先秦唯称"王道"，其最初出典在于《尚书·洪范》，意为先王所行之正道。汉代以来的"帝道"一词，见于以"河图"、"洛书"为根源的谶纬[4]，其含义或有与"王道"相似之点。但是，如我在《"黄初"、"黄武"、"黄龙"纪年镜铭辞综释》中所述，黄龙元年镜铭辞中的"帝道始平"与孙权称帝有关，却未必以《尚书·洪范》的"王道平平"之语为典据。按照我的理解，"道"字虽含"道路"之意，但"帝道"的主要内容是指"帝业"，而"平"字的本义为"平坦"，可作为"道"字的形容词。所以，用现代语来说，"帝道始平"是说黄龙元年孙权的帝业开始走上平坦的道路，深寓祝贺、颂扬之意。然而，"始平"一词在三国时代之被采用又有其他具体事例，须作进一步查考。

《晋书·地理志》记晋武帝泰始二年（公元266年）于雍州置始平郡，所属五县之中有始平县[5]，而《宋书·州郡志》则记何承天《州郡志》旧本称雍州始平郡之始平县为魏时所立[6]。据《元和郡县志》记述，汉昭帝建平陵而置平陵县，魏文帝改县名为始平[7]。20世纪50年代中期以来，我国学者为编修《中国历史地图集》巨著，对古代郡县沿革详加考订，确认始平县为魏文帝曹丕于黄初元年（公元220年）改汉平陵县所置，其治所在今陕西省咸阳市西北[8]。据《三国志·魏志·文帝纪》记载，曹丕称帝在黄初元年（汉献帝延康元年）十月庚午，即二十八日（《资治通鉴》所记为十月辛未，即二十九日），改县名则在同年十一月。由此可见，曹丕废汉献帝而登位，故立刻改汉昭帝平陵所在县名为始平，以示魏王朝代汉而兴。要之，"始平"二字实与魏文帝之始登帝位有关。

值得注意的是，孙吴在江南的会稽郡亦有始平县的建置，其治所在今浙江省天台。《宋书·州郡志》记临海太守所领六县之中有始丰县，吴时初立曰始平县，晋武帝太康元年（公元280年）灭吴，改名为始丰[9]。唐宋地理学书籍如《元和郡县志》和《太平寰宇记》，皆称始平县为吴时置立。据《三国志·吴志·虞翻传》注引《会稽典录》所述，会稽郡功曹丁览曾守始平长（试任始平县长）[10]，从而曾使清代学者在肯定始平县为三国吴时所置的同时，又疑此县的始置年代或在汉末（顾祖禹《读史方舆纪要》）。但是，主持编修《中国历史地图集》的谭其骧先生在其题为《浙江省历代行政区域——兼论浙江各地区的开发过程》的论文中明示始平县为孙吴新置，并确认置立的年代不是在汉末灵帝的"中平"和献帝的"初平"、"兴平"、"建安"年间[11]。为了与上述北方曹魏的始平县相区别，陈寿在《三国志·吴志·孙权传》中冠"南"字而称"南始平"，并明记至迟在孙权黄龙三年（公元231年）此县已经存在[12]。因此，可以推定，孙权之建始平县很可能是在黄武元年（公元222年）或黄龙元年（公元229年）。与魏文帝曹丕于称帝之年改汉平陵县为始平县相应，吴主孙权在称王翌年或称帝之年亦于会稽郡新置始平县，以示抗衡。正是因为始平县为孙权称王、称帝时所新置，故如下文所述，黄龙三年（公元231年）此县特被选择为"嘉禾"出现之地。这样，黄龙元年镜铭辞中"帝道始平"的"始平"2字与孙权之始登帝位有关，就显得更为清楚了。

查历史年表，黄龙元年（公元229年）的干支为己酉，而镜铭却误作"丁巳"。吴镜铭辞所记干支往往有误，其例不胜枚举。但是，黄龙元年为孙权在武昌称帝之年，其干支应为国人所共知，身在武昌的镜工更无不知之理。如我在《吴镜师陈世所作神兽镜论考》一文中究明，在工匠陈世所作4枚黄龙元年铭重列式神兽镜之中，仅日本东京五岛美术馆所藏一枚在铭辞中确记此年干支为"己酉"，其余3枚皆误作"丁酉"[13]。这或许是由于反写的"丁"字与"己"字相似之故，而四镜铭辞中的"酉"字固皆属正确。总之，本文所论的黄龙元年对置式神兽镜铭辞误记此年干支己酉为"丁巳"，稍为费解。

二

日本东京书道博物馆所藏的一枚嘉兴元年铭对置式神兽镜（图

1-3），因铭辞首句开头四字中的"嘉"、"元"2字铸出欠佳，锈损不明，曾被日本研究者梅原末治假释其纪年为"建兴二年"[14]。"建兴"（公元252～253年）为三国时代吴国嗣主孙亮的年号，故此镜被认为是吴镜，长期以来，未有异论。1987年初，日本研究者西田守夫发现东京某氏个人所藏的1枚对置式神兽镜（图1-4），其大小、形状、图纹、铭文与书道博物馆藏镜完全相同，说明二者属"同范镜"。某氏个人所藏镜保存良好，铸工甚佳，可确认铭辞开头4字为"嘉兴元年"，从而判明梅原氏所释书道博物馆藏镜铭辞中的"建兴二年"实为"嘉兴元年"之误[15]。据西田守夫氏释文，这2枚"同范"的嘉兴元年镜的铭辞全文如下：

> 嘉兴元年，岁在大阳，乾巛（坤）合作（化），王道始平，五月丙午，时加日中，制作竟（镜），百湅清铜，服者万年，位至侯王，辟不〔羊（祥）〕[16]。

如前所述，在北京中国历史博物馆的许多藏镜中，亦有1枚嘉兴元年铭对置式神兽镜（图1-2）。据该馆研究者杨桂荣释文，镜的铭辞全文如下：

> 嘉兴元年，太岁（在）丁巳，帝道始平，五月丙午，时加日中，造作明镜，百湅清铜，服者万年，位至侯王，长乐富贵，吉宜子孙[17]。

遍查各种历史年表和史书、文籍，在中国历代所谓正统王朝或偏霸政权的君主之中，以"嘉兴"为年号者唯有十六国时代西凉的第二代君主李歆，嘉兴元年为其即位之年，相当公元417年。因此，上述3枚嘉兴元年镜皆被认定为李歆即位当年所作之镜[18]。

如本文插图所示，嘉兴元年镜在形状、图纹上与包括黄龙元年镜在内的三国时代孙权黄武（公元222～229年）、黄龙（公元229～231年）年间前后吴地所铸的许多对置式神兽镜酷似，没有多大差别可言（图1-4）。这便是梅原末治误认东京书道博物馆藏镜为吴嗣主孙亮建兴二年（公元253年）制作的主要原因所在。特别是如前面所引述，嘉兴元年镜的铭辞在字句上与黄龙元年镜的铭辞几乎完全一致，更属难以理解。据日本东京国立文化财研究所马渊久夫氏按铅的同位素比率测定，东京某氏个人藏镜与许多吴镜一样，所含铅属江南吴地的铅矿[19]，又进一步使人怀疑嘉兴元年镜的制作是否确在十六国时代远处中国西北边陲的西凉。

当初，西田守夫氏面对以上各种问题，亦不无困惑之感，故于1987年8月26日来函询我对嘉兴元年镜的年代和制作地的看法如何。我与西田氏抱同感，在同年11月12日的回信中不敢贸然承认东京书道博物馆藏镜和某氏个人藏镜为十六国时代西凉之所作。只因"嘉兴"的年号在中国历史上独一无二，非西凉李歆莫属，故又不能强言其为三国时代的吴镜。尤其是由于中国历史博物馆亦藏有1枚嘉兴元年纪年镜，实在难以否认它们是西凉第二代君主李歆即位之年（公元417年）所铸之镜。

如西田守夫氏在其题为《汉三国六朝纪年镜杂记》的论文附注中指出[20]，据《晋书·凉武昭王李玄盛传》记述，西凉第一代君主李暠（字玄盛）于东晋安帝隆安四年（公元400年）据敦煌而称凉公，并依此年干支自立年号为"庚子"。晋安帝义熙元年（公元405年）李暠改"庚子"年号为"建初"，其都城自敦煌迁至酒泉。建初十三年（公元417年）李暠死，谥曰武昭王。其子李歆（字士业）于同年继位，改元为"嘉兴"，仍称凉公，而东晋则于次年（公元418年）册封其为酒泉公。

据《晋书·安帝纪》记载，李暠死于建初十三年（相当晋安帝义熙十三年）二月，李歆立即嗣位改元。所以，若嘉兴元年镜为李氏西凉所作之镜，则铭辞所记"五月"或许为真实。查《二十史朔闰表》，晋安帝义熙十三年（公元417年）五月朔日干支为壬申，全月没有丙午日，可知镜铭中的"丙午"必为虚托。

与十六国时代其他北方诸国君主多属少数民族不同，李暠父子为汉人，虽在边远的凉州西陲之地自立政权，却遥奉江南的东晋王朝为中国的正统，故曾遣使间行到建康（今江苏省南京），向东晋的皇帝奉表称臣。据《晋书·李玄盛传》记述，西凉境内多汉族居民，其中江汉之人万余户，中州之人亦在7千余户以上，皆为前秦苻坚于建元（公元365～385年）末年徙之于敦煌。李暠又转徙汉人户口于酒泉，分南人5千户置"会稽郡"，中州人5千户置"广夏郡"[21]。可以推想，置于"会稽郡"的5千户南人原籍或许在江南的会稽郡，其郡治山阴（今浙江省绍兴）自汉代以来多产铜镜，尤以三国吴时为盛。因此，若嘉兴元年镜制作于李歆的嘉兴元年（公元417年），则应是出于西凉所置"会稽郡"的南人工匠之手。

如西田守夫氏所言及，参照中国历史学者唐长孺《南北朝期间西域与南朝的陆道交通》的论文[22]，可以认为西凉遣往东晋的使者是通过与今甘肃"河西走廊"并行的所谓"河南道"，即自酒泉、敦煌南入今青海柴达木盆地，经吐谷浑境界而至益州（今四川省境内），然后顺长江而下，到达建康。因此，嘉兴元年镜所用铅的原材料或许也是从江南溯长江至巴蜀而经历上述"河南道"的交通路线输往西凉的。

三

如前所述，对照黄龙元年镜与嘉兴元年镜的铭辞，可以看出两者的字句几乎是完全一致的。

黄龙元年镜制作于孙权始登帝位之年，故铭辞中有"帝道始平"之句。在迄今发现的三国时代的大量铜镜之中，除黄龙元年镜以外，铭辞称"帝道始平（兴）"之镜唯有太平元年铭对置式神兽镜二例[23]（其中之一出土于湖北省鄂城），应为孙权之子孙亮太平元年（公元256年）所铸，其用"帝道始平"的铭句系承自黄龙元年镜，不足为怪。

但是，李氏西凉的嘉兴元年镜亦用"帝道始平"的铭句，这就不免使人有奇异之感。东京书道博物馆所藏和某氏个人所藏的嘉兴元年镜铭辞虽改称"王道始平"，但中国历史博物馆所藏嘉兴元年镜铭辞作"帝道始平"，则与黄龙元年镜的铭句无异。其实，镜铭中的"王道"不是指与"霸道"相对而言的"王道"，而是含有"王业"之意，其与前述"帝道"之含"帝业"之意相比，两者属同义语[24]。中国历史博物馆藏镜铭辞中虽缺"乾坤合化（作）"之句，但东京书道博物馆藏镜和某氏个人藏镜皆在铭辞中有此4字句，而"坤"字作"巛"则在当时书法中不乏其例。

中国历史博物馆所藏嘉兴元年镜铭辞记"太岁（在）丁巳"，与黄龙元年镜铭辞所记"太岁在丁巳"相同。东京书道博物馆所藏和某氏个人所藏嘉兴元年镜虽改"太岁在丁巳"为"岁在大阳"，但"岁在大阳"的铭句亦见于其他吴镜。上述鄂城出土的太平元年镜铭辞称"太平元年，岁在丁卯"，而东京五岛美术馆所藏另1枚太平元年纪年镜铭辞则作"太平元年，岁在太阳"[25]，这与嘉兴元年镜铭辞作"嘉兴元年，太岁（在）丁巳"或"嘉兴元年，岁在大阳"正是相同的。

此外，黄龙元年镜铭辞中的"位至三公"在嘉兴元年镜铭辞中改为"位至侯王"，但"侯王"在吴镜铭辞中屡见不鲜，并非新词。永安二年铭对置式神兽镜和天纪元年铭重列式神兽镜皆有"位至侯王"的铭句，便是例证[26]。

通览汉、魏、吴、晋所有铜镜铭辞，凡言及镜的铸造，几乎皆称"作"、"造"或"造作"。中国历史博物馆所藏嘉兴元年镜铭辞按通例而称"造作明镜"，而东京书道博物馆所藏和某氏个人所藏嘉兴元年镜铭辞则改"造作"为"制作"（中国古代"制"字亦通"製"），虽云破例，却与吴黄武元年对置式神兽镜铭辞"制作百涑明镜"的"制作"相同，可谓无独有偶（参见本文注释[2]）。

以上所述铭辞，限于黄龙元年镜和嘉兴元年镜镌在镜的外区所谓"铭文带"上的主铭。其实，除主铭之外，各镜在内区外侧所谓"半圆方格带"的"方格"中亦有文字，须加说明。中国历史博物馆所藏嘉兴元年镜的"方格"共10个，其中文字皆漫漶而不可辨识。东京书道博物馆所藏和某氏个人所藏嘉兴元年镜的"方格"亦为10个，据西田守夫氏释文，其中文字乃是"吏三王九卿十二□大夫"[27]。黄龙元年镜的"方格"为10个，其数恰与3枚嘉兴元年镜的"方格"相等，据湖北省博物馆和鄂州市博物馆研究者释文，其中文字为"□□朔，十二大夫人命三"[28]。但是，据我考察，这10个文字其实应顺序读作"人□三□□卿十二大夫"。要之，黄龙元年镜与嘉兴元年镜一样，在镜的内区外侧所谓"半圆方格带"的10个"方格"内所镌文字皆与见于当时一部分铜镜主铭中的"三公九卿十二大夫"之句相近，绝非偶然。

综上所述，嘉兴元年镜与黄龙元年镜相比，不仅镜的形状、图纹类似，而且铭辞的字句亦几乎完全一致。更有甚者，如西田守夫氏所指出，嘉兴元年镜铭文的书体亦与包括黄龙元年镜在内的许多吴镜铭文的书体无异。例如湖北省博物馆、鄂州市博物馆研究者所释黄龙元年镜铭辞"乾坤合化"的"化"字与西田氏1989年所释嘉兴元年镜铭辞"乾巛（坤）合化"的"化"字相比[29]，仿佛如出同一人之手笔。蒙西田守夫氏厚意，1990年3月19日我在日本东京得见嘉兴元年镜实物。仔细观察，曾觉东京书道博物馆藏镜铭文铸出略逊，"化"字右旁稍欠清晰，而某氏个人藏镜铭文铸出甚佳，此字右旁或许似"乍"，故西田氏于1992年效梅原末治所释而改释"化"字为"作"字,但表示仍有疑问[30]。"乾坤合化"与"乾坤合作",在文理上皆属可通,故难以断定此字究竟是"化"是"作"。但是,黄龙元年镜与嘉兴元年镜在铭文书体上相似程度之大,于此可见一斑。

倘若嘉兴元年镜为西凉李歆嘉兴元年(公元417年)在酒泉所铸,则其与孙权黄龙元年(公元229年)铸于吴都武昌的黄龙元年镜比较,在制作年代上相差近200年,在制作地点上相隔达数千里,而两者形状、图纹类同,铭辞字句一致,铭文的书体又如此相似,诚属不可思议。虽说当时江南所产铅的材料可溯长江至巴蜀并越秦岭由陇东转而通过所谓"河南道"的交通路线输往西凉,但"河南道"经青海柴达木盆地,路途险僻,故《晋书·李玄盛传》特称李暠所遣使者的行旅为"间行",已如前述。其实,中国西北各地铅矿不少,西凉作镜自可就近取材,无须专赖数千里外江南所产之铅[31],可谓不言而喻。凡此种种,不能不使人转而觉得嘉兴元年镜未必为5世纪李氏西凉所作,而是3世纪孙氏吴国所作之镜。如前所述,3枚嘉兴元年镜皆为传世品,出土地点不明,从而为否定其为西凉所作镜留有可供议论的余地。当然,这就必须对镜铭所记"嘉兴"年号详加考证,另求解释。

四

我认为,"嘉兴"2字的出典在于"嘉禾兴"。中国古代,至少自两汉以降,凡言及象征祥瑞的嘉禾出现,其用语主要有二种方式。一种如王充《论衡·讲瑞》之称"嘉禾生",另一种则如《汉书·公孙弘传》之称"嘉禾兴"。汉武帝元光五年(公元前130年),公孙弘复以贤良文学至太常,武帝策诏诸儒,制曰"甘露降,风雨时,嘉禾兴",云云[32]。其中的"嘉禾兴",可谓成为后世言及嘉禾出现的标准语。从史书记述看来,自东汉以降,历代的一般用语虽多为"嘉禾生",但就《三国志·吴志·孙权传》的记载而论,当时的孙吴实际上却以"嘉禾兴"3字为称谓的准则。这可以从下述"禾兴"、"嘉禾"、"嘉兴"等名号的由来得到说明。

《宋书·符瑞志》综述中国据说是开始于远古时代的所谓祥瑞出现的历史,所述两汉以来的祥瑞多以各种奇禽、异兽乃至宝物之类为代表，而嘉禾与甘露一样，亦属重要的祥瑞。无待于言，所有各种祥瑞的出现虽被假托为天命的启示，其实无非是出于人为的伪传和虚报，以迎合统治者为显示王朝兴隆、昌盛的意图。历代君主登位、改元，以及举行重大庆典等等，往往要以假托的祥瑞出现为契机和依据，这早已成为古代中国政治上的特点之一，经久不变。吴主孙权改黄武八年（公元229年）为黄龙元年，并于此年四月始登帝位，便是以武昌、夏口（今湖北省武汉）皆有"黄龙"出现的传闻和呈报为天命启示的依据的。

据《三国志，吴志·孙权传》及裴松之注引《江表传》记述，黄龙元年（公元229年）孙权虽已称帝，但未曾郊祀。为此，诸臣于黄龙三年（公元231年）授意各地呈报祥瑞，以为举行郊祀的理由。郊祀祭天亦祭地，与后稷有关，故嘉禾乃被当作祥瑞的主要象征。先是在此年二月，由吴郡报称由拳县野稻自生，乃改县名为"禾兴"。所谓"野稻自生"，实际上就是嘉禾出现，故如下文所述，《宋书·州郡志》称"由拳县生嘉禾"。为何要选择由拳县为嘉禾出现之地呢？这可以从郦道元《水经注》和司马彪《续汉书·郡国志》刘昭注的记述得到答案。《水经注·沔水》引《神异传》谓"由卷县秦时长水县也"，又引《吴记》谓"秦始皇恶其势王（旺），令囚徒十余万人污其土表，污以恶名，改曰囚卷，亦曰由卷"[33]。《续汉书·郡国志》刘昭注引干宝《搜神记》曰"秦始皇东巡，望气者云五百年后江东有天子气，始皇至，令囚徒10万人掘污其地，表以恶名，故改之曰由拳县"[34]。所以，由拳县出现嘉禾，可显示其地势旺而有天子气，非秦始皇所能污没。这对立国江东的孙吴来说，可称莫大的祥瑞，故改由拳县名为"禾兴"。

黄龙三年（公元231年）十月，诸臣又授意会稽郡报称始平县嘉禾生。如我在本文开头所考证，（南）始平为孙权称王或称帝时新置之县，县名本身就含有"帝道始平"的庆贺之意。因此，在始平县出现嘉禾，更是喜上加喜，大吉大利，遂使孙权在此年十二月便决定于翌年（公元232年）改年号为"嘉禾"。

据《三国志·吴志·孙权传》记载，赤乌四年（公元241年）五月太子孙登死，孙权于次年赤乌五年（公元242年）正月改立孙和（孙皓之父）为太子。"和"字左偏为"禾"，其读音又与"禾"字相同，为避孙和之讳，故又改禾兴县为嘉兴县。沈约《宋书·州郡志》称嘉兴之地"本名长水，秦改曰由拳，吴孙权黄龙四年（对照《宋书·符瑞志》，四年应为三年之误，下同）由拳县生嘉禾，改曰禾兴，孙皓父名和，又改名曰嘉兴"[35]。《资治通鉴》胡三省注引沈约曰"吴孙权黄龙四年由拳县生嘉禾，改曰禾兴，孙皓避父名，改曰嘉兴县"（参见本文注释[40]）。但是，这在年代上与《三国志·吴志·孙权传》关于孙权赤乌五年正月改禾兴县为嘉兴县的记载不符，当以《吴志·孙权传》的记载为准。

如以上所述，"禾兴"、"嘉兴"为县名，"嘉禾"为年号，三者虽互有差异，但都是从"嘉禾兴"3字中取其2字而成，其含义彼此相通。

就后世之事而论，《宋史·地理志》记北宋徽宗政和七年（1117年）以嘉兴之地置嘉禾郡，南宋宁宗庆元元年（1195年）因其地为孝宗出生地而升格，改称嘉兴府[36]。直到20世纪初期，清王朝被推翻，新成立的民国政府于1912年又合浙江省的嘉兴、秀水二县而置嘉禾县，至1914年才复称嘉兴[37]。由此可见，"嘉兴"可改称"嘉禾"，而"嘉禾"亦可改称"嘉兴"，两者本来是相通的。

五

据《三国志·吴志·孙权传》、《吴志·孙和传》及《吴志·何姬传》记述[38]，孙和字子孝，为孙权第三子，赤乌五年（公元242年）立为太子。赤乌十三年（公元250年）遭谮被废，徙于故鄣（今浙江省安吉县西北），众皆称冤。太元二年（公元252年）封南阳王，远遣长沙。同年（二月改元为"神凤"）四月孙权死，孙亮即位（改元"建兴"），又徙孙和于新都（今浙江省淳安县西）。次年建兴二年（公元253年）赐死，其嫡妃张氏亦自杀。

永安七年（公元264年）七月，孙和之子孙皓即位，改此年为元兴元年。孙皓尊孙和为昭献皇帝，旋又追谥为文皇帝。孙和庶妃何氏为孙皓生母，先称昭献皇后，随即尊为皇太后，其亲属多恃权势，把持朝政。孙皓以皇帝礼改葬孙和于乌程"明陵"，为之置陵邑，并于宝鼎元年（公元266年）分吴郡、丹阳郡九县之地新置吴兴郡（郡治在乌程，今浙江省吴兴县南），令郡太守四时奉祠。次年（公元267年）又在都城建业（今江苏省南京）为孙和立庙，其迎神灵入庙仪式之隆重逾越常规，无例可援。总之，孙皓为平反亡父冤狱，对孙和之尊崇可谓无以复加，其举措无所不用其极。

如前面所引述，沈约《宋书·州郡志》说"吴孙权黄龙四年由拳县生嘉禾，改曰禾兴，孙皓父名和，又改名曰嘉兴"。由于陈寿《三国志·吴志·孙权传》明记孙权赤乌五年（公元242年）孙和初立太子时已改禾兴县为嘉兴县，故《宋书·州郡志》所说是否正确，不无可疑。

沈约于齐武帝永明五、六年（公元487~488年）间撰《宋书》，因有何承天、徐爰旧本为依据，成书甚速，但包括《州郡志》在内的八《志》完成较晚，至梁时始得定稿。作为《宋书》的编撰者，沈约博学多识，熟悉历代史籍，决无不知《吴志·孙权传》关于赤乌五年改"禾兴"为"嘉兴"的记载之理。特别是沈约原籍在吴兴，其地为孙和明陵之所在，已如上述。《资治通鉴·晋纪（武帝泰始三年）》述及孙皓迎孙和神灵于陵园，胡三省注引沈约之言称"孙皓改葬其父于乌程西山，曰明陵"[39]，足见沈约对孙皓追崇孙和之事所知最详。因此，关于"禾兴"、"嘉兴"的改名，《宋书·州郡志》之说虽与《三国志·吴志·孙权传》的记载相抵触，但胡三省注《通鉴》却引用其说而不疑[40]。直至今日，学术界仍多有采用此说而不以为误的。《辞源》谓"（嘉兴）本名长水，秦改为由拳县，三国吴孙权黄龙四年以地出嘉禾，改称禾兴，孙皓因父名和，又改名为嘉兴"，《中文大辞典》谓"（嘉兴县）秦由拳县地，属会稽郡（本文笔者按，汉顺帝分会稽郡北部之地置吴郡，由拳县从此改属吴郡），三国吴黄龙四年嘉禾生，改置禾兴县，孙皓以父名和，改今名（嘉兴）"[41]，便是其例。在《宋书·州郡志》"孙皓父名和"的五字之间，《辞源》增"因"字而作"孙皓因父名和"，《中文大辞典》增"以"字而作"孙皓以父名和"，这与《通鉴》胡注之改"孙皓父名和"5字为"孙皓避父名"一样，明确表示禾兴县改名为嘉兴县在于元兴元年（公元264年）孙皓即位之后，而不在于此前的孙权赤乌五年（公元242年）。

然而，陈寿的《三国志》完成于晋武帝太康元年（公元280年）灭吴以后不久，其中的《吴志》又系参考吴时韦昭的《吴书》，所记孙权赤乌五年正月改"禾兴"县名为"嘉兴"，其真实性诚属不容置疑。因此，吴嗣主孙皓即位，无再改禾兴县为嘉兴县的必要，自在情理之中。这样，就不得不认为《宋书·州郡志》的记述有所差错。《三国志·吴志·陆凯传》记孙皓即位，进封陆凯为嘉兴侯。但是，这不足以说明改"禾兴"县名为"嘉兴"是在孙权赤乌五年或是在元兴元年孙皓即位之后。

我认为，《宋书·州郡志》关于改县名的记述虽或有差错，但沈约在《宋书·州郡志》中所说避讳之事则非全属无稽。据我推想，孙皓为避其父孙和之讳，所改不是"禾兴"的县名，而是"嘉禾"的年号。"嘉禾"的"禾"字与"禾兴"的"禾"字一样，亦犯孙和之讳，故孙皓按"嘉禾兴"的典故，追改"嘉禾"年号为"嘉兴"。《三国志·吴志·韦曜传》记公卿"或误犯（孙）皓讳，辄见收缚，至于诛戮"[42]，可以推知孙皓亦十分重视避其父孙和之讳，故援赤乌五年改"禾兴"县名为"嘉兴"的前例，欲改"嘉禾"年号为"嘉兴"。

据《三国志·吴志·韦曜传》记述，孙皓甚注重所谓祥瑞的出现。从《吴志·孙皓传》的记载看来，孙皓在位时各地呈报出现的祥瑞先后有甘露、大鼎、凤凰、银册及石印、石刻文字之类，孙皓因之频频改元为"甘露"、"宝鼎"、"凤凰"、"天册"、"天玺"、"天纪"。在诸多祥瑞之中独无嘉禾，故晋葛洪在所著《抱朴子·吴失》中述前辈论孙皓失政亡国征兆而有"嘉生不遂"之语（见《抱朴子》外篇卷三十四）。这或许是由于孙皓因避父名而讳言"嘉禾"，亦未可知。

六

据《三国志·吴志·薛莹传》、《吴志·韦曜传》及两传所录华覈的奏疏记述，孙权末年命太史令丁孚、郎中项峻撰《吴书》，因2人俱非史才，所述无据，不足为纪录。孙亮即位，更以韦昭为太史令，主持《吴书》的撰作。韦昭与周昭、薛莹、梁广、华覈共5人，为撰《吴书》而访求往事，此书始备本末。后因周昭、梁广死，《吴书》的撰作更专赖韦昭，故后世称此书为韦昭所撰。

孙皓即位，韦昭领左国史之职，所撰《吴书》已具规模，只其中叙赞未述而已。宝鼎二年（公元267年），孙皓自明陵迎其父文皇帝孙和之神灵入庙，哀痛之余，泣命韦昭在《吴书》中为孙和作《纪》[43]。孙和为太子时，韦昭任太子中庶子之职而与孙和过从甚密，所作《博弈论》深受孙和称赏。只因孙和生前未登帝位，故韦昭坚持只可为其作《传》，不宜称《纪》，抗命不遵，遂遭诛戮。晋陈寿著《三国志》，在《吴志》中为韦昭立传，因避晋武帝之父司马昭之讳，追改其名为"韦曜"，故称《韦曜传》。在中国历史上，因各种缘故追改名号之事不少。孙皓曾追改其所诛臣僚何定之名为"何布"，亦是一例。

据我推想，孙皓追改"嘉禾"年号为"嘉兴"，正是为供韦昭在《吴书》中作《文帝纪》采用。韦昭被诛后，薛莹领左国史，华覈领右国史之职，共同补其所遗《吴书》文稿之欠缺。2人鉴于韦昭因抗命被诛，不得不委曲求全而为文皇帝孙和作《纪》。此前华覈为求赦免韦昭，曾上疏孙皓，谀称其欲为孙和作《纪》乃"慎终追远"（指居丧尽礼），有"大舜之美"（指孝行）云云[44]，可为旁证。

建衡三年（公元271年）薛莹受命献诗于孙皓，诗中述其父薛综经历而有"大皇开基，恩德远施"，"重值文皇，建号东宫"等语[45]。大皇指孙权，文皇指孙和，两者相提并论，表明其对孙和之崇敬，以取悦于孙皓。由此可见，薛莹与华覈共续韦昭《吴书》，必为文皇帝孙和作《纪》。

黄龙元年（公元229年）孙权称帝，尊其父孙坚为武烈皇帝。如同陈寿在《三国志·魏志》中为曹操作《武帝纪》（魏时王沈已在其所著《魏书》中为魏武帝曹操作《纪》），韦昭在《吴书》中必为孙坚作《武烈帝纪》。孙和有贤名而无功业，自非孙坚之比，但生前曾为太子，封南阳王，死后尊为昭献皇帝，又谥曰文皇帝，故孙皓要求史臣在《吴书》中为之作《纪》，亦属事出有因，不足为奇。

《三国志·吴志》记孙亮于太平三年（公元258年）被黜为会稽王，永安三年（公元260年）孙休又贬为候官侯，逼其自杀。吴亡后，陆机作为吴国名将陆逊、陆抗的后嗣，在其所作《辩亡论》中称孙坚为武烈皇帝，孙权为大皇帝，孙休为景皇帝，称孙亮为"幼主"而不称皇帝[46]。《吴志·孙皓传》裴松之注引《江表传》记孙皓将败，致书于其舅何植，谓"瞑目黄壤，当复何颜见四帝乎"[47]。所谓"四帝"，除孙坚、孙权、孙休3人以外，另1人必为文皇帝孙和。由此可见，薛莹、华覈所续韦昭《吴书》各《纪》中应有孙和的《文帝纪》。

《隋书·经籍志》、《旧唐书·经籍志》及《新唐书·艺文志》，各录韦昭《吴书》的书名。《隋书·经籍志》称其书散佚，至隋唐止存25

卷，但原书共有55卷，梁时皆全[48]。可以推想沈约于齐、梁时撰《宋书》，曾参见韦昭《吴书》的全书，其中包括孙皓命史臣为孙和所作的《文帝纪》。《吴书·文帝纪》中因避讳而改"嘉禾"年号为"嘉兴"，乃至沈约在《宋书·州郡志》中误为改"禾兴"县名为"嘉兴"，而"禾兴"之得名固出自"嘉禾"。

陈寿著《三国志》，奉曹魏为正统，视孙氏为僭主，其中的《吴志》虽以韦昭《吴书》为参考，却改称《吴书》各《纪》为《传》，而所有孙吴君臣的《传》又经删节、并合，以至卷数大减，只有20卷。与陈寿的立场相应，裴松之注《三国志·吴志》所引韦昭《吴书》在措辞和叙述方式上颇有修改，尤其对吴国君主、太子等人多直呼其名，不加称号。《太平御览》亦以孙吴为"偏霸"，而所引韦昭的《吴书》与裴松之注所引相比，在文字上有所补充。以孙和徙长沙事为例，裴注所引作"和之长沙"[49]，《御览》所引则作"南阳王和字子孝，被谴之长沙"[50]，但后者亦非《吴书》原文。

七

湖北省鄂城出土的黄龙元年对置式神兽镜铭辞首句为"黄龙元年太岁在丁巳"，中国历史博物馆所藏嘉兴元年对置式神兽镜铭辞首句为"嘉兴元年太岁（在）丁巳"。两镜铭辞不仅许多字句一致，而且首句所记作镜之年的干支亦皆为"丁巳"，从而增加了铭辞全体的相似程度。如前所述，孙权黄龙元年（公元229年）的干支本为己酉，镜铭中的"丁巳"为己酉之误，却与嘉兴元年镜铭辞所记干支"丁巳"相同。这大概是偶然的巧合，但可说明其他巧合之事亦容或有之。查历史年表，西凉李歆嘉兴元年（公元417年）干支为丁巳，正与嘉兴元年镜铭辞所记干支符合，可视为嘉兴元年镜之为李歆嘉兴元年（公元417年）所铸的一大证据。然而，参照下文所述，实亦不能排除此镜铭辞中的"丁巳"与李歆嘉兴元年的干支"丁巳"之为偶然巧合的可能性。

据《三国志·吴志·孙权传》记载，由于黄龙三年（公元331年）十月会稽郡始平县生嘉禾，孙权改翌年（公元332年）年号为嘉禾元年。嘉禾七年（公元338年）八月，孙权因见赤乌集于殿前，又改此年为赤乌元年（公元338年）。按照历代王朝改元的传统规制，"赤乌元年"的纪年通用于包括此年八月以前的全年[51]。于是,嘉禾六年(公元337年)便成为"嘉禾"年号的最后一年。

据《三国志·吴志·孙和传》记述,赤乌五年(公元242年)孙和立为太子,时年19岁。孙和14岁时,孙权为其置宫卫,并使中书令阚泽教以书艺[52]。从年龄推算,孙和出生于黄武三年(公元224年),孙权为其置宫卫则在嘉禾六年(公元237年)。《三国志·吴志·孙和传》记孙和经历,以14岁时(嘉禾六年)置宫卫为始。因此,可以推想,孙皓命韦昭等人在《吴书》中为文皇帝作《纪》,除简述黄武三年(公元224年)孙和出生、命名并说明其为孙权第三子等以外,所叙孙和的事迹亦应开始于嘉禾六年之初置宫卫。这样,按照我的推想,孙皓为避孙和之讳而改"嘉禾"年号为"嘉兴",必择初置宫卫的嘉禾六年,而嘉禾六年(公元237年)的干支正是丁巳。

查吴主孙权嘉禾六年即魏明帝青龙五年,此年三月魏明帝改元为景初元年(公元237年),并采用新的《景初历》,以春三月为孟夏四月。据《三国志》(《魏志·辛毗传》、《吴志·孙权传》)记载,魏自黄初元年(公元220年)以来沿用东汉的《四分历》,而吴则于黄武二年(公元223年)始用《乾象历》,两国历法不同,以致各年各月的朔闰有同有异。但是,查《二十史朔闰表》,吴嘉禾六年与魏景初元年一样,五月朔日干支为丁酉,五月十日干支为丙午[53]。因此,若嘉兴元年镜的纪年为对嘉禾六年(公元237年)的追改,则镜铭中的"五月丙午"可谓并非虚托。

如我在《"黄初"、"黄武"、"黄龙"纪年镜铭辞综释》等论文中究明,孙吴的铜镜铸造业多由官府掌管,工匠们受命作镜,规制严格,凡属国家建立年号,更改历法以及其他重要政治事件,往往在镜的铭辞中加以记录,或有所反应。孙皓为其父文皇帝孙和作本纪,改年号,事关重大,故主管造镜业的官员特铸嘉兴元年纪年铭神兽镜以志之。"嘉兴元年"的纪年是对"嘉禾六年"的追改,故镜铭所记干支完全按照嘉禾六年的干支而毫无差错。这或许是出于薛莹、华覈等史臣按长历推算,亦未可知。

以上关于嘉兴元年镜的年代和制作地的考证,以史书所记事实为依据,自属无可非议。唯独孙皓为避其父孙和之讳而追改嘉禾六年为嘉兴元年一节,虽多对照文献记载,实亦出于推测,自难成为定论。只因3

枚嘉兴元年镜在形状、图纹等各方面皆具备三国时代吴镜的特征，尤其是镜的铭辞在字句上与湖北省鄂城（吴的都城武昌）出土的吴的黄龙元年镜铭辞一致，铭文的书体又与黄龙元年镜等吴镜铭文书体十分相似，加之镜内所含铅的原材料属江南吴地的铅矿，故不能排除其为3世纪三国时代吴国所铸镜的可能性，乃按个人管见所及，详加讨论，以求明其究竟。

1989年日本西田守夫氏议论嘉兴元年镜与吴镜的关系，曾在其论文的附注中言及禾兴县改名为"嘉兴"之事[54]。本文考证"禾兴"、"嘉禾"、"嘉兴"名号的由来以及三者之间的相互关系，进而推论嘉兴元年镜的年代和制作地，以为对前述1987年西田氏的询问作答。时隔多年，西田氏对嘉兴元年镜的看法更倾向于认定其为十六国时代西凉之所作[55]，这当然是可以理解的。但是，我却固执当初的观点，在承认嘉兴元年镜也许为5世纪李氏西凉所作的同时，又偏重于论证其为3世纪三国时代的孙吴之镜。

传世的嘉兴元年镜有3枚之多，信非赝品，故其他嘉兴元年镜可望他日在考古调查发掘工作中出土。若出土地点在甘肃、新疆、青海等我国西北地区，则我的观点自当改正。反之，若出土地点在江南各处，特别是出土于公元3、4世纪的古墓中，则以上所说应该是可信的。究竟如何，唯待将来检验。

注　释

[1]　湖北省博物馆、鄂州市博物馆：《鄂城汉三国六朝铜镜》图版第85，图版说明第21、第23页，插图第18，文物出版社，1986年。

[2]　王仲殊：《"黄初"、"黄武"、"黄龙"纪年镜铭辞综释》第642页，图版第伍，3，《考古》1987年第7期。

[3]　王仲殊：《论日本出土的景初四年铭三角缘盘龙镜》第268页，《考古》1987年第3期。

[4]　刘备称帝前，群臣引《洛书宝号命》"天度帝道备称皇"等谶纬之语劝进。见《三国志》卷第三十二（蜀书先主传）第887页，中华书局，1973年。

[5]　《晋书》卷第十四（地理上）第431页，中华书局，1974年。

[6]　《宋书》卷第三十七（州郡三）1157页，中华书局，1974年。

[7]　《元和郡县志》卷第二（关内道二，京兆府兴平县），（清）武英殿聚珍版。

[8]　《辞海》（中）第2519页，中华书局，1979年。

[9] 《宋书》卷第三十五（州郡一）第1036页，中华书局，1974年。

[10] 《三国志》卷第五十七（吴书虞翻传）第1323页，中华书局，1973年。

[11] 谭其骧：《浙江省历代行政区域——兼论浙江各地区的开发过程》第405~410页，《长水集》（上），人民出版社，1987年。

[12] 《三国志》卷第四十七（吴书吴主传）第1136页，中华书局，1973年。

[13] 王仲殊：《吴镜师陈世所作神兽镜论考》第1018~1019页，图版第肆、伍，《考古》1986年第11期。

[14] 梅原末治：《漢三国六朝纪年鏡図説》第70页，图版第三十九（1），同朋社，1984年。

[15] 西田守夫：《漢三国六朝纪年鏡雑記》第28~30页，《考古学雑誌》第75卷第3号，1990年。

[16] 五島美术館：《前漢から元时代の纪年鏡》第167、第169页，图版第66、第67，日本写真印刷株式会社，1992年。

[17] 杨桂荣：《馆藏铜镜选辑（四）》第100页，图第29（封三图2），《中国历史博物馆馆刊》1993年第2期。杨桂荣在文章中称此镜铭文共45字，但所述铭辞由11句4字句构成，计44字。或许脱漏"太岁在丁巳"的"在"字，亦未可知。查汉、三国、六朝铜镜铭辞中"镜"字多省去左偏而作"竟"，仅少数保持原来字形而作"镜"。杨氏此文所释10余枚三国、六朝铜镜铭辞，全部作"镜"。但是，不能排除镜铭本来作"竟"的可能性。

[18] a. 五島美术館：《前漢から元时代の纪年鏡》第167、第169页，图版第66、第67，日本写真印刷株式会社，1992年。

b. 杨桂荣：《馆藏铜镜选辑（四）》，《中国历史博物馆馆刊》1993年第2期第100页，图第29（封三图2）。杨桂荣在文章中称此镜铭文共45字，但所述铭辞由11句4字句构成，计44字。或许脱漏"太岁在丁巳"的"在"字，亦未可知。查汉、三国、六朝铜镜铭辞中"镜"字多省去左偏而作"竟"，仅少数保持原来字形而作"镜"。杨氏此文所释10余枚三国、六朝铜镜铭辞，全部作"镜"。但是，不能排除镜铭本来作"竟"的可能性。

[19] 西田守夫：《漢三国六朝纪年鏡雑記》第29~30页，《考古学雑誌》第75卷第3号，1990年。

[20] a. 西田守夫：《漢三国六朝纪年鏡雑記》第33页，《考古学雑誌》第75卷第3号，1990年。

b. 《后汉书》志第二十二（郡国四）第3489、第3490页，中华书局，1975年。

[21] 《晋书》卷第八十七（凉武昭王李玄盛传）第2263页，中华书局，1974年。

[22] 唐长孺：《南北朝期间西域与南朝的陆道父通》，《魏晋南北朝史论拾遗》第168~195页，中华书局，1983年。

[23] a. 湖北省博物馆、鄂州市博物馆编：《鄂城汉三国六朝铜镜》图版第87，图版说明第21、22、25页，插图第20，文物出版社，1986年。

b. 梅原末治：《漢三国六朝纪年鏡図説》第75页，图版第三十九（1），同朋社，

1984年。

[24]《三国志·蜀书·诸葛亮传》注引《汉晋春秋》所谓诸葛亮上言曰"汉、贼不两立，王业不偏安"，"然不伐贼，王业亦亡"，"顾王业不得偏全于蜀都"，云云。所说"王业"，指蜀汉刘氏的帝业，可为例证。见《三国志》卷第三十五，第923页，中华书局，1973年。

[25] 五岛美术馆：《前漢から元時代の紀年鏡》第139页，图版第52，日本写真印刷株式会社，1992年。

[26] 梅原末治：《漢三国六朝紀年鏡図説》第84页，图版第四十七（1）；第97、第98页，图版第五十四（1），同朋社，1984年。

[27] 西田守夫：《漢三国六朝紀年鏡雜記》第29页，（日本）《考古学雑誌》第75卷第3号，1990年。

[28] 湖北省博物馆、鄂州市博物馆编：《鄂城汉三国六朝铜镜》图版第85，图版说明第21、第23页，插图第18，文物出版社，1986年。

[29] 西田守夫：《漢三国六朝紀年鏡雜記》第29页，《考古学雑誌》第75卷第3号，1990年。

[30] 五岛美术馆：《前漢から元時代の紀年鏡》第169页，图版第67，日本写真印刷株式会社，1992年。

[31] 在新疆吐鲁番发现北凉第一代君主沮渠蒙逊（公元401~433年）遗孀彭氏墓，年代属5世纪中期（公元459年）。墓内随葬品包含铅刀、铅尺、铅熨斗、铅剪及铅俑等多件铅器，确证当时甘肃、新疆等我国西北地区产铅，用以作器。见吐鲁番地区文物保管所《吐鲁番北凉武宣王沮渠蒙逊夫人彭氏墓》第75~81页，《文物》1994年第9期。

[32]《汉书》卷第五十八（公孙弘传）第2613页，中华书局，1975年。

[33] 王国维：《水经注校》卷第二十八（洢水中）第926、第927页，上海人民出版社，1984年。

[34]《后汉书》志第二十二（郡国四）第3489、第3490页，中华书局，1975年。

[35]《宋书》卷第三十五（州郡一）第1031页，中华书局，1974年。

[36]《宋史》卷第八十八（地理四）第2177页，中华书局，1977年。

[37] 复旦大学历史地理研究所：《中国历史地名辞典》第938页，江西教育出版社，1988年。

[38]《三国志》卷第四十八（吴书孙皓传）第1162、第1163页，卷第五十九（吴书孙和传）第1367~1371页，卷第五十（吴书何姬传）第1201、第1202页，中华书局，1973年。

[39]《资治通鉴》卷第七十九（晋纪一）第2504页，古籍出版社，1956年。

[40]《资治通鉴》卷第六十三（汉纪五十五）第2023页，古籍出版社，1956年。

[41] a.《辞源》（合订本）第0294页，商务印书馆，1988年。
b.《中文大辞典》第七册第78、第79页，台北中国文化学院出版部，1968年。

[42]《三国志》卷第六十五（吴书韦曜传）第1462页，中华书局，1973年。

[43] 《三国志》卷第六十五（吴书韦曜传）第1462、第1463页，中华书局，1973年。

[44] 《三国志》卷第六十五（吴书韦曜传）第1463页，中华书局，1973年。

[45] 《三国志》卷第五十三（吴书薛莹传）第1255页，中华书局，1973年。

[46] 《文选》卷第五十三（陆士衡辩亡论上）第735~739页，世界书局影印，1935年。

[47] 《三国志》卷第四十八（吴书孙皓传）第1176、第1177页，中华书局，1973年。

[48] 卢弼：《三国志集解》卷第一（魏书武帝纪兴平元年）第二十九页注，总第15页，中华书局（影印），1982年。

[49] 《三国志》卷第五十九（吴书孙和传）第1370、1371页，中华书局，1973年。

[50] 《太平御览》（第一册）卷第一百五十一（诸王下）第736页，中华书局影印，1960年。

[51] a. 王仲殊：《"黄初"、"黄武"、"黄龙"纪年镜铭辞综释》第638页，《考古》1987年第7期。

b. 王仲殊：《论日本出土的吴镜》第162页，《考古》1989年第2期。

[52] 《三国志》卷第五十九（吴书孙和传）第1367、第1368页，中华书局，1973年。

[53] 陈垣：《二十史朔闰表》第45页（魏蜀吴）、第217页（魏蜀吴朔闰异同表），古籍出版社，1956年。

[54] a. 西田守夫：《漢三国六朝纪年鏡雜記》第33页，《考古学雜誌》第75卷第3号，1990年。

b. 《后汉书》志第二十二（郡国四）第3489、第3490页，中华书局，1975年。

[55] 五岛美术馆：《前漢から元時代の纪年鏡》第167、第169页，日本写真印刷株式会社，1992年。

（本文撰作于1995年4月，原载《考古》1995年第8期）

试论鄂城五里墩西晋墓出土的波斯萨珊朝玻璃碗为吴时由海路传入

一

20世纪50年代中期以来，我国考古工作者在湖北省鄂城（今为鄂州市）发掘了许多东汉、三国（吴）和西晋时代的古墓，很有收获。其中五里墩121号墓为西晋墓，年代在公元3世纪、4世纪之际[1]，墓内随葬着1件波斯萨珊王朝（公元226~651年）的玻璃碗。各种类型的萨珊玻璃器在我国新疆维吾尔自治区各地多有采集，在宁夏回族自治区固原、陕西省西安和河南省洛阳亦有出土，而鄂城五里墩的玻璃碗年代独早，且为迄今在南方长江流域的唯一发现，故深受学术界的重视。

此碗虽已残破，但可根据其碎片作考察。按照中国社会科学院考古研究所安家瑶同志在其题为《中国的早期玻璃器皿》的论文中所述考察的结果，玻璃片基本上属所谓"无色"，稍泛黄绿色，透明度好，并可想象复原此碗为球腹、圜底，口沿外侈，腹部有三排椭圆形而稍内凹的磨花，底部也有一个圆形内凹的磨花，在口沿下和腹部间则有粗细不等的阴刻弦纹[2]。如安家瑶在论文中指出，此种形状、纹饰的波斯萨珊朝玻璃碗在伊朗吉兰（Guilan）州公元3~7世纪的古墓中曾出土一大批，从而可以判断它们的制作年代最早是在3世纪。

早在公元前3世纪中叶，帕提亚（Parthia）王朝建立于今伊朗境内，公元前2世纪后半势力及于伊拉克的两河流域，我国两汉史书通称其为"安息"。公元226年波斯阿尔达希一世（Ardashir I，公元226~240年）推翻安息王朝而立国，是为"萨珊"（Sassan）王朝。据日本学者查考，上述类型的玻璃碗在阿塞拜疆境内有与安息、罗马的货币一同发现的，在伊朗的吉兰州则除出土于萨珊朝的坟墓以外，亦有出土于此前安息王朝的坟墓的[3]。因此，本文虽然称为"萨珊玻璃"，却不排除其制作年代最早是在3世纪初安息王朝晚期的可能性。

这里，应该提到的是1963年日本奈良县橿原市新泽千冢126号墓出土的1件波斯萨珊朝的玻璃碗[4]，安家瑶确认它在形状、纹饰和制作工艺上与鄂城五里墩121号墓出土的玻璃碗十分相似，两者的原材料成分也几乎是完全一致的[5]。日本考古学者判断新泽千冢126号墓的埋葬年代为5世纪后半[6]，可知墓中玻璃碗的制作年代至少不晚于5世纪中期。但是，如前所述，鄂城五里墩121号墓的埋葬年代为3世纪末或4世纪初，故可断定墓中玻璃碗的制作年代必在3世纪末或4世纪初之前。

古代坟墓中的随葬品，其制作年代必然早于坟墓的埋葬年代，这在考古学上是无待于言的常识。虽然多数随葬品的制作年代与坟墓的埋葬年代很接近，但有些随葬品的制作年代却早于坟墓的埋葬年代甚久。尤其是个别珍贵的器物，在经过数十年乃至更长时期的流传、收藏和使用之后才被作为随葬品而纳入死者的墓中，这样的事例屡见不鲜。因此，鄂城五里墩121号西晋墓的埋葬年代虽在3世纪末或4世纪初，但墓中萨珊朝玻璃碗的制作很可能早在3世纪初期，其自波斯传入中国的年代亦不迟于3世纪的中后期。当时为中国的三国时代，而鄂城则在吴国的境内。晋武帝取代魏王朝而即位于泰始元年（公元265年），但要到15年以后的太康元年（公元280年）才大举进兵灭吴。所以，西晋的统治期间虽为武帝的泰始元年（公元265年）至愍帝的建兴四年（公元316年），但对江南的吴地来说，其统治是从武帝的太康元年（公元280年）开始的。如果鄂城五里墩121号墓的埋葬年代在3世纪末，则上距吴国的灭亡最多不过20年。

二

湖北省的鄂城古称武昌，是三国时代吴国的都城。据《三国志·吴书》等史籍记载，黄初二年（公元221年）四月孙权自公安（今湖北省公安）迁都于鄂（今湖北省鄂城），改名武昌，并分江夏、豫章、庐陵三郡之地置武昌郡，以武昌（县）为郡治。不久，又改武昌郡为江夏郡，与曹魏的江夏郡相对峙。魏的江夏郡治上昶城（今湖北省云梦西南），吴的江夏郡则治武昌（鄂城）[7]。祝穆《方舆胜览》解释"武昌"地名之缘起由来，谓"孙权都鄂，欲以武为昌，故名"。《三国志·吴书·孙权传》记黄龙元年（公元229年）九月吴主孙权迁都于建业（今江苏省南京），征上大将军陆逊辅太子孙登掌武昌留事，足见此后武昌在政治上仍居重要的地位。

据《三国志·吴书·孙皓传》记载，甘露元年（公元265年）九月，吴嗣主孙皓又自建业迁都于武昌。《吴书·陆凯传》说："（孙）皓徙都武昌，扬土（即扬州，此处主要是指长江下游的江南地方）百姓泝流供给，以为患苦"，故童谣有"宁饮建业水，不食武昌鱼，宁还建业死，不止武昌居"等语。由此可见，孙吴在甘露元年（公元265年）至宝鼎元年（公元267年）以武昌为都城时，因宫廷、百僚的迁徙，众多的人民和大量的财货、物资也随之而从建业转移到武昌。宝鼎元年（公元267年）十二月，孙皓还都建业，以亲信卫将军滕牧留镇武昌。

要之，在3世纪20年代至70年代，吴国曾二度以江夏郡的武昌（鄂城）为都城，即使在以建业为首都之时，亦在武昌置都督之官，倚为重镇，有如陪都。太康元年（公元280年）晋武帝灭吴，曹魏以来的江夏郡迁治安陆（今湖北省安陆北）[8]，而改吴的江夏郡为武昌郡[9]。武昌（鄂城）虽为武昌郡的郡治，但在政治上的重要性已远非吴时之比，其与西晋都城洛阳之间的联系亦远不如吴时与建业之间的联系为密切，这是不言而喻的。

假如五里墩121号墓的玻璃碗是西晋太康元年（公元280年）以后输入中国的，那么不论是从陆路或是从海路输入，都不大可能最终会传至鄂城。当时西域与中国的陆路交通主要是从今新疆经甘肃的"河西走廊"而至长安，然后又至洛阳，所以很难设想此碗自西域传入长安、洛阳以后又往南传至长江南岸的鄂城（太康元年之前，鄂城为吴国之地，更无此种可能性）。虽然自新疆经青海、甘肃（东部）而至四川境内的所谓"河南道"也是一条重要的路线，但"河南道"的交通以此后4世纪末至5世纪、6世纪的东晋晚期和南北朝时期为盛，其时北方各政权占据中原、关中之地，并控制了河西走廊，故西域至东晋、南朝的行旅不得不依靠此道为途径[10]。然而，在3世纪80年代的太康（公元280~289年）年间，关中、陇东及河西诸郡皆在以洛阳为都城的西晋王朝统辖之下，实难以设想此碗历险僻之道至陇东，又迂回经巴蜀而传至长江中游的鄂城。至于太康元年（公元280年）灭吴以后由海路传入，则因此时鄂城已非都城，且远离海港，来自海外的舶载品亦缺乏传入其地的机缘。据记载，此前泰始四年（公元268年）南海扶南等外国曾向西晋遣使奉献[11]，若使者到达之处为洛阳，则所献物品不会传入吴国境内的鄂城，这是无须多言的。

三

总之，我认为，作为来自西亚波斯的珍贵器物，五里墩121号墓内的玻璃碗之传入鄂城，应该是在3世纪中后期的孙吴时代，而不是在太康元年（公元280年）吴国灭亡以后的西晋时代。当然，必须指出，此碗不是由陆路输入，而是经海路输入的。兹引证各种文献记载，从正面叙明理由如下：

《三国志·吴书·士燮传》说："（士）燮每遣使诣（孙）权，致杂香、细葛，辄以千数，明珠、大贝、流离、翡翠、玳瑁、犀、象之珍，奇物、异果，蕉、邪、龙眼之属，无岁不至。"[12]其中所谓"流离"，即指玻璃器。查交阯郡太守士燮向孙权遣使奉献，事在建安十五年（公元210年）以后。当时孙权以步骘为刺史，已消除刘表集团的残余势力而据有交州的广大地区[13]。交阯郡位于交州的西南部，郡治在龙编（今越南河内市之东）。从吴万震《南州异物志》[14]和晋葛洪《抱朴子》[15]的有关记述看来，此时交州或许已仿外国之法试制玻璃器。但是，作为珍贵的贡品，士燮送致的玻璃器信非交阯当地所产，而是由海外传入的。可以说，这是关于玻璃器从海外传入孙吴境内的最初记载。建安十五年相当公元210年，而波斯萨珊王朝始建于公元226年，故士燮所送"流离"或许与广西壮族自治区各地东汉墓的出土品[16]一样，为罗马的玻璃器。

《艺文类聚》引《吴历》说："（孙权）黄武四年（公元225年），扶南诸外国来献琉璃"[17]。"琉璃"与"流离"一样，亦指玻璃器。古代扶南国位于今印度支那半岛南部，主要相当柬埔寨之地。参照上述万震《南州异物志》的记述，当时扶南等东南亚诸国不是完全没有制作玻璃器的可能性。但从下文所述扶南与天竺（印度）、安息、大秦（罗马）等各国的海上贸易的盛况而论，其向中国奉献的玻璃器当非本地粗拙的土产。从年代上看，此年扶南等国所献"琉璃"或许与上述士燮送致的"流离"同属罗马的产品。其实,波斯萨珊朝的玻璃器与安息王朝晚期的玻璃器一脉相承,在形状、纹饰上虽有其自身的特色,却都是在罗马玻璃器工艺技术的影响之下发展起来的。

《梁书·中天竺传》说:"(大秦)其国人行贾,往往至扶南、日南、交阯";"孙权黄武五年(公元226年)有大秦贾人字秦伦来到交阯,交阯太守吴邈遣送诣(孙)权"[18]。日南为交州诸郡中最南端的一郡,地当今越南的中部,北接九真郡(今越南清化一带),南邻林邑国(在今越南南部)。查交阯郡太守士燮死于黄武五年(公元226年),吴邈是他的继任者。大秦即罗马,其贾人秦伦在吴的都城拜谒孙权,是否携有玻璃器等物品以为进见之礼虽不得而知,但这条记载却更直接地说明罗马的玻璃器很可能有从海路经东南亚诸国而传入中国江南的吴国的。

《三国志·吴书·孙权传》说:"(赤乌)六年(公元243年)十二月,扶南王范旃遣使献乐人及方物。"[19]与前述《艺文类聚》所引《吴历》关于黄武四年(公元225年)扶南国献"瑠璃"的记载相对照,此年扶南王范旃遣使所献"方物"中想必也包含玻璃器。优质玻璃器非扶南本地所产,已如前述。但是,从中国方面而言,扶南的贡品不论是在本地所产或是通过海外贸易所得,无不可以称为"方物"。赤乌六年相当公元243年,其时波斯萨珊朝建国已近20年。若扶南国王所献"方物"中有玻璃器,自不排除其为萨珊玻璃的可能性。如前所述,本文所称"萨珊玻璃"其实也包括3世纪初安息王朝晚期的玻璃器。

四

《三国志·吴书·吕岱传》说:"(吕岱)又遣从事南宣国化,暨徼外扶南、林邑、堂明(今老挝)诸王各遣使奉贡。"[20]按吕岱继步骘为交州刺史,其任期自延康元年(公元220年)至黄龙三年(公元231年)。黄武五年(公元226年)吕岱建议分交州为交、广二州,故曾一度改任广州刺史,但不久罢广州,乃复为交州刺史。参照《梁书·海南诸国传》序文及其中《扶南国传》、《中天竺传》的记述[21],吕岱所遣为中郎康泰和宣化从事朱应。《海南诸国传》序文称二人在海外经历、传闻多达百数十国,归来后著有记传之书。查康泰所著《吴时外国传》

和《扶南记》的佚文散见于《水经注》、《艺文类聚》、《太平御览》等，朱应所著《扶南异物志》则仅在《隋书·经籍志》、《旧唐书·经籍志》、《新唐书·艺文志》中录其书名。但是，他们的原书至少在唐代初期犹存，故姚思廉于贞观三年（公元629年）始撰的《梁书·海南诸国传》（包括《扶南国传》和《中天竺传》）多有依据康泰所著之书的记述。由于《三国志·吴书·孙权传》、《梁书·扶南国传》和《梁书·中天竺传》中关于当时在位的扶南国王为何人等的记载互有矛盾，中外学者对康、朱二人的出使年份各持不同的看法，或以为是在黄武六年（公元227年）[22]，或以为是在黄龙元年（公元229年）[23]，或以为是在黄龙二年（公元230年）以后[24]，也颇有认为是在赤乌七年至十四年（公元244~251年）[25]或赤乌八年至十三年（公元245~250年）的[26]。这里，因文章篇幅所限，我不想作繁难的考证以明究竟。但是，康泰和朱应在海外访问，其经历、传闻既达百数十国之多，交通开拓，可比汉武帝时张骞在西域之"凿空"，足见为期非短，则是可以肯定的。二人归时所携之物以及扶南等诸外国使者所奉贡品中或有波斯萨珊朝的玻璃器之类，亦属可能。

《梁书·扶南国传》说："（扶南国）其南界三千余里有顿逊国（在今马来半岛），在海崎上，地方千里，城去海十里，有五王，并羁属扶南。顿逊之东界通交州，其西界接天竺、安息徼外诸国，往还交市。""其市，东西交会，日有万余人，珍物宝货，无所不有。"[27]《梁书·中天竺传》说："（天竺）其西与安息、大秦交市海中"，"吴时扶南王范旃遣亲人苏物使其国"，"天竺王差陈宋等二人以月氏马四匹报（范）旃"，"其时吴遣中郎康泰使扶南，及见陈宋等，具问天竺土俗"[28]。按"安息"为两汉旧称，其国在今伊朗、伊拉克境内，公元226年为萨珊王朝所灭，已如前述。自魏收的《魏书》以降，中国历代史书包括梁思廉所撰《梁书》在内，皆称萨珊王朝为"波斯"。《梁书·武帝纪》两次述及"波斯国献方物"[29]，而《梁书·西北诸戎传》中又单独为"波斯"立传，记其国情[30]。只因上述《梁书·海南诸国传》（包括《扶南国传》和《中天竺传》）的有关记述系依据康泰所著《吴时外国传》，后者成书年代早在3世纪中叶前后，故袭汉代旧称而仍称"安息"。天竺分东、西、南、北、中五天竺[31]，其境域除今印度以外，还及于尼泊尔、孟加拉和巴基斯坦，而东天竺、南天竺、中天竺则皆在印度境内。以上所引《梁书》的两条记载说明，顿逊国为联系波斯、印度与中国交州的国际贸易的交会之地，亦可要约视为波斯与中国南方的海上交通之枢纽所在。顿逊受扶南控制，而扶南与印度、印度与波斯又皆有直接的交往，所以扶南国有充分的条件先后将罗马及波斯萨珊朝的玻璃器传入中国江南的吴国。

《太平御览》引万震《南州异物志》、康泰《吴时外国传》的记述说："外域人名船曰舶，大者长二十余丈，高去水三、二丈，望之如阁道，载六、七百人，物出万斛"；"扶南国伐木为船，长者十二寻，广六尺，头尾似鱼，皆以铁镊露装，大者载百人"；"从加那调州乘大舶，船张七帆，时风一月余日，乃入大秦国也"，云云[32]。由此可知，当时南海交通发达，其航程远及波斯湾，海上国际贸易十分繁盛。历史学者认为吴时在南海航行的除中国船、扶南船、天竺船以外，也有波斯船[33]，并非不可信。史书所记吴与海外诸国的交往在年代上虽主要限于孙权赤乌年间（公元238～251年）以前，但商贾往来长期延续，经久不绝，自在情理之中。

1944年，法国远东学院的考古学者 L. 马利勒（Malleret）等在越南南方暹罗湾沿岸的湄公河三角洲西部地区发掘了有名的奥埃奥（Oc-éo）遗址[34]。发掘工作证明，这里是古代扶南国的重要港口。遗址出土的称为"方格规矩四神镜"和"夔凤镜"的中国铜镜[35]，分别兴盛于东汉前期和后前，至三国时代皆继续流行，证实了三世纪扶南国与中国南方的吴国确有密切的交往。另一方面，罗马和波斯的各种器物在奥埃奥遗址中也有发现。前者以罗马皇帝 A. 庇护（Antoninus Pius，公元138～161年）和 M. 奥理略（Marcus Aurelius，公元161～180年）在位期间所铸的金币为代表[36]，说明自东汉后期以降，大秦的商贾有经海路来到扶南进行贸易的。后者则是1件刻有所谓伊朗式人物像的玻璃质圆形饰石[37]，它被认定为波斯萨珊王朝的产品[38]，虽然其制作年代容或偏晚，也可以说明萨珊王朝的器物从海路传至中国南方的途径。要之，作为古代扶南国的重要港口，奥埃奥遗址的发掘成果举世瞩目，可谓为本文以上所引的各种文献记载提供了考古学上的佐证。

五

经过建安（公元196～220年）年间孙策、孙权的不断扩充势力，三国时代的吴国（公元222~280年）领有长江流域的扬州、荆州和珠江流域的交州，其版图包括今江苏省南部、安徽省南部、湖北省南部和浙江、福建、江西、湖南、广东、广西、海南各省区的全部以及越南的北、中部，土地辽阔，河流纵横，而海岸线尤为袤长。吴国"以舟楫为舆马，以巨海为夷庚"，十分重视航海事业，实行海上发展政策，而交州徼外的南海则是海上发展的重点所在。由于交州地跨今广东、广西乃至越南的北部和中部，境域甚为广远，故孙权于黄武五年（公元226年）分合浦以东四郡为广州，交阯以南三郡为交州，以便管辖，但不久复旧。永安七年（公元264年），孙休又分其地为交、广二州。

查交州治所本在广信（今广西壮族自治区梧州），故建安十五年（公元210年）步骘初任交州刺史时曾封广信侯，但以后移治番禺（今广东省广州市）。黄武五年（公元226年）孙权从吕岱之议分交州为交、广二州，交州改治龙编，而番禺则成为广州的治所。龙编与番禺，俱为孙吴通向海南诸外国的主要港口城市。永安六年（公元263年）交阯郡吏将据龙编叛吴投魏，二年后并九真、日南皆归属西晋，至建衡三年（公元271年）才为吴国收复[39]。在此期间，番禺的地位显得更为重要。前述《晋书·武帝纪》记泰始四年（公元268年）"扶南、林邑各遣使来献"[40]，使者所到之处或许是当时西晋遥控的交阯郡，而不是其都城洛阳，亦未可知。

综上所述，可以推定湖北省鄂城五里墩121号墓中的萨珊朝玻璃碗从波斯由海路经以扶南为主的东南亚诸国东北传，由诸外国或中国的商人输入吴国南方沿海的交州、广州，然后又自交州、广州传至吴的都城建业或武昌（鄂城），也可能是经扶南等东南亚诸国的使者乃至孙吴遣往扶南等国的官员之手，直接或间接传入建业或武昌。就建业和武昌二地而论，先传入建业，然后又转而传至武昌的可能性是比较大的。左思《吴都赋》谓"果布辐凑而常然，致远流离与珂玳"[41]，正说明来自海外远方的玻璃器多传至吴国的都城，而鄂城五里墩的发现可证它们并非全属罗马的玻璃，而是也包含着波斯的萨珊玻璃。

此外，作为余论，我想言及三国时代佛教在中国流传之事。当时佛教自外域传来中国，可分陆、海两路。从考古学的实物资料看来，吴国佛教的流传实比魏国为盛[42]。因此，自天竺至交阯、自交阯至吴国境内的海路传入特别值得重视。征诸史籍文献，梁慧皎《高僧传》记名僧康僧会于孙权赤乌十年（公元247年）自交阯至建业建寺译经[43]，便是众所周知的一例。此等外来僧人，纵然不能视为萨珊玻璃之类的传送者，其行旅经历却可为叙述当时孙吴海外交通的盛况增添话题。

如中国社会科学院考古研究所前所长夏鼐先生在其著名的论文《综述中国出土的波斯萨珊朝银币》中所指出，1960年广东省英德县浛洸镇南齐墓出土的3枚萨珊朝银币和1973年同省曲江市南华寺南朝墓出土的9枚萨珊朝银币都是由波斯经海路传入的[44]，从而为论证公元5世纪中国与波斯之间的海上交通提供了实物的资料。可以说，湖北省鄂城五里墩121号西晋墓出土的萨珊朝玻璃碗也为古代中国与波斯之间存在海上交通路线提供了物证，其年代则可一跃而上溯到3世纪的中后期。

注　释

[1] 宿白：《中国境内发现的中亚与西亚遗物》第679~681页，《中国大百科全书·考古学》，中国大百科全书出版社，1986年。

[2] 安家瑶：《中国的早期玻璃器皿》第419、420页，《考古学报》1984年第4期。

[3] 冈崎敬：《パルティアとササン朝の文化》第222~224页，《（増補）東西交渉の考古学》，平凡社，1980年。

[4] a. 奈良县立橿原考古学研究所：《新沢千塚126号坟》第46~48页，1977年。

b. 奈良县立橿原考古学研究所附属博物馆：《新沢千塚の遺宝とその源流》第36页，1992年。

[5] 安家瑶：《中国的早期玻璃器皿》第419页，《考古学报》1984年第4期。

[6] 大塚初重、小林三郎编：《古墳辞典》第233、第234页，东京堂出版，1983年。

[7] 中国历史地图集编辑组：《中国历史地图集》第三册（三国、西晋时期）第17、第29~30页，中国地图学社出版，1974年。

[8] 中国历史地图集编辑组：《中国历史地图集》第三册（三国、西晋时期）第53~54页，中国地图学社出版，1974年。

[9] 《晋书》卷十五（地理志下）第458页，中华书局，1974年。

[10] a. 唐长孺：《南北朝期间西域与南朝的陆道交通》第168~195页，《魏晋南北朝史论拾遗》，中华书局，1983年。

b. 夏鼐：《青海西宁出土的萨珊朝银币》第132~134页，《考古学论文集》，科学出版社，1961年。

[11] 《晋书》卷第三（武帝纪）第58页，中华书局，1974年。

[12] 《三国志》卷第四十九（吴书·士燮传）第1192、第1193页，中华书局，1973年。

[13] 王仲殊：《吴镜师陈世所作神兽镜论考》第1022页，《考古》1986年第11期。

[14] 查《隋书·经籍志》录《南州异物志》一卷，注明为吴丹阳太守万震撰。据向达考证，万震之为丹阳太守，应在黄武七年（公元228年）之后，嘉禾三年（公元234年）之前，其书多记海南诸国之事，虽亦述及"异物"，实以地理为主（参见注[22]《唐代长安与西域文明》第568页）。本文参照其书的记述为"琉璃本质是石，欲作器，以自然灰治之。自然灰状如黄灰，生南海滨，亦可浣衣，用之不须淋，但投之水中，滑如苔石。不得此灰，则不可释"。见《太平御览》（第四册）卷第八〇八，中华书局影印，1960年，第3591页。

[15] 葛洪生于晋武帝太康四年（公元283年），所著《抱朴子》于晋元帝建武年间（公元317~318年）定稿成书。本文参照其书的记述为"外国作水精碗，实是合五种灰以作之，今交广多有得其法而铸作之者"。见《抱朴子》（内篇卷第二〈论仙〉），《丛书集成初编》（第〇五六一），中华书局，1985年，第31、第32页。

[16] 安家瑶：《中国的早期玻璃器皿》第418、第419页，《考古学报》1984年第4期。

[17] 《艺文类聚》卷第七十三，中华书局，1965年，1259页。

[18] 《梁书》卷第五十四（中天竺国传）第798页，中华书局，1974年。

[19] 《三国志》卷第四十七（吴书·吴主传）第1145页，中华书局，1973年。

[20] 《三国志》卷第六十（吴书·吕岱传）第1384、第1385页，中华书局，1973年。

[21] 《梁书》卷第五十四（海南诸国传）第783页，（扶南国传）第789页，（中天竺传）第798页，中华书局，1974年。

[22] a. 向达：《汉唐间西域及海南诸国古地理书叙录》第567、第568页，《唐代长安与西域文明》，生活·读书·新知三联书店，1987年。
b. 邓端本：《广州港史》第34页（古代部分），海洋出版社，1984年。

[23] 冈崎敬：《扶南国とォケォ遺迹》第365页，《（増補）東西交渉の考古学》，平凡社，1980年。

[24] 王仲荦：《魏晋南北朝隋初唐史》（上册）第46、第47页，上海人民出版社，1979年。

[25] 陈玉龙：《中国和越南、柬埔寨、老挝文化交流》第707页，《中外文化交流史》，河南人民出版社，1987年。

[26] D. G. E. 霍尔（Hall）：《东南亚史》上册第50页，商务印书馆，1982年。

[27] 《梁书》卷第五十四（扶南国传）第787页，中华书局，1974年。

[28] 《梁书》卷第五十四（中天竺国传）第798页，中华书局，1974年。

[29] 《梁书》卷第一（武帝纪下）第77、第78页，中华书局，1974年。

[30] 《梁书》卷第五十四（波斯国传）第815页，中华书局，1974年。

[31] a. 《旧唐书》卷第一百九十八（天竺国传）第5306页，中华书局，1975年。
b. 《新唐书》卷第二百二十一上（天竺国传）第6236页，中华书局，1975年。

[32] 《太平御览》（第四册）卷第七百六十九第3411、第3412页，卷第七百七十一第3419页，中华书局，1960年。

[33] 王仲荦：《魏晋南北朝隋初唐史》（上册）第47、第48页，上海人民出版社，1979年。

[34] 冈崎敬：《扶南国とォケォ遺迹》第366~370页，《（増補）東西交渉の考古学》，平

凡社，1980 年。

[35] a. 梅原末治：《オケオ出土の夔凤镜》，《史学》第 37-3，1946 年。
b. 樋口隆康：《古镜》，新潮社，1980 年，第 190 页。

[36] 冈崎敬：《オケオ遗迹と初期南海贸易の问题》第 349 页，《（增补）东西交涉の考古学》，平凡社，1980 年。

[37] 冈崎敬：《オケオ遗迹と初期南海贸易の问题》第 368 页，《（增补）东西交涉の考古学》，平凡社，1980 年。

[38] D. G. E. 霍尔（Hall）：《东南亚史》上册第 55 页，商务印书馆，1982 年。

[39] 《三国志》卷第四（魏书·三少帝纪）第 151 页，卷第四十八（吴书·三嗣主传）第 1161~1168 页，中华书局，1973 年。

[40] 《晋书》卷第三（武帝纪）第 58 页，中华书局，1974 年。

[41] 唐李善注《文选》所收《吴都赋》之句而引《汉书·地理志》曰"（粤海）多犀、象、玳瑁、珠玑、铜、银、果、布之凑，黄支国多异物，入海市流离"；又曰"日南郡出珂玻"。见《文选》卷第五第 71 页，世界书局影印，1935 年。

[42] 王仲殊：《论吴晋时期的佛像夔凤镜——为纪念夏鼐先生考古五十年而作》第 636~643 页，《考古》1985 年第 7 期。

[43] 《高僧传》卷第一（译经上）第 9~13 页，光绪十年刻本，1884 年。

[44] 夏鼐：《综述中国出土的波斯萨珊朝银币》第 93、第 94 页，《考古学报》1974 年第 1 期。

（本文原载《考古》1995 年第 1 期）

论汉唐时代铜钱在边境及国外的流传

——从开元通宝的出土看琉球与中国在历史上的关系

1982年5月，时值冲绳从美军占领下回归日本的10周年，我在西岛定生先生等日本学者的陪同下，赴冲绳考察琉球王国时代的遗迹，甚多收获。1992年10月和1997年5月，日本学者在冲绳当地政府的支持下，分别举行回归20周年纪念和回归25周年纪念的国际冲绳学研讨会，规模盛大。我应日本冲绳学研究所所长外间守善和冲绳国际大学考古学教授高宫广卫等的邀请，前往出席，并作为与会外国学者的代表而在两次研讨会的首日全体大会上致祝辞[1]，深感荣幸。

1997年9月，我在日本奈良县斑鸠町出席有中、日、韩等国学者参加的亚洲史学会第7次研究大会，与前来斑鸠町参加此会的外间、高宫两先生重逢。两先生特意约我在预定1999年于冲绳举行的亚洲史学会第9次研究大会上就冲绳各地出土的中国唐代铜钱"开元通宝"作讲演。对我来说，这无疑是难题。但是，由于盛情难却，我决定尽力而为。作为日本冲绳学研究所的客座研究员，我亦想就冲绳考古学上的问题作报告。为此，特试作此文，以为事先准备。

一

中国的金属铸币大约开始出现于公元前5世纪、6世纪的春秋晚年。战国时代列国货币在形状和质料上多有差异，要以铜质的布币和刀币为主流，前者形状似铲，后者如刀。秦始皇统一中国，废列国货币，专行圆形方孔的半两钱，可称中国古代货币史上的一大转折，对后世影响深远。

西汉初期仍铸各种半两钱。汉武帝初铸三铢钱，元狩五年（公元前

118年）改行五铢钱，直至西汉之末。新莽仿古制而造各种刀币、布币，亦造大泉五十、货泉等圆形方孔钱。东汉恢复五铢钱，长期沿用。

三国时代蜀造直百五铢，吴造大泉五百、大泉当千，而魏明帝行五铢，两晋因之[2]。十六国时代李氏成汉有太平百钱、汉兴等钱，后赵石勒曾铸丰货。南北朝时期宋铸孝建四铢，梁铸五铢，陈铸太货六铢，北魏铸太和五铢、永安五铢，北齐铸常平五铢，北周铸布泉、永通万国、五行大布。隋统一中国，仍铸五铢钱。

上述除新莽的刀币和布币以外，自秦至隋的铜钱皆为圆形方孔，北周的五行大布不在例外。大多数钱币在所铸文字上标"半两"、"三铢"、"五铢"、"四铢"、"六铢"等重量，尽管有的钱币并不重如其文。

唐高祖武德四年（公元621年）新铸开元通宝钱，成为中国古代货币史上的又一重大变革。从此以后，中国铜钱仍然采用圆形方孔的形式，但钱文上不再标"两"、"铢"等重量单位，而改以"通宝"、"元宝"等为钱币的名称。在唐代，高宗时又铸乾封泉宝，玄宗以降续铸开元通宝，而肃宗曾铸乾元重宝，代宗则铸大历元宝，德宗铸建中通宝；武宗会昌年间所铸开元通宝背面有字纪铸地，称会昌开元。此后的历代铜钱在形状和名称上皆大体承袭唐钱，因不在本文论述范围之内，故从略。

如所周知，开元通宝始铸于唐初武德年间，钱文据《唐书·食货志》所记，按上下左右之序而读，"开元"二字不是年号。当时流俗亦有将钱文自上及左环读作"开通元宝"的，"开通"二字亦非年号。因此，就"通宝"、"元宝"之类的钱名而言，开元通宝的钱文在中国古代货币史上虽具划时代的创新意义，但在钱文中冠年号实始于此前南北朝时期的孝建四铢、太和五铢、永安五铢，甚至追溯到李寿的汉兴，而唐代钱文之用年号则迟在此后的乾封泉宝、乾元重宝、大历元宝、建中通宝。宋代以后的历代铜钱，几乎都在钱文中冠年号，这应该是对高宗以后的各种唐钱钱文的承袭。

从西汉武帝时期开始，中国大举向周围各地扩充版图，增置郡县，或派遣使节，开展外交，从而与边疆地区的少数民族乃至境界以外的各族、各国增进关系。到了唐代，中国的版图继续扩大，对外交往尤为繁盛。这样，五铢、半两、大泉五十、货泉、布泉以及五行大布等两汉魏晋南北朝时代的钱币和开元通宝、乾元重宝、大历元宝、建中通宝等唐代钱币遂流传四方。据不完全统计，除我国西北、西南、东北等各边远省区以外，西自伊朗、乌兹别克斯坦、阿富汗、塔吉克斯坦、吉尔吉斯斯坦等西亚和中亚各国，东至朝鲜、韩国和日本，北自俄罗斯和蒙古，南至越南等许多外国境域亦多有上述汉唐时代中国钱币的发现。就唐代的开元通宝而言，其流传范围甚至远及非洲的东部[3]、西伯利亚的南部[4]。近年我国考古工作者在南沙群岛进行调查，也发现了钱文清晰的开元通宝[5]。兹以我国新疆维吾尔自治区内外的"西域"各地及可称"海东"的朝鲜半岛和日本为主要对象，从西方和东方两个方面，扼要简述古代中国的各种铜钱在当时各该地区的流传情形，如以下各节。

二

自汉武帝遣张骞创凿空之伟业，中国历代王朝在今新疆维吾尔自治区境内设置军政机构，在不同程度上对新疆内外的西域各国实行政治上的统治或施加军事上的影响。由于称为"丝绸之路"的商路的开通，中国与各国在经济上的关系亦相当密切。所以，以五铢为主的两汉、魏晋乃至北魏、北周等北朝铜钱以及以开元通宝为主的唐代铜钱在西域多国皆能作为通用的货币流行。在考古学上，这可以从上述中国的各种铜钱在西域诸国遗址的出土情形加以判断。特别是由于西域于阗国的所谓"和田马钱"、龟兹国的所谓"汉龟二体钱"以及高昌国的"高昌吉利"钱和作为西突厥别部的突骑施所铸称为"突骑施钱"之类铜钱的多量发现，更可为以上的判断作佐证。

和田马钱是位于今新疆西南部以和田县为中心的于阗国的钱币，钱上图纹和铭文不是出于镌刻，也不是出于浇铸，而是由打压而成。图纹中的动物多为马，但亦有骆驼。"马钱"之称虽有语病，因已成习惯，不妨沿用之。钱文兼用佉卢文与汉文，故可称"汉佉二体钱"。钱分大小两种。大钱重14.8克，钱上汉文为"重廿四铢铜钱"；小钱重为大钱的四分之一，汉文为"六铢钱"（图1）。可计算，5个和田小钱换6个中国五铢钱，1个和田大钱加1个和田小钱亦可换6个中国的五铢。和田马钱在于阗国首都西城[6]所在的和田县境内出土最多，其西叶尔羌河上游的叶城、莎车乃至其北塔里木河以北的库车等地亦有发现，制造年代约在公元1~3世纪[7]。于阗国西部及西南部毗邻位于中亚地区的西域诸国，与大夏、大月氏（贵霜）及建立于今旁遮普一带的塞种诸国的关系尤为密切，故使用流行于该地区的佉卢文（后来才创造本国文字），又因在政治、经济、文化上与中国关系甚深，所以在钱文的设计上采取"汉佉二体"的创造性方法。要之，在东汉和魏晋时代，中国的五铢钱与于阗国的和田马钱相辅相成，在西域各地作为可兑换的国际货币而广为流通。

图1　和田马钱（新疆和田出土）
1、2. 为原物拓片　3、4. 为复原摹作

汉龟二体钱主要出土于上述新疆中部塔里木河以北的库车、轮台和西南部叶尔羌河、喀什噶尔河之间的巴楚县等地的遗址，为古代龟兹国的钱币。钱的形状为圆形方孔，大小不等，直径约自2厘米至1.4厘米，重量为2克至0.9克之间。钱上有时用汉文标"五铢"二字，并在背面用龟兹文标数字，其意为50个重量单位，即相当于五铢[8]。据史书记载，龟兹早在公元前1世纪的西汉后期已立国于今库车境内，兼有其东的轮台之地，东汉时又臣服其西的姑墨、温宿、尉头等，成为今新疆境内以库车为中心的丝绸之路北道上的一个大国。汉龟二体钱的铸造年代或可上溯至魏晋，其下限则应在7世纪之前。龟兹本国所铸铜钱不仅形状仿五铢钱，有时且在钱文中标"五铢"字样，则中国以五铢钱为主的汉和魏晋时代以降的铜钱之在龟兹等西域诸国作为通用的货币，自属意想中事。

高昌吉利铜钱圆形方孔，直径2.5厘米，厚度甚大，计4毫米，故钱的重量高达12.5克。早在1930年，中国学者在新疆进行考古调查工作，于吐鲁番初见此钱，当地人称钱出哈拉和卓旧城遗址[9]。从"高昌吉利"的钱文看来，可认定是在吐鲁番地区立国的高昌钱币无疑（图2）。但是，所谓高昌，主要可分两个时期。一为麹氏高昌，自公元498年麹嘉即位，传九世十王，凡140余年，至公元640年末代王麹文泰为唐王朝所灭为止。另一为元代的畏兀儿，宋时曾称为高昌回鹘；畏兀尔君主称"亦都护"（Iduq-qut），14世纪初期元仁宗封其为高昌王。因《北史·西域传》记述高昌国"赋税计田输银钱，无者输麻布"，故有关学者以为麹氏高昌无铜钱，从而误认此钱为14世纪元代的畏兀尔所铸。1970年陕西省西安市何家村唐

图2 吐鲁番哈拉和卓出土高昌吉利钱（正反两面）

代窖藏中发现同样的高昌吉利铜钱[10]，与唐代的开元通宝金钱、银钱及日本奈良时代的和同开珎银钱等共存。此窖为8世纪中叶安史之乱时所埋，可证高昌吉利为麹氏高昌国的钱货。吐鲁番阿斯塔那第二期墓的年代属北魏至唐初，墓内亦有高昌吉利随葬[11]，更证明其为麹氏高昌所铸铜钱无疑。因此，此钱铸造年代的下限可确定为公元640年唐灭高昌，上限在公元498年麹嘉之始即王位。从形状和钱文看来，高昌吉利的铸造无非是出于对中国以五铢钱为主的历代铜钱的模仿，从而可证五铢钱等之在以吐鲁番为中心的新疆中部各地通行。

三

接上文所述，贞观十四年（公元640年）唐太宗灭麹文泰的高昌国，以其地为西州，并在此设安西大都护府，以后移治龟兹（今库车）。高宗显庆二年（公元657年），唐军大举西进，在位于今乌兹别克斯坦共和国塔什干地区的石国俘西突厥沙钵罗可汗（贺鲁），至翌年（公元658年）军势及于锡尔河、阿姆河流域。调露元年（公元679年），位于今吉尔吉斯斯坦共和国境内的碎叶（Tokmak）城成为唐的安西四镇之一，而楚河（Chui River）一带亦包含在唐军的势力范围之内。

突骑施为西突厥之一部，其事迹见于《旧唐书》、《新唐书》的突厥传。1972年发掘的吐鲁番阿斯塔那188号夫妇合葬墓所葬妇女称麹娘（麹仙妃），墓中出土《酬突骑施首领马钱文书》2件[12]，乃是考古调查发掘所得关于突骑施的新资料。据两《唐书》的有关记载，武周载初二年（公元690年）突骑施首领乌质勒率部众入碎叶城，以伊犁河、楚河、塔拉斯河（Talas River）三流域之地为本据，扩大领域，而

服属于中国。以后又有突骑施别部首领苏禄自立为可汗,军势甚盛,称雄西域,唐王朝为其加封赐号。唐玄宗开元二十六年(公元738年)苏禄被杀,突骑施乃乱。

自7世纪中叶至8世纪中期,在突骑施势力所及的地域内外,流行一种称为"突骑施钱"的铜钱(图3)。此种铜钱之特点是在开元通宝的表面加突厥文字,亦有在形式上类似开元通宝的铜钱上加后期粟特(Sugda)文字的,而粟特文中有突骑施可汗钱字样。在吉尔吉斯斯坦共和国都城伏龙芝(Frunze)附近一带,例如在楚河南岸的阿克别希姆(AK-Beshim)古城址中,即有上述那种突骑施钱的发现[13]。此外,在塔吉克斯坦共和国片治肯特(Pyanjikent)附近的古城址,乃至在俄罗斯联邦阿尔泰地区的库德尔格(Kudurge)等处的遗址和墓葬中,亦有此类铜钱的存在[14]。在我国新疆维吾尔自治区境内,突骑施钱亦不无发现,库车色当沁出土的1枚便是其例[15]。这说明,随着唐王朝政治、军事和经济势力的扩展,以开元通宝为首的中国唐代铜钱大量流入,成为新疆内外的广大西域地区的国际通用货币,而突骑施钱则可视为开元通宝与西域各国货币之间的媒介品,其作用犹如前节所述汉魏时代以降于阗国的和田马钱和龟兹国的汉龟二体钱等。

图3 库车色当沁出土的突骑施钱(正反两面)

在新疆维吾尔自治区境内,开元通宝、乾元重宝、大历元宝、建中通宝等唐代铜钱出土于吐鲁番、库车、吉木萨尔、奇台、巴里坤、轮台、焉耆、和田、墨玉乃至若羌等地的许多古遗址和墓葬,不可胜数。在新疆以西、以北境外的广大地区,以开元通宝为主的各种唐钱之在中世纪遗址和墓葬出土亦属屡见不鲜。例如,在吉尔吉斯斯坦共和国境内的克拉斯那亚·来契卡(Krasnaya Rechka)古城址,在塔吉克斯坦共和国境内的片治肯特古城址,在蒙古人民共和国境内的额尔德尼兹(Erdeni Tszu)积石墓,在俄罗斯联邦西伯利亚图瓦(Tuva)自治州的开诺塔夫·巴伊泰依格(Kenotav Baitaiga)古墓和哈卡斯(Khakass)自治州的马来伊·可别那(Malei Kopena)突厥墓中亦都有开元通宝、乾元重宝或大历元宝等唐钱存在,而叶尼塞河东岸城市米努辛斯克(Minusinsk)

博物馆所藏的开元通宝和乾元重宝应该是附近古遗址或古墓的出土品[16]。上述突骑施钱的出土地点大体上都在开元通宝等唐钱的流布范围之内，而在阿克别希姆城址中则是突骑施钱与开元通宝、大历元宝共存，在片治肯特城址则是开元通宝、突骑施钱与粟特货币同在。由此可见，无论是在我国新疆境内，或是在新疆境外的中亚各地以及西伯利亚南部地区乃至蒙古国的领域内，开元通宝等唐代铜钱当时都是广泛流通的国际货币。这不仅是因为唐王朝政治、军事力量的强大，也是由于中国在经济上的实力雄厚，从而导致丝绸之路沿线国际商业活动兴盛所使然。

四

元封三年（公元前108年），汉武帝灭卫氏朝鲜，于其地置乐浪、临屯、玄菟、真番四郡，中国的版图扩展到朝鲜半岛北部。四郡之中，要以乐浪郡为最重要，其郡治在今朝鲜民主主义人民共和国平壤市大同江南岸的土城里一带，城址早经考古调查发掘工作确认。昭帝始元五年（公元前82年），废临屯、玄菟、真番三郡，以其所属地并入乐浪郡。

朝鲜半岛北部成为汉王朝领土的一部分，设官治理。因此，中国汉代的铜钱，包括两汉之间的新莽钱在内，在半岛北部作为法定货币而流通。在考古调查发掘工作中，乐浪郡治城址出土铜钱有五铢、半两、货泉、大泉五十、小泉直一、货布等种类，数量最多。郡治附近的木椁墓和砖室墓，埋葬年代约自西汉中后期至东汉中叶前后，所葬大抵为乐浪郡的官吏，有五铢、货泉和大泉五十等随葬。在离郡治较远的黄海道，则多有土圹墓，亦不无砖室墓，埋葬年代或早在西汉后期，或迟至东汉中后期，出土的五铢、大泉五十等钱有的可能为西汉宣帝、元帝时所铸，有的为新莽、东汉所铸。

朝鲜半岛南部古为三韩之地，不在乐浪郡所辖25县的范围之内。但是，以乐浪为基地的中国政治势力在地域上影响所及甚远，直至今洛东江下游地区。韩国庆尚南道昌原郡茶户里1号坟的埋葬年代约在公元前1世纪中叶，而随葬的五铢钱与丽川巨文岛出土五铢一样，或许为西汉昭帝甚至武帝时所铸[17]。同在昌原郡的城山贝冢出土五铢钱，就钱文的书体看来，其铸造应比茶户里、巨文岛钱稍迟，约在西汉宣帝、元帝期间[18]。要而言之，在乐浪郡设置不甚久之时，汉代的铜钱早已传至朝鲜半岛的南部（图4）。此外，庆尚南道金海贝冢出土货泉1枚，济州岛健入里山地港出土五铢、货泉、大泉五十、货布共10余枚[19]，则应该是东汉时传入的。

图4 韩国丽川巨文岛出土五铢钱

在上述乐浪郡治城址中，除各种铜钱之外，还曾出土半两钱的铸范[20]。汉武帝始行五铢钱在元狩五年（公元前118年），此后不复铸造半两钱，而乐浪置郡则在元封三年（公元前108年）以后，故半两钱作为前代遗留之物而传入固无足为怪，但其铸范之出土则不免费解。到目前为止，未闻有其他铜钱如五铢、货泉等的铸范之发现。但是，因乐浪远在东北方边陲，去中国都城长安、洛阳甚遥远，在郡的当地铸钱币不是完全没有可能性。韩国济州岛出土货泉的钱文颠倒，或系翻铸所致。

东汉献帝建安九年（公元204年），割据辽东的公孙氏分乐浪郡南部之地而置带方郡，经考古调查发掘，其郡治在黄海北道凤山郡石城里。在魏和西晋时代，涉及三韩和倭国的事务改由带方郡管理。西晋建兴元年（公元313年），因中国大乱多年，在朝鲜半岛的势力亦随之衰落，高句丽乘机攻陷乐浪、带方，结束了中国在半岛长达400年的统治。此后，除北方的高句丽立国已久之外，百济、新罗分别统一马韩、辰韩诸部族而在半岛西南部和东南部兴起，从而使整个朝鲜半岛进入"三国时代"。半岛最南端夹在马韩、辰韩之间的弁韩则改称加耶、加罗或任那，成为百济、新罗、倭国三方的争夺对象。百济与中国江南的东晋、南朝最为友好，交往甚密。韩国忠清南道扶余郡双北里丘陵发现五铢钱置于陶壶中，日本学者认为是属于百济的[21]。

百济与中国的友好关系，于6世纪前期武宁王在位时达到最高潮。当时百济多次向中国遣使通好，中国的梁武帝封武宁王为宁东大将军，并两次派工匠、画师等技术人员赴百济效劳。普通四年（公元523年）武宁王死，两年后葬于忠清南道公州宋山里之地，陵墓构造仿中国南朝形制。墓室内置石质墓志，而王妃的墓志背面兼刻买地券，并以铁质五铢钱约90枚压置其上[22]。从买地券文字的内容看来，这许多五铢钱系供冥界买墓地之用。《梁书·武帝纪》记"（普通四年）十二月始铸铁钱"，正与武宁王陵墓内置铁质五铢钱的考古发现相符合。

五

朝鲜半岛北部与中国战国时代北方的燕国邻接，有所交往，故在平安北道渭原郡、江界郡各处出土明刀钱为数在千枚以上。《山海经·海内东经》有"倭属燕"之语，但倭人与燕国的关系如何，甚难推知。传说日本广岛县三原市曾出土燕的明刀钱，却久被学术界怀疑[23]，至今仍难确认。

《汉书·地理志》记"乐浪海中有倭人，分为百余国，以岁时来献见云"。这是中国古代史书关于中日交往的最初记载，结合日本九州北部出土以铜镜为主的西汉遗物，可说明早在西汉中叶乐浪郡设置之后不久，倭人即不时有渡海来郡作贸易的。

以后，据《后汉书》记载，东汉光武帝建武中元二年（公元57年）和安帝永初元年（公元107年），倭的奴国之王和倭国王先后遣使到洛阳朝觐，中日关系有很大发展。至三国时代，因乐浪郡南部之地分置为带方郡，关于倭人的事务改由带方郡经管，已如前述。据《三国志·魏书·东夷传》的详细记述，居于邪马台国的倭女王卑弥呼多次遣使通过带方，来到魏的都城洛阳朝贡，魏王朝亦曾派带方郡的官吏赍诏书、檄文往邪马台国回访，双方的关系达到了甚为亲密的程度。据记载，作为卑尔呼的继承者，台与女王不仅在正始八年（公元247年）遣使向魏帝朝觐并致谢，还于将近20年后的泰始二年（公元266年）又遣使向晋武帝通好[24]。除官方的正式关系以外，在从西汉到东汉、魏晋的长时期中，倭人之来至乐浪郡和带方郡从事非官方的民间贸易者与日俱增，亦可想而知。

据日本学者统计[25]，截至1985年为止，日本各地出土的中国两汉、魏晋铜钱仅有半两、五铢、货泉、货布四种，而出土的遗址和坟墓则有对马岛（属长崎县）1处[26]，壹岐岛（属长崎县）1处[27]，长崎县长崎市1处[28]，佐贺县2处[29]，福冈县5处[30]，大分县1处[31]，熊本县2处[32]，宫崎县1处[33]，山口县1处[34]，广岛县1处[35]，兵库县（淡路岛）1处[36]，京都府2处[37]，大阪府5处[38]，长野县1

处[39]，共计25处。其中除山口县宇都市冲之山遗址出土半两20枚、五铢115枚，佐贺县杵岛郡东宫裾瓮棺墓出土货泉6枚至8枚，兵库县淡路岛洲本市宇山牧场1号坟出土五铢5枚，大阪府八尾市龟井遗址出土货泉4枚，长野县冈谷市青松海户遗址出土货泉3枚以外，其他各处遗址或坟墓出土的半两、五铢、货泉或货布往往仅有1枚或2枚。此外，作为补充资料，据说在福冈县福冈市吴服町发现五铢多枚，同县山门郡大和町鹰尾古坟出土东汉五铢1枚、永安五铢1枚，但情况不详[40]。倭国与北魏、北齐、北周等中国北朝各国无交往，北魏的永安五铢何由传入，稍费解。

以上所举25处出土地点虽属不完全统计，但它们之在地域上的分布却充分反映了当时日本与中国通过乐浪、带方郡而交往的情况。长崎县所属对马、壹岐两岛虽为小岛，但因位于日、韩的海峡间，为交通所必经，故钱的数量虽少，却也不无发现。佐贺、福冈两县为弥生时代最兴盛之地，末卢、伊都、奴国皆在其境内，故出土中国铜钱的遗址合计有7处之多，而福冈县独占5处。大分县虽在九州北部，但位置在交通路线后旁，故出土铜钱遗址仅1处。熊本、宫崎两县分别处九州中部、南部，稍嫌远僻，故出土铜钱遗址前者为2处，后者仅1处。山口县与福冈隔海相望，地当濑户内海的咽喉，出土铜钱的遗址虽仅1处，而钱的数量特多。广岛县在濑户内海北岸，兵库县淡路岛居内海之海中，故亦各有中国铜钱在境内出土。

弥生时代前期中叶以降，畿内地区继九州北部之后，发展成为文化重心之所在，而大阪府中部已入畿内，西部尤其可视为濑户内海水路的起讫点，为畿内地区对外交通的门户所在，故府境内出土中国铜钱的遗址和坟墓达5处之多，与九州北部的福冈县并列为全日本第一。京都府虽近大阪，但渐入内陆，甚至北伸至日本海沿岸，故出土铜钱遗址不过2处。长野县在伊势湾以东的日本中部地方，从邪马台国畿内说的立场出发而言，其地或在以卑弥呼为王的倭国领域之外，故县内仅冈谷市有1处遗址出土铜钱。至于其他中部地方乃至东日本各县境内皆无中国汉魏时代的铜钱发现，则可谓是理所当然，不言可喻。

公元前3世纪至公元3世纪，弥生时代延续达五六百年之久。当时日本已普遍种植水稻，使用铁器、青铜器，社会经济有长足进步。倭国向中国遣使，其使团之组成已具相当规模，而倭汉双方文书之往还，语言之通译，必须有知识修养较高的人员为其效命，特别是倭方熟知朝鲜半岛及中国内地实况，情报确切，信息灵通，判明国际政治动向的能力甚强，决不可始终以原始社会视其国情。但是，从史书所记及考古发掘调查所得资料判断，就经济方面而论，弥生时代的倭国尚属物物交换的社会，在国内无须以中国的铜钱为交易媒介。只是倭人善于海外经商，其往乐浪或带方郡作贸易，虽可采取以物易物的方式，但作为辅助手段，有时亦须在彼处使用中国的铜钱，而返回时将五铢、货泉之类携归本国，自在情理之中。

自西汉中叶至东汉之末凡300年，其间新莽立国仅15年，若加上东汉光武帝恢复五铢钱之前的10余年，各种莽钱的铸造和使用总共不过30年左右，而在日本出土中国铜钱的遗址或坟墓之中，出土货泉、货布之类莽钱的遗址、坟墓在数目和地域分布上却反而远较出土半两、五铢的遗址、坟墓为多，为广。这始终是一难解之谜，有待今后继续探讨，以明究竟。

自3世纪60年代幼女王台与遣使西晋之后，倭国与中国无交通，故日本学术界称4世纪为"空白的世纪"。熊本县玉名町保多地2号坟、宫崎市曾井古坟、兵库县宇山牧场1号坟及大阪府和泉黄金冢古坟的年代属4世纪、5世纪以降的古坟时代，其所出土的五铢和货泉或许是此前弥生时代传入的遗留之物。据史书记载，5世纪赞、珍、济、兴、武等倭之五王虽与中国江南的宋王朝关系颇密，但在从5世纪晚期至6世纪末年的百余年间，倭国又久不与中国交往。所以，东晋、南北朝时期的中国铜钱在日本境内无发现，这与上述韩国的情形颇有差异。福冈县山门郡大和町鹰尾古坟出土北魏永安五铢的情况不详，已如前述。

六

7世纪初期日本开始派遣遣隋使，30年代以后又派遣遣唐使，许多留学生、学问僧随之以往，在各方面向中国学习，取得丰硕成果，从而导致公元646年称为"大化改新"的新政之实施。从此以后，日本的政治体制、社会经济和文化事业不断进步、发展，终于使律令制国家的建设得以完成。

据《弘仁格式》所记，天智天皇七年（公元668年）曾制定近江令。据《日本书纪》记载，天武天皇十年（公元681年）下令编纂律令，其中的令于持统天皇三年（公元689年）颁布，即所谓飞鸟净御原令，而律却不曾制定。此后，经多年努力，遂于文武天皇大宝元年（公元701年）编成新的律令，称为大宝律令。于是，日本作为一个政令统一、法制齐备的国家，面貌一新。

一般认为，日本最初的本国钱币是元明天皇和铜元年（公元708年）发行的"和同开珎"。"同"字为"铜"的简略，其先例可追溯到3世纪邪马台国时期的铜镜铭文，镜铭中"同出徐州"、"用青同"之类的"同"字无非为"铜"的简体。但是，据《日本书纪》记载，天武天皇十二年（公元683年）四月壬申诏曰"自今以后，必用铜钱，莫用银钱"，持统天皇八年（公元694年）三月乙酉则有"拜铸钱司"之举措。加之《续日本纪》仅记元明天皇和铜元年"始行银钱"、"令近江国铸铜钱"、"始行铜钱"等，而不记钱的名称，乃以为和铜元年之前早已行和同开珎钱，故《续日本纪》无须记钱名。因此，研究者提出新说，认为早在元明天皇之前，日本已行本国钱币，可称"古和同钱"，而"同"字非"铜"的简体，"和同"二字为和睦协同之意，不是年号，云云。

元明女天皇在藤原京即位之翌年（公元708年）正月，武藏国秩父郡献和铜，乃改元为"和铜元年"。日本古昔用铜，颇有自中国或朝鲜半岛输入者，故称本国所产善铜为"和铜"，以为区别。《续日本纪》中有"和铸诸器不弱唐锡"之语，可供说明。关于铸钱之事，据通常对《续日本纪》有关记载的理解，应该是先在和铜元年五月发行银钱，同年七月又令近江国铸铜钱而于八月开始发行，所发行的银钱、铜钱即为传世的和考古发掘调查发现的和同开珎，钱文中的"同"字为"铜"的简略，已如上述。但是，对于钱文中的"珎"字，或认为是"寳"的简笔，或以为是"珍"的别体，长期争论，未有定说。本文按日本学术界现行通例，照钱文原样写作"珎"，是"宝"、是"珍"，不作判断，尽管我早持己见。

和同开珎圆形方孔，大小、形状以及钱文体制皆与中国唐代的开元通宝相似，可判定是特意仿效开元通宝而铸造（图5）。据调查发掘出土，中国的开元通宝除铜钱之外，有金钱亦有银钱[41]，故和同开珎除铜钱以外，亦有银钱。"和同"二字为年号，而"开元"二字非年号，但"开珎"之"开"与"开元"之"开"皆含"开始"之意，字义相当，绝非偶然。据《唐书·食货志》记载，开元通宝的钱文出欧阳询之手笔，而和同开珎钱文书体与开元通宝类同，尤以二者共有的"开"字为明显（图5）。日本自7世纪前期遣留学生、学问僧到中国学习以来，精于中国书法者大有人在。早在天平胜宝六年（公元754年）鉴真和尚携入二王（羲之、献之）真迹法帖之前，光明皇后已于天平十六年（公元744年）临摹王羲之所书《乐毅论》，推想8世纪初日本书法家中已有学欧阳询书体者，固不待9世纪初期擅长书法的嵯峨天皇为学欧体者作倡导[42]。以上为题外之言，姑附带述之。

图5 开元通宝（左）、和同开珎（右）钱文书体比较

在和铜元年铸钱以后的第三年（公元710年），日本的都城自飞鸟藤原京迁至奈良平城京。在以平城京为都城的70余年中，除继续铸和同开珎铜钱而外，孝谦天皇天平宝字四年（公元760年）铸开基胜宝金钱、太平元宝银钱和万年通宝铜钱，称德（孝谦重祚）天皇天平神护元年（公元765年）铸神功开宝铜钱。桓武天皇迁都平安京，于延历十五年（公元796年）铸隆平永宝铜钱，嵯峨天皇弘仁九年（公元818年）铸富寿神宝铜钱，仁明天皇承和二年（公元835年）铸承和昌宝铜钱、嘉祥元年（公元848年）又铸长年大宝铜钱，清和天皇贞观元年（公元859年）、十二年（公元870年）各铸饶益神宝、贞观永宝铜钱，宇多天皇宽平二年（公元890年）铸宽平大宝铜钱，醍醐天皇延喜七年（公元907年）铸延喜通宝铜钱，村上天皇天德二年（公元958年）铸乾元大宝铜钱。除开基胜宝金钱、太平元宝银钱作为特殊的珍品而不通用以外，其余自和同开珎至乾元大宝的十二种铜钱合称"皇朝十二钱"（图6）。如上所述，中国开元通宝除铜钱之外有金钱和银钱，而和同开珎除铜钱外仅有银钱，故孝谦女皇铸开基胜宝金钱弥补之。中国唐代铜钱有"通宝"、"泉宝"、"重宝"、"元宝"四种名称，而日本皇朝十二钱取"通宝"、"元宝"之名而不用"泉宝"、"重宝"，却增以"开宝"、"胜宝"、"永宝"、"神宝"、"昌宝"、"大宝"等新名。

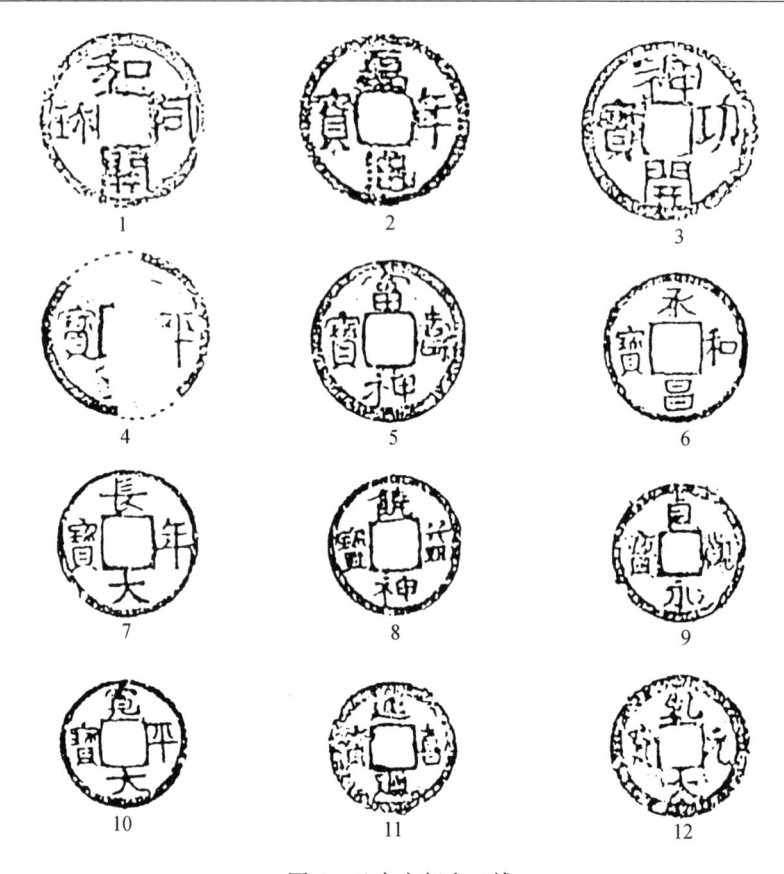

图6 日本皇朝十二钱
1. 和同开珎 2. 万年通宝 3. 神功开宝 4. 隆平永宝 5. 富寿神宝 6. 承和昌宝
7. 长年大宝 8. 饶益神宝 9. 贞观永宝 10. 宽平大宝 11. 延喜通宝 12. 乾元大宝

在平城京遗址，除发现奈良时代所铸各种铜钱以外，在西大寺附近亦曾发现开基胜宝金钱[43]。在平安京遗址，则发现奈良时代和平安时代所铸自和同开珎至乾元大宝的皇朝十二钱铜钱全数[44]。当时在平城京和平安京设东市、西市以兴商业，可见皇朝十二钱在商市交易中起到一定的作用。除都城所在的畿内以外，以和同开珎为首的各种铜钱在地域上的流通范围甚广，西自筑前（福冈县），东至陆奥（福岛、宫城、岩手县），皆有钱的出土[45]，便可为证。就九州地方而言，迄今已发现皇朝十二钱的地点包括在福冈、熊本、大分、宫崎、鹿儿岛五县之内（宫崎、鹿儿岛出土的属后世的"备畜钱"），而出土的钱的种类则除饶益神宝、宽平大宝以外，其余10种铜钱无不齐全。其中，福冈县境内的出土地点最多，钱的出土量亦较大，这应该与作为统辖西海道九国二岛的重要据点城市大宰府的长期存在有关[46]。

然而，和同开珎银钱与开基胜宝金钱、太平元宝银钱一样，亦非一般的通货。中国西安市何家村唐代窖藏出土的5枚和同开珎银钱当是遣唐使作为礼品而携来中国[47]，以显示日本所铸钱币之精良，而实际上也的确可与同窖出土的开元通宝金钱、银钱比美（图7）。1933～1934年"东亚考古学会"在我国黑龙江省宁安县渤海上京龙泉府遗址发现和同开珎铜钱[48]，曾引起争议[49]。以后

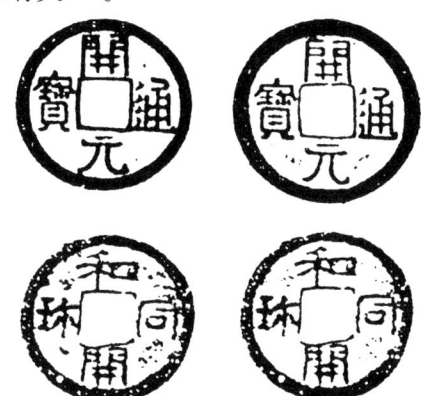

图7 西安唐窖藏开元通宝金钱、银钱（上）及和同开珎银钱（下）

闻有关的日本学者作为当事人而信誓旦旦，否认在发掘调查中有作弊行为。自8世纪前期至中后期，以及在整个9世纪，渤海作为一个藩国，与唐王朝在政治、经济和文化上的关系甚深，同时也与日本有使节往还，直至10世纪初期。因此，在渤海都城遗址发现和同开珎可谓不在情理之外，而和同开珎在西安唐窖中出土似亦可作为旁证。这是中日钱货交流史研究上的一段特别的插曲，故稍作叙述于此。顺便言及，在渤海上京龙泉府宫城遗址内也发现了开元通宝[50]。这本属意料中事，无须多加解说。

七

日本以和同开珎为首的皇朝十二钱模仿中国以开元通宝为主的唐钱，这在某种意义上可谓与前述和田马钱、汉龟二体钱、高昌吉利、突骑施钱等西域诸国的铜钱稍有相似之性质。当然，作为7世纪、8世纪以降的律令制国家，日本可称海东大国，其钱币制备完善，设计周密，特别是仿效中国铜钱形制程度之高，自非西域诸国所能比拟。突骑施钱虽略与开元通宝相似，但品质欠好，形式不一，固不能与日本的和同开珎相提并论。然而，如前所述，和田马钱、汉龟二体钱、高昌吉利、突

骑施钱虽为西域诸国自造的货币，却为中国汉唐时代的五铢和开元通宝等之在西域流通起媒介作用。同样，以和同开珎为首的皇朝十二钱的发行亦不排除开元通宝之在日本各地流通。

作为律令制国家的钱货，日本朝廷力求铸造之精良，故铸于 8 世纪奈良时代的各钱规格甚高，有如上述。但是，因日本矿产资源不足，铜产量亦甚有限，故 8 世纪末迁都平安京之后，以隆平永宝为开端，钱体趋向小型化，富寿神宝以后诸钱形体更是每况愈下，尤其是钱内所含铅的比率增大，以致延喜通宝和乾元大宝几乎由铜钱变为铅钱，说明铸钱业之难以维持[51]。于是，10 世纪 50 年代末所铸乾元大宝成为皇朝十二钱中的最后一种钱，接着便宣告彻底终止铸钱。

其实，即使在 8 世纪的奈良时代和 9 世纪以降的平安时代，日本的社会经济虽有长足的发展，但从总体上说，物物交换的习惯在一定程度上仍然盛行，对钱货的需求量不是很大，这也是皇朝十二钱的发行以失败告终的原因之一。相反，前述西域诸国的地理位置在称为"丝绸之路"的国际交通要道之上，早自 1 世纪、2 世纪的汉代，乃至 7 世纪、8 世纪的唐代，各国商人相近而至，沿途贩运，货物珍贵，交易旺盛，故各种钱币流通其间，所起作用甚大。相比之下，日本皇朝十二钱的发行在社会经济条件方面反有不及之处，亦属事实。

如日本学者所指出，皇朝十二钱衰落之另一原因在于以开元通宝为主的唐钱之大量输入。在 8 世纪初年始铸和同开珎之前，日本是否以中国的开元通宝为通货，暂且不论。据《类聚国史》等记述，嵯峨天皇在位（公元 809～823 年）时，日本称开元通宝为"开钱"，与皇朝钱同时兼行，则可肯定无疑。因当时皇朝钱的形质低劣，不受信用，开元通宝反有取而代之之势[52]。

图 8　日本宽永通宝铜钱（新疆奇台出土）

随着皇朝十二钱之在 10 世纪中叶以后的彻底废绝，此后数百年间，日本长期使用主要是从中国输入的"渡来钱"（"渡来"指来自海外）[53]，直到 17 世纪 30 年代江户幕府于宽永十三年（1636 年）发行宽永通宝铜钱为止（图 8）[54]。"渡来钱"中除早先传入的唐代开元通宝以外，主要是中国北宋、南宋和明代的各种铜钱。它们作为通货，在日本流行，并被大量仿造，而仿造品亦混杂其间而被使用。唐王朝虽于10世纪初期消亡，但开元通宝仿造品的使用却长时期在日本各地延续。例如，在大阪府堺市16世纪遗迹出土的各种供仿造用的铸范之中，开元通宝仿造品的铸范在数量上名列前茅[55]，可谓中日钱货交流史上之一趣闻。

八

日本冲绳县的琉球列岛，是指以冲绳本岛为主的冲绳诸岛和包括宫古诸岛、八重山诸岛的先岛诸岛。位于冲绳诸岛东北的奄美诸岛和吐噶喇诸岛，则与大隅诸岛同属九州南端的鹿儿岛县（古昔称萨摩），故大隅诸岛、吐噶喇诸岛，有时也包括奄美诸岛，合称萨南诸岛。琉球列岛及其北的奄美诸岛，在地理上介乎我国台湾省和日本九州鹿儿岛县之间，在东亚古代史上属后进地区。按照国际学术界关于先史时代、原史时代和历史时代的划分标准，琉球列岛和奄美诸岛各地在公元7世纪至12世纪的五、六百年间犹属先史时代的终末期，而原史时代和历史时代的开始则须待13世纪前后称为Gusuku的"城"的陆续出现，而作为城主的权力人物称"按司"。14世纪琉球王国成立，此地区才进入明确的历史时代。

社会历史的发展进程虽云滞后，但就中国古代钱货的对外传播而论，琉球列岛却意外地可称"先入"之地。如前所述，日本本州广岛县三原市发现中国战国时代燕国明刀钱的传说不确，但冲绳本岛那霸市的城岳贝冢却确实有1枚明刀钱出土[56]。此外，在以本岛为主的冲绳诸岛中，中川原贝冢、清水贝冢、ウルル（Ururu）贝冢和北原贝冢等遗址又各有五铢钱出土，在八重山诸岛中的竹富岛则有货布钱的发现[57]。

本文所要论究的，主要是琉球列岛及奄美诸岛各处遗址出土的开元通宝。据高宫广卫氏统计，在冲绳县所属的冲绳诸岛和宫古·八重山诸岛，也包括其北鹿儿岛县所属的奄美诸岛在内，各地出土开元通宝的遗址迄今已多达30余处[58]。但是，多数遗址在年代上属14、15世纪以降的历史时代，有过晚之嫌。因此，本文按高宫氏的规定，只以公元7~12世纪的先史时代终末期遗址出土的开元通宝为论究对象。

开元通宝始铸于 7 世纪初期，8 世纪以降继续铸造，作为唐王朝发行的主要货币，其在中国国内通用至少延至 10 世纪初的唐代末年。因此，上述冲绳 7~12 世纪遗址中存在的开元通宝绝非日本后世的仿造品，亦非所谓"备蓄钱"之类，而是作为当时中国的现行货币而传入的（图 9）。

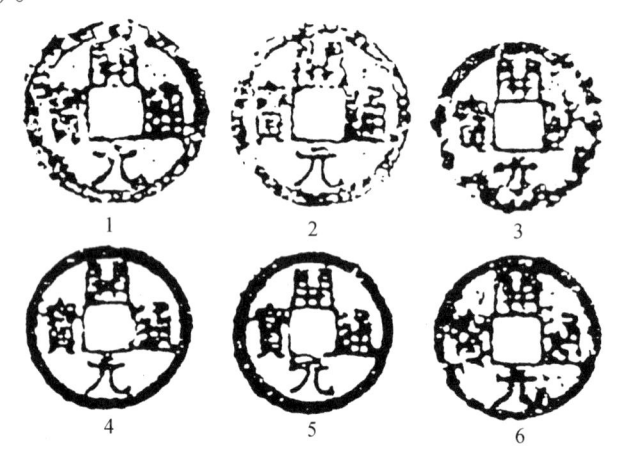

图 9　冲绳先史时代终末期遗址出土开元通宝
1、2. 面绳第 1 贝冢　3、4. 野国贝冢　5. 谢名堂贝冢　6. 连道原贝冢

但是，在先史时代的琉球列岛等地，物物交换是社会经济生活的主流。所以，传入的开元通宝就其作用而言，便有两种可能性。一是作为货币而在各地流通；一是被作为装饰、仪礼乃至咒术用品等等，皆属非货币用途。高宫广卫氏在多篇论文中论及开元通宝的用途，虽不完全排除其属非货币用途的可能性，实际上却倾向于认为它们在冲绳的琉球列岛等地亦被作为货币而使用[59]。对此，因高宫氏的论述甚详，我不必作任何补充。

我在本文中所要着重论证的，是关于开元通宝传入琉球列岛等地的经路如何的问题。首先，如高宫氏在其题为《开元通宝与按司的出现》的最新论文中所表明，在奄美诸岛以北的萨南诸岛，没有任何开元通宝的出土。从奄美诸岛到冲绳诸岛和宫古·八重山诸岛的称为琉球列岛的境域内，出土开元通宝的公元 7~12 世纪的先史时代终末期遗址共计 13 处。它们在地域上的分布及出土钱的枚数如下：在奄美诸岛中，奄美大岛用见崎遗址出土 1 枚，其南德之岛面绳第 1 贝冢出土 4 枚。在冲绳诸岛中，冲绳本岛兼久原贝冢出土1枚，热田贝冢出土2枚，连道原贝冢出土9枚，野国贝冢出土6枚，大川原第1遗址出土1枚，平敷屋トウバル（Tobaru）遗址出土8枚；本岛西南久米岛谢名堂贝冢出土1枚，北原贝冢出土13枚。在西南远处的先岛诸岛（即宫古·八重山诸岛）中，石垣岛嘉良岳贝冢出土1枚，崎枝赤崎贝冢出土33枚；西表岛仲间贝冢出土1枚[60]。以上合计13处遗址，共出土81枚开元通宝（图10）。

我在本文前节曾述及8~10世纪日本皇朝十二钱的发行不排除中国开元通宝之在日本流通。9世纪以降，随着皇朝钱铸造的衰落，开元通宝在日本的流行反而有增加的趋向。但是，除日本后世的仿造品以外，中国开元通宝在日本各地考古发掘调查中的发现情况如何，却不甚清楚。我只是从上述高宫广卫氏的最新论文中得知，在整个九州地区，出土开元通宝的遗址（包括坟墓）计4处，其位置集中在北部的福冈县境内。其中，山下门遗址出土1枚，柏原G-1号坟出土2枚，海之中道遗址出土1枚，朝仓桔广庭宫遗址出土2枚[61]（图10）。

从以上遗址（包括贝冢、坟墓）在地域上的分布情形看来，可以判断琉球列岛和奄美诸岛各地的开元通宝不是从九州方面传入的，我的理由如下：首先，九州出土开元通宝的遗址都限在北部福冈县境内，在九州的中部、南部各地皆不见有此钱出土；在奄美诸岛之北的吐噶喇诸岛和大隅诸岛也无开元通宝的发现，则已如前述。传闻在鹿儿岛县（不包括所属萨南诸岛）境内曾有开元钱出土，但出土的遗址年代甚晚，所出之钱又与皇宋通宝、洪武通宝等宋钱、明钱乃至日本江户时代的宽永通宝混杂，有属于所谓"备蓄钱"之嫌[62]，亦不排除其为后世仿造品的可能性[63]。就福冈县境内的4处遗址而言，出土的开元通宝总共不过6枚，远非琉球列岛、奄美诸岛13处遗址出土81枚钱之比。而且，以福冈市的海之中道遗址为例，开元通宝与万年通宝、贞观永宝、延喜通宝等皇朝钱共存[64]，足见其年代迟在10世纪以降，不比琉球列岛等地出土开元钱的先史时代终末期遗址为早。在九州南部的宫崎、鹿儿岛二县境内，曾发现有后世作为"备蓄钱"的皇朝十二钱[65]，但琉球列岛等地至今不见任何皇朝钱的发现例。这说明，长期以来，此地区不在日本国的领域之内，故皇朝钱的流传止于今九州地方南部，而不入冲绳县之境。要之，冲绳县及其北奄美诸岛各处的开元通宝应由海路自中国直接传来，而不经由九州境域，这便是我的主要观点。

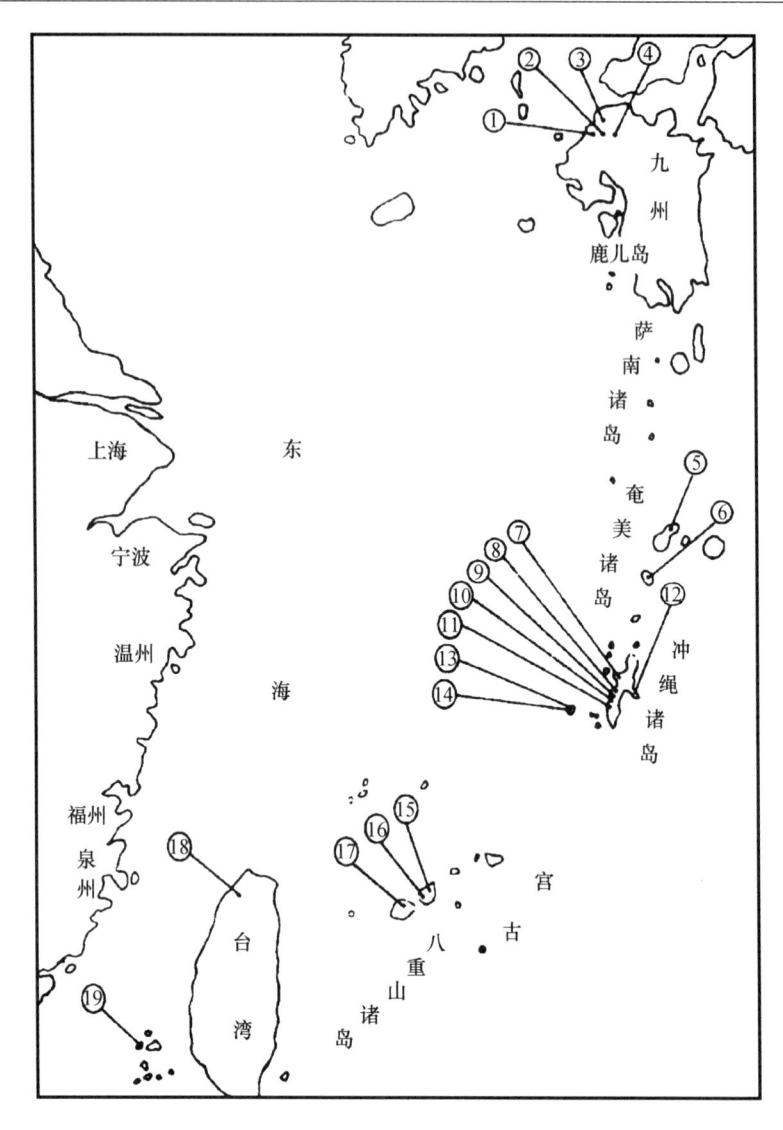

图 10　九州、琉球列岛及台湾、澎湖出土开元钱遗址分布
（采自高宫广卫《开元通宝与按司的出现》论文）

①福冈县山下门遗址 1 枚　②同上柏原 G-1 号坟 2 枚　③同上海之中道遗址 1 枚　④同上朝仓桔广庭宫遗址 2 枚　⑤奄美大岛用见崎遗址 1 枚　⑥德之岛面绳第 1 贝冢 4 枚　⑦冲绳本岛兼久原贝冢 1 枚　⑧同上热田贝冢 2 枚　⑨同上连道原贝冢 9 枚　⑩同上野国贝冢 6 枚　⑪同上大川原第 1 遗址 1 枚　⑫同上平敷屋遗址 8 枚　⑬久米岛谢名堂贝冢 1 枚　⑭同上北原贝冢 13 枚　⑮石垣岛嘉良岳贝冢 1 枚　⑯同上崎枝赤崎贝冢 33 枚　⑰西表岛仲间第 1 贝冢 1 枚　⑱台湾十三行遗址多数　⑲澎湖内垵 C 遗址 1 枚

再就各遗址出土开元钱的枚数而论，在琉球列岛的大范围内，宫古·八重山诸岛的位置居西南端的最远处，其中石垣岛的崎枝赤崎贝冢出土量多达33枚，独居第一。冲绳本岛西南久米岛的北原贝冢亦出土13枚之多，居第二位。相反，在冲绳诸岛东北的奄美诸岛，面绳第1贝冢出土不过4枚，用见崎遗址所出仅1枚（图10）。这样，可进一步推定，上述各地开元通宝传入经路不是由东北至西南，而是由西南向东北。

高宫广卫氏的最新论文确认，在我国台湾岛西北部十三行遗址的下层出土开元通宝多数，在台湾西南的澎湖岛亦有开元钱于内垵C遗址的文化层中被发现[66]。因此，认为冲绳各地出土的开元通宝是从中国南方沿海地区直接传入，便得到了新的依据。

九

日本古代称今九州鹿儿岛县南方的萨南诸岛（包括大隅诸岛、吐噶喇诸岛，亦可包括奄美诸岛）乃至冲绳诸岛为"南岛"。其中，大隅诸岛中的种子岛称多褹或多祢岛，屋久岛称掖玖、夜久、夜句或益救岛，吐噶喇岛称吐火罗或都货逻岛，奄美诸岛中的奄美大岛称菴美或掩美岛，德之岛或称度感岛，冲永良部岛或称伊兰岛，而冲绳诸岛中的冲绳本岛则称阿儿奈波岛。凡此等等，皆可见于《日本书纪》、《续日本纪》的记载，偶尔亦见于大宰府遗址出土的木简[67]。大宰府作为当时西海道之重镇，统辖九国三岛（后改为九国二岛），而所谓三岛则指北方的对马、壹岐和南方的多褹，后者位于南岛诸岛的最北部，靠近今九州大岛，故于文武天皇大宝二年（公元702年）被收入日本国正式的版图，校户置吏。

据《日本书纪》、《续日本纪》记载，日本与南岛的交往可追溯至推古天皇二十四年（公元616年）掖玖岛之始有人来归化，及舒明天皇元年（公元629年）遣吏前去该岛探访。以后，随着年代的推移，南岛各岛与日本的关系逐渐有所增进，而文武天皇二年（公元698年）遣文忌寸博士等8人前往招致，乃使多褹、夜久、菴美、度感等各岛之人于翌年（公元699年）来贡方物，则可视为南岛与日本的关系之一次大进展。因此，文武天皇大宝二年（公元702年）以粟田真人为首的第7次遣唐使和元正天皇养老元年（公元717年）以多比治县守为首的第8次遣唐使为避新罗在朝鲜半岛海域梗阻交通，使团船舶之往返皆得改取南海路而经由南岛。据真人元开（淡海三船）《唐大和上东征传》记录，孝谦天皇天平胜宝五年（公元753年）鉴真和尚随归国的第10次遣唐使东渡赴日本，其与副使大伴古麻吕共乘之第2舶经由南岛中的大岛阿儿奈波岛，寄泊约半个月，又进而经由东北方的益救岛，寄泊约10日[68]，然后抵达九州南部秋妻屋浦（今称秋目浦，属鹿儿岛县川边郡）。大使藤原清河、仕唐甚久而归国的阿倍仲麻吕（晁衡）等所乘第1舶，与鉴真等所乘第2舶同在阿儿奈波岛寄泊10余日，但自该岛起航时因大风遇险而远飘安南，以后转返中国。遣唐使船舶在南岛寄泊情形，大抵如此。于是，日本学者主张，遣唐使归国途中寄泊船舶于南岛，以其自中国携来的开元通宝遗岛民，此即琉球列岛、奄美诸岛出土开元钱之由来[69]。其说以历史文献记载为依据，合乎情理，久为学术界所首肯。此说实际上亦是主张琉球列岛、奄美诸岛各处的开元通宝是由中国扬州、苏州等长江下游地方经海路直接传入，而不是辗转从九州方面传来的。

当然，如日本学者之亦曾指出，当时寄泊南岛之船不仅限于遣唐使船，而应包括其他来自中国的船舶如商船之类在内。特别是遣唐使船之寄泊地点在于冲绳本岛及其东北方的奄美诸岛、吐噶喇诸岛乃至大隅诸岛等处，而出土开元通宝最多的八重山诸岛中的石垣岛则位于冲绳本岛西南甚远的台湾附近，故不能谓各处出土的开元钱必为遣唐使于归途寄泊时所传入。关于石垣岛出土的33枚开元通宝，日本学者中有主张是由东北方的冲绳诸岛方面辗转传来[70]，但这只是出于推想，未有证据。与此相反，我则认为石垣岛的开元通宝应与冲绳诸岛、奄美诸岛的开元钱一样，是由中国南方之地经海路直接传入，未必是先传至冲绳诸岛而以后又转而向西传入石垣岛。总而言之，我的倾向性意见是：与其谓开元通宝皆系由8世纪遣唐使于二三次或三四次的旅途寄泊中遗于琉球列岛、奄美诸岛各地，毋宁说是在7、8世纪以降的较长时期之内由中国南方地区以民间交往的方式逐渐传入为妥切。

1975年6月，东京国立博物馆举行主题为"日本出土的中国陶瓷"的展览会，会上展出2件黄釉绿褐彩瓷钵，据传为冲绳县八重山诸岛中的西表岛出土，引起学术界的重视。经陶瓷学者鉴定，此2件瓷钵为中国湖南省长沙铜官窑产品，烧造年代在唐代后期[71]。长沙铜官窑所产瓷器销售甚广，除湖南省的长沙、益阳、常德等地以外，在中国南方和北方各地的许多遗址和墓葬中皆有出土，尤以位于今江苏省长江北岸的唐代商业大都会扬州和今浙江省东部沿海的港口城市明州（今宁波）的出土量为最大，而宁波出土的铜官窑瓷器本为准备向海外出口的外销品[72]。铜官窑外销瓷在南亚、西亚的斯里兰卡、巴基斯坦、伊朗、伊拉克，以及在东南亚的泰国、菲律宾、印度尼西亚各地的出土都达到相当可观的数量[73]。

当然，在东亚的朝鲜半岛和日本，铜官窑瓷器也有发现。但是，就日本本土而言，以九州北部福冈县境内的大宰府及其附近地区的遗址为主，兼及于奈良平城宫和药师寺等遗迹，铜官窑瓷器的出土地点为数不多，出土量也不是很大[74]。作为八重山诸岛中的主要岛屿之一，西表岛的位置在冲绳县琉球列岛的最西端，其西接中国的台湾，与中国东南沿海的宁波、福州、泉州等港口城市相距亦甚近。因此，可以认为，西表岛出土的铜官窑瓷器是从中国东南沿海城市传入的。这与其邻岛石垣岛大量出土开元通宝的事实相印证，更可为上述琉球列岛、奄美诸岛各地的开元通宝系由中国南方地区直接传入之所说增添旁证。

十

在日本冲绳县各地，发现距今约二、三万年前的旧石器时代洞穴遗址颇多[75]。新石器时代的冲绳，因受日本本土绳文文化的影响较深，故称绳文时代，这已为学术界所公认[76]。日本的弥生文化亦有所波及于冲绳，但至今不能确言冲绳是否有所谓弥生时代[77]。日本约于公元3世纪末、4世纪初进入古坟时代，而古坟的分布南限于九州最南部的鹿儿岛县为止，古坟所体现的政治、文化影响不及于冲绳。如前所述，冲绳的先史时代漫长，公元7~12世纪的数百年间犹属先史时代的终末期。7、8世纪以降，日本朝廷长期于今九州北部福冈县境内设大宰府，在行政、军事和外交上对西海道九国三岛（以后改为二岛）实行统辖，其南界亦限于今鹿儿岛县的种子岛（多禰岛）为止，冲绳不在其统辖范围之内。

大约在公元13世纪，冲绳各地陆续出现以石块筑墙的"城"，作为城主的权力者称"按司"，已如前述。以后，各处城主分别为中山、山南、山北三王所兼并，三王之中以中山王的势力为最强。明太祖洪武五年（1372年），添浦按司姓尚名察度者以中山王之身份遣使向中国朝贡。成祖永乐十四年（1416年），中山嗣王尚巴志攻破山北，不久又灭山南，冲绳各地乃归于统一，是为琉球王国[78]。在15世纪中叶之前，琉球王国的版图以冲绳本岛为中心，西南及于宫古·八重山诸岛，东北至奄美诸岛，甚至远及萨南·吐噶喇诸岛。琉球王国自成立以来的大约200年间，虽接受中国明王朝的册封，却不失为独立自主之国。

另一方面，日本自7、8世纪以来，在全境划分以"国"为主的地方行政区域，计60余国，分别属于若干"道"。今九州地方为西海道，所属有筑前、筑后、丰前、丰后、肥前、肥后、日向、大隅、萨摩九国（又加对马、壹岐二岛）。以后，因中央朝廷的控制相对转弱，各国藩主的自主权力逐渐增强。至15、16世纪的战国时代，位于今九州南部的萨摩国势力大增。萨摩藩主岛津氏，向南方海中的萨南诸岛扩充领地。据有关资料，约当15世纪中叶，琉球王国与萨摩藩的境域分界在萨南·吐噶喇诸岛北部的卧蛇岛。至15、16世纪之交，岛津氏占吐噶喇诸岛全域[79]，以后又进而兼并奄美诸岛，而琉球王国以兵力薄弱而退却，终于在明万历三十七年（1609年）因萨摩军大举侵入都城而被全部征服，其王被掳去[80]。然而，主要是为图国际贸易之巨利，岛津氏鼓励琉球王国继续向中国进贡（实为贸易），并接受清王朝的册封，直至清朝晚期的光绪五年（1879年）[81]。

明治四年（1871年），日本因行维新之政而废藩置县，萨摩国改为鹿儿岛县，而琉球则归鹿儿岛县管辖。明治十二年（1879年）废琉球王国而设冲绳县，此即所谓"琉球处分"，而琉球国与中国清王朝的关系亦于此年告终。"冲绳"二字训读为Okinawa，与8世纪奈良时代之称阿儿奈波（Akonawa）无甚差异。

查中国历代史书、文籍，早在唐初编撰的《隋书·东夷传》中即有关于"流求国"的记载，《北史·东夷传》因袭之。以后，唐代杜佑《通典》始称"琉球"，而张鷟《朝野佥载》作"留仇"，刘恂《岭表录异》作"流虬"，《宋史》（成书于元初）、《通志》（郑樵）、《诸番志》（赵汝适）仍称"流求"。元代《岛夷志略》（汪大渊）作"琉球"，《元史》（成书于明初）称"瑠求"。明代以后，自正史至于各种书籍、文集，皆称"琉球"。

明代以降的"琉球"指上述琉球王国，即今日本冲绳县之地，自无任何疑问。自隋至元，各代史书、文籍或称"流求"、"琉球"，或称"留仇"、"流虬"、"瑠求"，文字虽有差异，读音无不相同，所指为同一地方，自在情理之中。但是，自隋至元的"流求"、"琉球"、"留仇"、"流虬"、"瑠求"是否与明代以降的"琉球"同属一地，则成为19世纪末期以来中外学术界久争不决的问题。归纳起来，大致不外两种意见。一种是自隋至元的"流求"、"琉球"、"留仇"等与明代的"琉球"一样，亦指今日之冲绳。另一种则认为明代的"琉球"虽指冲绳无疑，但自隋至元的"流求"、"琉球"、"留仇"之类则指中国的台湾。双方的主张各有所据，久争不决自有其甚多原因。为此，我在本文中无须再以文献考证为手段，以判断其孰是孰非。

但是，开元通宝始铸于7世纪20年代的唐初，其在冲绳7～12世纪的各处遗址出土甚多。它们之传入冲绳，早则可在7世纪的唐代前期，晚亦不迟于12世纪的北宋。北宋时，因所铸本朝新钱盛行，唐代遗留的开元通宝基本上已不通用，故可推定其传往冲绳应在北宋之前。要之，至少早在唐代，冲绳即与中国颇有交往。因此，自隋唐开始的以"流求"、"琉球"、"留仇"等为名的地域诚然是指台湾，亦应包含台湾以东今称"琉球列岛"的冲绳之地。

附记：本文蒙孙秉根同志协助搜集新疆境内铜钱资料，谨致谢。

注　释

[1]　王仲殊：《外国人代表祝辞》第17页，《冲縄文化の源流を探る》，文进印刷社，1994年。

[2]　《晋书·食货志》记"魏武为相，罢董卓所铸小钱，还用五铢；黄初二年魏文帝罢五铢钱，使百姓以谷帛为市。魏明帝更立五铢钱，至晋用之，不闻有所改创"。见《晋书》卷第26，志第16，中华书局标点本第794页，1974年。

[3]　1945年在桑给巴尔的卡将瓦（Kajengwa）村发现钱币的窖藏，出土约250枚中国铜钱，中有唐代开元通宝4枚。见马文宽：《从考古资料看中国唐宋时期与伊斯兰世界的文化交流》第241页，《汉唐与边疆考古研究》第一辑，科学出版社，1994年。

[4]　在西伯利亚叶尼塞河沿岸的米努辛斯克（Minusinsk）博物馆中收藏有附近地区出土的唐代开元通宝。见冈崎敬：《東西交涉の考古学》第137页，表第10，平凡社，1980年。

[5] 1995年在南沙群岛南薰礁发现开元通宝2枚，钱文清晰。见王恒杰《南沙群岛考古调查》第69页，《考古》1997年第9期。

[6] 《汉书·西域传》记"于阗国，王治西城"。日本学者冈崎敬认为和田县南的买力克阿瓦提为西城遗址，见注 [4] 所引《東西交涉の考古学》第494、第499页。中国考古工作者发掘买力克阿瓦提遗址，甚多发现，见中国社会科学院考古研究所编《新中国的考古发现和研究》第485页，文物出版社，1984年。

[7] 夏鼐：《和阗马钱考》第60~63页，《文物》1962年第7、第8期合刊。

[8] 张平：《新疆轮台出土的汉龟二体钱》第56~60页，《新疆文物》1987年第1期。

[9] 黄文弼：《吐鲁番考古记》第49页，图版52，图57，中国科学院印行，1954年。

[10] 陕西省博物馆等：《西安南郊何家村发现唐代窖藏文物》第33页，《文物》1972年第1期。

[11] 新疆社会科学院考古研究所：《新疆考古三十年》第12页，图版第153，新疆人民出版社，1983年。

[12] 新疆社会科学院考古研究所：《新疆考古三十年》第107页，新疆人民出版社，1983年。

[13] 张广达、陈俊谋：《中亚古代和中世纪钱币》、《阿克别希姆城址》第3、第4、第722页，《中国大百科全书·考古学》，中国大百科全书出版社，1986年。

[14] 冈崎敬：《東西交涉の考古学》第146页，平凡社，1980年。

[15] 黄文弼：《塔里木盆地考古记》第107、第108页，图版第103，图第21，科学出版社，1958年。

[16] 冈崎敬：《東西交涉の考古学》第137、第138页，表第10，平凡社，1980年。

[17] a. 日本东京国立博物馆：《伽耶文化展》第24页，图第6（茶户里1号坟五铢钱），1992年。

b. 韩国国立中央博物馆、釜山市立博物馆：《伽耶特别展》第20页，图第37（丽川巨文岛的五铢钱），1991年。

c. 从钱文"五铢"二字的字形看来，茶户里、巨文岛两处之钱与《洛阳烧沟汉墓》发掘报告中的第Ⅰ型五铢相似，穿上横文五铢钱宣帝时有之，宣帝以前亦有之（中国科学院考古研究所《洛阳烧沟汉墓》第216、第224页，科学出版社，1959年）。

[18] 冈崎敬：《日本および韓国における貨泉・貨布および五銖銭について》第665页，《森貞次郎博士古稀記念古文化論集》（上卷），1982年。

[19] a. 冈崎敬：《日本および韓国における貨泉・貨布および五銖銭について》第665、第666页，《森貞次郎博士古稀記念古文化論集》（上卷），1982年。

b. 韩国国立中央博物馆、釜山市立博物馆：《伽耶特别展》第20页，图第36（货泉、五铢钱、大泉五十、货布），1991年。

[20] 冈崎敬：《日本および韓国における貨泉・貨布および五銖銭について》第667页，《森貞次郎博士古稀記念古文化論集》（上卷），1982年。

[21] 东洋学术协会：《梅原考古资料（朝鲜の部）》，1966年。

[22] 金元龙、有光教一：《武宁王陵》第40、第45、第46页，图版第68-3，三和出版社、

[23] 水野清一、小林行雄：《图解・考古学辞典》第955、第956页，创元社，1959年。
[24] 关于此事，除《三国志》、《晋书》以外，亦可参照《日本书纪》神功纪注引《晋起居注》"晋武帝泰始二年十月，倭女王重译贡献"的记述。见《日本书纪》前编卷第9第264页，国史大系本，吉川弘文馆，1981年。
[25] 寺泽薰：《弥生时代舶载製品の東方流入》第181～188页，《考古学と移住・移動》（日本同志社大学考古学シリーズⅡ），1985年。
[26] 上县郡佐保・シゲノダン（Shigenodan）遗址，出货泉1枚。
[27] 原之辻遗址，出货泉1枚。
[28] 城荣町护国神社境内，出货布1枚。
[29] 杵岛郡北方町东宫裾瓮棺墓，出货泉6～8枚；武雄市小楠・祇园社遗址，出货泉1枚。
[30] 浮羽町御幸小学校庭内石棺墓，出货泉1枚；大野城市仲畑・仲岛遗址，出货布1枚；直方市感田西前田，出货泉（枚数不明）；糸岛郡御床松原遗址，出半两1枚；北九州市小仓南区守恒遗址，出五铢1枚。
[31] 大分市久原・松崎遗址，出五铢2枚。
[32] 玉名市保多地2号坟，出五铢2枚；菊池市长田・外园遗址，出货泉1枚。
[33] 宫崎市曾井古坟，出货泉1枚。
[34] 宇都市松浜冲之山遗址，出半两20、五铢115枚。
[35] 福山市本谷遗址，出货泉1枚。
[36] 淡路岛洲本市宇山牧场1号坟，出五铢5枚。
[37] 熊野郡函石浜遗址，出货泉2枚；京都市左京区幡枝町，出货泉1枚。
[38] 东大阪市巨摩废寺遗址，出货泉1枚；八尾市龟井遗址，出货泉4枚；大阪市瓜破遗址，出货泉2枚；和泉市黄金冢古坟，出五铢1枚；贝冢市淀遗址，出货泉1枚。
[39] 冈谷市青松海户遗址，出货泉3枚。
[40] 原三正：《古代の渡来錢》第14页，《月刊・考古学ジヤーナル》1985年7月号。
[41] 1970年10月，在陕西省西安市何家村唐代窖藏中发现中国和各外国的许多珍贵钱币，其中有开元通宝金钱30枚、银钱421枚。见《西安南郊何家村发现唐代窖藏文物》第37、38页，图第14、第15，《文物》1972年第1期。
[42] 按欧阳询亦学二王，故可称王羲之书法之一分支。9世纪初日本空海和尚等学王羲之，实可谓与欧阳询同出一宗，而嵯峨天皇更以直接学欧体著称。见叶喆民：《中日书法艺术的交流》第409～412页，《中日文化交流史论文集》，人民出版社，1982年。
[43] 奈良国立文化财研究所：《よみがえる奈良——平城京》第14页，1981年。
[44] 井上满郎：《平安京再现》第75页，河出书房新社，1990年。
[45] 奈良国立文化财研究所：《平城京再现》第69、第70页，新潮社，1985年。
[46] 高仓洋彰：《九州出土の皇朝十二錢》第210～221页，《大宰府と観世音寺》，图书出版海鸟社，1996年。
[47] 陕西省博物馆等：《西安南郊何家村发现唐代窖藏文物》第33、第36页，《文物》

1972 年第 1 期。

[48] 原田淑人：《東京城》第 76、第 77 页，图版 118-1，东亚考古学会，1939 年。

[49] 李文信：《日寇在東北文化侵略的罪行》，《文物参考资料》第 2 卷 1951 年第 9 期。

[50] 黑龙江省文物考古研究所：《渤海上京宫城房址发掘简报》第 40 页，《北方文物》1987 年第 1 期。

[51] 原三正：《古代の渡来錢》第 13 页，《月刊・考古学ジャーナル》1985 年 7 月号。

[52] 原三正：《古代の渡来錢》第 13 页，《月刊・考古学ジャーナル》1985 年 7 月号。

[53] "渡来钱"本泛指自海外输入日本的钱币，主要指来自中国的汉代五铢及新莽货泉等等，它们出土于弥生时代的遗址和墓葬。但是，此等中国早期的铜钱不在弥生时代的日本作为货币流通。因此，"渡来钱"主要是指后世自中国、朝鲜及其他外国传入的铜钱如唐钱、宋钱、明钱、元钱，以及高丽钱和安南钱等，它们可以在日本国内作为货币流通。这些后世的"渡来钱"还多有被作为"备蓄钱"而储存的，特别是 15、16 世纪以降，往往集各时代、国内外的各种铜钱，混杂而置于大瓮，埋入地下。此种后世的"渡来钱"在性质上与五铢、货泉等弥生时代遗址出土的中国汉代铜钱不同，在研究工作中须区别对待。见斋藤忠：《日本考古学用语辞典》第 328 页，学生社，1992 年。

[54] 宽永通宝为日本江户时代前期新铸的铜钱，铸造质量良好，于本国全境流通达二百数十年之久，在日本货币史上具划时代意义。自宽永十三年（1636 年）始铸以来，又多续铸。明治四年（1871 年）规定以 500 枚钱换 1 日元，见注 [53] 所引斋藤忠《日本考古学用语辞典》第 102 页。此钱在清代还曾传入中国，数量虽不大，却可与中国本国的铜钱一同流通，除东部沿海地区外，甚至远及新疆。这可说是中日货币交流史上日本对中国的"逆输入"。见中国社会科学院考古研究所《双砣子与岗上》第 57 页，脚注 [3]，科学出版社，1996 年。又见邱德美：《奇台县又发现越南和日本铜钱》，《新疆钱币》第 16、第 20 页，图第 7、第 8；薛宗正《新疆奇台县出土的中原古钱》第 55 页，《新疆文物》1987 年第 1 期。按"宽永"本为后水尾天皇年号，因继位的明正天皇（女）、后光明天皇沿袭使用此年号，故自宽永元年（1624 年）至宽永二十一年（1644 年），延续颇久。薛文所称"水尾天皇"，脱一"后"字。

[55] 岛谷和彦：《中世の模铸錢生産》第 28、第 29 页，《月刊・考古学ジャーナル》1994 年 3 月号。

[56] 高宫广卫：《城岳と明刀錢》第 187～214 页，《先史古代の冲绳》，第一书房，1991 年。

[57] 高宫广卫：《開元通宝から見た先史終末期の冲绳》第 276、第 277 页，第 1 表、第 2 表，《王朝の考古学—大川清博士古稀記念論文集》，雄山阁，1995 年。

[58] 高宫广卫：《开元通宝と按司の出現》第 1 页，《南岛文化》第 19 号，冲绳国际大学南岛文化研究所，1997 年。

[59] 除注 [57]、[58] 所举两论文以外，高宫广卫氏之说亦见于其他各论文如下：《唐・大和時代の冲绳—開元通宝の示唆するもの》，《月刊・文化財発掘出土情報》，（ジヤパン通信社）1995 年 6 月号；《城時代研究の今昔》第 175～180 页，《近藤義郎古

稀記念考古文集》，1995 年；《開元通宝と貨幣経済の開始》第 1 頁，《月刊・考古学ジャーナル》，1996 年 6 月号。

[60] 高宮広衛：《開元通宝と按司の出現》第 2、第 3 頁，第 1 表、第 1 図，《南島文化》第 19 号，冲绳国际大学南岛文化研究所，1997 年。

[61] 据高仓洋彰氏所述，熊本县菊池郡高江出分西遗址有开元通宝 2 枚与皇朝十二钱 12 枚同出，见高仓洋彰：《大宰府と観世音寺》第 217 頁（图书出版海鸟社，1996 年）。因高宫广卫氏在其最新论文中未言及此，故注明之。

[62] 日本考古学用语中的"备蓄钱"指后世收集各种时代不同的大量铜钱置于大瓮而埋入地下，自 17 世纪的江户时代以来多有发现，钱的数量或以万计。这与从年代明确的古遗址和古墓中发掘出土的古代铜钱在学术研究上的性质大异。见斋藤忠：《日本考古学用语辞典》第 367 頁，学生社 1998 年。

[63] 高宮広衛：《開元通宝から見た先史終末期の冲縄》第 280 頁，《王朝の考古学——大川清博士古稀記念論文集》，雄山閣，1995 年。

[64] 福冈县教育委员会：《大宰府——発掘が語る遠の朝廷》第 58 頁，1988 年。

[65] 高倉洋彰：《九州出土の皇朝十二銭》第 211 頁，《大宰府と観世音寺》，图书出版海鸟社，1996 年。

[66] 高宮広衛：《開元通宝と按司の出現》第 2、第 3、第 17 頁，《南島文化》第 19 号，冲绳国际大学南岛文化研究所，1997 年。

[67] 三島格：《大宰府と南島》第 330～346 頁，《東アジアの考古と歴史（下）》，同朋社，1987 年。

[68] 真人元开：《唐大和上東征伝》第 90、第 91 頁，中华书局，1979 年。

[69] 三島格：《大宰府と南島》，《東アジアの考古と歴史（下）》第 345、第 346 頁，同朋社，1987 年。

[70] 安里嗣淳：《中国唐代货钱（開元通宝）と琉球圈の形势》，《文化课纪要》第 7 号，冲绳教育委员会，1991 年。

[71] 三上次男：《冲縄出土の中世中国陶瓷について》第 205、第 206 頁，《陶瓷貿易史研究（上）》，中央公論美術出版，1987 年。

[72] 高至喜：《长沙铜官窑址》第 62、第 63 頁，《中国大百科全书・考古学》，中国大百科全书出版社，1986 年。

[73] 三上次男：《冲縄出土の中世中国陶瓷について》第 205、第 206 頁，《陶瓷貿易史研究（上）》，中央公論美術出版，1987 年。

[74] 福冈县教育委员会：《日本出土の陶瓷器》第 82 頁，《大宰府——発掘が語る遠の朝廷》，1988 年。

[75] 下川达弥：《旧石器时代（冲縄の洞穴）》第 41、第 42 頁，《発掘が語る日本史》（6），新人物往来社，1986 年。

[76] 高宮広衛：《先史古代の冲縄》第 10～26 頁，第一书房，1991 年。

[77] 高宮広衛：《先史古代の冲縄》第 27～30 頁，第一书房，1991 年。

[78] 《明史・外国四（琉球）》第 8361～8364 頁，《明史》卷第 323，列传第 211，中华书

[79] 龟井明德：《萨南諸岛の生産と交易（海路を知る人—吐噶喇恶石岛）》第280~281页，见注［75］所引《発掘が語る日本史》（6），1986年。

[80] 《明史·琉球传》记"万历四十年日本果以劲兵三千入其国，掳其王"，而《明史·神宗纪》则系此事于万历三十七年。对照日本方面的记载，以《神宗纪》所记为准确。

[81] 北京市通县张家湾有琉球人墓地，所葬属琉球的使臣、译员和留学生之客死北京者。始葬为清康熙五十八年（1719年）的副贡使杨联桂，末葬则为光绪六年（1880年）的通事林进功，后者当为光绪五年以前所遣。见周庆良、马德旺：《张家湾发现琉球人王大业墓碑》，《北京文物报》1996年7月第7期（总第92期）。

（本文原载《考古》1998年第12期）

附录

夏鼐先生传略

一

夏鼐先生字作铭，1910年2月7日出生于浙江省温州府永嘉县（今温州市）。1927年以前在温州上私塾、小学和初中，1927年9月到上海上高中。1930年高中毕业后，他来到北京，进燕京大学，次年又转入清华大学求学。1934年7月在清华大学历史系毕业，获文学士学位。同年10月初，他考取清华大学留美公费生的考古学部门，以求出国深造，学习近代考古学。

按照当时的规定，出国前要在国内准备并实习1年。因此，他于1935年春以实习生的身份在河南省安阳参加由梁思永先生主持的殷墟西北冈墓群的发掘，与梁思永、石璋如、尹达、胡厚宣等相过从，在实际工作中学得许多考古学的知识和技术。这一年，便是夏鼐先生开始从事考古工作的一年。

1935年夏，夏先生征得有关方面的同意，改到英国留学，在伦敦大学攻读考古学。那时，伦敦大学主持田野考古学课程的彼特利（W. F. Petrie）教授已经退休，其职位由惠勒（M. Wheeler）教授继任。夏鼐先生在留学期间，参加了由惠勒领导的梅登堡（Maiden Castle）山城遗址的发掘，颇受教益。他又随同英国调查团到埃及，在阿尔曼特（Armant）参加调查发掘，接着还到过巴勒斯坦，在泰尔·丢维尔（Tell Duweir）参加发掘工作。当时，彼特利教授正在巴勒斯坦耶路撒冷城的医院中疗养。夏鼐先生在那里访问了彼特利，并接受他的指教。1939年秋，第二次世界大战在欧洲爆发，夏鼐先生由英国经埃及返国。他在开罗博物馆从事研究工作1年余，才取道西亚、印度、缅甸，于

1941年初抵达昆明（他的伦敦大学埃及考古学博士学位，是战争结束后于1946年授予的）。

当时正值抗日战争，中央博物院筹备处由南京迁到四川省南溪县的李庄。夏鼐先生回国后不久，便在该处任专门委员之职。1941年夏至1942年，他和吴金鼎、曾昭燏、高去寻等调查并发掘了四川省彭山县豆芽房和寨子山的崖墓。1943年，夏先生转入由南京迁到李庄的中央研究院历史语言研究所工作，被任为副研究员。1944～1945年，他和向达先生等负责西北科学考察团在甘肃省境内的考古工作，调查、发掘了敦煌的佛爷庙、月牙泉、玉门关，宁定的阳洼湾，民勤的沙井，武威的喇嘛湾，临洮的寺洼山，兰州的高坪、中山林、太平沟、十里店等遗址和墓地，有许多重要的收获。在发掘阳洼湾齐家文化墓葬时，他在墓坑填土中发现仰韶文化的彩陶片，确认仰韶文化的年代比齐家文化为早，从而否定了安特生（J. G. Anderson）关于甘肃新石器时代文化的分期。这标志中国史前考古学的新起点，也意味着由外国学者主宰中国考古学的时代从此结束了。

1946年，国民党发动内战，田野调查发掘工作不得不停止。这时，中央研究院已迁回南京，夏鼐先生在历史语言研究所由副研究员升任研究员，主要是从事室内研究工作。1948年冬到1949年春，中央研究院所藏图书、文物资料被迁运到台湾，历史语言研究所中的李济、董作宾、石璋如、高去寻等都随着殷墟出土的文物由大陆去台湾。夏先生当机立断，决意留在大陆。1949年秋全国解放，他曾一度应聘在杭州的浙江大学任教授。

二

中华人民共和国成立后不久，在北京创立中国科学院，由郭沫若先生任院长。1950年夏，在中国科学院设立考古研究所。根据郭沫若院长的提名，周恩来总理任命郑振铎先生为所长，梁思永和夏鼐先生为副所长。这样，夏先生便于同年9月由杭州来到北京，协助郑振铎、梁思永主持考古研究所的工作。

由于郑振铎主要是在文化部文物事业管理局任局长，梁思永又经常患病，夏先生承担了考古研究所的主要业务领导工作。他到任不满1个月，便组织一个发掘队，前往河南省辉县，进行研究所成立后的第1次发掘。发掘队由夏鼐先生任队长，郭宝钧任副队长，苏秉琦任秘书长；队员有安志敏、王伯洪、石兴邦、王仲殊、马得志、赵铨等，他们多是初次参加工作的青年人。夏先生为了训练这些年轻的新手，花费了极大的心力。在辉县的发掘工作中，第一次在安阳以外发现了早于安阳殷墟的商代遗迹，从地域上和年代上扩大了对商文化的认识。从这一年的12月到次年的1月，夏鼐先生亲自手执小铲，在琉璃阁发掘战国时代的车马坑，在冰雪严寒中成功地剔掘出19辆大型木车的遗存，初次显示了新中国田野考古工作的技术水平，在国际学术界受到高度的重视和好评。

1951年春，夏鼐先生率领安志敏、王仲殊、马得志在河南省中部和西部地区进行广泛的调查发掘。他在郑州确认二里冈遗址为早于安阳殷墟的又一处重要的商代遗址。经过对渑池县仰韶村遗址的再发掘，他进一步指出该遗址不仅有仰韶文化的遗存，而且也有龙山文化的遗存，从而为探求中原地区从仰韶文化到龙山文化的发展演变提供了线索。在各处的调查发掘中，他把田野考古的方法传授给年轻的助手们，指示他们严格划分土层，正确判定层位关系，仔细辨认土色、土质，不放过任何细微的现象。在成皋县青台新石器时代遗址的发掘中，继红烧土和白灰面等居住遗迹的发现之后，他亲手从土层中发掘出许多轻易不能辨认出来的柱子洞，使助手们懂得发掘居住址的难度更在发掘一般墓葬之上。夏先生对大家说，考古工作者的成绩如何，主要不是看他发掘出什么东西，而是要看他用什么方法发掘出这些东西而定。他告诫大家不要有"挖宝思想"。他经常说，居住址出土的遗物多是破碎的陶片，但居住址的研究价值却往往胜过包含着珍贵随葬品的墓葬。先生身体力行，使大家懂得必须在调查发掘工作中坚持亲自操作，既要学会认土、找边、剥人骨架，又要学会照相、绘图和测量。每天晚上，他都要检查大家的记录是否及时完成，记录的内容有无差错。遇到星期天，他带头用毛笔蘸墨在每一块陶片上书写出土坑位和层次的编号。夏鼐先生的这种工作作风，为此后中国田野考古工作的健康发展奠定了基础。

1951年秋，夏先生又带领考古研究所的安志敏、王伯洪、石兴邦、王仲殊、陈公柔、钟少林等到湖南省长沙去发掘战国和两汉的墓葬。这使得研究所的调查发掘重点在年代上从石器时代、商代延长到汉代，在地域上从北方的黄河流域扩展到南方的长江流域。这次工作的成果在于通过大量墓葬的发掘，究明战国至两汉墓葬制度的演变过程，确定墓葬形制及随葬器物的分期，而楚文化的特点也得到了初步的阐明。当时，许多人把马王堆汉墓看成是五代十国时楚国马殷的墓。经过实地考察，夏鼐先生确认它们是汉墓。他的这一判断，为20年后的正式发掘所证实。

随着社会主义工农业建设事业的发展，配合各种建设工程进行考古调查发掘的任务越来越大。为了应付这一严重的局面，并为了使新中国的考古队伍能在短期内迅速扩大，中国科学院（考古研究所）与文化部（文物事业管理局）、北京大学（历史系）自1952~1955年联合举办了4届全国考古工作人员训练班，每届为期3个月。学员们来自全国各省区的博物馆和文物管理委员会等单位，每届人数各达一百数十人之多。夏鼐先生和裴文中、向达、郭宝钧、苏秉琦先生等都参与训练班的组织领导工作，制定室内授课和野外实习的计划，而野外实习则是每届训练班的训练重点所在。安志敏、王仲殊、王伯洪、石兴邦先后与北京大学历史系考古专业的宿白一同负责教务处的具体工作，也参加授课，并担任野外实习时的辅导员。从1953年的第二届训练班起，夏先生每次都亲临实习的现场，讲授田野调查发掘的方法。实习时所进行的发掘工作，规模往往相当大。西安附近的半坡遗址便是1954年第3届训练班实习时开始由石兴邦主持发掘的，这一发掘工作为大面积揭露新石器时代遗址开创了良好的先例。1956年冬，在夏鼐先生的领导下，继4届全国性训练班之后，在考古研究所内部也举办了1次训练班；由教师们的讲义汇编而成的《考古学基础》一书，在一个相当长的时期内，是全国青年考古工作者必读的手册。在历届训练班获得成功的基础上，1956~1958年，集中了考古研究所和全国各有关单位的近百名考古工作者，组成庞大的考古队，由夏鼐先生任队长，安志敏任副队长，在河南省陕县配合黄河三门峡水库的建设工程，进行大规模的调查发掘，取得了很大的成绩。

1956年，北京昌平县境内的明定陵的发掘工作开始了。应该说明，这项发掘工作是由当时北京市副市长吴晗提议的。他研究明史，对发掘明陵特别感兴趣。当初，夏鼐先生和郑振铎一样，不主张发掘明陵。但是，由于吴晗的坚持，终于将发掘计划上报国务院并获得批准，使夏先生不得不把这副重担挑起来。按照最初的计划，是要发掘长陵。经过再三协商，为了慎重起见，才决定先以定陵为试掘对象。对于发掘规模如此巨大的帝陵，大家都没有经验，不知发掘从何处入手才好。1956年5月的一个下午，夏鼐先生到现场察看。他发现定陵宝城西南方外侧的砖壁有一些隙缝，以此为契机，又发现内壁石块上刻有"隧道门"字样，便判断这里是当初再次入葬时的通道所在，决定发掘在此下手。这使得定陵的发掘作业一开始就进行得十分顺利。打开地宫以后，为了观察各种现象，特别是为了处理各种遗物，夏鼐先生终日深入地下的玄宫内工作，达三四个星期之久。正是由于先生的这种忘我的精神，才使得这一帝陵的发掘工作得以顺利结束。但是，经过这次工作，他进一步感到发掘帝陵的条件不成熟，有些珍贵的随葬品难以妥善保存，从而更加强了帝陵不宜过早发掘的看法。因此，定陵试掘之后，长陵的发掘计划也就作罢了。1961年，国务院根据中国科学院（考古研究所）的意见，向全国发布通令，不准随意发掘帝王的陵墓。以后，郭沫若院长曾有发掘唐乾陵的设想，也因夏鼐先生持异议而没有付诸实现。郭院长俯从夏所长的意见，至今被传为中国考古学史上的佳话。

夏鼐先生充分认识到发掘中国古代都城遗址的重要性和工作的长期性。因此，早在1954年，考古研究所就在河南省的洛阳建立工作站，在陕西省的西安建立研究室。不久，便在洛阳地区开始发掘东周的王城、汉魏的洛阳城和隋唐的洛阳城遗址，在西安地区开始发掘西周的丰镐、汉代的长安城和隋唐长安城遗址。他把发掘任务交给王伯洪、王仲殊、马得志等年青的一代。为了表示重视，他还亲自兼任西安研究室的主任。1958年，考古研究所又在河南省安阳建立工作站，为殷墟发掘的进一步开展提供了有利的条件。1959年徐旭生先生在偃师县二里头发现早商的遗址，也因洛阳工作站已经建立，所以能顺利地进行发掘。大规模的都城遗址的发掘，使中国田野考古工作进入一个新的发展阶段。20余年后的今天，除上述各都城遗址继续进行发掘外，考古研究所洛阳工作队于1983年在偃师尸乡沟发现了一处早商都城（很可能是西亳）的遗址，城墙、城门、街道、宫殿等遗迹保存得十分良好，使中国古代都城遗址的调查发掘工作达到了最高潮。

三

1954年夏，梁思永先生因病逝世；1958年秋，郑振铎先生又因飞机失事而遇难。尹达先生来研究所兼任所长，但因他必须把大部分精力用在历史研究所的工作上，而且在其他外单位兼职过多，加上身体较弱，不能经常前来主持所务。1962年春，夏鼐先生终于继任考古研究所所长。从此年以迄1982年，他任所长之职达20年之久。

繁忙的行政事务工作占去了先生的大部分时间，但他仍孜孜不倦地从事研究。从20世纪50年代后期到70年代后期，夏鼐先生先后写出《中国最近发现的波斯萨珊朝银币》、《青海西宁出土的波斯萨珊朝银币》、《咸阳底张湾隋墓出土的东罗马金币》、《元安西王府址和阿拉伯数码幻方》、《新疆发现的古代丝织品——绮、锦和刺绣》、《洛阳西汉壁画墓中的星象图》、《吐鲁番新发现的古代丝绸》、《晋周处墓出土金属带饰的重新鉴定》、《考古学和科技史》、《从宣化辽墓的星图论二十八宿和黄道十二宫》、《我国古代蚕、桑、丝、绸的历史》、《综述中国出土的波斯萨珊朝银币》等许多论文，完成了一系列重要的研究课题。归纳起来，其主要成果表现在对中西交通史的研究和对中国科技史的研究两大方面。在前一方面，他根据中国各地出土的丝织品、外国货币及其他具有外国风格的遗物，阐明汉唐时代中国与中亚、西亚，特别是与波斯和东罗马帝国在经济和文化上的联系，并对中西交通的路线提出重要的创见。在后一方面，他创造性地利用各种考古学的资料，运用考古学的方法，精辟地阐明中国古代在天文、数学、纺织、冶金和化学等各个科技领域中的成就，在充分肯定这些成就对世界文明所作贡献的同时，坚持实事求是的原则，反对不切实际的虚夸。他指出江苏省宜兴周处墓出土的带饰是银制品而不是铝制品，纠正了早在3世纪的西晋中国便能提炼铝的错误说法。他又指出河北省藁城商代遗址出土的铁钺是用自然的陨铁而不是用人工冶炼的铁料制成，否定了早在公元前13世纪的商代中国已进入铁器时代的错误结论。夏鼐先生卓越的研究成果和慎重、诚实的治学态度，引起了国内外学术界的高度钦佩和赞扬。

先生精通英文，也粗通法文。他早年学过日文，懂得基本文法，因为精通英文，所以除了汉字以外，还熟知日文中的外来语。正是由于具备这些语文上的条件，他能博览外国的书籍，通晓国际学术界的各种动态和研究成果。他从事考古研究，从调查发掘出发，以实物资料为主要依据，同时对中国的（在一定程度上也包括外国的）各种古代文献又几乎无所不通。他将中国传统的文史学、金石学等与从外国传入的近代考古学结合起来，使他的研究工作具有广泛而深厚的基础，既能追求现代的国际水平，又能发扬中国固有的学术传统。

新中国成立以后，先生努力学习马克思列宁主义，坚信辩证唯物主义和历史唯物主义的理论。1959年3月，他光荣地加入了中国共产党。他坚持认为考古学是历史科学的组成部分，其任务在于依靠调查发掘所得的实物资料以研究古代人类社会的历史。这使得他的研究工作始终能从具体的遗迹和遗物出发，通过扎扎实实的分析，得出各种可靠的结论，经过归纳，加以提高，进而阐明有关古代社会历史文化的重大问题。他确信实事求是是马列主义的基本原则之一，反对以空论代替具体的研究，更反对以空论歪曲事实的真相。同时，他也反对忽视理论，脱离历史，把考古学的目标降低到仅限于对古器物本身的欣赏、鉴定和考据。对科学的信念，使先生养成坚毅不屈的性格。即使在"文化大革命"的艰难岁月里，他也毫不改变自己的治学态度和立场。

先生十分重视在考古研究中利用自然科学的成果，而他在自然科学方面所具备的许多知识又使他能够充分利用其成果。早在1955年，他就在《考古通讯》上撰文介绍国外关于碳14测定年代的情况。以后，由于夏鼐先生的努力，使得本来在中国科学院原子能研究所任职的仇士华等能调到考古研究所来筹建碳14实验室。在夏先生的指导、帮助下，实验室于1965年正式建成，并在同年年底测定了第一批数据。若干年来，实验室的设备不断改进，测定工作的效率也进一步提高。到目前为止，已经为考古研究所和全国各有关单位测定600多个数据，其中绝大多数是考古学的年代数据。经过多方面的检验，这些数据在很大程度上是可信的。这为中国考古学，尤其是以新石器时代为主的史前考古学的研究，提供了很大的效益。1977年，夏鼐先生利用大量的测定数据，结合丰富的发掘资料，写了题为《碳14测定年代和中国史前考古学》的论文，就全国各地区新石器时代文化的年代序列进行全面、系统的探讨，对中国史前考古学的研究提出了重要的指导性的意见。

除了碳14测定年代以外，在夏鼐先生的部署和计划下，考古研究所还在实验室里开展化学分析、光谱分析、金相分析和热释光测定年代等项的工作，都收到了一定的效果，做出了不少的成绩。由于夏先生的努力，考古研究所还与所外的有关单位协作，或委托这些单位，利用自然科学的手段，研究考古学上的问题。在这方面，上海硅酸盐研究所的周仁所长和北京钢铁学院的柯俊教授分别为研究古代陶瓷和古代冶金作出了成绩，便是很好的例子。

四

作为考古研究所的所长，夏鼐先生不仅全面领导学术研究，而且还亲自主持编辑工作。建国初期，研究所主办的定期刊物只有《考古学报》一种。后来，经过夏先生的努力，又于1955年创办《考古通讯》，不久改名为《考古》。这两种期刊，都由夏鼐先生负责编辑，并得到陈梦家先生的协助；《考古通讯》明确规定由夏先生任主编，陈梦家任副主编。1966年在"文化大革命"的冲击下，和全国各种刊物一样，《考古》和《考古学报》都被迫停刊。值得庆幸的是，它们和文物事业管理局主办的《文物》一起，由郭沫若院长写报告呈请周恩来总理亲自批准，于1972年率先复刊，在郭院长的领导下，由夏先生和王仲殊、安志敏三人组成小组，负责编辑。从1981年起，考古研究所又新办《考古学集刊》。现在，《考古》和《考古学集刊》的主编分别由安志敏、王仲殊担任，但夏鼐先生在大家的要求下，仍然担任《考古学报》的主编。

考古研究所编辑的专刊，包括本所的著作和外单位的著作，至今已达70余种之多。除《辉县发掘报告》、《长沙发掘报告》等由夏鼐先生参加编写并担任主编的以外，其他如《洛阳烧沟汉墓》、《西安半坡》、《沣西发掘报告》、《长沙马王堆一号汉墓》、《满城汉墓发掘报告》等都经过他的仔细审阅和修改。黄文弼先生的遗稿《新疆考古发掘报告》，也是在夏先生的安排下整理出来，并经他亲自校定。总结建国10年和建国30年全国考古工作成果的《新中国的考古收获》和《新中国的考古发现和研究》两部专刊，都是由夏先生任主编、在他的领导下编写而成。集商周青铜器铭文资料大成的《殷周金文集成》，也在夏先生的筹划和指导下进行编集，最近已完成了头五卷，并由他写了重要的序言。

在编辑工作中，夏鼐先生严格要求刊物的质量，本着认真负责的态度，贯彻实事求是的学风。不久前，在为《考古》发刊200期纪念而写的《回顾与瞻望》一文中，先生又一次阐述了编辑工作的方针，同时回顾了"文化大革命"期间与"四人帮"极左路线作斗争的情形。

夏鼐先生主持的规模最大的一项编辑工作,是《中国大百科全书·考古学》卷的编纂。此项工作的开始提出,是在1978年中国共产党十一届三中全会之前不久。当时,由于粉碎"四人帮"以来,拨乱反正取得了胜利,国家转入全面的经济建设和文化建设,百废待举,所以《中国大百科全书》的编写也被正式提到日程上来。大百科全书出版社于1979年夏约请许多专家,共同商讨《考古学》卷的编写工作。出版社聘请12位专家组成编辑委员会,由夏鼐先生任主任委员,王仲殊、安志敏、张政烺、贾兰坡、宿白任副主任委员。在夏鼐先生的领导下,经过多次酝酿,反复修订,终于在1981年夏拟定了全部条目和编写体例,并开始由中国社会科学院考古研究所和历史研究所、中国科学院古脊椎动物和古人类研究所、北京大学考古系及北京和全国各地各有关单位的专家共120余人分别负责各条目的执笔。现在,编写工作已经就绪。全卷内容包括《总论》、《旧石器时代》、《新石器时代》、《商周》、《秦汉》、《魏晋南北朝》、《隋唐》、《宋元明》和《外国》等9大部分,共计150余万字,不久即可付排。《中国大百科全书·考古学》卷编写工作的完成,是中国考古学取得巨大成绩的结果。

五

早在20世纪60年代前期,许多考古工作者就提议建立中国考古学会,作为中国考古学界的群众性学术团体。但是,由于此后遇到"文化大革命"的十年动乱,考古学会的筹备工作不得不长期停顿。粉碎"四人帮"以后,经过充分酝酿和积极准备,建立学会的各种条件都已成熟,遂于1979年4月在西安举行中国考古学会的成立大会。来自全国29个省、市、自治区的各有关单位的代表100余人,济济一堂,共同讨论中国考古学上的重要课题。大会选举了由64名理事组成的理事会(为台湾省保留若干理事名额),夏鼐先生与尹达、王仲殊、王振铎、安志敏、苏秉琦、张政烺、贾兰坡、宿白、裴文中、顾铁符等13人当选为常务理事。大家一致推举夏鼐先生为理事长,尹达、苏秉琦、裴文中为副理事长(1983年改选时,裴文中先生已去世,贾兰坡补选为副理事长),王仲殊为秘书长。

在以夏鼐先生为首的常务理事会的领导下，学会的规章制度渐趋完善，团体会员和个人会员不断增多，学术活动的内容进一步充实。到现在为止，包括成立大会在内，已经举行了5次年会。除第1次年会学术讨论的课题甚广以外，其余各次年会都规定1个至2个主题，以求集中。每次年会开过以后，都出版1册论文集。1983年的第4次年会还决定由学会秘书处负责编辑《中国考古学年鉴》，1983～1984年度的第1册《年鉴》已经于最近出版。1985年3月在北京召开的第5次年会的开幕式上，夏鼐先生发表了重要的讲话。他号召大家要以艰苦奋斗的献身精神，积极工作，在马克思列宁主义、毛泽东思想的指导下，发扬实事求是的优良学风，不断提高调查发掘和研究工作的科学水平，为推动我国考古事业的进一步发展而努力。夏鼐先生的讲话获得全体与会代表的热烈赞同，并受到全国各方面的普遍重视。

在旧中国，许多重要的遗迹遭到破坏，大量珍贵的文物流散国外，而当局听之任之，毫无对策。新中国成立后，很快就制定了一系列有关保护文物的政策、法令，公布了许多国家级和省级的重点文物保护单位，加强保护措施，收到了良好的效果。1982年11月，中华人民共和国全国人民代表大会常务委员会颁布了《中华人民共和国文物保护法》，进一步从法律上明确文物保护工作的重要性，规定了有关文物保护的各种制度、法则和措施。在这之前，在《文物保护法》草案的修订过程中，夏鼐先生曾多次向有关方面提出建议和意见，费了很大的心力。为了更好地贯彻执行《文物保护法》，1983年在文化部成立国家文物委员会，由尹达、王仲殊、王振铎、冯先铭、安志敏、苏秉琦、张政烺、吴良镛、启功、单士元、贾兰坡、郑孝燮、夏鼐、宿白、常书鸿、顾铁符等16名委员组成，夏鼐先生被任命为主任委员。两年来，在夏鼐先生的主持下，国家文物委员会多次举行会议，审核重大的考古发掘项目，检查重点文物保护单位的保护情况，加强文物保护工作的计划措施，制止破坏文物的违法行为，取得了显著的成效。作为考古学者，夏鼐先生回顾他所亲身经历的从旧中国到新中国成立后的几十年历史，深有体会地说：只有在《中华人民共和国文物保护法》得到认真贯彻执行的情况下，新中国的考古事业才能更加健康、更加顺利地向前发展！

六

夏鼐先生非常重视国际学术交流。长期以来，他在国内接待朝鲜、日本、缅甸、泰国、越南、巴基斯坦、印度、伊朗、伊拉克、埃及、苏联、意大利、瑞士、法国、英国、德国、瑞典、美国、秘鲁、墨西哥、澳大利亚、新西兰等许多国家的学者和代表团，通过交谈、讨论，使主客双方都在学术上有所收获。除了渊博的学识以外，他的温和的性格和诚恳、谦逊的态度也给客人们留下十分良好的印象。他也接受邀请，到日本、泰国、巴基斯坦、伊朗、意大利、阿尔巴尼亚、法国、瑞士、德国、瑞典、美国、秘鲁、墨西哥等许多国家去考察、讲学或参加国际会议。每次出国，他都满载知识和友谊而归。通过学术上的交往，夏鼐先生结识了英国的李约瑟（J. Needham）和沃森（W. Watson），意大利的杜齐（G. Tucci, 1894～1984），瑞士的邦迪（S. G. Bandi），德国的米勒-卡普（Müller-Karpe），法国的叶理夫（V. Elisseeff），瑞典的俞博（B. Gyllensvard），美国的张光直（K. C. Chang），苏联的吉谢列夫（S. V. Kishelev, 1905～1962），印度的萨卡尔（H. Sarkar），巴基斯坦的达尼（A. H. Dani），埃及的费克里（A. Fakhry, 1905～1973），日本的原田淑人（Y. Harada, 1885～1974）、贝塚茂树（S. Kaizuka）、末永雅雄（M. Suenaga）、三上次男（T. Mikami）、江上波夫（N. Egami）、关野雄（T. Sekino）、樋口隆康（T. Higuchi）和冈崎敬（T. Okazaki）等许多外国学者，有的还结下了深厚的友情。夏鼐先生成为中国与世界各国在考古学领域内进行学术交流的总代表。他使中国考古学界从外国吸取经验，也使外国的同行们能更好地了解中国的考古工作。

夏鼐先生在学术上的成就，不仅在中国国内，而且在国际上普遍受到重视，赢得了崇高的荣誉。从1974年到1985年的11年内，他先后荣获英国学术院（B. A.）通讯院士、德意志考古研究所（DAI）通讯院士、瑞典皇家文学历史考古科学院（RALHA）外籍院士、美国全国科学院（NAS）外籍院士、第三世界科学院（TWA）院士、意大利近东远东研究所（ISMEO）通讯院士等称号和职位，成为中国学术界接受外国国家级最高学术机构荣誉称号最多的学者之一。夏先生每次接受荣誉时，总是谦虚地说："这不仅是我个人的荣誉，而且是整个中国考古学界的荣誉"。

1983年8月18~26日,由中国考古学会、中国社会科学院考古研究所和联合国教科文组织联合召开的亚洲地区(中国)考古学会议在北京和西安举行。到会的有印度、印度尼西亚、日本、朝鲜民主主义人民共和国、马来西亚、尼泊尔、巴基斯坦、斯里兰卡等国的代表和来自英国、美国、瑞典、日本、朝鲜民主主义人民共和国的观察员。会上讨论了亚洲各国考古学的现状和今后相互协作的前景。在此前的1982年夏,夏鼐先生辞去了考古研究所所长职务,接受了名誉所长的职位,并被任命为中国社会科学院副院长。所以,他以中国考古学会理事长、中国社会科学院副院长兼考古研究所名誉所长的身份,出席这次国际盛会。作为主办国的代表,他被全体与会代表推选为会议的主席。代表们和观察员们一致认为,在夏鼐先生主持下,这次会议开得很成功,解决了不少问题,取得了许多实效。通过广泛的参观访问和在会议上的深入讨论,大家齐声赞扬,在夏鼐先生的切实领导下,中国考古学取得了名不虚传的巨大成果。

(本文原载《考古》1985年第8期)

怀念杰出的考古学家夏鼐先生

夏鼐先生是我国杰出的考古学家。他是新中国考古工作的主要组织者和指导者，是中国考古学的奠基人之一。1985年6月19日下午，他因患脑溢血症，抢救无效，在北京逝世。

多少年来，他那博大精深的学识、诲人不倦的精神，感染着考古学界和其他方面直接或间接同他有过接触的每一个人，使大家在学术上、工作上受到许多教益。他突然逝世，使国内外学术界不胜哀悼。全国广大考古工作者，从此失去了一位良师；长期在他身边工作的同志们，更深切地感到今后问学无人，难以抑制心中的悲痛。

一

我国杰出的考古学家夏鼐先生虽然逝世了，但他在考古学上的业绩是长存的。他为中国考古学界树立了光辉的典范。这里，我想简单地讲一讲夏鼐先生在考古学方面的思想、言论和实践。

首先，作为考古工作者，必须明确什么是考古学。夏鼐先生说："考古学是根据古代人类通过各种活动遗留下来的实物以研究人类古代社会历史的一门科学"。对于这个定义，曾作过详细的解释和说明，其要点如下：

（1）考古学是研究人类古代社会历史的科学，是历史科学的一个组成部分；考古学的研究范围是古代，所以它与近代史、现代史无关。另一方面，史前考古学虽然十分重要，但考古学的年代范围除了史前时代以外，也包括历史时代，所以历史考古学也应该受到足够的重视。

（2）考古学的研究对象是实物，即古代的遗迹和遗物，必须经过科学的调查发掘，才能被系统地、完整地揭示和收集。因此，考古学的基础在于田野调查发掘工作。

(3) 考古学的任务是研究人类古代的社会历史，就考古学的研究方法而言，必须把研究的重点放在遗迹和遗物的整个系列和类型上，而不是放在孤立的、单独的一件器物上。

(4) 作为一门历史科学，考古学的研究除了鉴定遗迹、遗物的年代并判明它们的用途和制法等以外，最终目标在于阐明存在于历史发展过程中的规律，而马克思主义的历史唯物论则是这种规律的最基本的体现。

夏鼐先生指出：考古学的产生虽有长远的渊源，但要到近代才发展成为一门科学。近代考古学首先发祥于欧洲，以后普及到世界各国。纵观全世界近代考古学的发生、发展的全部过程，可以按照阶段的不同，将它分为萌芽期（1760~1840年）、形成期（1840~1867年）、成熟期（1867~1918年）、发展期（1918~1950年）和继续发展期（1950~）。中国考古学诞生于20世纪20年代，在时间上相当于世界考古学史上的发展期。夏鼐先生指出，北宋中叶（11世纪），中国的"金石学"诞生，它的研究对象限于古代的"吉金"和石刻。到了清代末叶（19世纪），金石学的研究对象又从铜器、石刻扩大到其他各种古物。但是，金石学只能看作是中国考古学的前身，它不能与以调查发掘工作为基础的近代考古学同日而语。尽管中国金石学的研究有悠久的历史和丰富的成果，但不能与近代考古学混同起来，尤其不能将中国考古学的研究退回到金石学的老路上去。

二

1928年，裴文中先生在北京周口店发掘旧石器时代遗址（1929年发现中国猿人的头盖骨化石），李济、梁思永先生在河南省安阳发掘商代都城遗址；1930年梁思永先生在山东省章丘发掘新石器时代龙山文化遗址，次年又在安阳后冈遗址的发掘中判明仰韶文化、龙山文化和商殷文化的层位关系。他们都是中国考古学的开拓者和奠基者。

1935年春，夏鼐先生在安阳参加由梁思永先生主持的殷墟西北冈墓群的发掘，在实际工作中学得了许多考古学的知识和技术。同年夏季，夏先生前往英国伦敦大学留学。伦敦大学在考古学方面是当时全世界最有声望的，著名的考古学家W. F. 彼特利教授和M. 惠勒教授先后主持该校的田野考古学课程。在留学期间，夏先生在英国参加了由惠勒主持的梅登堡山城遗址的发掘，以后又随同英国调查团到埃及和巴勒斯坦参加调查发掘，并在巴勒斯坦接受彼特利的指教。

1941年夏先生归国以后，在四川省和甘肃省的各地从事调查发掘。1945年他在甘肃省宁定阳洼湾发掘齐家文化墓葬时，在墓坑填土中发现仰韶文化的彩陶片，从地层学上确认仰韶文化的年代比齐家文化为早，从而纠正了瑞典学者J. G. 安特生关于甘肃新石器时代文化的分期。这标志着中国考古学的新起点，也意味着由外国学者主宰中国考古学的时代从此结束了。新中国成立以后，夏鼐先生领导中国（社会）科学院考古研究所的工作，同时也指导全中国的考古工作。作为新中国考古工作的主要指导者和组织者，夏先生在考古队伍的建设、考古研究规划的制定、田野考古工作水平的提高、自然科学方法在考古学上的应用、考古学与各有关学科之间的协作等方面作出了重大的贡献。总之，夏鼐先生是中国考古学进一步发展的开拓者和奠基者。

三

在夏鼐先生看来，作为一个考古工作者，最值得珍视的是在田野调查发掘工作上的经历。田野调查发掘有一套系统的、严密的方法论。只有严格地按照科学的方法调查发掘，才能算是真正的考古工作。夏鼐先生有一句名言："考古工作者的水平和成绩如何，主要不是看他发掘出什么东西，而是要看他用什么方法发掘出这些东西而定。"作为从事调查发掘的考古工作者，不仅必须始终在田野工作中亲临现场，而且必须在调查发掘中坚持亲自操作。

从事考古调查发掘，不仅要有高度的责任心，要有优良的工作作风，而且必须积累丰富的经验，具备熟练的技术。首先要懂得田野考古学的基本理论和方法，还要具备多方面的有关的知识。在田野工作中，必须按照地层学的原则发掘遗址和墓葬，按照考古年代学的方法判明遗址、墓葬的相对年代和绝对年代；任何细微的现象，如夯土中的杵痕、坑壁上的锹迹、房址中的柱穴、道路上的车辙、田地中的脚印之类，都要一一清理出来。同时，应该在全部发掘过程中及时做好记录工作。

在整理调查发掘所得的资料，编写调查发掘报告，以及通过调查发掘报告进行进一步的学术研究时，考古工作者不仅要依靠考古学方面的知识，而且也要借助于其他各种有关的学科。

一般地说，一个人的才能是有限的，不可能具备广泛的、多学科的知识。就一个学术单位来说，也未必能拥有众多的各方面的专家。这就需要我们组织单位与单位之间、学科与学科之间的有效的协作。在当今世界上，衡量一个国家的考古学的水平，不仅要看调查发掘的具体收获，要看有什么重要的遗迹和遗物被发现，而且要看从调查发掘到整理研究的全部过程中所使用的方法，要看考古学与其他有关学科之间的协作，其中包括自然科学的方法在考古学上的应用，等等。作为新中国考古工作的主要指导者和组织者，夏鼐先生除了考古学本身以外，还具备人文、社会科学和自然科学方面的各种学科的广博知识。这使他有足够的能力利用新中国成立后的各种良好的条件，充分组织考古学与其他各学科之间的协作，特别是大力推广自然科学的方法在考古学上的应用，取得了显著的成果。

夏先生在《中国大百科全书·考古学》中总结新中国考古工作的成就时写道："中华人民共和国成立后的30余年来，中国考古学以很大的速度成长。在理论方面，考古学的研究始终以马克思主义为指导。长期以来，中国考古学界一方面广泛吸取外国的经验，一方面始终以自力更生的精神，依靠自己的力量，在历史唯物主义的理论基础上，根据中国自身的特点，进行实事求是的研究。在方法方面，田野考古学已成为中国考古学的主流。除了作为重点地区的黄河流域和长江流域以外，调查发掘工作遍及全国各地。各种自然科学和技术科学的方法被逐渐应用，考古学与其他各有关学科之间的协作也不断加强。在调查发掘工作的坚实基础上，各种考古资料经过整理和分析，被用以研究中国古代社会历史的各个方面，其中包括生产力和科学技术的发展水平、社会经济形态和意识形态，以及社会发展与自然环境的关系，等等。"夏鼐先生的这段话，正是体现了长期以来他对中国考古学的要求和希望，而这些要求和希望已在他的指导下，通过全国考古工作者的共同努力，基本上得到了实现。

"后之视今，犹今之视昔"。今天我们觉得前人做的考古工作有许多缺陷和差错，这是事实。但是，多少年以后，后人看我们今天的考古工作，也会觉得是有许多不够水平之处的。考古学的研究，特别是以调查发掘为主体的田野考古学，必须大量依靠自然科学、技术科学的方法和手段。工作经验要靠不断积累，科学技术的发展更是日新月异。与过去相比，今天的科学技术已经是相当发达了，但仍然远远不能解决考古学上所有的问题。大家知道，自然资源也不都是取之不尽、用之不竭的，更何况是我们祖先所创造的文化遗产？考古学上的遗迹和遗物都是一次性的，一旦挖掉，就不会再生了。因此，我们的田野调查发掘工作要积极配合国家的工农业基本建设，以免许多遗迹、遗物在施工过程中未经考古发掘而受破坏。至于那些最重要的遗迹，如果没有受到破坏的威胁（如深埋地下的帝王陵墓），那就要加强保护，而不要主动去发掘。等到科学技术水平在考古学上的应用进一步取得成效，那些今天无法处理的遗迹和遗物到那时也许就能妥善地加以处理了。所以，将那些重要的遗址和墓葬留给后人去发掘，这对祖国的考古事业是有利的。《中华人民共和国文物保护法》规定考古发掘项目要经过严格的审批手续，就是为了防止由于各方面的条件不足，重要遗址和重要墓葬会在发掘中遭受不应有的损失。夏鼐先生坚决反对在近期内发掘帝王陵墓，正是本着实事求是的科学态度，出于对祖国文化事业的高度责任心。

四

我是1950年秋从北京大学毕业，来到夏鼐先生身边工作的。当时，中国科学院考古研究所刚刚成立。夏先生到任才1个星期，便率领1个考古队，前往河南省辉县，进行研究所成立后的首次发掘。考古队中有不少像我这样初次参加考古工作的青年人。夏鼐先生作为考古队的队长，指挥全部发掘工作。他每天奔走于相隔10余里的两个工地之间，除亲自部署并检查每个工作环节以外，还手把手地指导我们学习发掘技术。他经常教导我们说，作为一门近代的科学，考古学必须以田野调查发掘工作为基础。记得那一年的12月下旬，连日降大雪。夏鼐先生亲自手执小铲，在严寒中发掘战国时代的车马坑。坑内的土冻结了，要用火慢慢烘烤，才能下铲挖掘。夏鼐先生两手冻裂了，仍然不停地工作。他用心辨认土色、土质，像外科医生做手术那样进行仔细操作。经过将近3个星期的紧张工作，终于成功地剔掘出19辆完全腐朽了的大型木车的遗存，而车的形迹整然无缺，初次显示了新中国田野考古工作的技术水平，在国际学术界受到高度的重视和好评。

1951年春，夏鼐先生又带领我们几个青年同志去河南省中部和西部地区，进行广泛的调查发掘。大家都住在村镇的小旅店或农民家里。为了调查古迹，每天往往要步行十几里乃至几十里的路程，回来时还背着采集到的沉重的陶片等标本。在调查中，夏鼐先生确认郑州二里冈是早于安阳殷墟的又一处重要的商代遗址；对渑池县仰韶村遗址的再发掘，则进一步判明该遗址不仅有仰韶文化的遗存，而且也有龙山文化的遗存，从而为探求中原地区从仰韶文化到龙山文化的发展演变提供了线索。通过在各处的调查发掘，夏鼐先生进一步把田野考古学的方法传授给我们，指示我们要严格划分土层，正确判定层位关系，仔细分辨土色、土质，不放过任何细微的现象。在广武青台新石器时代遗址的发掘中，继发现红烧土和白灰面等遗迹之后，他亲手在居住址的土层里发掘出许多轻易不能辨认出来的柱子洞，使我们知道居住址发掘技术的高难度，必须认真学习，才能切实掌握。如前所述，他对大家说，考古工作者的成绩如何，主要不是看他发掘出什么东西，而是要看他用什么方法发掘出这些东西。夏鼐先生身体力行，使大家懂得必须在田野考古工作中坚持亲自操作，既要学会认土、找边、剥人骨架，又要学会照相、绘图和测量。每天晚上，他都要整理各种资料，直到深夜，而且还要检查大家的记录是否及时完成，记录的内容有无差错。星期天他也从不休息，而是带头用毛笔蘸墨汁在每一块发掘出来的陶片上书写坑位和层次的编号。夏鼐先生的这种工作作风，为此后中国田野考古工作的健康发展奠定了基础。

五

为了使新中国的考古队伍能在短期内迅速壮大，1952~1955年，在北京曾连续举办过4届全国考古工作人员训练班，夏鼐先生都参加了组织领导工作，并亲临洛阳、郑州等地的实习现场，讲授田野考古学的方法，使来自各省、市、自治区的数百名努力学习的学员从此成为中国考古工作的骨干力量。

随着社会主义工农业建设事业的发展，配合各种建设工程进行考古调查发掘的任务越来越大。1956~1958年，集中了考古研究所和全国各有关单位的近百名考古工作者,组成了庞大的考古队,由夏鼐先生任队长,在河南省陕县等地配合黄河三门峡水库的建设工程,进行大规模的考古调查发掘,取得了很大的成绩。

1956年,决定发掘北京昌平县境内的明定陵,夏鼐先生挑起了这副重担。对于发掘规模如此巨大的帝陵,大家都没有经验,不知发掘从何处入手才好。1956年5月的一个下午,夏鼐先生带着我们到现场察看。他发现定陵"宝城"西南方外侧砖壁有一些隙缝,以此为契机,又发现内壁石块上刻有"隧道门"字样,便判断这里是当初再次入葬时的通道所在,指示大家发掘应在此下手。这使得定陵的发掘作业一开始就进行得十分顺利。打开地宫以后,为了观察各种现象,特别是为了处理各种遗物,夏鼐先生终日深入地下的玄宫内工作,连续达三四个星期之久。正是由于他的这种忘我的精神,才使得这一帝陵的发掘工作得以顺利地结束。

后来,由于行政事务工作不断增多,各种社会活动日益忙碌,夏鼐先生不可能再像20世纪50年代那样经常亲临现场,直接参加并主持调查发掘了。但是,只要一有机会,他就要抽出时间,到各处重要的发掘工地去视察。就在他逝世前不久,他还到河南省偃师县察看考古研究所正在那里发掘的商代重要都城(很可能是西亳)的遗迹,提出了许多指导性的意见。

六

在新中国成立后的30余年中,夏鼐先生曾长期担任考古研究所副所长、所长,后来又任中国社会科学院副院长之职,并当选为中国考古学会理事长。繁忙的行政事务和社会活动占去了夏先生的大部分时间,但他仍夜以继日地致力于学术研究。

从20世纪50年代后期到70年代后期,夏鼐先生写出一系列高质量的论文,完成了许多重要的研究课题。归纳起来,其主要成果在于:在史前时期考古研究方面,夏先生及时统一考古学界对文化命名问题的认识,对中国新石器时代文化的分布、类型和分期问题的研究发表指导性意见;他不仅最早呼吁注意寻找早期新石器遗存,探索中国农业、畜牧业和制陶业的起源,提出中国新石器文化的发展并非只有黄河流域一个中心的多元说，而且最早根据已经公布的碳-14年代数据，结合文化内涵和地层证据，全面讨论中国史前文化的谱系问题。特别是夏先生于1983年提出从考古学上探讨中国文明起源问题，具有划时代的意义。他从理论上明确"文明"的基本概念和标志特征，从实践上指出探索的主要对象和研究范围，引导学术界进一步认识中国文明起源研究的重要意义，从而极大地推进中国文明起源研究，以至形成席卷考古学界的热潮。在历史时期考古研究方面，夏先生曾发表对探索夏文化问题的指导性意见，探讨过古代葬制以及玉器等问题，在对具体学术问题作出独到论断的同时，着重从方法论上给人以深刻的启示，引导大家正确对待文献资料与考古发现的相互结合问题。在对中西交通史的研究和对中国科技史的研究两大方面，夏先生更有开拓性的贡献。前一方面，他根据中国各地出土的丝织品、外国货币等遗物，阐明汉唐时代中国与中亚、西亚，特别是与波斯、东罗马在经济和文化上的联系，并对中西交通的路线提出创见。后一方面，他创造性地利用各种考古学的资料，运用考古学的方法，精辟地阐明中国古代在天文、数学、纺织、冶金和化学等科技领域中的成就。在充分肯定这些成就对世界文明所作贡献的同时，他坚持实事求是的原则，反对不切实际的虚夸。他的卓越的研究成果和慎重、诚实的治学态度，引起了国内外学术界的高度钦佩和赞扬。

夏鼐先生的学术成就，在国际上赢得了崇高的荣誉。他先后被选举为英国学术院通讯院士、德意志考古研究所通讯院士、瑞典皇家文学历史考古科学院外籍院士、美国全国科学院外籍院士、第三世界科学院院士、意大利近东远东研究所通讯院士等，成为中国学术界接受外国国家级最高学术机构荣誉称号最多的学者。他每次接受荣誉，总是谦虚地说："这不仅是我个人的荣誉，而是整个中国考古学界的荣誉。"

在1985年3月召开的中国考古学会第5次年会上，夏鼐先生提出"考古工作者需要有献身精神"，要求广大考古工作者不怕吃苦，不计较个人利害得失，一心一意为提高中国考古学的科学水平而努力奋斗，而他本人正是这种献身精神的榜样。他为中国考古事业的发展而鞠躬尽瘁，孜孜不倦地工作到生命的最后一息。

（本文原载《夏鼐先生纪念文集》，科学出版社，2009年）

夏鼐先生的治学之路

——纪念夏鼐先生诞生 90 周年

夏鼐先生是我国杰出的考古学家和历史学家,新中国考古工作的主要指导者和组织者,中国现代考古学的奠基人之一。他的卓越学术成就在国内外学术界享有崇高的声誉,产生了深远的影响[1]。

一

夏鼐先生出生在一个经营丝绸业的商人家庭。少年时代就学于培育过众多知名人士的浙江省立第十中学初中部(现名温州中学),后转至上海光华大学附属中学学习。他那勤于思考、善于钻研的好学精神,当时即已有所表现,曾在光华附中的刊物上发表与知名学者吕思勉商榷的文章,从科学常识和文字训诂上对"茹毛"指"食鸟兽之毛"的说法提出质疑。进入清华大学以后,夏先生在陈寅恪、钱穆、蒋廷黻等的指导下,进一步打下深厚的史学基础,先治中国近代外交史,后转中国近代经济史,曾发表若干篇资料翔实、考证精到的论文,开始在史学领域崭露头角。随后,他以优异成绩取得中美庚款留学资格,决意出国学习现代考古学。为了做好出国前的必要准备,他于 1935 年春以实习生的身份前往安阳殷墟,参加梁思永主持的殷代王陵区的发掘,从此走上以田野考古为终身事业的漫长道路。

1935 年夏,夏鼐先生经有关方面同意,改赴英国伦敦学习。那时的伦敦大学考古学院,可称全世界科学考古学的最高学府。日本考古学的奠基人滨田耕作,就是在那里师从彼特利(W. F. Petrie)教授,从而将考古学的理论、方法和技术引进日本的。夏先生留学伦敦大学时,彼特利教授已经退休，田野考古学课程改由惠勒（M. Wheeler）教授负责。他受教于惠勒教授，参加过由惠勒领导的梅登堡（Maiden Castle）山城遗址的发掘，又曾在随英国调查团去埃及、巴勒斯坦进行发掘期间，谒见定居耶路撒冷的彼特利教授，得到这位考古学大师的直接教导。当时，夏先生的主攻方向是埃及考古学，他师从伽丁内尔（A. H. Gardiner）教授，学习深奥的古埃及象形文字；又在格兰维尔（S. Glanville）教授的指导下，对古代埃及的各种珠子进行了系统的类型学研究，成为我国第一位埃及考古学专家。他的长篇博士论文《古代埃及的珠子》，至今仍是这一方面值得称道的重要论著。

1941年夏先生在伦敦大学获得博士学位（因战争关系延至1946年正式授予），回到抗日战争中的祖国后方，投身于中国考古学的广阔天地。他先是参加四川彭山汉代崖墓的发掘，后与向达共同负责西北科学考察团历史考古组，在经费严重不足、条件十分困难的情况下，前往甘肃敦煌和河西走廊进行为期两年的艰苦考察，对新石器时代和汉唐时期的考古研究作出令人刮目相看的贡献。

新中国成立以后，夏鼐先生领导国家考古研究中心机构，历时30余年。他致力于考古工作队伍的建设和实事求是优良学风的形成、考古研究规划的制定和田野考古水平的提高、自然科学方法的应用和多种学科研究的协调，以及与外国考古学界的学术交流，从而极大地推进了我国考古工作的全面发展。

新中国成立初期，掌握田野考古技术的专门人才奇缺，急需迅速建立和健全考古工作的队伍，以应付国家基本建设发展的严重局面。当时，郑振铎以文化部文物局局长身份兼任科学院考古所所长，梁思永和夏鼐作为既在国外受过正规科学训练、又有丰富实践经验的田野考古学家被任命为副所长，协助郑振铎所长主持考古所的业务活动，指导全国的田野考古工作。由于梁思永先生卧病已久，行动不便，只有夏先生能够亲临田野考古的第一线。他到任刚刚1个星期，便率领当时考古所的全体业务人员（共计12人），前往河南辉县进行规模较大的示范性发掘。以后又连年为协助北京大学考古专业，并为中央和部分省区考古人员训练班的举办而尽力，亲自讲授考古学通论和田野考古方法，并曾多次进行实地操作辅导，从而为新中国的考古事业培养一批得力的业务骨干，使科学的考古发掘普及全国，成为中国考古学的主流。

夏鼐先生一贯坚持考古研究的基础在于田野工作，强调提高考古发掘的科学水平，要求大家在考古调查发掘中认真辨别复杂的地层情况，弄清楚遗迹、遗物的各种关系，并且要把观察到的一切有关现象详细正确地记录下来。1950年末，夏先生在辉县琉璃阁的发掘中，冒着严寒，以其娴熟的发掘技巧，第1次成功地剔剥1座大型的战国车马坑，被国际考古学界誉为战后田野考古方法的一项新的进步。1958年，他在北京明定陵的发掘中，忍着病痛，连日深入地下玄宫，匍匐清理棺内散乱的冠冕等物，耐心观察和记录种种细微迹象，使之得以恢复原来的形状。夏先生以其实践告诉大家：考古工作的成绩如何，主要不是看你发掘出什么东西，而是看你用什么方法发掘出这些东西而定，切忌有"挖宝"思想。

1962年，夏鼐先生在《新中国的考古学》[2]一文中，曾经通过总结已有的考古研究成果，将中国考古学的基本课题归纳为：人类起源和人类在我国境内开始居住时间问题、生产技术发展和人类经济生活问题、古代社会结构和社会关系问题、国家起源和夏文化问题及城市发展问题、精神文化（艺术、宗教、文字等）方面问题、汉民族和中华民族共同体的形成过程问题。多少年来，夏先生正是根据中国考古学的学科发展需要，部署考古所这一考古研究中心机构的田野考古和室内研究工作，有计划地着重进行黄河中下游和邻近地区的史前考古研究，夏文化的探索和历代都城遗址的勘察发掘，以及新疆、内蒙古等边疆地区的考古研究，并且注意开展甲骨文、金文、简牍、石刻等出土文献资料的整理研究，为建立和完善中国考古学的学科体系作出不可磨灭的重要贡献。同时，先生还经常通过个别交谈和书信往来，耐心细致地帮助各地同志明确学科要求，解决田野工作中的许多关键性问题。他曾多次亲临重点发掘工地，例如20世纪70年代以后的长沙马王堆汉墓、北京大葆台汉墓、广州南越王墓、大冶铜绿山矿冶遗址、北京琉璃河西周墓地等项发掘，都曾进行过具体的现场指导，直到突然与世长辞的前几天，还前往偃师商城遗址视察工作。在夏先生的关怀和指导下，我国一系列重点发掘工作显示了较高的科学水平，赢得国际考古学界的广泛称赞。

夏鼐先生十分重视在考古研究中应用现代自然科学方法，突出地表现在及时将碳14断代法引进我国。早在1955年，美国科学家开始发表有关著作之后不久，他便对其重要意义有了明确的认识，呼吁早日建立中国自己的实验室以应考古工作的需要。正是由于他的远见卓识和多方筹划，考古研究所采取自力更生的办法，于1965年建成我国第一座碳14断代实验室，并且在以后的全国同类实验室中长期居领先地位，为中国考古学研究，特别是史前考古学研究，发挥了非常显著的推进作用。夏先生还积极倡导考古学界与有关科技单位之间的协作，有计划地开展出土文物中金属、陶瓷和其他制品的自然科学分析鉴定，在判别一些器物的原料成分及其产地，究明它们的制作方法等方面取得了很大的成绩。

夏鼐先生本人的学术研究具有学识渊博、视野广阔和治学严谨的特点。他不仅熟练地掌握了现代考古学的理论、方法和技术，具有丰富的自然科学和技术科学知识，而且对中国传统的文史学、金石学也有很深的造诣，从而善于把多方面学问紧密地结合起来。他还具备优越的外国语文的条件，在与国外著名学者保持广泛联系的同时，经常涉猎大量新出版的外国书刊，因而通晓国际学术界的研究成果和各种动态。在这样的情况下，他的研究工作便有非常深厚的基础，善于从世界范围和多学科角度考虑中国考古学问题，既能追求现代的国际水平，又能发扬中国固有的学术传统。我们长期在先生身边工作，还清楚地知道他撰写的每一篇学术论文，都是从收集资料、查对文献到成文清稿，乃至设计各种插图等等，事无巨细，亲自动手，从不假手于人，直到晚年仍然如此，为考古界树立了严肃认真、一丝不苟的良师风范。

夏鼐先生在新中国成立以后，特别是1959年加入中国共产党以后，努力用马克思列宁主义指导自己的研究工作。他坚持认为，考古学作为历史科学的重要组成部分，所作研究不应局限于鉴别遗迹、遗物的年代和判明它们的用途及制作方法，而是应该将研究的最终目标指向阐明存在于历史发展过程中的客观规律。这便要以科学的调查发掘为基础，通过对大量实物资料的整理、分析和多学科研究，经过归纳，加以提高，进而从理论上探讨古代社会历史的发展。他坚信实事求是是马克思列宁主义的基本原则，反对以空论代替具体的研究，甚至歪曲事实真相，也反对忽视理论，脱离历史，重蹈为考古而考古的覆辙。

夏鼐先生在相当长的时期内，是我国与世界各国在考古学领域进行学术交流的总代表。他的卓越学术成就，受到国际学术界的普遍重视，成为我国学术界接受外国国家级最高学术机构授予荣誉称号最多的学者。这是夏先生本人的荣誉，也是我国考古学界的光荣。

二

夏鼐先生对中国考古学的巨大贡献，首先表现在对中国史前考古学进行了长时期的创造性研究，不断地拓宽道路，引导大家走向新的境地。主要是根据可靠的发掘资料，改订黄河上游新石器文化编年体系，规范考古学上的文化命名，提出中国新石器文化发展多元说。他还是现阶段最早从考古学上探讨中国文明起源的著名学者。

新中国成立以前，中国史前考古学的研究基础相当薄弱，作过正式发掘的典型遗址为数甚少。20世纪20年代初期，应聘来我国工作的瑞典学者安特生，根据甘肃地区缺乏地层关系的实物资料，将中国新石器时代划分为齐家、仰韶、马厂、辛店、寺洼、沙井六期，后又臆测各期的绝对年代。1931年，梁思永在黄河中下游确认龙山文化，并从地层上判断仰韶文化、龙山文化和殷商文化的相对年代，揭开了中国史前考古学科学化的篇章。后来，尹达根据类型学分析，判定安特生所说"仰韶文化"包含龙山文化因素，推断齐家文化不可能早于仰韶文化。夏先生则在20世纪40年代中期，通过对甘肃宁定县阳洼湾齐家墓葬的发掘，从地层学上确认了齐家文化晚于甘肃仰韶文化（即"马家窑文化"），最终纠正了安特生的错误。他又因临洮寺洼山遗址的发掘，第1次提出中国史前时期的文化系统问题，认为晚于马家窑文化的寺洼文化和辛店文化是同一时代的两种文化，沙井文化也属于不同的文化系统，相互之间并没有因袭变迁关系，并且推测寺洼文化可能和文献记载中的氐羌民族有关。这便宣告，曾有相当影响的安特生的分期体系已彻底破灭，中国史前时期考古研究进入了新的发展阶段。

新中国成立以后，随着田野考古工作在全国范围的逐步展开，许多地方发现前所未知的新石器时代文化遗存，过去习用的几种文化名称已经难于概括。面对这种日趋复杂的情况，如何正确进行新的文化区分和命名，便成为考古研究进一步发展的关键。1959年初，夏鼐先生应各地同志的要求，及时发表《关于考古学上的文化命名问题》[3]一文，对什么是考古学文化、划分考古学文化的标准，以及定名的条件和方法等问题，给予科学的明确回答。文章指出，考古学上的"文化"是指某一社会（尤其是原始社会）的文化在物质方面遗留下来可供观察的一群东西的总称，用以表示考古遗迹中（尤其是原始社会的遗迹中）所反映的共同体，通常以第一次发现典型遗迹的小地名来命名。文章又说，这样命名是想用简单的名称来表示一种特定的含义，以便大家在共同使用时互相了解，不致产生误解。他认为确定新的"文化"名称，需要具备三个条件：第一，必须是有一群具有明确特征的类型品。这种类型品，经常地共同伴出，而不是孤独的一种东西。第二，这种共同伴出的类型品，最好是发现不止一处。第三，必须对这一文化的内容有相当充分的认识，至少有一处遗址或墓地做过比较全面而深入的研究。夏先生的基本态度是从实际出发，慎重处理，既不要迟疑不决，以致不同类型的文化遗存长时间的混淆在一起，延缓研究工作的进度；又不要轻率浮夸，看到某些片面的个别现象，就匆忙地给它一个新的名称，造成一些不应有的纠纷。他不赞成直接用历史上的族名作为考古学文化的名称，认为那只适用于年代较晚的一些文化，并且必须是考据无疑的，否则最好仍以小地名命名而另行交代可能属历史上的某个民族，以免因乱扣帽子而产生种种谬论，反而引起历史研究的混乱。夏先生还预见到，区分考古学文化时，对"哪些可以算是两个不同的文化，哪些只是由于地区或时代关系而形成的一个文化的两个分支"，即在考古研究中如何界定文化、类型和分期的问题，学者之间会有不同看法，需要留待将来再作详细讨论，启发大家更加深入地思考问题。夏先生的这篇文章，统一了我国考古学界对文化命名问题的认识，从而极大地推进考古研究的健康发展，尤其是对中国新石器时代的文化分布、类型划分和分期问题的研究起了重要的指导作用，使之出现新的局面。

夏鼐先生对中国史前考古学的又一重大贡献，是他于1977年发表《碳—14测定年代和中国史前考古学》[4]一文，根据当时公布的各种史前文化年代数据，结合文化内涵和地层证据，全面讨论它们之间的年代序列和相互关系，亦即中国史前文化的谱系问题。该文提出许多富有启发意义的独到看法，尤其可贵的是更加明确地提出中国新石器文化的发展并非黄河流域一个中心的多元说。其实夏先生早就考虑这个问题，在1962年发表的《新中国的考古学》一文便曾提到："根据考古资料，现今汉族居住的地区，在新石器时代存在着不同的文化类型。连黄河流域的中游和下游，也有很大的差异。古史传说中也有这种反映。"在上述

1977年的文章中，他重提并发挥这一论断，指出所谓文化类型的不同是"表明它们有不同的来源和发展过程，是与当地的地理环境适应而产生和发展的一种或一些文化。"他在此文中又说："当然这并不排除与黄河流域的新石器文化可能有互相影响，交光互影。这种看法似乎比那种一切都归于黄河流域新石器文化的影响的片面性的传播论，更切合于当时的实际情况，更能说明问题。"要之，中国远古文化的发展由传统的黄河流域一元说改变为并非一个中心的多元说，这是中国史前时期考古研究的重大突破。最近20多年的考古发现与研究，使多元说进一步确立，成为我国多数考古学家的共识。

夏鼐先生早就重视对新石器时代早期文化的探索。20世纪60年代初期，他在《中国原始社会史文集》的序言中特别讲到早期新石器文化，指出这在当时我国几乎是空白，而西亚的前陶文化遗存对于我们的探索有借鉴作用。陕西西乡县李家村遗址发掘以后，许多学者怀疑李家村文化遗址的年代未必早于仰韶文化。夏先生却根据李家村遗址所出圈足钵、直筒形三足器等独具特征的陶器曾见于宝鸡北首岭和华县元君庙仰韶遗址中的最早期墓葬或底部文化层的事实，当即表示李家村文化可能年代较早，是探索仰韶文化前身的一个较可靠的新线索[5]。后来，李家村的1件标本经碳14测定年代晚于仰韶文化，有的学者又怀疑起来，而夏先生则明智地指出测定年代与地层堆积前后颠倒"是难以接受的"，继而了解到那件标本出土的地层情况不明，便断然将该数据摒弃不用，仍然认为李家村文化的年代较早。磁山、裴李岗的文化遗存发现以后，他曾亲赴磁山遗址发掘现场视察，满怀喜悦地指出："如果继续上溯，或可找到中国农业、畜牧业和制陶业的起源。"[6]经过广大考古工作者的多年努力，已经在这方面取得了更大的突破，先后在北方和南方的若干地点发现距今1万年左右的农业遗存。

随着有关考古资料的日益丰富，夏鼐先生又于1983年提出从考古学上探讨中国文明起源这一中国史前考古学和世界文化史上至关重要的课题，强调其理论意义在于"传播论派和独立演化派的争论的交锋点"。[7]他从明确基本概念入手，强调"文明"一词是"指一个社会已由氏族制度解体而进入有了国家组织的阶级社会的阶段。"他还详细指出："这个社会中除了政治组织的国家以外，已有城市作为政治（宫殿和衙署）、经济（手工业以外，又有商业）、文化（包括宗教）各方面活动的中心。它们一般都已经发明文字和能够利用文字作记载（秘鲁似为例外，仅有结绳记事），并且都已知道冶炼金属。文明的这些标志中以文字最为重要。"夏先生认为：根据现有考古资料，不仅深刻地认识到殷墟文化是高度发达的文明，更重要的是从殷墟文化向上追溯到二里冈文化和更古老的二里头文化，三者互相联系，一脉相承；而二里头文化，至少它的晚期既够得上文明，又有中国文明的一些特征，如果不是中国文明的开始，也是接近于开始点了；至少比二里头文化更早的各种文化，都属于中国的史前时期。夏先生还特地讨论中国文明是否独立地发展起来的问题，着重分析那些与中国文明起源问题关系最密切的史前文化，主要是中原地区、黄河下游和长江下游的晚期新石器文化，断定"中国文明的产生，主要是由于本身的发展。"他说："中国虽然并不是完全同外界隔离，但是中国文明还是在中国土地上土生土长的。中国文明有它的个性，它的特殊风格和特征。"夏先生还曾讲到，进行中国文明起源的探索，"主要对象是新石器时代末期和铜石并用时代的各种文明要素的起源和发展，例如青铜冶铸技术、文字的发明和改进、城市和国家的起源等等"，同时又强调"文明的诞生是一种质变，一种飞跃。"这便为中国文明起源问题的探索指明方向，从而导致此后有关研究和讨论长盛不衰，不断深入，取得了很大的进展。

三

夏鼐先生说过，考古研究进入"历史时期"，便要掌握狭义历史学中的大量文献和运用文献考据功夫。夏先生在历史考古学方面的一系列论著，突出地反映他本人熟知文献资料，擅长历史考据，善于从丰富的考古资料出发，结合可靠的文献记载，不断进行新的探讨。

20世纪40年代后期，夏先生根据甘肃考察所获考古资料，发表过两篇蜚声史坛的考据性文章。《新获之敦煌汉简》一文，对1944年敦煌两关遗址和烽燧遗迹发掘出土的30余支汉简进行考释，判定玉门关的确切位置，提出玉门关设置年代的新看法，又就汉武帝征和年号问题纠正了近人将其释作"延和"的谬误。《武威唐代吐谷浑慕容氏墓志》一文，则在考释当地发掘所获金城县主、慕容曦光两方墓志的基础上，结合早年出土的4方慕容氏墓志，参以两《唐书》、《册府元龟》、《通典》、《资治通鉴》等文献资料，用年表的形式对吐谷浑晚期历史作了详细的叙述。

新中国成立以后先生亲自主持和具体指导的田野考古工作，除渑池仰韶村等史前遗址的调查外，绝大部分属于历史考古学的范畴，其中尤以20世纪50年代初期的几项工作意义为大。例如：辉县琉璃阁的发掘，第1次在安阳以外发现早于殷墟的商代遗址；郑州附近的调查，确认二里冈是早于殷墟的又一处重要商代遗址；长沙附近的发掘，初步判明当地战国两汉时代墓葬的演变情况，为楚文化的考古研究打下基础。这样，便使我国田野考古工作的重点，在地域上从北方的黄河流域扩大到南方的长江流域，在年代上从石器时代、商周时代推延到汉代以至更晚，过去那种"古不考三代以下"的不合理状况，开始发生彻底的改变。

夏鼐先生关于历史时期考古研究的论著，往往是在对具体学术问题作独到论断的同时，又从方法论上给人以深刻启示，引导大家正确对待文献资料，深入细致地研究各种问题。例如夏文化问题，20世纪50年代末期当这项探索性考古工作开始着手进行的时候，他曾在考古所的会议上再三申明，对于所谓"古史传说"资料需要审慎地对待，这类资料中既有古老民族口耳相传的真正传说，又有先秦诸子编造的历史哲学。1977年有关单位发掘登封王城岗遗址以后，有的学者认为王城岗遗址可能是"禹都阳城"。夏先生针对当时众说纷纭中的糊涂观念，着重从基本概念上进行澄清[8]。他说："夏文化"应该是指夏王朝时期夏民族的文化。有人以为仰韶文化也是夏民族的文化，纵使能证明仰韶文化是夏王朝祖先的文化，那只能算是"先夏文化"。夏王朝时期的其他民族的文化，也不能算是"夏文化"，不仅内蒙古、新疆等边疆地区的夏王朝时代的少数民族文化不能称为夏文化，如果商、周民族在夏王朝时代与夏民族不是同一个民族，那也只能称为"先商文化"、"先周文化"，而不能称为"夏文化"。他又指出：夏文化问题在年代学上很麻烦，商年和夏年都有悬殊较大的不同说法，目前并没有弄清楚；夏都的地理位置也很麻烦，"禹都阳城"说出自上距夏禹两千年的《孟子》，另外还有禹都安邑的说法，纵使"禹都阳城"可信，它和东周阳城是否一地仍需证实。这种周密思考、认真分析的科学态度，推动了夏文化探索工作的发展，使有关研究不断深入，现已取得较多的共识。

夏先生关于商代和汉代玉器的几篇文章[9]，在玉器研究方法上有新的突破。首先，他注意探讨中国古玉的质料和原料产地，提倡对各地出土的玉器多作科学鉴定，从矿物学上判别它们的显微结构和所含元素，以便与地质矿产资料比较分析。其次，他强调正确判定玉器的类别、名称和用途，不能继续采取吴大澂那样的"诂经"方法，而应改变为谨慎的考古学方法，即根据考古发掘所见各种玉器的出土情况，以及它们的形状，结合传世品和文献资料考证其古名，无法判定古名的另取简明易懂的新名，用途不明的暂时存疑。他又着重论述礼学家所谓"六瑞"以礼天地四方的传统说法，指出这显然是战国和汉初儒生理想化的礼器系统，并不符合历史实际，强调历年发掘的上万座先秦两汉墓葬所出大量玉器并没有某种玉色和某种器形的特别结合，而汉儒关于周代葬制中六种玉器（璧、琮、圭、璋、琥、璜）摆放位置的说法更是出于杜撰。夏先生还从器物形态的发展上论证，过去被称为"璿玑"的那种周缘有三节牙形突起的玉器，实际是璧的一种，是带有礼仪和宗教意义的装饰品，而决不会是天文仪器，不必为其使用方法枉抛心力。他主张根据这种玉器形制的差异，分别命名为"简单三牙璧"和"多齿三牙璧"，总称"三牙璧"或简称"牙璧"，而将"璿玑"一名放弃不用。先生又考虑到，玉器研究中常被引用的《尔雅》所记璧、瑗、环三者的"肉"、"好"比例，无论怎样解释都与大多数实物不符，建议将这类玉器统称"璧环类"，或简称为"璧"，而将其中孔径（"好"）大于全器二分之一者特称为"环"，"瑗"字则因原义不明可放弃不用。这样，便为中国古代玉器的研究开辟新的途径，使古玉研究从礼学家烦琐考证的窠臼中解放出来，对历史考古学其他方面的研究也有重要的指导作用。

夏鼐先生对古代葬制方面的问题，更是从考古发掘所见实际情况出发，考证历史文献的有关记载，对照起来进行研究的。长沙马王堆一号汉墓发掘以前，在许多论述中对如何区分棺椁存在着一定的混乱。夏先生于1973年发表《长沙马王堆一号汉墓的棺椁制度》[10]一文进行辨析，认为椁室是用厚木材在墓坑现场搭成的，内棺和外棺则是预先做成的"有盖的木盒子"，可以整体迁移，盛放尸体后套合起来葬入墓中。该文论据中最有说服力的，就是马王堆一号汉墓所出四层套棺均内外涂漆，而椁室的各个部位却不加髹饰，彼此区别得非常明显。弄清楚棺椁界限这个葬制上的基本问题，避免继续在礼书记载的个别文字上打圈子，便使棺椁制度的研究前进了一步。夏先生还最早列举汉代"玉衣"的考古发现和文献记载进行考证[11]，指出这种葬服在汉代文献中一般称"玉匣"或"玉柙"，偶尔称为"玉衣"，战国墓葬发现的缀玉面幕和衣服可能是"玉衣"的前身，也可能就是《吕氏春秋》中的所谓"鳞施"。他又指出，汉代的皇帝和贵族使用"玉衣"埋葬的重要原因，可能是迷信"玉衣"能够保存尸体不朽。

夏鼐先生对历史考古学的重要分支铭刻学非常重视，集殷周青铜器铭文大成的《殷周金文集成》，就是在他的亲自筹划和具体指导下编纂的。他为《集成》撰写的长篇前言中，对考古学（包括它的组成部分古器物学）和铭刻学的涵义，以及中国铭刻学的特点作了详细的阐述。该文指出，铭刻学研究"包括认识文字、读通文句、抽绎文例、考证铭文内容（例如考证纪年、族名、邦国、人名、地名、官制和史事等），以及根据字形、文例、考证的研究结果，来断定各篇铭文的年代和它们的史料价值。"他说，铭刻学研究除将铭文中的古文字经过考释改写为今日的楷书以外，"它的考证方法，和利用传世的一般古代文献记载一样，完全是属于狭义的历史学范围。"夏先生还严肃地批评，"现下仍有个别搞铭刻学的人，过分强调铭文的解读，有时完全不顾古文字的原则或通例，将一些不易考释的铭文中每字都加考释，每句都加解说，实际上不过是'穿凿附会'而已。"先生不仅对铭刻学研究发表如此重要的指导性意见，而且亲自进行过某些具体的考证。例如，他曾列举传世秦戈，补释长沙新出吕不韦戈铭文，指出秦戈铭文中"职官名的后面都是或仅举人名，或兼举姓氏和名字，但没有仅举姓氏而不书名字的"[12]。他又曾根据《宋史》等书记载，印证长沙杨家山宋墓所出残缺姓氏墓志的有关文字，判明该墓墓主应为宋高宗时被秦桧罢官下狱的知名之士王趯[13]。再如，1972年他在一篇文章中提到陕西蓝田新出土的西周铜器永盂时，注意到铭文涉及的人名"井伯"见于穆王时器"长由盉"和若干恭王时器，其人是周王左右的主要臣僚，因而判定永盂"应是穆、恭时期彝器。"[14]当时，有一位古文字学家发表考释文章，将永盂考定为恭王时器，认为井伯是恭王时期的人，论证时虽曾提到长由盉，却忽略该器铭文的"即井伯大祝射"一语，看到夏先生的文章如此博通金文，赞叹不已。

四

　　中国科技史的考古研究，是夏鼐先生极为重视的一个方面，他为此花费很大的精力，作出了开拓性的贡献。20世纪50年代初期，他根据自己亲手发掘的辉县战国车马坑和长沙汉代车船模型，进行古代交通工具的复原研究。20世纪60年代起，先生又创造性地利用考古学的资料，运用考古学的方法，深入探讨我国古代科学技术领域中天文、纺织、冶金和其他方面的光辉成就，主要研究成果编集为《考古学和科技史》一书。他在1977年发表的一篇同名文章被列于该书卷首作为"代序"，对1966年以来我国考古工作中有关科技史的新发现，归纳为天文和历法、数学和度量衡、地学、水利工程和交通工具、纺织、陶瓷和冶金、医学和药物学、农业科学等专题，进行全面的介绍。这实际是想说明考古资料对于科技史研究工作的重要性，借以促进考古学家与科技史专家之间的协作，共同解决考古学上和科技史上的重要课题，使科技史研究得到更好的发展。

　　夏鼐先生在中国天文学史方面，主要是对几幅有代表性的古代星图进行了研究。我国古代的星图有两类：一类是天文学家所用的星图，它是根据恒星观测绘出天空中各星座的位置，一般绘制得比较准确，所反映的天象也比较完整。另一类是为宗教目的而作象征天空的星图和为装饰用的个别星座的星图。先生作过详细考察的有：后一类星图中我国已发现的年代最早的洛阳西汉壁画墓星象图，最早表现黄道十二宫的宣化辽墓星图；前一类中现存年代早的唐代敦煌星图[15]。

　　洛阳西汉壁画墓星象图发现以后，有人对比现代星图提出过解释，由于不了解中国古代天文学和西洋天文学的起源不同，所作解释必然有很多不当之处。所以，夏先生的讨论便从辨明正确的研究方法入手，提出：（1）这星图的内容，并不是比较全面地表现北天的星图，仅仅是选用少数几个星座，因而只能用我国古代星座对照，不应该用西洋星座对照；（2）这星图是西汉末年的，应该以《史记·天官书》作为主要的对比材料，而以《晋书·天文志》所载作为补充；（3）比较不能漫无边际，首先应该注意的是北天亮星的几个星座和天球赤道附近的二十八宿，它们可能是古人绘制星图时用以选择的主要对象。经过这样的重新比较，先生确认这星图既不是以十二个星座来表示十二次，更不是象征十二辰，只是从汉代天官家所区分的"五宫"中每"宫"选取几个星座用以代表天体而已。

夏鼐先生关于宣化辽墓星图的论文，根据辽墓壁画中的二十八宿和黄道十二宫图像，结合大量文献资料，进一步论证中国古代天文学体系的特点，指出以赤道为准的二十八宿显然是起源于中国，后来由中国传入印度的，而黄道二十宫则至迟在隋代，随着佛经的翻译由印度传入中国（王仲殊在研究铜镜的论文中对此说作过补充）。至于中国二十八宿创立的年代，他认为"由可靠的文献上所载的天文现象来推算，我国二十八宿成为体系，可以上推到公元前7世纪左右。真正的起源可能稍早，但现下没有可靠的证据。至于文献学方面的考据结果，也和它大致相符而稍为晚近，现下只能上溯到战国中期（公元前4世纪）而已。"夏先生的意见，被公认为中国天文学史研究中对于二十八宿创立年代这个聚讼纷纭问题的较为稳妥的提法。

关于敦煌写本中的两件唐代星图，夏先生将现存英国不列颠图书馆的一件称为甲本，现存敦煌县文化馆的一件残卷称为乙本。他所进行的探讨，首先把甲、乙二本的紫微宫图各星官列成一表进行比较，发现两种星图的内容与《丹元子步天歌》所述最为相近，而与《晋书》、《隋书》二史《天文志》的记述差异较多，但都属于一个系统。继而又就两本之间的大同小异互相对比，感到乙本的原来蓝本在星官数和星数方面，实稍胜于甲本的原本，但仍是一个系统的两个不同本子；至于两本中各星官的形状和位置，一般而论，都绘制得不很正确，却又没有很大的错误。先生又将甲、乙二本的抄写年代和《步天歌》的撰写年代一并讨论，认为《步天歌》的撰述时代不能早于李淳风活动的时代，歌辞和诠释的作者应该都是唐开元年间道号"丹玄子"的王希明；进而推测敦煌星图的原本应是根据《步天歌图》，它不会比《步天歌》的撰写年代（唐开元时，即公元8世纪前半）更早，但其转抄的年代稍晚，甲本在开元天宝，乙本在晚唐五代。这比英国李约瑟将甲本的年代定为后晋天福年间（公元940年）提早了200年。乙本则是第1次进行如此缜密的研究。

夏鼐先生是我国学术界根据考古资料进行纺织史研究的先驱。早在20世纪20年代，西方学者即已进行新疆出土汉代丝织品的研究，我国学者则开始于 20 世纪 60 年代初期。1961~1962 年，先生通过新疆民丰、吐鲁番两地新发现的汉唐丝织品的若干残片和一些照片，参考过去其他地方出土的有关资料，考察汉唐时代绮、锦和刺绣的纺织工艺与图案纹样，并附带讨论中西交通史上的问题。1972 年，他又发表《我国古代蚕、桑、丝、绸的历史》一文，系统论述我国汉代和汉代以前养蚕、植桑、缫丝和织绸方面的发展情况，并对汉代织机进行新的复原研究，以进一步阐明我国古代劳动人民对人类文明的这一伟大贡献。

夏先生指出：发明蚕丝生产技术的确切年代，目前虽然还无法确定，但我国在上古时期是唯一掌握这种技术的国家，至迟在殷商时代已经充分利用蚕丝的优点，改进了织机，发明了提花装置，能够织成精美的丝绸，遗存实物有普通平纹、畦纹和文绮三种织法。他说，我国当时除使用竖机之外，可能也使用平放或斜卧的织机，这便和古代希腊、罗马等国家专门使用竖机不同，可能改进到使用吊综提花和脚踏。东周时期已有织锦机，更应该是使用一种有提花设备的平放织锦机。先生又指出，我国的丝织生产发展到汉代至少已有一千多年历史，达到了一个高峰，五彩缤纷的汉锦代表汉代织物的最高水平，一般是使用二色或三色的组织法，如果需要四色或四色以上，便需要采用分区的方法，在同一区内一般都在四色以下。至于汉代的织机，先生根据实践经验，认真分析，指出有些学者所复原的织机"是不能工作的"，遂以江苏铜山洪楼画像石中的织机图为主要依据，经多次讨论、反复试验和修改，重新作出比较合理的复原方案。他指出，汉代画像石上的织机都是简单的织机，但根据出土的锦、绮、文罗等实物，可以推测汉代已有提花机。当时，先生从织物花纹单元的高度和纬线的密度考虑，认为有时需要提花综 40、50 片之多，推测汉代的织机已有提花设备，可能是"提花线束"，而不是长方架子的"棕框"。后来，他对自己的这一影响甚广的看法有较大的改变，1983 年在日本的讲演中说："汉代提花织物可能是在普通织机上使用挑花棒织成花纹的，真正的提花机的出现可能稍晚。"[16] 令人遗憾的是，先生没有来得及具体论证自己的这一看法，便与世长辞了。

夏鼐先生在中国冶金史研究方面，也有相当重要的贡献。首先，他最早指出河北藁城台西商代遗址所出铁刃铜钺可能是用天然陨铁制成的。1972 年台西遗址出土铁刃铜钺，是中国考古学上的一项重要发现，表明我国人民早在公元前 14 世纪已经认识了铁，因而迅速得到夏先生的高度重视。开始进行的技术鉴定，以为铁刃属古代熟铁。他考虑到人类在发明炼铁以前有时利用陨铁制器，而鉴定结果中铁刃的含镍量又高于一般冶炼的熟铁，当即表示鉴定并未排除这铁是陨铁的可能，还不能确定其为古代冶炼的熟铁，需要进一步分析研究[17]。后经先生约请钢铁专家柯俊重新组织鉴定，多种现代化手段的分析结果证明藁城铜钺的铁刃不是人工冶炼的熟铁，而是用陨铁锻成的[18]，从而避免了中国考古学和中国科技史上的一场混乱。众所周知，夏先生还纠正了我国早在3 世纪的西晋便能提炼铝的错误说法。1953 年江苏省宜兴周处墓发现17 件金属带饰，发掘者将其中 1 块碎片请人鉴定，分析结果为铝。由于炼铝是 19 世纪发明电解法后才被人们掌握的一种新技术，这项发现迅速引起国内外的广泛注意。但是，后来有人分析的 1 块碎片，却是银制的。为了澄清事实的真相，先生请人采取几种不同的方法，对现存的全部带饰重新鉴定，检验结果都是银而不是铝。他注意到周处墓曾被盗扰，小块铝片有系后世混入物的重大嫌疑，因而建议大家不再引用它作为晋代已知冶炼金属铝的证据。夏先生又根据考古所有关同志在湖北大冶铜绿山古铜矿遗址进行发掘的资料，讨论这处古代铜矿由竖井→横巷→盲井掘取矿石的过程，以及为采掘矿石而在提升、排水、通风等方面采取的相应措施，推想当年矿工利用发掘中见到的那些采矿工具进行采掘工作的情况，并且亲自设计了提升用木辘轳的复原方案[19]。他还指出：田野考古学的引入，使中国青铜器的研究提高到一个新的水平。今天，我们不仅研究青铜器本身的来源（出土地点），还要研究它们的原料来源。对古铜矿进行调查、发掘和研究，这是中国青铜器研究的一个新领域，也是中国考古学新开辟的一个重要领域。

在中国陶瓷史方面，夏先生没有发表过专题论文，但一直是非常关心的。20 世纪 50 年代，他曾在《考古》杂志上特地介绍陶瓷专家周仁等的专著《景德镇瓷器的研究》[20]，对国内采取现代科技方法进行瓷器研究的这一开端表示热情的欢迎。这篇书评说："作为一个社会科学工作者，我们所最感兴趣的，不是作为古董来玩赏的古瓷，而是制造这些古瓷的陶业工人。我们所以要分析和鉴定古代陶瓷的原料的成分、成品的物理性能和制造技术，只是因为它们是陶瓷工人的技术知识和手艺技巧的表现。此外，古代陶瓷工业还有另一方面，便是当时的审美观念。

这便须要研究古瓷的器形和花纹。……如果忽视了这一方面，仍不能算是对于古瓷的全面研究。"后来，正是在夏先生的约请下，周仁和他的几位助手对古代陶瓷标本进行大量的分析鉴定工作。这便使中国陶瓷史研究走上了科学的道路。

此外，夏先生的研究还涉及科技史领域的其他许多方面。例如，《元安西王府址和阿拉伯数码幻方》一文，讨论了中国引进阿拉伯幻方和数码字的经过，属数学史问题；《我国出土的蚀花的肉红石髓珠》一文，讨论石串珠蚀花技术及其年代和地理分布，属化学史问题；《梦溪笔谈中的喻皓木经》一文[21]，对中国古代建筑史上的这部重要技术著作，进行整理和校释；《略谈番薯和薯蓣》一文[22]，所论则属农业作物史上的问题，等等。

五

利用考古学资料探讨中西交通史上的问题，是夏鼐先生学术研究的又一重要的方面。他所进行的研究，既包括中国古代通过陆上的丝绸之路与波斯、拜占庭、阿拉伯等国家之间的交往情况，又包括海上交通和古外销瓷等问题。

夏先生对我国各地出土的波斯萨珊朝文物作过许多研究，例如对新疆、青海、西安、洛阳和定县等地出土的钱币，大同、西安和敖汉等地出土的金银器皿，新疆阿斯塔那墓地出土的织锦，都曾撰写专文进行考察。在逐项具体研究的基础上，他又先后发表《综述中国出土的波斯萨珊朝银币》[23]和《近年中国出土的萨珊朝文物》[24]两篇综合性文章，进一步讨论中国和伊朗两国人民友好往来的历史，还对中西交通的路线提出创见。

我国各地发现波斯银币的地点，大多数分布在"丝绸之路"的沿线，或者在它东端长安、洛阳到其他城市的延长线上，银币共计30余批1100多枚。据夏先生鉴定，这些波斯银币分别铸造于萨珊王朝中期和后期的12个国王在位期间，从沙卜尔二世（公元310～379年）到最后的伊斯提泽德三世（公元632～651年），延续近350年。其中半数属库思老二世式的阿拉伯—萨珊银币。铸造地点明确的，几乎都在萨珊帝国的中部和东部。他认为，这些银币的发现反映了萨珊帝国的权力起落和经济兴衰，也反映了它作为中国和东罗马（拜占庭）之间的贸易中间站的历史地位与发展情况，并且恰好能同中国史书的有关记载相互印证。特别是根据青海西宁的发现，他引证《法显传》、《宋云行记》和《高僧传》等书，提出从公元4世纪末到6世纪初，即东晋南北朝时期，中西交通路线除甘肃河西走廊一线外，西宁也在重要的孔道上。他说，当时由西宁进发，或经柴达木盆地北行过当金山口至敦煌，然后西行进入新疆，或经柴达木盆地南缘越阿尔金山至新疆的若羌，这条偏南的交通线之所以骤形重要，应与吐谷浑的兴盛有关。在夏先生提出此说以前，中西交通史研究者对这条路线却不够重视。

夏先生根据一些地方发现的萨珊式金银器和织锦，深入讨论波斯文物在中国的流传及其深刻影响。他说：在唐朝以前，萨珊朝金银器已输入中国，唐朝初期输入更多，并有中国的金银匠人模仿制作，可能也有波斯匠人在中国制作的。萨珊帝国覆灭以后，直到安史之乱，仍有这种风格金银器的输入或仿制。中国制造的仿制品，一般器形和波斯所制大致相同，但花纹常是唐代的中国风格。而在瓷器、漆器和铜器中，也有模仿萨珊式金银器的情形。他又曾指出：古代丝绸的织造技术有两种不同的传统，中国汉锦是经线起花的重组织，西亚和中亚的织锦则采取纬线起花的方法织成；新疆发现的资料表明，中国丝绸的织造技术和花纹图案，经过魏晋南北朝到唐代，由于西方的影响发生很大的变化，6世纪时有一种可能为外销而生产的萨珊式花纹经锦，后来中国织锦的织法也改用纬线起花。这些都是古代中西文化交流互相取长补短的具体事例。

对某些北朝和隋唐墓葬中发现的东罗马和阿拉伯的金币，夏鼐先生也都进行过考释[25]。据鉴定，河北赞皇东魏李希宗墓所出3枚属狄奥多西斯二世（公元408～450年）和查斯丁一世（公元565～578年）；西安土门唐墓1枚则为公元635年阿拉伯人开始占领拜占庭部分地区后的仿制希拉克略式；而西安窑头村唐墓出土的3枚阿拉伯金币则被判定为公元702年阿拉伯首都大马士革的铸品，是我国第一次发现的奥梅雅朝（白衣大食）时期的金币，也是我国发现的年代最早的伊斯兰铸币。夏先生在文章中根据这些金币，分别讨论了中国和拜占庭、阿拉伯之间的友好往来及相关问题。

对于东西交通的海上航路问题，夏先生同样十分注意。他除在自己的文章中提到南京东晋王氏墓出土印度所产"金刚指环"、广东英德和曲江的南朝墓出土波斯银币等早期物证外，又专文讨论了泉州两种文字合璧的元代也里可温墓碑[26]，扬州拉丁文的元代天主教徒墓碑及广州明墓出土的威尼斯银币[27]。先生还较早地研讨中国古外销瓷问题，曾于1963年撰文介绍东非各地发现的中国宋元以至明清瓷片，特别提到他本人于1938～1939年两度前往埃及福斯特遗址调查，亲手采集到当地仿制的青瓷和青花瓷残片，说明中国人民和非洲人民之间悠久的历史友谊[28]。后来，他又根据在瑞典看到的一大批18世纪中国烧制的"洋瓷"，讨论中国瓷器在当时采用西方的珐琅彩和"泰西画法"的情况[29]。

夏鼐先生的《真腊风土记校注》一书[30]，对元代周达观这位温州同乡根据亲身经历记载柬埔寨吴哥时代真实情况的名著进行全面校勘和缜密注释，是他对中外交通史研究的又一重大贡献。《真腊风土记》是同时代人对吴哥文化极盛时代柬埔寨的唯一记载，为国内外学术界所重视，法国汉学家伯希和等人即有多种译注问世。夏先生以数十年的积累，收集10多种刊本、抄本，以及中外学者的有关论著，博采众说，择善而从，使之成为目前最好的、可依赖的一种本子。这也充分反映他在文献考据方面令人叹服的功力。

注　释

[1]　中国社会科学院考古研究所已将夏鼐先生论著汇编为《夏鼐文集》，交社会科学文献出版社出版。过去出版的夏鼐先生论文集有《考古学论文集》（科学出版社，1961年）和《考古学和科技史》（科学出版社，1979年），本文提到夏鼐先生论著，凡未注明出处者均见此二书。

[2]　夏鼐：《新中国的考古学》，《考古》1962年第9期。

[3]　夏鼐：《关于考古学上的文化命名问题》，《考古》1959年第4期。

[4]　夏鼐：《碳—14测定年代和中国史前考古学》，《考古》1977年第4期。

[5]　夏鼐：《我国近五年来的考古新收获》，《考古》1964年第10期。

[6]　夏鼐：《三十年来的中国考古学》，《考古》1979年第5期。

[7]　夏鼐：《中国文明的起源》，文物出版社，1985年。

[8]　夏鼐：《谈谈探索夏文化的几个问题》，《河南文博通讯》1978年第1期。

[9]　a. 夏鼐：《有关安阳殷墟玉器的几个问题》，见《殷墟玉器》，文物出版社，1982年。
　　　b. 夏鼐：《商代玉器的分类、命名和用途》，《考古》1983年第5期。

c. 夏鼐：《汉代的玉器——汉代玉器中传统的延续和变化》，《考古学报》1983 年第 2 期。

d. 夏鼐：《所谓玉璿玑不会是天文仪器》，《考古学报》1984 年第 4 期。

[10] 夏鼐：《长沙马王堆一号汉墓的棺椁制度》，《考古》1973 年第 6 期。
[11] 夏鼐：《关于"金缕玉衣"的资料简介》，《考古》1972 年第 2 期。
[12] 夏鼐：《最近长沙出土吕不韦戈的铭文》，《考古》1959 年第 9 期。
[13] 夏鼐：《长沙东郊杨家山南宋墓墓主考》，《考古》1961 年第 4 期。
[14] 夏鼐：《无产阶级文化大革命中的考古新发现》《考古》1972 年第 1 期。
[15] 夏鼐：《另一件敦煌星图写本——敦煌星图乙本》，《中国科技史探索》，上海古籍出版社，1982 年。

夏鼐：《中国古代天文文物论集》，文物出版社，1989 年。
[16] 夏鼐：《中国文明的起源》，文物出版社，1986 年。
[17] 夏鼐：《〈河北藁城台西村的商代遗址〉读后记》，《考古》1973 年第 5 期。
[18] 李众：《关于藁城商代铜钺铁刃的分析》，《考古学报》1976 年第 2 期。
[19] 夏鼐：《湖北铜绿山古铜矿》，《考古学报》1982 年第 1 期。
[20] 夏鼐：《介绍周仁等著〈景德镇瓷器的研究〉》，《考古》1959 年第 6 期。
[21] 夏鼐：《梦溪笔谈中的喻皓木经》，《考古》1982 年第 1 期。
[22] 夏鼐：《略谈番薯和薯蓣》，《文物》1961 年第 8 期。
[23] 夏鼐：《综述中国出土的波斯萨珊朝银币》，《考古学报》1974 年第 1 期。
[24] 夏鼐：《近年中国出土的萨珊朝文物》，《考古》1978 年第 2 期。
[25] a. 夏鼐：《咸阳底张湾隋墓出土的东罗马金币》，《考古学论文集》，科学出版社，1961 年。

b. 夏鼐：《西安土门村唐墓出土的拜占庭金币》，《考古》1961 年第 8 期。

c. 夏鼐：《赞皇李希宗墓出土的拜占庭金币》，《考古》1977 年第 6 期。

d. 夏鼐：《西安唐墓出土的阿拉伯金币》，《考古》1965 年第 8 期。
[26] 夏鼐：《两种文字合璧的泉州也里可温（景教）墓碑》，《考古》1981 年第 1 期。
[27] 夏鼐：《扬州拉丁文墓碑和广州威尼斯银币》，《考古》1979 年第 6 期。
[28] 夏鼐：《作为古代中非交通关系证据的瓷器》，《文物》1963 年第 1 期。
[29] 夏鼐：《瑞典所藏的中国外销瓷》，《文物》1981 年第 5 期。
[30] 夏鼐：《真腊风土记校注》，中华书局，1987 年。

（本文由王仲殊和王世民合作，原载《考古》2000 年第 3 期）

怀念我的朋友张光直

著名考古学家张光直因病情加剧，不幸于2001年1月3日在美国波士顿逝世。噩耗传来，我悲痛万分。我与他交谊很深，特别是他对我有过非常真诚的帮助，使我永记不忘。

他年龄小我6岁。20余年前我在美国访问时，他再三恳请我不要称呼"先生"。这样，我一直亲切地以"光直"相称。

一

光直的父亲张我军原籍台湾，1924年从台湾来到北京，随即在北京上大学。在定居北京的大约20年中，张我军以积极参加新文化运动为开端。大学毕业后，他从事日本语文和日本文学的教学、研究工作，多有成绩。20世纪20年代末，他与日本左翼作家叶山嘉树（Yoshiki Hayama）有过联系，20世纪40年代初与日本著名文学家岛崎藤村（Touson Shimazaki）、武者小路实笃（Jittoku Mushakoji）等也有交往。1979年我在美国访问，闲谈之间，光直问我是否知道他的父亲。出乎他的意料，我讲了许多关于张我军的事。1947年前后我在杭州浙江大学历史系读书，热衷于日本语文和文学的学习，曾读过他父亲早年在北京编著的《日语基础读本》，1949年我转学到北京大学历史系，又在北京东安市场的书肆购得他父亲所编其他有关日本语文的书刊，记得其中收录有中国和日本的著名文学家的作品，也转载着叶山嘉树1926年撰写的题为《水泥桶里的一封信》的佳作，印象甚深。我说这些话使光直十分高兴，并显得很有感触。

光直的哥哥张光正是在北京出生的，他比光直大5岁。1945年抗日战争胜利前，张光正已是年近20的有志青年，信仰马克思列宁主义，为共产党八路军做地下工作。解放战争开始，他离开北京，进入河北省平山的冀西根据地，进一步走上革命的道路。中华人民共和国成立后，张光正一直在党组织的领导下，任职于国家的机要部门。1973年以降，入籍美国的光直几度返回北京，在从事学术活动的同时，也访亲问友，叙故旧之情。他切望与阔别30余年的兄长相见，只因其兄在机要部门工作，无法取得联系。1982年，我任中国社会科学院考古研究所所长兼党委书记。我得以在光直与光正之间"搭桥"，终于使他们二人能在北京重叙兄弟之亲情。

光直虽在美国入籍，始终念念不忘于祖国，尤其是他的出生地北京。早在"文革"期间的1973年，趁着1972年因美国尼克松总统访华而呈现于中美两国间的友好气氛的继续发展，光直第一次从遥远的太平洋彼方回归阔别近30年的北京。他陪患风湿性关节炎的夫人在北京接受中医的治疗，下榻于考古研究所对面的华侨大厦。光直不止一次来到近在咫尺的考古研究所，与夏鼐先生和我等会见。由于举世闻名的满城汉墓、马王堆汉墓等相继发掘，号称"三大杂志"的《考古》、《文物》、《考古学报》同时复刊，规模宏大、精品荟萃的中国出土文物展览会也正准备前往欧洲举办，中国考古学界处于新的兴旺、繁荣时期。作为考古学专家的光直于此时回到祖国，可谓恰逢其时，他与夏先生和我等在研究所晤谈，洋溢着欢快的心情。

1975年5月，光直作为美国考古人类学家考察团的成员，与伯克利加利福尼亚大学教授吉德炜（David N. Keightley）等一同前来北京，再访考古研究所。这一次，除了与夏鼐先生和我会见之外，他还要求同《考古》编辑部的部分学者座谈，就学术研究和编辑出版工作交换意见，提出建议。光直始终企求在考古研究所主办的《考古》杂志发表论著，并介绍台湾省考古学的重要发现。3年之后，他写了一篇《台湾省原始社会概述》的文章，刊登在《考古》1979年第3期；后来又写了一篇题为《新石器时代的台湾海峡》的文章，发表于《考古》1989年第6期。光直想表达他对考古研究所的深厚情谊和他要向祖国大陆学术界介绍台湾省考古学成就的真诚愿望于此开始实现。

1978年我国即将与美国建立正式的外交关系，同时开始实行改革开放的新政策。中美两国的文化和学术交流逐渐频繁起来。同年10月，调任哈佛大学教授不久的光直参加美国美中学术交流委员会组织的汉代研究考察团前来访问，同行的美国学者有耶鲁大学教授余英时和傅汉思（Hans Frankel）、哥伦比亚大学教授毕汉思（Hans Bielenstein）、华盛顿州立大学教授杜敬轲（Jack Dull）、加利福尼亚大学教授王安国（Jeffrey Riegel）、芝加哥大学教授芮效卫（David Roy）等10余人，而以余英时为团长，傅汉思为副团长。由于他们多为古代史、考古学方面的学者，中国社会科学院领导上将主要的接待任务交给考古研究所。所长夏鼐先生和担任副所长的我除邀请客人们在研究所内参观、座谈，并由我陪同他们到北京各处访问、考察以外，还为他们在北京饭店举行历时3天的盛大学术讨论会，社会科学院人文科学各研究所、在京的各大学及其他研究单位多派人前来参与。讨论会主要是由美国学者们以各不相同的主题、内容相继作报告，中国方面的与会者倾听之余，提出一些意见和想法，互相谈论，气氛热烈。除北京以外，美国学者还到各省考察，受到广泛欢迎。作为华裔学者的光直由于精通中国古代史和考古学等各方面的学问，加之对中国地熟、人熟，又能说一口流畅的普通话，在这次具有历史意义的中美学术交流活动中表现得最为活跃，给中国学术界留下深刻的印象。

二

1979年初，按照中国科学技术协会与美中学术交流委员会的协议，美国方面邀请中国社会科学院的5名学者前去讲学，即经济研究所的孙冶方、许涤新，考古研究所的夏鼐、王仲殊和近代史研究所的罗尔纲。经商议，社会科学院决定经济所的2人中去许涤新1人，考古所的2人中去王仲殊1人，近代史所的罗尔纲由于健康原因不能应邀。这样，我就定于当年10月初前往美国。

美方的接待单位为美中学术交流委员会，但对我的接待主要由光直担当。他和我约定在美国访问的时间为3个月，其中在坎布里奇的哈佛大学1个多月，在西雅图的华盛顿州立大学和伯克利的加利福尼亚大学各约4个星期。访问期间除参观、考察等安排外，主要任务是在各大学作讲演，主题为中国汉代考古学。

我选了9个专题，作为讲演的题目：《西汉的都城——长安》、《东汉的都城——雒阳》、《汉代的农业》、《汉代的漆器》、《汉代的铜器》、

《汉代的铁器》、《汉代的陶器》、《汉代的墓葬（上）》和《汉代的墓葬（下）》。在动身赴美之前约2个月，我结束全部讲稿的撰写，并制作出数百枚幻灯片供讲演时放映。光直约请几位汉学家分别翻译了《雒阳》、《农业》、《漆器》、《铜器》、《铁器》、《陶器》各专题的讲稿，他则亲自担任《长安》、《墓葬（上）》和《墓葬（下）》3个专题的翻译。

在20世纪60~70年代，英、美等西方国家的学者作为一项时兴的课题，发表了不少关于文明起源的论著。光直趁这股国际上的学术热潮，从弘扬中国古代文明的立场出发，筹划了一套中国古代早期文明丛书的编撰出版。他自己写了《商代文明》，在美国任匹茨堡大学教授的许倬云写了《西周文明》，以后又有中国社会科学院历史研究所的李学勤写《东周与秦代文明》。我的9个专题的讲演稿由光直编成一本新书，书名定为《汉代文明》。他为《汉代文明》写了序言，并请余英时审阅书稿而于1982年由耶鲁大学出版社出版，此是后话。

1979年10月初，我订购从北京经由巴黎到纽约的飞机票，正待启程，没想到美国驻北京大使馆不及时发给签证。光直得知此事，非常焦急。据他事后对我说，当时他除通过美中学术交流委员会向美国有关方面交涉之外，还做了最坏的准备。因为讲演的具体日程已定，通告发出，难以更改，万一我不能如期到达，他便穿上一身中山装，站在哈佛的讲坛上代我向早已报名听讲的、来自各处各单位的许多听众宣读我的讲演稿。这是我访问美国的一段与光直相关的有趣插曲，故不嫌琐碎，加以叙述。

当时恰逢美国加州大学教授简慕善（Jameson）受聘到美国使馆任科学顾问，他与我久有交谊，立即亲自持签证来到研究所当面送交。由于延误了原定航班，我改从北京飞成田，再从成田飞纽约。纽约机场的管理人员说我是应邀前来的中国学者，行李免检。他还转告说张光直教授正在坎布里奇家中等候着我的电话。在电话中，光直说美中学术交流委员会秘书狄安杰（Alexander P. Deangelis）此刻正在机场门口迎候，因天已傍晚，要接我到他父亲在纽约的家中宿一夜，明日送我到哈佛，如此等等。回想起来，光直对我的照应真可说是周到之极，无微不至。

我到哈佛的次日，就立即举行讲演会。一般是每个星期讲2次，1次1个专题，9个专题在1个月内讲完。会场设在该校的各个大教室，有的约容一百数十人，有的可容 200、300 人，是按预约的听讲人数选择的。最初的 2 次是讲《汉代的墓葬（上）（下）》，由光直任现场翻译。第 3 次讲《东汉的都城——雒阳》，由著名汉学家毕汉思任教授的哥伦比亚大学历史系和东方语言文化系师生近百人特地从纽约远道来听，乃使选作会场的最大的一个教室座无虚席。美国方面知道我曾主持汉长安城遗址的调查发掘，所以认为由光直任翻译的《西汉的都城——长安》在内容上应该最为精彩，乃特意舍哈佛的教室而移到附近一处具有纪念意义的学术机构，借用面积较大的会议室作会场，以示隆重。因听讲人数众多，有的人不得不席地而坐，但仍然不停地做笔记。

在历次讲演会的听讲者中，有哈佛和其他大学的学生、教师，也有在各研究机构任职的学者及来自他国的访问学者。听说当时杨联陞教授因健康状况欠佳，深居简出，很少参加活动，但我在讲《长安》的那次会上遇见他，互致亲切的问候。费正清的夫人费慰梅作为汉学家，酷爱中国的文化、艺术，几乎每次都来听讲。她和费正清教授通过光直，邀请我到他们家中做客，进餐。他们最想知道梁启超的后人，尤其是当时仍然健在的梁思庄教授的近况。我据实详告，使他们深感欣慰。在坎布里奇停留的 1 个多月中，几乎每天都有人请吃饭。在一次有光直等哈佛大学的许多学者参加的晚餐会上，赵元任教授的女儿、音乐史专家赵如兰操中国古琴作精彩的演奏，使欢乐的气氛倍增。光直还两番邀请我到他自己的家中做客，一共住宿了 3 天。他和夫人李卉亲自操持，盛情款待。

为了使我能与更多的美国学术界人士广泛接触，扩大影响，光直精心安排了我对耶鲁大学、哥伦比亚大学及华盛顿的美国全国科学院等著名学府和最高学术机关的几次访问。每次都是从哈佛大学所在的坎布里奇出发，由光直亲自驾驶他的那辆半新不旧的小汽车送我前往。因路程较远，要行车一两个小时甚至更长时间才能到达。光直身系安全带，手握方向盘，双目注视前方，却不停地与坐在旁边的我谈话。关于他父亲张我军、哥哥张光正、恩师李济等的各种事情，以及他自身的一些经历等等，都是赴纽黑文、纽约或华盛顿等地的途中在车上谈起的。

哥伦比亚大学教授毕汉思本是瑞典人，汉学造诣甚深。他也研究汉代的都城，在专业上与我关系密切。毕汉思教授邀集许多学者，一同参加为我举行的盛大宴会。他还在校内举办事先发出广泛通告的讲演会，请我讲汉代考古学。张光直兄弟4人，最小的一个弟弟张光朴出生于1941年。我在哥伦比亚大学作讲演，便是由光朴担任口头翻译的。当然，这无疑也是出于光直的布置。

10月末光直又驾车送我到美国首都所在的华盛顿特区，并陪同我瞻仰华盛顿纪念塔、林肯和杰弗逊纪念堂，到国会图书馆参观。我在弗利尔艺术馆观看各种珍美的陈列品，还被破格允许检阅储藏在柜子内的品物，终于检得日本出土的称为"三角缘神兽镜"的古代铜镜，又惊又喜。这种铜镜粗看与中国古镜相同，实则不无差异，其在日本各地出土至今已有500余枚之多，但在中国和朝鲜半岛却始终连1枚也没有发现。我从镜的形状、花纹和铭文等各方面论证它们是东渡的中国工匠在日本所制作，从而与主张是中国皇帝所赐之镜的日本学者意见相左，引起了激烈的争论。早在20世纪50年代，我就开始对三角缘神兽镜作研究，但因它们在中国绝无发现，所以只能参阅书籍的图版而无从见其实物。从1981年起，我几乎每年访日，乃得以在细察镜的实物的基础上撰作许多有关的论文。但是，应该说，我最初见到三角缘神兽镜的实物不是在日本，而是在美国的弗利尔艺术馆。

光直是唯一膺选美国科学院院士的华裔学者。他早就与华盛顿的科学院方面约定，要请我在那里做1次讲演，讲题是《汉代的墓葬》，足足讲了3个小时。在全国科学院宽大的讲演厅里就座的听众达400余人之多，中国驻美大使和使馆的10余名官员坐在第1排的席位上听讲，以示重视。身为院士的光直站在我的旁边作口译，译得非常顺当。在讲演的全过程中，穿插放映近百枚幻灯片，受到听众的热烈欢迎。讲演完毕，随即举行招待会，美国科学院的负责人亦出面招待。光直和我都为这次讲演会的成功感到高兴。

结束了以在哈佛大学讲学为主的约5个星期的日程，我从美国东部转移到西部，先在西雅图的华盛顿州立大学，然后到伯克利的加利福尼亚大学，继续就汉代考古学的各个专题作讲演。在伯克利时，还应邀到斯坦福大学和洛杉矶加州大学讲《墓葬》和《雒阳》。我有机会在西雅图、伯克利参观当地博物馆的丰富陈列和来自韩国的古代文物展览会的精彩展品，并在加州大学图书馆的大量藏书中查到许多重要的资料。杜敬轲、吉德炜两教授分别负责对我在西雅图、伯克利访问期间的具体接待，十分周到，而远在马萨诸塞州坎布里奇的光直仍然通过电话，不时询问我的情况而加以关照。光直劝我从西雅图去温哥华访问，理由是两地相距不远，而从美国到加拿大旅行无须办签证。最后，他又建议我从旧金山归国途经夏威夷，在岛上逗留几天，以作考察。只因我出国已久，深恐在考古研究所主持工作的夏鼐先生缺少帮手，急于早日回到北京，所以没有接纳光直的劝告和建议。至今回想，犹有后悔之意。

三

进入20世纪80年代，光直来中国大陆的频率增加。他多次与兄长光正会面，又几度与李济之子李光谟相逢，几十年前在师大附中、附小读书时的老同学亦有在北京重见，共叙旧谊的。在学术活动方面，光直与北京大学、中国历史博物馆、四川大学、吉林大学等许多有关单位学者之间的交往频繁，但每次来北京仍以中国社会科学院考古研究所为其最重要的访问对象。1983年8月，考古研究所受联合国教科文组织委托，在北京人民大会堂举办"亚洲地区（中国）考古学会议"的国际会议，除考古研究所和北京大学的中国学者以外，到会的有印度、印度尼西亚、日本、朝鲜、马来西亚、尼泊尔、巴基斯坦、斯里兰卡等亚洲国家的代表和来自英国、瑞典等国的观察员，而光直则是以美国方面观察员的名义应邀出席的。

这时，光直已向我方表示中美两国学者合作，共同在中国境内进行考古调查发掘的意愿。但是，直到80年代中后期，我国对外开放的政策虽然实施，却多有限度。特别是要让外国人深入到不属开放范围的较小县、市的乡间，久住在农村搞调查发掘之类的工作，又谈何容易？

1988年6月，徐苹芳继任考古研究所所长。他于同年10月与来访的光直商谈关于中美两国在考古工作上合作的问题。商谈的结果是按照光直的意见，在河南省商丘进行调查发掘，以探求商代的遗迹。1990年春，光直亲自到商丘地区的各县、市作短暂的查访，同年秋又由其他美国学者与我方专家再赴商丘，做各种专业上的考察，开始了事前的准备。

1991年4月，考古研究所新的党委书记王立邦到任，推动了准备工作的加速进行。1991年夏和1992年秋，双方人员反复在商丘现场作地质钻探和磁力测试，进一步为考古调查发掘的开展打基础。王书记就正式成立中美联合考古队事征询我的意见,我表示完全赞同。我推荐张长寿研究员为联合考古队的中方负责人,理由是他专攻西周兼商代考古学,学识渊博,研究成果卓著,在田野调查发掘方面又有丰富的实际经验。于是,就在1993年6月,以任式楠为所长的中国社会科学院考古研究所与美国哈佛大学皮博迪博物馆共同组成的联合考古队宣告成立,由张长寿任中方领队,张光直任美方领队。双方拟定调查发掘的计划,由我方报请国家文物局批准,取得发掘执照。经过整整五六年的努力,光直殷切的期求乃得如愿以偿。

早在1928年,我国考古学者即开始了对安阳殷墟的发掘,它被确认为盘庚所迁的都城遗址。新中国成立以后,各地发现的商代遗址逐渐增多,要以1950年发现的"郑州商城"和1983年发现的"偃师商城"2处最为有名,后者被认定是商汤始建的都城西亳,前者被认为是仲丁所迁的隞都。其他各处遗址面积或大或小,年代或早或晚,皆不如上述3处都城遗址重要。张光直根据古籍记载并参照近代学者考证,主张商丘是商昭明以降11个先公、先王的经营地,应为先商、早商的都邑所在。我咬文嚼字,觉得司马迁在《史记·项羽本纪》中始用"殷虚"一词以称洹水南的商殷后期都城遗址,而自古以来作为地名沿用至今的"商丘"实为"殷虚"的同义语和对应词,其被联合考古队选作以寻求先商、早商都邑遗址为目标的调查发掘的场所,在学术研究上可谓颇具魅力。只是我担心现今商丘的这块土地对考古调查发掘不利,恐有事倍功半、不易奏效之虞。商丘一带属所谓"黄泛区",长期以来,因黄河南泛而引起的大量泥沙堆积使这里的古遗址被深埋在泥沙堆积层之下。联合考古队虽使用先进的钻探工具和现代化的测验仪器,毕竟难以在短期内准确探明商代遗迹所在而加以大面积揭露。

但是,经过1993、1994至1996、1997年双方专家继续不断的努力,调查发掘还是取得了一定成绩。《考古》1997年第4期刊登了由张长寿与张光直共同署名的《河南商丘地区殷商文明调查发掘初步报告》,报告介绍了在20世纪70—80年代社科院考古研究所、商丘地区文管会、北京大学考古系等考古队于商丘地区各处各有关遗址所作调查发掘的基础上,经中美联合考古队于1994年、1995年在商丘地区的广泛调查,并对商丘县的潘庙、虞城县的马庄和柘城县的山台寺等处遗址的一再发掘,乃使张光直根据古籍记载并参照近代学者的考证,进一步认定商丘应是商昭明以降11个先公、先王经营的都邑所在。《考古》1998年第12期以中美联合考古队名义发表的《河南商丘县东周城址勘查简报》则主要是报道1996年、1997年在商丘县城之南的老南关及其附近发现东周时代的城址,根据钻探和发掘所得的资料,结合历史文献的记载,可确认其为当时宋国的都城。中美双方专家判定,宋城建造在前新石器古土壤即所谓"生土"之上,最初筑城时曾取用附近古文化遗址的土层,以致城墙夯土内含有大量灰土和许多陶器的碎片。在对南墙和西墙的切剖中发现它们由三部分夯土组成,而第三部分即墙的始建部分夯土包含的陶片没有晚于西周的,说明城墙的最初筑造年代或可上溯到商末、周初。东周宋城遗址的发现虽未切中联合考古队在商丘寻探先商、早商都邑遗迹的主要目标,却可据以证明周初曾封微子于宋,从而为今后在该处追寻商代遗存提供重要的线索。

自1979年末我从美国讲学回来以后,我对中国考古学的研究重点在时代上由两汉下延到魏晋南北朝和隋唐,并致力于同时期的日本考古学和古代史的钻研。我经常去日本访问,在日本各地参观、考察,特别是出席由中、日等国学者参加的古代史讨论会,在会上作讲演。我撰作各种有关中日交流考古学的论文,发表于两国的学术刊物,尤其是中国的《考古》杂志,光直亦多曾见到。在1988年10月的来访期间,光直鼓励我要在古代铜镜的研究上胜过日本学者,并说他对此坚信不疑。1994年10月中旬的一天,我与来访的光直在研究所庭院中漫步,他知道我不久又要去日本京都府,并就新发现的重要铜镜作讲演。光直问他是否亦可前往听讲,我表示欢迎。他接着又问我是操汉语还是操日语作讲演,我告以必须自己操日语而不用翻译,才能使讲演所要时间节省到大约3个小时。于是他说他能阅读日文的书籍,却不善于说日语或听别人用日语说话,只好不去听讲了。说罢,两人相视而笑,情绪愉快。我万万没有想到,在不到2年之后,光直所患病症会加重到如此程度。

1997年6月16日,光直又带领他的助手和学生们抱病来访。我先在研究所的会客室,然后又在附近饭馆的餐桌上与他亲切谈叙。他能听懂我的每一句话,但他自己说话已不成声,只得由他的学生按他口唇动态判断他想说的话语而转述。光直还就我继巴金、费孝通之后在日本获福冈亚洲文化奖大奖之事向我表示祝贺,使我感激至深。我知道光直以后还会再来,但对我来说,这或许是我们两人最后的一次会面,所以倾吐了将近20年来我早就要向他说的许多深情感谢的话。我目送他的学生们推着轮椅，将他送到研究所对面的华侨大厦，那里是1973年以来他多次回归北京的下榻之处，这次亦不例外。

作为世界闻名的考古学家，光直的学术领域十分广阔，研究成果非常丰富。据约略估计，他著有专书10余种，论文百余篇，译成汉语而在中国大陆出版的即有《古代中国考古学》、《商文明》、《美术、神话与祭祀》、《考古学：关于其若干基本概念和理论的再思考》、《中国青铜时代》、《中国考古学论文集》、《考古人类学随笔》等。这几本书只是光直全部著作中的一部分，但亦足以说明他在考古学研究上取得丰硕成果，尤其是对中国考古学的研究做出巨大贡献。

光直在学术研究上取得丰硕成果，做出巨大贡献，这是因为他才智过人，更是由于他意志坚强，以无比的勤奋和努力对待工作。20世纪90年代以后的近10年中，光直始终是以抱病之身承担着各项繁重的任务，并出色地加以完成，真是可钦可佩之极。他的名著《古代中国考古学》（*The Archaeology of Ancient China*）本是他在哈佛大学当研究生时的博士学位论文，1963年由耶鲁大学出版社出版，而于以后的1968年、1977年和1987年又在详尽修改、充分增补的基础上继续出版了该书的第2、第3和第4版。特别是前面说到的第4版，虽仍沿用原来的书名，却是一部全新的著作，内容充实，论说精辟，其受国际学术界赞誉之高，可谓罕有其匹。若不是他身患重症，此书第5版是一定会在他生前及时问世的。

（本文原载《四海为家》，生活·读书·新知三联书店，2002年5月）

图书在版编目(CIP)数据

王仲殊文集：全4卷／王仲殊著．—北京：社会科学文献出版社，2014.6
ISBN 978－7－5097－5115－2

Ⅰ.①王… Ⅱ.①王… Ⅲ.①王仲殊-文集 ②考古学-文集 Ⅳ.①K85-53

中国版本图书馆 CIP 数据核字（2013）第 228180 号

王仲殊文集 （全四卷）

著　　者／王仲殊

出　版　人／谢寿光
出　版　者／社会科学文献出版社
地　　　址／北京市西城区北三环中路甲29号院3号楼华龙大厦
邮政编码／100029

责任部门／近代史编辑室　（010）59367256　　责任编辑／宋　超
电子信箱／jxd@ssap.cn　　　　　　　　　　　特约编辑／顾智界
项目统筹／徐思彦　　　　　　　　　　　　　　责任印制／岳　阳
经　　销／社会科学文献出版社市场营销中心　（010）59367081　59367089
读者服务／读者服务中心　（010）59367028

印　　装／三河市东方印刷有限公司
开　　本／787mm×1092mm　1/16　　　　　　印　　张／92.5
版　　次／2014年6月第1版　　　　　　　　　插图印张／7
印　　次／2014年6月第1次印刷　　　　　　　字　　数／1548千字
书　　号／ISBN 978－7－5097－5115－2
定　　价／680.00元（全四卷）

本书如有破损、缺页、装订错误，请与本社读者服务中心联系更换
▲ 版权所有　翻印必究